Kaufrechtliche Gewährleistung und Garantievergabe in Deutschland und Spanien

Studien zum vergleichenden und internationalen Recht -
Comparative and International Law Studies

Herausgeber: Bernd von Hoffmann, Erik Jayme
und Heinz-Peter Mansel

Band 126

PETER LANG
Frankfurt am Main · Berlin · Bern · Bruxelles · New York · Oxford · Wien

Christian Weis

Kaufrechtliche Gewährleistung und Garantievergabe in Deutschland und Spanien

Unter besonderer Berücksichtigung des Unternehmenskaufs

PETER LANG
Europäischer Verlag der Wissenschaften

Bibliografische Information Der Deutschen Bibliothek
Die Deutsche Bibliothek verzeichnet diese Publikation in der Deutschen Nationalbibliografie; detaillierte bibliografische Daten sind im Internet über <http://dnb.ddb.de> abrufbar.

Zugl.: Köln, Univ., Diss., 2006

D 38
ISSN 0930-4746
ISBN 3-631-55562-8

www.peterlang.de

Die vorliegende Arbeit wurde im Wintersemester 2005/ 2006 von der Rechtswissenschaftlichen Fakultät der Universität zu Köln als Dissertation angenommen.

Mein besonderer Dank gilt meinem Doktorvater, Herrn Prof. Dr. Heinz-Peter Mansel, für die Überlassung des Themas aus dem Bereich des deutsch-spanischen Rechtsvergleichs und die Betreuung während der Erstellung der Arbeit. An der Universidad Autónoma in Madrid hat Herr Prof. Virgos Soriano durch seine Unterstützung bei der Organisation meines Forschungsaufenthalts und der Benutzung der Bibliothek zum Gelingen der Arbeit beigetragen. Herr Prof. Morales Moreno gewährte mir während dieser Zeit im Rahmen fachlicher Diskussionen umfassende Einblicke in die Systematik und Hintergründe des spanischen Zivilrechts, die Anregung für eine intensive Auseinandersetzung mit der spanischen Rechtsmaterie waren und mir zugleich das Verständnis der in dieser Arbeit untersuchten Regelungen erleichterten. Herrn Prof. Dr. Hilmar Krüger danke ich schließlich für die zügige Erstellung des Zweitgutachtens.

Dank sagen möchte ich überdies allen, die mir während der Erstellung dieser Arbeit mit Erläuterungen, Diskussionsbereitschaft und auch jenseits des Fachlichen unterstützend zur Seite standen. Besonderer Dank gebührt schließlich meinen Eltern, die mich in allen Bestrebungen stets ermutigt und gefördert haben und nicht zuletzt durch die Ermöglichung von Auslandsaufenthalten im spanischsprachigen Raum den Grundstein zum Gelingen dieser Arbeit gelegt haben.

Köln, im März 2006 *Christian Weis*

Gliederung

Literaturverzeichnis

Ackermann, Thomas

Die Nacherfüllungspflicht des Stückverkäufers, Juristenzeitung 2002, S. 378 ff.
zitiert: Ackermann, JZ 2002

Adomeit, Klaus/ Frühbeck, Guillermo

Einführung in das spanische Recht – Das Verfassungs-, Zivil-, Wirtschafts- und Arbeitsrecht des Königreichs Spanien, 2. Auflage 2001
zitiert: Adomeit/ Frühbeck

Albácar López, José Luis

Código Civil – Doctrina y Jurisprudencia, Tomo V, 1995
zitiert: Albácar López/ Bearbeiter

Albaladejo, Manuel/ Diaz Alabart, Silvia

Comentarios al Código Civil y compilaciones forales, Tomo XIX, 2. Auflage 1991
zitiert: Albaladejo/ Bearbeiter

Albrecht, Achim/ Flohr, Dennis/ Lange, Gunther

Schuldrecht 2002, 1. Auflage 2001
zitiert: Albrecht/ Flohr/ Lange

Alonso Espinosa, Francisco

Régimen jurídico general del comercio minorista, 1999
zitiert: Alonso/ Bearbeiter

Alonso Espinosa, Francisco José

Régimen general de la actividad comercial „minorista“, Revista de Derecho Mercantil 1999 (231), S. 7 ff.
zitiert: Alonso Espinosa, RDM 1999 (231)

Altmeppen, Holger

Nochmals: Schadensersatz wegen Pflichtverletzung, anfängliche Unmöglichkeit und Aufwendungsersatz im Entwurf des allgemeinen Schuldrechtsmodernisierungsgesetzes, Der Betrieb 2001, S. 1821 ff.
zitiert: Altmeppen, DB 2001

Álvarez Arjona, José Maria/ Carrasco Perrera, Angel

Régimen juridico de las adquisiciones de empresas, 2001
zitiert: Alvarez/ Carrasco/ Bearbeiter

Amann, Hermann

Das Verjährungsrecht nach der Schuldrechtsreform aus notarieller Sicht, Deutsche Notar-Zeitschrift 2002, S. 94 ff.
zitiert: Amann, DNotZ 2002

Amann, Hermann/ Brambring, Günter/ Hertel, Christian

Vertragspraxis nach neuem Schuldrecht, 2. Auflage, 2003
zitiert: ABH/Bearbeiter

Anders, Holm

Zur Reform des Kaufrechts, Zeitschrift für Rechtspolitik 2000, S. 293 ff.
zitiert: Anders, ZRP 2000

Aranzadi, E.

Repertorio de Jurisprudencia – Entscheidungssammlung des Tribunal Supremo
zitiert: STS Datum, RJ Ordnungsnummer

Arimany Lamoglia, Esteban/ Manubens Florense, Carlos

Ordenación del comercio minorista – Comentarios a la Ley 7/1996 y la Ley Orgánica 2/1996, ambas de fecha 15 de enero, 1996
zitiert: Arimany/ Manubens/ Bearbeiter

Arnold, Arnd

Der neue § 438 BGB – eine Zwischenbilanz, Zeitschrift für das gesamte Schuldrecht 2002, S. 438 ff.
zitiert: Arnold, ZGS 2002

Auktor, Christian

Die Verjährung der Gewährleistungsrechte bei mangelhafter Nacherfüllung nach § 439 BGB, Neue Juristische Wochenschrift 2003, S. 120 ff.
zitiert: Auktor, NJW 2003

Avilés García, Javier

Directivas comunitarias y nuevas reformas del Derecho de la contratación en España, Noticias de la Union Europea 1999 (173), S. 115 ff.
zitiert: Avilés García, NUE 1999 (173)

Derselbe,

Nuevas perspectivas contractuales que plantea la incorporación y aplicación de la Directiva 1999/44/CE sobre determinados aspectos de la venta y las garantías de los bienes de consumo, Noticias de la Union Europea 2002 (207), S. 99 ff.
zitiert: Avilés García, NUE 2002 (207)

Ayuntamiento de Madrid – Área de Salud Publica

Productos y Servicios Defectuosos - Derechos del consumidor y usuario durante y después del periodo de garantía, 1993
zitiert: AMSP 1993, S. 7 ff.

Azpiazu Monteys, Antonio

Compra-Venta, Transmisión y Fusión de Empresas, 1986
zitiert: Azpiazu Monteys

Badenes Gasset, Ramon

El contrato de compraventa, Tomo I, 3. Auflage 1995
zitiert: Badenes Gasset

Ball, Wolfgang

Neues Gewährleistungsrecht beim Kauf, Zeitschrift für das gesamte Schuldrecht 2002, S. 49 ff.
zitiert: Ball, ZGS 2002

Bercovitz Rodríguez-Cano, Alberto

Ambito de aplicación y derechos de consumidores en la Ley General para la Defensa de los Consumidores y Usuarios, Estudios sobre consumo, 1984 (3), S. 11 ff.
zitiert: Bercovitz, EC 1984 (3)

Bercovitz Rodríguez-Cano, Alberto/ Bercovitz Rodríguez-Cano, Rodrigo

Estudios juridicos sobre protección de los consumidores, 1987
zitiert: Bercovitz/ Bearbeiter

Bercovitz Rodríguez-Cano, Rodrigo

Comentarios al Código Civil, 2001
zitiert: Bercovitz Rodríguez-Cano/ Bearbeiter

Derselbe,

La Ley de Garantías en la venta de bienes de consumo y la defensa del Consumidor, Aranzadi Civil 2003 (14), S. 11 ff.
zitiert: Bercovitz, AC 2003 (14)

Bercovitz Rodríguez-Cano, Rodrigo/ Leguina Villa, Jesús

Comentarios a las leyes de ordenación del comercio minorista, 1997
zitiert: Bercovitz/ Leguina/ Bearbeiter

Bercovitz Rodríguez-Cano, Rodrigo/ Salas Hernández, Javier

Comentarios a la Ley General para la Defensa de Consumidores y Usarios, 1992
zitiert: Bercovitz/ Salas/ Bearbeiter

Berger, Christian

Der Beschaffenheitsbegriff des § 434 Abs. 1 BGB, Juristenzeitung 2004, S. 276 ff.
zitiert: Berger, JZ 2004

Bernreuther, Friedrich

Sachmangelhaftung und Werbung, Monatsschrift für Deutsches Recht 2003, S. 63 ff.
zitiert: Bernreuther, MDR 2003

Bitter, Georg/ Meidt, Eva

Nacherfüllungsrecht und Nacherfüllungspflicht des Verkäufers im neuen Schuldrecht, Zeitschrift für Wirtschaftsrecht 2001, S. 2114 ff.
zitiert: Bitter/ Meidt, ZIP 2001

Böhle, Jens

Teleologische Reduktion beim Rückgriff in der Lieferkette, Neue Juristische Wochenschrift 2002, S. 3680 ff.
zitiert: Böhle, NJW 2002

Boerner, Dietmar

Kaufrechtliche Sachmängelhaftung und Schuldrechtsreform, Zeitschrift für Wirtschaftsrecht 2001, S. 2264 ff.
zitiert: Boerner, ZIP 2001

Brand, Oliver

Probleme mit der „IKEA-Klausel", Zeitschrift für das gesamte Schuldrecht 2003, S. 96 ff.
zitiert: Brand, ZGS 2003

Broseta Pont, Manuel

Manual de Derecho Mercantil, 7. Auflage 1989
zitiert: Broseta Pont

Brüggemann, Gerd

Die Produkthaftung im spanischen Recht – Eine rechtsvergleichende Darstellung zum deutschen Recht und zur EG-Produkthaftungs-Richtlinie, 1988
zitiert: Brüggemann

Brüggemeier, Gert

Das neue Kaufrecht des Bürgerlichen Gesetzbuches - Eine kritische Bestandsaufnahme, Wertpapier Mitteilungen 2002, S. 1376 ff.
zitiert: Brüggemeier, WM 2002

Büdenbender, Ulrich

Das Kaufrecht nach dem Schuldrechtsreformgesetz (Teil I), Deutsches Steuerrecht 2002, S. 311 ff.
zitiert: Büdenbender, DStR 2002

Derselbe,

Das Kaufrecht nach dem Schuldrechtsreformgesetz (Teil II), Deutsches Steuerrecht 2002, S. 361 ff.
zitiert: Büdenbender, DStR 2002

Derselbe,

Grundlagen der Gewährleistung beim Unternehmenskauf, in: Unternehmenskauf und Schuldrechtsmodernisierung – Fachtagung der Bayer-Stiftung für deutsches und internationales Arbeits- und Wirtschaftsrecht am 06. und 07. Juni 2002
zitiert: Büdenbender/ Unternehmenskauf

Bundesministerium der Justiz

Stellungnahme des Bundesministeriums der Justiz zu § 444 BGB, Zeitschrift für das gesamte Schuldrecht 2003, S. 307 ff.
zitiert: BMJ, ZGS 2003

Calvo Alfageme, Alvaro

La empresa mercantil como objeto de negocios juridicos, Anales de la Academia Matritense del Notariado, 1945 (1), S. 511 ff.
zitiert: Calvo Alfageme, AAMN 1945 (1)

Canaris, Claus-Wilhelm

Schuldrechtsmodernisierung 2002
zitiert: Canaris/ SchuldR

Derselbe,

Das allgemeine Leistungsstörungsrecht im Schuldrechtsmodernisierungsgesetz, Zeitschrift für Rechtspolitik 2001, S. 329 ff.
zitiert: Canaris, ZRP 2001

Derselbe,

Die Reform des Rechts der Leistungsstörungen, Juristenzeitung 2001, S. 499 ff
zitiert: Canaris, JZ 2001

Derselbe,

Schadensersatz wegen Pflichtverletzung, anfängliche Unmöglichkeit und Aufwendungsersatz im Entwurf des Schuldrechtsmodernisierungsgesetzes, Der Betrieb 2001, S. 1815 ff.
zitiert: Canaris, DB 2001

Derselbe,

Die Nacherfüllung durch Lieferung einer mangelfreien Sache beim Stückkauf, Juristenzeitung 2003, S. 831 ff.
zitiert: Canaris, JZ 2003

Derselbe,

Die Behandlung nicht zu vertretender Leistungshindernisse nach § 275 Abs. 2 BGB beim Stückkauf, Juristenzeitung 2004, S. 214 ff.
zitiert: Canaris, JZ 2004

Carlón, Luis

La clausula de garantía en la compraventa de maquinaria, Revista de Derecho Mercantil, 1973 (127), S. 39 ff.
zitiert: Carlón, RDM 1973 (127)

Carrasco Perrera, Ángel

Redundancia y ruido en las ventas al consumo, Actualidad Juridica Aranzadi 2003 (591), S. 2 ff.
zitiert: Carrasco Perrera, AJA 2003 (591)

Carrasco Perrera, Ángel/ Cordero Lobato, Encarna/ Martínez Espín, Pascual

Transposición de la Directiva comunitaria sobre venta y garantías de los bienes de consumo, Estudios sobre Consumo 2000 (52), S. 125 ff.
zitiert: Carrasco/ Cordero/ Martinez, EC 2000 (52)

Castan Tobeñas, José

Derecho civil español, común y foral, Tomo IV, 1988
zitiert: Castan Tobeñas

Castilla Barea, Margarita

La determinación de la „falta de conformidad" del bien con el contrato a tenor del art. 3.1 del Proyecto de Ley de Garantías en la venta de bienes de consumo [(I Parte)], Aranzadi Civil 2002 (3), S. 2595 ff.
zitiert: Castilla Barea, AC 2002 (3)

Dieselbe,

La determinación de la „falta de conformidad" del bien con el contrato a tenor del art. 3.1 del Proyecto de Ley de Garantías en la venta de bienes de consumo [(II Parte)], Aranzadi Civil 2002 (3), S. 2621 ff.
zitiert: Castilla Barea, AC 2002 (3)

Cecchini Rosell, Xavier

La obligación de transmitir la propiedad en el contrato de compraventa, 2002
zitiert: Ceccini Rosell

Cillero de Cabo, Patricia

Consideraciones en torno a la armonización europea en materia de venta y garantías de bienes de consumo y su futura incorporación al ordenamiento jurídico español, Estudios sobre Consumo, 2001 (57), S. 147 ff.
zitiert: Cillero de Cabo, EC 2001 (57)

Coca Payeras, Miguel

„Evicción" in: Enciclopedía jurídica básica, Vol. II, 1995, S. 2953 ff.
zitiert: Coca Payeras

Coester-Waltjen, Dagmar

Der Kaufvertrag, Juristische Ausbildung 2002, S. 534 ff.
zitiert: Coester-Waltjen, JURA 2002

Corral García, Eduardo

La Directiva 1999/44/CE, de 25 de mayo, sobre determinados aspectos de la venta y las garantías de los bienes de consumo: un nuevo régimen de saneamiento en la compraventa de bienes muebles, Revista de Derecho Patrimonial 2000 (5), 521 ff.
zitiert: Corral García, RDPatr. 2000 (5)

Costas Rodal, Lucía

El régimen de la falta de conformidad con el contrato en la compraventa de bienes de consumo, WESTLAW BIB 2004/ 253, S. 1 ff.
zitiert: Costas Rodal, BIB 2004/253

Däubler-Gmelin, Herta

Die Entscheidung für die so genannte Große Lösung bei der Schuldrechtsreform, Neue Juristische Wochenschrift 2001, S. 2281 ff.
zitiert: Däubler-Gmelin, NJW 2001

Dauner-Lieb, Barbara/ Dötsch, Wolfgang

Ein „Kaufmann" als „Verbraucher"? – Zur Verbrauchereigenschaft des Personengesellschafters, Der Betrieb 2003, S. 1666 ff.
zitiert: Dauner-Lieb/ Dötsch, DB 2003

Dauner-Lieb, Barbara/ Heidel, Thomas/ Lepa, Manfred/ Ring, Gerhard

Anwaltskommentar, Schuldrecht, 1. Auflage, 2002
zitiert: Anwaltskommentar/ Bearbeiter

Dieselben,

Das neue Schuldrecht in der anwaltlichen Praxis, 1. Auflage 2002
zitiert: DL/H/L/R/ *Bearbeiter*

Dauner-Lieb, Barbara/ Konzen, Horst/ Schmidt, Karsten

Das neue Schuldrecht in der Praxis, Akzente - Brennpunkte – Ausblick, 1. Auflage 2003
zitiert: DL/K/S/*Bearbeiter*

Dauner-Lieb, Barbara/ Thiessen, Jan

Garantiebeschränkungen in Unternehmenskaufverträgen nach der Schuldrechtsreform, Zeitschrift für Wirtschaftsrecht 2002, S. 108 ff.
zitiert: Dauner-Lieb/ Thiessen, ZIP 2002

De la Camara Alvarez, Manuel

La venta de la empresa mercantil: principales problemas que plantea, Anales de la Academia Matritense de Notariado, 1981 (24), S. 283 ff.
zitiert: De la Camara Alvarez, AAMN 1981 (24)

Derleder, Peter/ Zänker, Leif

Der ungeduldige Gläubiger und das neue Leistungsstörungsrecht - Das Verhältnis von Fristsetzung, Schadensersatzverlangen und Rücktritt, Neue Juristische Wochenschrift, 2003, S. 2777 ff.
zitiert: Derleder/ Zänker, NJW 2003

Diez-Picazo y Ponce de Leon, Luis

La compraventa internacional de mercaderias – Comentario de la Convención de Viena, 1998
zitiert: Diez-Picazo/Bearbeiter, CV

Diez-Picazo, Luis/ Gullón, Antonio

Instituciones de derecho civil, Volumen I/ 2, 2. Auflage 1998
zitiert: Diez-Picazo/ Gullón, Instituciones

Dörner, Heinrich/ Ebert, Ina/ Eckert, Jörn/ Hoeren, Thomas/ Kemper, Rainer/ Saenger, Ingo/ Schulte-Nölke, Hans/ Schulze, Reiner/ Staudinger, Ansgar

BGB-Handkommentar, 2. Auflage 2002
zitiert: Hk-BGB/ Bearbeiter

Duque, Justino

La protección de los derechos económicos y sociales en la Ley General para la Defensa de los Consumidores, Estudios sobre consumo, 1984 (3), S. 51 ff.
zitiert: Duque, EC 1984 (3)

Durán Rivacoba, Ramón

Evicción y Saneamiento, 2002
zitiert: Durán Rivacoba

Eidenmüller, Horst

Rechtskauf und Unternehmenskauf, Zeitschrift für das gesamte Schuldrecht 2002, S. 290 ff.
zitiert: Eidenmüller, ZGS 2002

Elb, Werner

Schuldrechtsmodernisierung - Ein Leitfaden für die Praxis, 2002
zitiert: Elb

Erman, Walter/ Westermann, Harm Peter (Hrsg.)

Bürgerliches Gesetzbuch – Handkommentar Band 1, 11. Auflage 2004
zitiert: Erman/ *Bearbeiter*

Ernst, Wolfgang/ Zimmermann, Reinhard (Hrsg.)

Zivilrechtswissenschaft und Schuldrechtsreform 2001
zitiert: Ernst/ Zimmermann/ *Bearbeiter*

Ernst, Wolfgang/ Gsell, Beate

Kaufrechtsrichtlinie und BGB – Gesetzentwurf für eine „kleine" Lösung bei der Umsetzung der EU-Kaufrechtsrichtlinie, Zeitschrift für Wirtschaftsrecht 2000, S. 1410 ff.
zitiert: Ernst/ Gsell, ZIP 2000

Ernst, Wolfgang/ Gsell, Beate

Kritisches zum Stand der Schuldrechtsmodernisierung – Beispiele fragwürdiger Richtlinienumsetzung, Zeitschrift für Wirtschaftsrecht 2001, S. 1389 ff.
zitiert: Ernst/ Gsell, ZIP 2001

Evangelio Llorca, Raquel

La garantía del Art. 11 LGDCU y la Directiva 99/44/CE, del Parlamento Europeo y del Consejo, de 25 de mayo 1999, sobre determinados aspectos de la venta y las garantías de los bienes de consumo, Revista Critica de Derecho Imobiliario 2002 (672), S. 1301 ff.
zitiert: Evangelio Llorca, RCDI 2002 (672)

Faust, Florian

Grenzen des Anspruchs auf Ersatzteillieferung bei der Gattungsschuld, Zeitschrift für das gesamte Schuldrecht 2004, S. 252 ff.
zitiert: Faust, ZGS 2004

Fenoy Picón, Nieves

Falta de conformidad e incumplimiento en la compraventa (Evolución del ordenamiento español), 1996
zitiert: Fenoy Picón

Ferid, Murad/ Kegel, Gerhard/ Zweigert, Konrad

Gutachten zum internationalen und ausländischen Privatrecht 1979, 1981
zitiert: Murad/ Kegel/ Zweigert/ IPG

Fischer, Kai Christian

Verbraucherschutz im spanischen Vertragsrecht im Lichte der europäischen Rechtsangleichung, 2000
zitiert: Fischer, KC

Fischer, Klaus-Bernd/ Fischer, Ana-Katharina

Spanisches Handels- und Wirtschaftsrecht, 2. Auflage 1995
zitiert: Fischer/ Fischer

Fuchs, Daniel

Verbraucherschutz in Spanien – Die Rechtslage nach dem Konsumentenschutzgesetz von 1984, Arbeiten zur Rechtsvergleichung, Band 146, 1989
zitiert: Fuchs

García Amigo, Manuel

La defensa de los consumidores desde el derecho privado, Revista de Derecho Privado, 1985 (69), S. 395 ff.
zitiert: García Amigo, RDP

García Cruces, José Antonio

Las garantías contractuales como protección "in natura" frente a daños de escasa cuantía, Derecho del consumo: Acceso a la justicia, responsabilidad y garantía, 2001
zitiert: García Cruces, S. 321 ff.

García Goyena, Florencio

Concordancias, motivos y comentarios del Código Civil español, Tomo III, 1852
zitiert: García Goyena

García Rubio, Maria Paz

La transposición de la Directiva 1999/44/CE al derecho español. Análisis del Proyecto del Ley de Garantías en la venta de Bienes de Consumo, La Ley 2003 (5747), S. 1 ff.
zitiert: García Rubio, La Ley 2003 (5747)

Gaul, Björn

Schuldrechtsmodernisierung und Unternehmenskauf, Zeitschrift für das gesamte Handelsrecht (und Wirtschaftsrecht) 166, 2002, S. 37 ff.
zitiert: Gaul, ZHR 166 (2002)

Von Gierke, Klaus/ Paschen, Uwe

Mängelgewährleistung beim Unternehmenskauf, GmbHRundschau 2002, S. 457 ff.
zitiert: von Gierke/ Paschen GmbHR 2002

Gimenez Roig, Eusebio

Trafico juridico, compraventa, escritura e inscripción, 1998
zitiert: Gimenez Roig

Gomez Calero, Juan

Los derechos de los consumidores y usuarios, 1994
zitiert: Gomez Calero

Gómez Pomar, Fernando

Directiva 1999/44/CE sobre determinadas aspectos de la venta y las garantías de los bienes de consumo: una perspectiva económica, Indret (www.indret.com), octubre 2001
zitiert: Gómez, Indret

Graf von Westphalen, Friedrich

Kettengarantie und kein Ende?, Zeitschrift für das gesamte Schuldrecht 2002, S. 19 ff.
zitiert: Graf v. Westphalen, ZGS 2002

Derselbe,

§ 444 BGB: zwei Briefe des Gesetzgebers – es lebe der Widerspruch!, Zeitschrift für Wirtschaftsrecht 2003, S. 1179 ff.
zitiert: Graf v. Westphalen, ZIP 2002

Grigoleit, Hans Christoph/ Herresthal, Carsten

Die Beschaffenheitsvereinbarung und ihre Typisierung in § 434 Abs. 1 BGB, Juristenzeitung 2003, S. 233 ff.
zitiert: Grigoleit/ Herresthal, JZ 2003

Gronstedt, Sebastian/ Jörgens, Stefan

Die Gewährleistungshaftung bei Unternehmensverkäufen nach dem neuem Schuldrecht, Zeitschrift für Wirtschaftsrecht 2002, S. 52 ff.
zitiert: Gronstedt/ Jörgens, ZIP 2002

Grundmann, Stefan

Europäisches Schuldvertragsrecht: Standort, Gestalt und Bezüge, Juristische Schulung 2001, S. 946 ff.
zitiert: Grundmann, JuS 2001

Grunewald, Barbara

Rechts- und Sachmängelhaftung beim Kauf von Unternehmensanteilen, Neue Zeitschrift für Gesellschaftsrecht 2003, S. 273 ff.
zitiert: Grunewald, NZG 2003

Grunewald, Barbara/ Gernhuber, Joachim

Bürgerliches Recht – Ein systematisches Repetitorium, 6. Auflage 2003
zitiert: Grunewald/ Gernhuber

Gsell, Beate

Kaufrechtsrichtlinie und Schuldrechtsmodernisierung, Juristenzeitung 2001, S. 65 ff.
zitiert: Gsell, JZ 2001

Dieselbe,

Das Verhältnis von Rücktritt und Schadensersatz, Juristenzeitung 2004, S. 643 ff.
zitiert: Gsell, JZ 2004

Gullon Ballesteros, Antonio

Curso de Derecho Civil – Contratos en especial, Responsabilidad extra-contractual, 1968
zitiert: Gullon Ballesteros

Haas, Lothar

Entwurf eines Schuldrechtsmodernisierungsgesetzes: Kauf- und Werkvertragsrecht, Betriebs-Berater 2001, S. 1313 ff.
zitiert: Haas, BB 2001

Haas, Lothar/ Medicus, Dieter/ Rolland, Walter/ Schäfer, Carsten/ Wendtland, Holger

Das neue Schuldrecht, 2002
zitiert: SchuldR/ *Bearbeiter*

Häublein, Martin

Der Beschaffenheitsbegriff und seine Bedeutung für das Verhältnis der Haftung aus culpa in contrahendo zum Kaufrecht, Neue Juristische Wochenschrift 2003, S. 388 ff.
zitiert: Häublein, NJW 2003

Hammen, Horst

Zum Verhältnis der Garantie zu den Mängelrechten aus § 437 BGB, Neue Juristische Wochenschrift 2003, S. 2588 ff.
zitiert: Hammen, NJW 2003

de la Haza, Pilar

Garantías de los productos, in: Curso sobre el Nuevo Derecho del Consumidor Ministerio de Sanidad y Consumo, 1990
zitiert: Curso/ de la Haza

Heinrich, Martin

Die Abwehr des Anspruchs des Käufers auf Nacherfüllung, Zeitschrift für das gesamte Schuldrecht 2003, S. 253 ff.
zitiert: Heinrich, ZGS 2003

Henssler, Martin/ Graf von Westphalen, Friedrich

Praxis der Schuldrechtsreform, 2. Auflage, 2003
zitiert: Henssler/ Graf v. Westphalen

Hermanns, Marc

Garantien beim Unternehmens- und Anteilskaufvertrag – Gestaltungsmöglichkeiten und Formulierungsvorschläge, Zeitschrift für Wirtschaftsrecht 2002, S. 696 ff.
zitiert: Hermanns, ZIP 2002

Hernando Cebriá, Luis

La transmisión de la empresa a través de distintos contratos (especial referencia a la sentencia del Tribunal Supremo de 8 de abril de 2000), Revista de Derecho Mercantil 2001 (242), S. 1871 ff.
zitiert: Hernando Cebriá, RDM 2001 (242)

Hertel, Christian

Sach- und Rechtsmängel im Kauf- und Werkvertragsrecht nach der Schuldrechtsreform, Zeitschrift für die Anwaltspraxis 2002, Fach 3, S. 179 ff.
zitiert: Hertel, ZAP 2002

Hilgard, Mark/ Kraayvanger, Jan

Unternehmenskauf – Rechtsfolgen eines selbständigen Garantieversprechens nach der Reform, Monatsschrift für Deutsches Recht 2002, S. 678 ff.
zitiert: Hilgard/ Kraayvanger, MDR 2002

Himmelskamp, Christoph/ Jürgens, Dirk

Die Umsetzung der Richtlinie über den Verbrauchsgüterkauf (EG-RL 1999/44), Informaciones, Zeitschrift für den deutsch-spanischen Rechtsverkehr 2003 (1), S. 20 ff.
zitiert: Himmelskamp/ Jürgens, INF 2003 (1)

Hoeren, Thomas/ Flohr, Eckhard

Vertragsgestaltung nach der Schuldrechtsreform, 1. Auflage 2003
zitiert: Hoeren/ Flohr

Hoeren, Thomas/ Martinek, Michael

Systematischer Kommentar zum Kaufrecht, 2002
zitiert: Hoeren/ Martinek/ *Bearbeiter*, SKK

Holzapfel, Hans-Joachim

Die Behandlung des share deal, in: Unternehmenskauf und Schuldrechtsmodernisierung – Fachtagung der Bayer-Stiftung für deutsches und internationales Arbeits- und Wirtschaftsrecht am 06. und 07. Juni 2002
zitiert: Holzapfel/ Unternehmenskauf

Holzapfel, Hans-Joachim/ Pöllath, Reinhard

Unternehmenskauf in Recht und Praxis – Rechtliche und steuerliche Aspekte, 11. Auflage 2003
zitiert: Holzapfel/ Pöllath

Huber, Peter

Der Nacherfüllungsanspruch im neuen Kaufrecht, Neue Juristische Wochenschrift 2002, S. 1004 ff.
zitiert: Huber, NJW 2002

Huber, Peter/ Faust, Florian

Schuldrechtsmodernisierung 2002 -Einführung in das neue Recht-, 1. Auflage, 2002
zitiert: Huber/ Faust

Huber, Ulrich

Die Praxis des Unternehmenskaufs im System des Kaufrechts, Archiv für die civilistische Praxis, Bd. 202 (2002), S. 179 ff.
zitiert: Huber, AcP 202 (2002)

de la Iglesia Monje, Maria Isabel

El principio de conformidad del contrato en la compraventa internacional de mercaderías, 2002
zitiert: de la Iglesia Monje, S. 55 ff.

Jacobs, Matthias

Der Rückgriff des Unternehmers nach § 478 BGB, Juristenzeitung 2004, S. 225
zitiert: Jacobs, JZ 2004

Jaensch, Michael

Der Gleichlauf von Rücktritt und Schadensersatz, Neue Juristische Wochenschrift 2003, S. 3613 ff.
zitiert: Jaensch, NJW 2003

Jaques, Henning

Haftung des Verkäufers für arglistiges Verhalten beim Unternehmenskauf – zugleich eine Stellungnahme zu § 444 BGB n.F., Betriebs-Berater 2002, S. 417 ff.
zitiert: Jaques, BB 2002

Jauernig, Othmar

Bürgerliches Gesetzbuch – Kommentar, 11. Auflage 2004
zitiert: Jauernig/*Bearbeiter*

Jiménez Sanchez, Guillermo J.

Derecho Mercantil, 7. Auflage 2002
zitiert: Jiménez Sanchez

Jordá Capitán, Eva

La Directiva 1999/44/CE de 25 de mayo sobre determinados aspectos de la venta y las garantías de los bienes de consumo. Consideraciones respecto de su repercusión en los regímenes de garantía legal y garantía comercial en el ordenamiento juridico español, Cuadernos de Derecho y Comercio, 2000 (31), S. 127 ff.
zitiert: Jordá Capitán, CDC 2000, (31)

Jorden, Simone/ Lehmann, Michael

Verbrauchsgüterkauf und Schuldrechtsmodernisierung – Zur geplanten Umsetzung der Richtlinie 1999/44/EG im Rahmen eines Gesetzes zur Modernisierung des Schuldrechts, Juristenzeitung 2001, S. 952 ff.
zitiert: Jorden/ Lehmann, JZ 2001

Kamanabrou, Sudabeh

Der Nachlieferungsanspruch beim Stückkauf, Zeitschrift für das gesamte Schuldrecht 2004, S. 57 ff.
zitiert: Kamanabrou, ZGS 2004

Knott, Hermann

Unternehmenskauf nach der Schuldrechtsreform, Neue Zeitschrift für Gesellschaftsrecht 2002, S. 249 ff.
zitiert: Knott, NZG 2002

Knott, Hermann/ Mielke, Werner/ Weidlich, Thomas

Unternehmenskauf, 2001
zitiert: Knott/ Mielke/ Weidlich

Krämer, Ulrich

Praxisrelevante Problemfelder des neuen Verjährungsrechts, Zeitschrift für das gesamte Schuldrecht 2003, S. 379 ff.
zitiert: Krämer, ZGS 2003

Laguna Ibañez, Fernando

La transmisión de la empresa y de sus obligaciones, Anuario de Derecho Civil 1962 (15), S. 657 ff.
zitiert: Laguna Ibañez, ADC 1962 (15)

Larenz, Karl/ Wolf, Manfred

Allgemeiner Teil des Bürgerlichen Rechts, 9. Auflage 2004
zitiert: Larenz/ Wolf

Lasarte Álvarez, Carlos

Principios de derecho civil, Tomo III - Contratos, 7. Auflage 2003
zitiert: Lasarte Álvarez

Leenen, Detlef

Die Neugestaltung des Verjährungsrechts durch das Schuldrechtsmodernisierungsgesetz, Deutsches Steuerrecht 2002, S. 34 ff.
zitiert: Leenen, DStR 2002

de León Acre, Alicia/ Moreno Luque, Carmen/ Aza Conejo, Maria Jesús

Derecho de Consumo, 1994
zitiert: de León Acre/ Moreno Luque/ Aza Conejo

de León Acre, Alicia/ García García, Luz Maria

Derechos de los Consumidores y usuarios – doctrina, normativa, jurisprudencia, formularios, 2000
zitiert: de León Acre/ Bearbeiter

Lete Achirica, Javier

La Directiva sobre la venta y las garantías de los bienes de consumo de 25 de mayo de 1999 y su transposición en el Derecho español, Actualidad Civil 1999 (42), S. 1365 ff.
zitiert: Lete Achirica, AC 1999 (42)

Lete del Rio, José M.

Derecho de obligaciones, Vol. III -contratos en particular-, 1990
zitiert: Lete del Rio

Lieb, Manfred

Die Garantieproblematik (§ 444 BGB), in: Unternehmenskauf und Schuldrechtsmodernisierung – Fachtagung der Bayer-Stiftung für deutsches und internationales Arbeits- und Wirtschaftsrecht am 06. und 07. Juni 2002
zitiert: Lieb/ Unternehmenskauf

Llácer Matacás, Maria Rosa

El saneamiento por vicios ocultos en el código civil: Su naturaleza jurídica, 1992
zitiert: Llácer Matacás

Löber, Burckhardt/ Peuster, Witold (Hrsg.)

Aktuelles spanisches Handels- und Wirtschaftsrecht, 1991
zitiert: Löber/ Peuster/ Bearbeiter, Titel

Lorenz, Egon (Hrsg.)

Karlsruher Forum 2002: Schuldrechtsmodernisierung, 2003
zitiert: Lorenz, KF/ *Autor*

Lorenz, Stephan

Schadensersatz wegen Pflichterfüllung – ein Beispiel für die Überhastung der Kritik an der Schuldrechtsreform, Juristenzeitung 2001, S. 742 ff.
zitiert: Lorenz, JZ 2001

Derselbe,

Rücktritt, Minderung und Schadensersatz wegen Sachmängeln im neuen Kaufrecht: Was hat der Verkäufer zu vertreten?, Neue Juristische Wochenschrift 2002, S. 2497 ff.
zitiert: Lorenz, NJW 2002

Derselbe,

Aliud, peius und indebitum im neuen Kaufrecht, Juristische Schulung 2003, S. 36 ff.
zitiert: Lorenz, JuS 2003

Derselbe,

Selbstvornahme der Mängelbeseitigung im Kaufrecht, Neue Juristische Wochenschrift 2003, S. 1417 ff.
zitiert: Lorenz, NJW 2003

Derselbe,

Zur Abgrenzung von Teilleistung, teilweiser Unmöglichkeit und teilweiser Schlechtleistung im neuen Schuldrecht, Neue Juristische Wochenschrift 2003, S. 3097 ff.
zitiert: Lorenz, NJW 2003

Lorenz, Stephan/ Riehm, Thomas

Lehrbuch zum neuen Schuldrecht, 1. Auflage 2002
zitiert: Lorenz/ Riehm

Manresa, José María

Comentarios al Código Civil Español - Tomo X, 1919
zitiert: Manresa

Mansel, Heinz-Peter

Die Neuregelungen des Verjährungsrechts, Neue Juristische Wochenschrift 2002, S. 89 ff.
zitiert: Mansel, NJW 2002

Derselbe,

Kaufrechtsreform in Europa und die Dogmatik des deutschen Leistungsstörungsrechts: Kaufrechtsreform in Europa nach der Umsetzung der Verbrauchsgüterkauf-Richtlinie, Archiv für die civilistische Praxis, Bd. 204 (2004), S. 396 ff.
zitiert: Mansel, AcP 2004

Mansel, Heinz-Peter/ Budzikiewicz, Christine

Das neue Verjährungsrecht, 2002
zitiert: Mansel/ Budzikiewicz

Marín Lopez, Juan José/ Marín Lopez, Manuel Jesus

Código sobre Consumo y Comercio, 1998
zitiert: Marín Lopez/ Marín Lopez

Marco Molina, Juana

La garantía legal sobre bienes de consumo en la Directiva 1999/44/CE (1) del Parlamento Europeo y del Consejo, de 25 de mayo 1999, sobre determinados aspectos de la venta y las garantías de los bienes de consumo (2), Revista Critica de Derecho Imobiliario 2002 (674), S. 2275 ff.
zitiert: Marco Molina, RCDI 2002 (674)

Marx, Claudius

Handlingkosten im Unternehmerrückgriff, Betriebs-Berater 2002, S. 2566 ff.
zitiert: Marx, BB 2002

Matthes, Jens

Der Herstellerregreß nach § 478 BGB in Allgemeinen Geschäftsbedingungen – ausgewählte Probleme, Neue Juristische Wochenschrift 2002, S. 2505 ff.
zitiert: Matthes, NJW 2002

Matusche-Beckmann, Annemarie

Unternehmerregreß im neuen Kaufrecht: Rechtsprobleme in der Praxis, Betriebs-Berater 2002, S. 2561 ff.
zitiert: Matusche-Beckmann, BB 2002

Maultzsch, Felix

Schuldrechtsmodernisierung 2001/ 2002: Der Regreß des Unternehmers beim Verbrauchsgüterkauf, Juristische Schulung 2002, 1171 ff.
zitiert: Maultzsch, JuS 2002

Medicus, Dieter

Die Leistungsstörungen im neuen Schuldrecht, Juristische Schulung 2003, S. 521 ff.
zitiert: Medicus, JuS 2003

Derselbe,

Schuldrecht II - Besonderer Teil, 12. Auflage 2004
zitiert: Medicus/SchR-BT

Menéndez Menéndez, Aurelio/ Díez-Picazo y Ponce de León

Comentarios al la Ley sobre Condiciones Generales de la Contratación, 2002
zitiert: Menéndez Menéndez/ Díez-Picazo/ *Berarbeiter*

Méndez, Rosa M./ Vilalta, A. Esther

Garantías y acciones derivadas de las ventas de bienes de consumo - Sobre la Ley 23/2003, de 10 de julio, de Garantías en la Venta de Bienes de Consumo, 2004
zitiert: Méndez/ Vilalta

Micklitz, Hans-W./ Pfeiffer, Thomas/ Tonner, Klaus/ Willigmann, Armin (Hrsg.)

Schuldrechtsreform und Verbraucherschutz, 1. Auflage 2001
zitiert: MPTW/ *Bearbeiter*

Miguez Macho, Luis

El reparto de competencias en matéria de comercio interior en la Ley de Ordenación del Comercio Minorista, Revista Aragonesa de Administración Pública 1997 (11), S. 91 ff.
zitiert: Miguez Macho, RAAP 1997 (11)

Ministerio de Justicia

Comentario del Código Civil, Tomo II, 2. Auflage 1993
zitiert: MdJ/ Bearbeiter

Morales Moreno, Antonio Manuel

Declaraciones públicas y vinculación contractual (reflexiones sobre una Propuesta de Directiva), Anuario de Derecho Civil 1999 (52), S. 265 ff.
zitiert: Morales Moreno, ADC 1999 (52)

Morgenroth, Sascha

Die Umsetzung der Verbrauchsgüterkaufrichtlinie 1999/44/CE in Spanien, Recht der internationalen Wirtschaft 2003, S. 837 ff.
zitiert: Morgenroth, RIW 2003

Derselbe,

Umsetzung der Verbrauchsgüterkaufrichtlinie in Spanien und Deutschland, 2003
zitiert: Morgenroth

Moreno-Torres Herrera, Maria Luisa

Los plazos de ejercicio de los derechos del consumidor ante la falta de conformidad con el contrato en la Directiva 1999/44/CE y su transposición a los ordenamientos nacionales: un caso de „desarmonisación“, La Ley 2002 (5655), S. 1962 ff.
zitiert: Moreno-Torres Herrera, La Ley 2002 (5655)

Moxica Román, José

La compraventa mercantil e instituciones afines – Análisis de Doctrina y Jurisprudencia. Formularios, 1. Auflage 2000
zitiert: Moxica Román

Müller, Klaus

Unternehmenskauf, Garantie und Schuldrechtsreform – ein Sturm im Wasserglas?, Neue Juristische Wochenschrift 2002, S. 1026 ff.
zitiert: Müller, NJW 2002

Derselbe,

Einfluß der due diligence auf die Gewährleistungsrechte des Käufers beim Unternehmenskauf, Neue Juristische Wochenschrift 2004, S. 2196 ff.
zitiert: Müller, NJW 2004

Müller, Markus

Die Umgehung des Rechts des Verbrauchsgüterkaufs im Gebrauchtwagenhandel, Neue Juristische Wochenschrift 2003, S. 1975 ff.
zitiert: Müller, NJW 2003

Musielak, Hans-Joachim

Die Falschlieferung beim Stückkauf nach dem neuen Schuldrecht, Neue Juristische Wochenschrift 2003, S. 89 ff.
zitiert: Musielak, NJW 2003

Navarro Pérez, José Luis

La compraventa civil – antecedentes, comentario doctrinal, jurisprudencia y formularios, 1993
zitiert: Navarro Pérez

Niewiarra, Manfred

Unternehmenskauf, 1. Auflage 2000
zitiert: Niewiarra

Oetker, Hartmut/ Maultzsch, Felix

Vertragliche Schuldverhältnisse, 2. Auflage 2004
zitiert: Oetker/ Maultzsch

Orti Vallejo, Antonio

Los defectos de la cosa en la compraventa civil y mercantil – El nuevo régimen jurídico de las faltas de conformidad según la Directiva 1999/44/CE, 2002
zitiert: Orti Vallejo

Derselbe,

La Directiva 1999/44/CE: un nuevo régimen para el saneamiento por vicios en la compraventa de consumo, Revista del Poder Judicial 2002 (66), S. 593 ff.
zitiert: Orti Vallejo, RPJ 2002 (66)

Palandt, Otto

Bürgerliches Gesetzbuch, Kurzkommentar, 63. Auflage 2004
zitiert: Palandt/ Bearbeiter

Parra Lucán, Maria Angeles

Los derechos mínimos del titular de la garantía del artículo 11 de la Ley General para la Defensa de los Consumidores y Usarios, Anuario de Derecho Civil, 1988 (41), S. 523 ff.
zitiert: Parra Lucán, ADC 1988 (41)

Peuster, Witold

Código Civil – Das spanische Zivilgesetzbuch, Spanisch-deutsche Textausgabe, 2002
zitiert: Peuster, C.C.

Pfeiffer, Thomas

Systemdenken im neuen Leistungsstörungs- und Gewährleistungsrecht, Zeitschrift für das gesamte Schuldrecht 2002, S. 23 ff.
zitiert: Pfeiffer, ZGS 2002

Derselbe,

§ 444 BGB muß korrigiert werden, Zeitschrift für das gesamte Schuldrecht 2003, S. 161
zitiert: Pfeiffer, ZGS 2003

Pick, Eckhart

Zum Stand der Schuldrechtsmodernisierung, Zeitschrift für Wirtschaftsrecht 2001, S. 1173 ff.
zitiert: Pick, ZIP 2001

Piñar Mañanas, José Luis/ Beltrán Sanchez, Emilio

Comentarios a la ley de la ordenación del comercio minorista y a la ley orgánica complementaria, 1997
zitiert: Piñar/ Beltrán/ Bearbeiter

Piske, Peer Ingo

Kaufvertrag in Spanien, Zustandekommen, Inhalt, Abwicklung, 1998
zitiert: Piske

Plaza Penadés, Javier

Directiva comunitaria sobre determinados aspectos de la venta y garantía de los bienes de consumo, Revista de Derecho Patrimonial 1999 (3), S. 515 ff.
zitiert: Plaza Penadés, RDPatr. 1999 (3)

Prada Alonso, Javier

Protección del consumidor y resposabilidad civil, 1998
zitiert: Prada Alonso

Puig Brutau, José

Fundamentos de Derecho Civil – Contratos en particular, Tomo II, Volumen II, 1982
zitiert: Puig Brutau

Rehberg, Markus

Mängel beim Unternehmenskauf: Ein Share-Deal mit Tücken, Zeitschrift für das gesamte Schuldrecht 2002, S. 456 ff.
zitiert: Rehberg, ZGS 2002

Reinking, Kurt

Auswirkungen des Schuldrechtsmodernisierungsgesetzes auf den Neu- und Gebrauchtwagenkauf, Deutsches Autorecht 2001, S. 8 ff.
zitiert: Reinking, DAR 2001

Reyes López, Maria José

La protección de los consumidores y la contratación, Noticias C.E.E. 1992 (93), S. 83 ff.
zitiert: Reyes López, Noticias C.E.E.

Reyes López, Maria José, u.a. (Hrsg.)

Derecho de Consumo, 1999
zitiert: Reyes López

Ritzmann, Matthias

Schuldrechtsreform – Gewährleistungsrechtliche Nachfristsetzung kurz vor Ablauf der Verjährungsfrist, Monatsschrift für Deutsches Recht 2003, S. 430 ff.
zitiert: Ritzmann, MDR 2003

Rödder, Thomas/ Hötzel, Oliver/ Mueller-Thuns, Thomas

Unternehmenskauf - Unternehmensverkauf, Zivil- und steuerrechtliche Gestaltungspraxis, 2003
zitiert: Rödder/ Hötzel/ Mueller-Thuns

de la Rosa, Fernando Esteban

La protección de los consumidores en el mercado interior europeo, 2003
zitiert: de la Rosa

Rubido de la Torre, Carlos

Derecho del Consumidor, 2000
zitiert: Rubido de la Torre

Rubio Garrido, Tómas

La „garantía" del Art. 11 LGDCU, Anuario de Derecho Civil 1990 (43), S. 867 ff.
zitiert: Rubio Garrido, ADC 1990 (43)

Derselbe,

Contrato de compraventa y transmisión de proriedad, 1993
zitiert: Rubio Garrido

Rubio Torrano, Enrique

La Ley de Garantías en la Venta de Bienes de Consumo, Aranzadi Civil 2003 II, S. 1883 ff.
zitiert: Rubio Torrano, AC 2003 II

Derselbe,

Venta y consumo: nueva directiva comunitaria, Aranzadi Civil 1999 III, S. 2177 ff.
zitiert: Rubio Torrano, AC 1999 III

Ruiz

De la evicción y saneamiento en la compraventa, Revista general de la legislación y jurisprudencia, 1868, S. 326 ff.
zitiert: Ruiz, RGLJ 1868

Ruiz Muñoz, Miguel

Introducción a la contratación mercantil, Actualidad Civil 2003 (29), S. 785 ff.
zitiert: Ruiz Muñoz, AC 2003 (29)

Sánchez Calero, Fernando

Instituciones de Derecho Mercantil – Volumen I, 25. Auflage 2003
zitiert: Sanchez Calero, Instituciones

Derselbe,

Principios de Derecho Mercantil, 7. Auflage 2003
zitiert: Sanchez Calero, Principios

Sánchez Jáurequi, Antonio

Código Civil – comentarios y jurisprudencia, 8. Auflage 1996
zitiert: Sánchez Jáurequi

Sánchez Miguel, María Candelas

Las garantías de los consumidores en las compraventas transfronterizas, Estudios de Derecho mercantil – Homenaje al Profesor J.F. Duque Dominguez, 1998
zitiert: Sánchez Miguel, EDM 1998

Sanz Valentín, Luis Antonio

La Directiva 1999/44 CE del Parlamento Europeo y del Consejo sobre determinadas aspectos de la venta y las garantías de los bienes de consumo, Actualidad Civil 1999 (35), 1073 ff.
zitiert: Sanz Valentín, AC 1999 (35)

Scaevola, Mucius Q.

Código Civil, concordado y comentado, Tomo XXIII, 1906
zitiert: Scaevola

Schellhammer, Kurt

Die Haftung des Verkäufers für Sach- und Rechtsmängel – Neue Struktur und neuer Mangelbegriff, Monatsschrift für Deutsches Recht 2002, S. 241 ff.
zitiert: Schellhammer, MDR 2002

Derselbe,

Das neue Kaufrecht – Rechtsmängelhaftung, Rechtskauf und Verbrauchsgüterkauf, Monatsschrift für Deutsches Recht 2002, S. 485 ff.
zitiert: Schellhammer, MDR 2002

Schermaier, Martin

Verbraucherkauf in Europa – Altes Gewährleistungsrecht und die Umsetzung der Richtlinie 1999/44/EG, 2003
zitiert: Schermaier

Schimmel, Roland/ Buhlmann, Dirk

Frankfurter Handbuch zum neuen Schuldrecht, 2002
zitiert: HbSchuldR/ *Bearbeiter*

Schlechtriem, Peter

Schuldrecht Besonderer Teil, 6. Auflage 2003
zitiert: Schlechtriem

Schmidt-Räntsch, Jürgen

Das neue Schuldrecht -Anwendung und Auswirkung in der Praxis-, 1. Auflage 2002
zitiert: Schmidt-Räntsch

Schmidt-Räntsch, Jürgen/ Maifeld, Jan/ Meier-Göring, Anne / Röcken, Matthias

Das neue Schuldrecht, Einführung – Texte – Materialien, 2002
zitiert: Schmidt-Räntsch/ Maifeld/ Meier-Göring/ Röcken

Schubel, Christian

Schuldrechtsmodernisierung 2001/ 2002 – Das neue Kaufrecht, Juristische Schulung 2002, S. 313 ff.
zitiert: Schubel, JuS 2002

Derselbe,

Mysterium Lieferkette, Zeitschrift für Wirtschaftsrecht 2002, S. 2061 ff.
zitiert: Schubel, ZIP 2002

Schulte-Nölke, Hans

Ein Vertragsgesetzbuch für Europa?, Juristenzeitung 2001, S. 917 ff.
zitiert: Schulte-Nölke, JZ 2001

Schwappach, Jürgen

EU-Rechtshandbuch für die Wirtschaft, 2. Auflage 1996
zitiert: EU-RHbW/ *Bearbeiter*

Seibt, Christoph/ Raschke, Thorsten/ Reiche, Felix

Rechtsfragen und Haftungsbegrenzung bei Garantien (§ 444 BGB n.F.) und M&A- Transaktionen, Neue Zeitschrift für Gesellschaftsrecht 2002, S. 256 ff.
zitiert: Seibt/ Raschke/ Reiche, NZG 2002

Seibt, Christoph/ Reiche, Felix

Unternehmens- und Beteiligungskauf nach der Schuldrechtsreform, Deutsches Steuerrecht 2002, S. 1135 ff.
zitiert: Seibt/ Reiche, DStR 2002

Serra Domínguez, Manuel

Estudios de derecho procesal, 1969
zitiert: Serra Domínguez

Sierra Gil de la Cuesta, Ignacio

Comentario del Código Civil, Libro IV, 2000
zitiert: Sierra Gil de la Cuesta/ Bearbeiter

Soergel, Hans Theodor/ Siebert, Wolfgang

Bürgerliches Gesetzbuch mit Einführungsgesetz und Nebengesetzen, 12. Auflage 1991
zitiert: Soergel/ Bearbeiter

Sohst, Wolfgang

Das spanische Bürgerliche Gesetzbuch (Código Civil Español) – Text und Kommentar, 2002
zitiert: Sohst

Staudenmayer, Dirk

Die EG-Richtlinie über den Verbrauchsgüterkauf, Neue Juristische Wochenschrift 1999, S. 2393 ff.
zitiert: Staudenmayer, NJW 1999

Struck, Gerhard

Zivilrechtlicher Verbraucherschutz als Regelungstypus, Juristische Arbeitsblätter 2004, S. 68 ff.
zitiert: Struck, JA 2004

Tamayo Carmona, Juan

Falta de conformidad de las mercaderías e implicaciones en materia contractual. Directiva 1999/44/CE de 25 de Mayo y normas de la Convención de Viena, Noticias de la Unión Europea 2002 (211-212), S. 121 ff.
zitiert: Tamayo Carmona, NUE (211-212)

Thiessen, Jan

Garantierte Rechtssicherheit im Unternehmenskauf? Der Gesetzesentwurf zur Änderung des § 444 BGB, Zeitschrift für Rechtspolitik 2003, S. 272 ff.
zitiert: Thiessen, ZRP 2003

Torres Lana, José Angel

La garantía en las ventas al consumidor, in: Estudios de Derecho Civil en homenaje al Profesor Dr. José Luis Lacruz Berdejo, 1992
zitiert: Torres Angel, S. 791 ff.

Triebel, Volker/ Hölzle, Gerrit

Schuldrechtsreform und Unternehmenskaufverträge, Betriebs-Berater 2002, S. 521 ff.
zitiert: Triebel/ Hölzle, BB 2002

Tuero Aller, Francisco

Dos supuestos de caducidad y prescripción en el contrato de compraventa: saneamiento por vicios ocultos y ventas al consumo, in: Consejo General del Poder Judicial – Cuadernos de Derecho Judicial: Prescripción y caducidad de derechos y acciones, 1995, S. 317 ff.
zitiert: Tuero Aller, CDJ 1995

Uría, Rodrigo

Derecho mercantil, 28. Auflage 2002
zitiert: Uría

Uría, Rodrigo/ Menéndez, Aurelio

Curso de Derecho Mercantil, Tomo I, 1999
zitiert: Uría/ Menéndez/ *Bearbeiter*

Valpuesta Fernandez, M. R.

Derecho de obligaciones y contratos, 2. Auflage 1995
zitiert: Valpuesta Fernandez/ Bearbeiter

Vázquez Barros, Sergio

Contratos de Compraventa y Permuta – Comentarios, Formularios, Jurisprudencia, 2003
zitiert: Vázquez Barros

de Verda y Beamonte, José Ramon

Algunas reflexiones sobre la incidencia de la Directiva 1999/44/CE, del Parlamento Europeo y del Consejo, de 25 de mayo 1999, sobre determinados aspectos de la venta y las garantías de los bienes de consumo, en el Derecho Civil español, Noticias de la Unión Europea 2002 (211-212), S. 135 ff.
zitiert: de Verda y Beamonte, NUE 2002 (211-212)

Vérgez, Mercedes

La Protección del Consumidor en la Ley de Garantías en la Venta de Bienes de Consumo, 2004
zitiert: Vérgez

Vérgez Sanchez, Maria Mercedes

Concepto y particularidades de la „venta sobre muestras", Estudios Juridicos en Homenaje a Joaquín Garrigues, Tomo III, 1971, S. 457 ff.
zitiert: Vérgez Sanchez

Vilata Menadas, Salvador

Las garantías de los bienes de consumo en nuestro ordenamiento juridico (Ley 23/2003 de 10 de julio), Revista Juridica de la Comunidad Valenciana 2003 (8), S. 5 ff.
zitiert: Vilata Menadas, RJCV 2003 (8)

Wagner, Gerhard

Die Verjährung gewährleistungsrechtlicher Rechtsbehelfe nach neuem Schuldrecht, Zeitschrift für Wirtschaftsrecht 2002, S. 789 ff.
zitiert: Wagner, ZIP 2002

Weisner, Arnd

Die EG-Kaufrechtsgewährleistungsrichtlinie, Juristische Schulung 2001, S. 759 ff.
zitiert: Weisner, JuS 2001

Weitnauer, Wolfgang

Der Unternehmenskauf nach neuem Kaufrecht, Neue Juristische Wochenschrift 2002, S. 2511 ff.
zitiert: Weitnauer, NJW 2002

Westermann, Harm Peter (Hrsg.)

Das Schuldrecht 2002 – Systematische Darstellung der Schuldrechtsreform, 1. Auflage 2002
zitiert: Westermann/*Bearbeiter*

Derselbe,

Das neue Kaufrecht einschließlich des Verbrauchsgüterkaufs, Juristenzeitung 2001, S. 530 ff.
zitiert: Westermann, JZ 2001

Derselbe,

Das neue Kaufrecht, Neue Juristische Wochenschrift 2002, S. 241 ff.
zitiert: Westermann, NJW 2002

Witt, Carl-Heinz

Schuldrechtsmodernisierung 2001/2002 – Das neue Verjährungsrecht, Juristische Schulung 2002, S. 105 ff.
zitiert: Witt, JuS 2002

Wolf, Manfred/ Kaiser, Jochen

Die Mängelhaftung im Unternehmenskauf nach neuem Recht, Der Betrieb 2002, S. 411 ff.
zitiert: Wolf/ Kaiser, DB 2002

Zerres, Thomas

Der Begriff des Sachmangels im neuen Kaufrecht, Juristische Arbeitsblätter 2002, S. 713 ff.
zitiert: Zerres, JA 2002

Derselbe,

Schuldrechtsreform - Haftungsausschlüsse und –beschränkungen beim Unternehmenskauf, Monatsschrift für Deutsches Recht 2003, S. 368 ff.
zitiert: Zerres, MDR 2003

Zimmer, Daniel/ Eckhold, Thomas

Das neue Mängelgewährleistungsrecht beim Kauf, Juristische Ausbildung 2002, S. 145 ff.
zitiert: Zimmer/ Eckhold, JURA 2002

1. Teil: Einleitung

Die vorliegende Untersuchung befaßt sich mit der rechtlichen Ausgestaltung des Gewährleistungsrechts und des Verbraucherschutzes im Kaufrecht in Deutschland und Spanien. Beide Länder haben als Mitgliedsstaaten der Europäischen Union in jüngster Vergangenheit ihre diesbezüglichen nationalen Regelungen verändert oder ergänzt, um eine auf Europaebene angestrebte Harmonisierung der nationalen Regelungen auf dem Gebiet des Zivilrechts voranzutreiben. Dieses Harmonisierungsbestreben hat seinen Ursprung in der fortschreitenden Vereinheitlichung des europäischen Binnenmarktes. Durch Schaffung eines einheitlichen Mindestsockels an Rechten in der gesamten Union soll das Vertrauen der Käufer in den einzelnen Mitgliedsstaaten soweit verstärkt werden, daß diese auch von der Möglichkeit grenzüberschreitender Transaktionen Gebrauch machen. Damit einhergehend soll der Schutzstandard der jeweiligen innerstaatlichen Regelungen ebenfalls auf hohem Niveau verankert und angeglichen werden.[1] Besonderes Augenmerk wurde bei diesem Vorhaben auf eine gesetzliche Ausformung der Rechte des Verbrauchers gelegt, da eine Festlegung des erforderlichen Schutzniveaus in diesem Bereich des Kaufrechts besonders wichtig war.

A. Verbraucherschutz als europarechtlicher Hintergrund

Konkreter Auslöser für das Vorgehen beider Länder bei der Veränderung ihrer gesetzlichen Regelungslage im Bereich des Kaufrechts war die Verabschiedung der sogenannten Verbrauchsgüterkaufrichtlinie[2] durch das Europäische Parlament und den Rat. Die Richtlinie hat den Kauf beweglicher Sachen durch Verbraucher von einem im Rahmen seiner beruflichen oder gewerblichen Tätigkeit handelnden Verkäufer zum Gegenstand. Während vorangehende Richtlinien mit klar umgrenzten Bezugpunkten nur die Randbereiche des Verbraucherschutzes der Mitgliedsstaaten betrafen[3], betrifft der Regelungskomplex der in Rede stehenden Verbrauchsgüterkaufrichtlinie den Kernbereich des Zivilrechts der einzelnen Mitgliedsstaaten. Diese müssen den Verbraucherschutz ihrer nationalen Regelungen aufgrund der detaillierten Vorgaben der Richtlinie in erheblichem Umfang einer Überprüfung unterziehen.[4] Aus diesem Grund wird diese Richtlinie als die bisher wichtigste europäische Richtlinie im Verbraucherrecht

---

[1] Staudenmayer NJW 1999, 2393, 2393; Weisner, JuS 2001, 759, 760.

[2] Richtlinie 1999/44/EG des Europäischen Parlaments und des Rates vom 25. Mai 1999 zu bestimmten Aspekten des Verbrauchsgüterkaufs und der Garantien für Verbrauchsgüter, Abl.EG Nr. L 171 vom 07.07.1999, 12.

[3] Schulte-Nölke, JZ 2001, 917, 918; Grundmann, JuS 2001, 946, 949.

[4] Däubler-Gmelin, NJW 2001, 2281, 2283; Staudenmayer, NJW 1999, 2393, 2394.

eingeschätzt, der eine wesentliche Bedeutung hinsichtlich eines zukünftigen europäischen Zivilrechts beigemessen wird.[5]

Die Richtlinie umfaßt neben einzelnen Begriffsbestimmungen des Regelungskontextes Vorschriften zur Vertragsmäßigkeit des Geschäftsgegenstands, zum Rechtsspektrum des Verbrauchers und den insoweit maßgeblichen Fristen. Zentraler Anknüpfungspunkt für die Umsetzung ist damit die von den bislang geltenden nationalen Regelungswerken in Deutschland und Spanien abweichende Haftungsverpflichtung des Verkäufers für die Vertragsmäßigkeit der Ware.[6] Die Richtlinie sieht für die Mitgliedstaaten einen Zeitraum bis zum 01. Januar 2002 vor, bis zu dem die Vorschriften in nationales Recht umgewandelt und in Kraft getreten sein sollen. Die Art und Weise der Umsetzung schreibt die Richtlinie nicht vor, die Entscheidung darüber bleibt den Mitgliedsstaaten vorbehalten. Aufgrund der umfassenden und detaillierten Ausgestaltung der Richtlinie war eine Integration der Vorschriften in Form eines inhaltsgleichen Sondergesetzes ebenso möglich wie eine Integration mittels Neugestaltung der innerstaatlichen Regelungsmaterie unter Berücksichtigung der durch die Richtlinie vorgesehenen Schutzmechanismen.

B. Richtlinienumsetzung in nationales Verbraucherschutzrecht

In Anbetracht des Regelungsbereichs der Richtlinie sah die Regierung in Deutschland das Erfordernis, die Umsetzung der Vorschriften im Rahmen einer grundlegenden Neugestaltung des betroffenen Bereichs des Zivilrechts vorzunehmen. Die Umsetzung mittels eines auf die konkrete Richtlinie begrenzten Sondergesetzes wurde abgelehnt, da damit eine weitergehende Zersplitterung des Kaufrechts im Zuge fortschreitender Modernisierung und Europäisierung verbunden gewesen wäre.[7] Die Umsetzung im Rahmen einer sog. „großen Lösung" wurde vor diesem Hintergrund in Deutschland mit dem Schuldrechtsmodernisierungsgesetz[8] durchgeführt. Mit Inkrafttreten dieses Gesetzes am 01. Januar 2002 hat das deutsche Kaufrecht eine weitgehende Umgestaltung erfahren. Neben der termingerechten Umsetzung der Verbrauchsgüterkaufrichtlinie in nationales Recht wurde durch die Reform auch das Kaufrecht im allgemeinen umgestaltet. Die Modernisierung des Schuldrechts erfaßte auch das Mängelge-

---

[5] Weisner, JuS 2001, 759; Schermaier, 3, 4.

[6] S. Erwägungsgrund 7) ff. der Richtlinie 1999/44/EG des Europäischen Parlaments und des Rates vom 25. Mai 1999 zu bestimmten Aspekten des Verbrauchsgüterkaufs und der Garantien für Verbrauchsgüter, Abl.EG Nr. L 171 vom 07.07.1999, 12.

[7] Zum Erreichen eines „kritischen Punkts" in der Gesetzgebung auf europäischer wie nationaler Ebene: Däubler-Gmelin, NJW 2001, 2281, 2283; Canaris, DB 2001, 1815, 1821; a.A. mit dem Vorzug der „kleinen Lösung" z.B. Ernst/ Gsell, ZIP 2000, 1410, 1411; Altmeppen, DB 2001, 1821, 1822.

[8] SchuModG v. 26.11.2001, BGBl. I/ 2001, 3138.

währleistungsrecht, so daß sich auf diesem Gebiet Veränderungen zur alten Rechtslage ergeben haben.

Im Gegensatz zu Deutschland hatte Spanien bis zum Ablauf der Umsetzungsfrist am 01. Januar 2002 noch keine Integration der Richtlinie in das nationale Recht vorgenommen. Erst in der zweiten Jahreshälfte 2002 hat die spanische Regierung die Umsetzung vorbereitet. Die Regierung hat sich dabei für eine Umsetzung der Richtlinie durch ein „Gesetz über Garantien im Verbrauchsgüterkauf" entschieden, daß im Juli 2003 verabschiedet wurde und im September desselben Jahres in Kraft getreten ist.[9] Mit diesem Spezialgesetz integriert der spanische Gesetzgeber die Vorschriften der Richtlinie in nahezu identischer Ausgestaltung als eigenständige Regelungsgrundlage in das nationale Recht. Diese Form der Richtlinienumsetzung entspricht der spanischen Gesetzgebungspraxis, die bereits vor der in Rede stehenden EU-Richtlinie den Verbraucherschutz durch Spezialgesetze im nationalen Recht verankert hatte.[10]

C. Aufbau und Vorgehen der Untersuchung

Das Ziel der folgenden Untersuchung ist es, die bestehenden Regelungssysteme der kaufrechtlichen Gewährleistung beider Länder im allgemeinen Kaufrecht, dem Verbrauchsgüterkauf sowie dem Unternehmenskauf miteinander zu vergleichen. Gegenstand der Untersuchung sind folglich die Gewährleistungsregelungen der jeweiligen Zivilgesetzbücher sowie die Erweiterungen des Käuferschutzes durch einschlägige Sondergesetze. Besondere Beachtung finden dabei die verschiedenen Arten von Garantien, die zugunsten des Käufers bei Kaufverträgen eingegangen werden können, sowie die jeweilige gesetzliche Regelung ihrer Rechtsfolgen.

Dazu werden zunächst die Regelungssysteme Deutschlands und Spaniens im Einzelnen dargestellt und eingehend untersucht. Trotz der unterschiedlichen Umsetzungsarten beider Länder erfolgt die Darstellung soweit wie möglich für beide Regelungssysteme in einer einheitlichen Struktur. Die damit verbundene Gegenüberstellung ermöglicht es, die Übereinstimmungen und Unterschiede der Regelungen herauszuarbeiten und deutlich zu machen. An diese länderbezogenen Einzeluntersuchungen schließt sich ein Rechtsvergleich der kaufrechtlichen Gewährleistung in Deutschland und Spanien an, in dem durch unmittelbare Gegenüberstellung der nationalen Ausgestaltungen der jeweiligen Regelungsbereiche Parallelitäten und Abweichungen offen zu Tage treten. Die dabei gefundenen Ergebnisse werden abschließend unter dem Gesichtspunkt einer richtlinienkonformen Integration in innerstaatliches Recht zusammengefaßt und bewertet.

---

[9] Ley 23/2003 de Garantías en la Venta de Bienes de Consumo (LGVBC), vom 10.07.2003, BOE 11.07.2003, S. 27160 ff.

[10] Verbraucherschutzgesetz, Ley 26/1984 und Einzelhandelskaufgesetz, Ley 7/1996; s. dazu im Einzelnen weiter unten.

2. Teil: Die kaufrechtliche Gewährleistung in Deutschland

Die aufgrund des Schuldrechtsmodernisierungsgesetzes erfolgte Umgestaltung des Kaufrechts führte, insbesondere um eine Zersplitterung im Hinblick auf die Regelungen des Verbrauchsgüterkaufs zu vermeiden, zu einer Ausrichtung des gesamten Systems am Verbrauchsgüterkauf.[11] Davon erfaßt ist auch das Gewährleistungsrecht, das neben einer Ankopplung an das allgemeine Leistungsstörungsrecht und den damit verbundenen Änderungen auch weitere gesetzliche Neuerungen enthält.

A. Struktur des Gewährleistungsrechts

Der Schwerpunkt der reformbedingten Veränderungen in der Ausgestaltung des Zivilrechts liegt in der Neuregelung des Gewährleistungsrechts. Die zentrale Änderung zur bisherigen gesetzlichen Regelung enthält dabei die neue Vorschrift des § 433 Abs. 1 Satz 2 BGB, wonach der Verkäufer nun verpflichtet ist, dem Käufer die Sache frei von Sach- und Rechtsmängeln zu verschaffen. Diese Regelungsausgestaltung enthält eine Erweiterung der Erfüllungspflicht des Verkäufers und macht im Falle einer mangelhaften Lieferung eine Anknüpfung der Rechtsbehelfe des Käufers an das allgemeine Leistungsstörungsrecht möglich[12]. Die Verschaffung einer nicht mangelfreien Sache stellt folglich nunmehr eine Pflichtverletzung im Sinne des § 280 Abs. 1 BGB dar, die neben Schadensersatz und Rücktritt auch die Rechtsfolgen nach den Unmöglichkeitsregeln nach sich zieht. Aufgrund der Verweisregelung in die Vorschriften des allgemeinen Leistungsrechts der §§ 283, 323, 326, 311a BGB bedarf es insoweit keiner gewährleistungsrechtlichen Sonderregelungen mehr. Aus diesem Grund findet sich in dem neuen § 437 Nr. 2 und 3 nur noch eine Rechtsgrundverweisung auf die genannten Bestimmungen des allgemeinen Leistungsstörungsrechts. Einzige Ausnahme bildet dabei die Minderung, die in § 441 BGB als spezielles Gewährleistungsrecht erhalten geblieben ist, da sie im allgemeinen Leistungsstörungsrecht keine Entsprechung findet.[13]

B. „Mangel“ als zentraler Begriff des Gewährleistungsrechts

Auch in der neuen Ausgestaltung des Gewährleistungsrechts stellt der Mangel den zentralen Begriff dar, an den die einzelnen Rechtsfolgen anknüpfen. Allerdings hat sich die Definition dieses Begriffs entsprechend Art. 2 der Verbrauchsgüterkaufrichtlinie geändert.

---

[11] Schubel, JuS 2002, 313, 313; Zimmer/ Eckhold, JURA 2002, 145, 145.

[12] Canaris/ SchuldR, S. XXI; Ball, ZGS 2002, 49, 49; Schellhammer, MDR 2002, 241, 241; Hertel, ZAP 2002, Fach 3, 179, 207.

[13] Jauernig/ Berger, § 441 BGB Rn. 1; Ball, ZGS 2002, 49, 49.

I. Definition des Mangels

Auch nach der neuen Ausgestaltung des Gewährleistungsrechts wird wie bislang im deutschen Recht zwischen Sachmangel und Rechtsmangel unterschieden. Allerdings werden im neuen Gewährleistungsrecht beide Arten von Mängeln in den Rechtsfolgen gleichgestellt. Die Definition des Sachmangels nach neuem Recht ist in § 434 BGB enthalten, der Rechtsmangel wird in § 435 BGB definiert. Dabei ist der Begriff des Rechtsmangels im Wesentlichen terminologisch und sachlich unverändert geblieben.[14] Obschon das Gesetz damit auch weiterhin eine Abgrenzung der verschiedenen Mängelarten vornimmt, ist nach der neuen Rechtslage mit der generellen gesetzlichen Verpflichtung zur mangelfreien Lieferung in § 433 Abs. 1 Satz 2 BGB eine genaue Klärung des konkreten Mangeltyps, der im Einzelfall Schwierigkeiten bereiten kann, nicht mehr erforderlich.[15] Dies ergibt sich einerseits daraus, daß die Norm des § 433 Abs. 1 Satz 2 BGB gleichermaßen Sach- als auch Rechtsmängel betrifft, wie andererseits aus der Tatsache, daß in § 437 BGB bezüglich der Rechtsfolgen nicht mehr nach den Mangeltypen differenziert wird.

II. Der Sachmangel

Im Gegensatz zu der weitgehend unveränderten Integration der bisherigen Definition des Rechtsmangels in das neue Gewährleistungsrecht wurde im Rahmen der Reform eine Veränderung des Sachmangelbegriffs vorgenommen. In der neuen Regelungsausgestaltung wurde nun der subjektive Fehlerbegriff als Grundlage der Definition des Sachmangels in § 434 Abs. 1 BGB gesetzlich verankert.[16] Diese neue Ausgestaltung des Sachmangels folgt damit der bereits bisher herrschenden Meinung in Literatur und Praxis.[17] Anknüpfungspunkt zur Bestimmung des Vorliegens eines Sachmangels ist dementsprechend in erster Linie die Vorstellung der Parteien bezüglich des Vertragsgegenstands, die Niederschlag in der vertraglichen Vereinbarung gefunden haben muß. Nur wenn darüber keine Klärung erlangt werden kann, sind entsprechend des gestuften Aufbaus der Regelung des § 434 BGB objektive Kriterien zur Bestimmung einer Mangelhaftigkeit heranzuziehen. Der maßgebliche Zeitpunkt für das Vorliegen eines Sachmangels ist der des Gefahrübergangs und damit in der Regel der

---

[14] Albrecht/ Flohr/ Lange, S. 41; Brüggemeier, WM 2002, 1376, 1379; Zimmer/ Eckhold, JURA 2002, 145, 147.

[15] Zerres, JA 2002, 713, 715; Büdenbender, DStR 2002, 361, 361; Hertel, ZAP 2002, Fach 3, 179, 181; Zimmer/ Eckhold, JURA 2002, 145, 146; Anders, ZRP 2000, 293, 295.

[16] Jauernig/ Berger, § 434 BGB Rn. 2; Schubel, JuS 2002, 313, 315; Boerner, ZIP 2002, 2264, 2266; Brüggemeier, WM 2002, 1376, 1377; Lorenz, KF/ Canaris, S. 57.

[17] Huber/ Faust, S. 292 Rn. 11; Albrecht/ Flohr/ Lange, S. 41; Henssler/ Graf v. Westphalen, § 434 BGB Rn. 9.

Zeitpunkt der Übergabe der Sache gemäß § 446 Satz 1 BGB, oder bereits vorher mit Eintritt des Annahmeverzugs.[18]

1. Subjektive Kriterien für das Vorliegen eines Sachmangels

Hinsichtlich der Frage nach dem grundsätzlichen Vorliegen eines Sachmangels knüpft die neue Regelung des Sachmangels an die Ausgestaltung des § 459 Abs. 1 BGB a.F. an. Auch nach neuem Recht liegt ein Sachmangel immer dann vor, wenn der tatsächliche Zustand der Kaufsache von dem Zustand abweicht, den die Vertragspartner bei Abschluß des Kaufvertrags vereinbart haben.[19] Ausgehend von der vertraglichen Einigung der Parteien wird dabei mit Zugrundelegung der vereinbarten Beschaffenheit des Vertragsgegenstands als Definitionsgrundlage des Sachmangelbegriffs die in § 433 Abs. 1 Satz 2 BGB enthaltene Pflicht des Verkäufers zur ordnungsgemäßen Erfüllung widergespiegelt.[20] Eine Ergänzung des Mangelbegriffs erfolgt zudem durch § 434 Abs. 1 Satz 3 BGB, nach dem die Sollbeschaffenheit einer Sache auch die Eigenschaften umfaßt, die der Käufer aufgrund öffentlicher Äußerungen des Verkäufers, des Herstellers oder des Gehilfen erwarten kann. Von der haftungsbegründenden Werbeangabe dieser Art ist jedoch die bloße anpreisende Werbung, die keine Haftung nach sich zieht, zu unterscheiden.[21]

a) Vereinbarte Beschaffenheit, § 434 Abs. 1 Satz 1 BGB

Nach § 434 Abs. 1 Satz 1 BGB richtet sich die Bestimmung der Frage, ob der Vertragsgegenstand mangelhaft ist, in erster Linie danach, ob die Kaufsache bei Gefahrübergang die vereinbarte Beschaffenheit hat oder nicht. Grundlage dieses Beurteilungsmaßstabs der Mangelhaftigkeit sind dabei die ausdrücklichen oder stillschweigenden Vereinbarungen der Vertragsparteien hinsichtlich der Kaufsache.[22] Die relevante Beschaffenheit der Kaufsache kann damit unterhalb und oberhalb des gewöhnlichen Qualitätsstandards liegen[23], ohne daß dieser zur Beurteilung heranzuziehen wäre. Mit dieser Ausrichtung am Parteiwillen tritt die Privatautonomie, die nunmehr ihren sachgerechten Niederschlag im Gewährleistungsrecht gefunden hat, als wesentliches Prinzip des gesamten Zivilrechts

---

[18] Erman/ Grunewald, § 434 BGB Rn. 65/ 66; SchuldR/ Haas, Rn. 100; Lorenz, KF/ Canaris, S. 72; Palandt/ Putzo, § 434 BGB Rn. 8.

[19] BGH, NRW-RR 1995, 364; Coester-Waltjen, JURA 2002, 534, 539; Henssler/ Graf v. Westphalen, § 434 BGB Rn. 9.

[20] Henssler/ Graf v. Westphalen, § 434 BGB Rn. 9; Huber/ Faust, S. 295 Rn. 19.

[21] Jauernig/ Berger, § 434 BGB Rn. 15; Hertel, ZAP 2002, Fach 3, 179, 180, Bernreuther, MDR 2003, 63, 64 mit Beispielen zur Abgrenzung.

[22] Palandt/ Putzo, § 434 BGB Rn. 17; SchuldR/ Haas, Rn. 95; Boerner, ZIP 2001, 2264, 2266.

[23] Anwaltskommentar/ Büdenbender, § 434 BGB Rn. 6; Büdenbender, DStR 2002, 361, 361.

hervor.[24] Der Begriff der „Beschaffenheit“ wird im Gesetz bewußt nicht definiert.[25] Aus der Orientierung am Eigenschaftsbegriff der alten gesetzlichen Regelung und insbesondere dem Kontext der neuen Rechtsfolgenregelung, mit der die ursprünglichen Gründe für diese Unterscheidung entfallen sind, ergibt sich jedoch, daß der Begriff der Beschaffenheit an den weiten Eigenschaftsbegriff, der bisher zu § 459 Abs. 2 BGB a.F. vertreten wurde, anzulehnen ist.[26] Die Beschaffenheit im Sinne von § 434 Abs. 1 Satz 1 BGB umfaßt damit nicht nur die körperlichen Merkmale einer Sache selbst, sondern auch die tatsächlichen, wirtschaftlichen, sozialen oder rechtlichen Beziehungen der Sache zur Umwelt.[27] Im Gegensatz zur früher vertretenen Ansicht, Gegenstand einer Beschaffenheitsvereinbarung könne nur sein, was mit einer gewissen Dauerhaftigkeit bei der Kaufsache vorliege, unterfallen nun auf Grundlage einer entsprechenden Vereinbarung als alleinigem Beurteilungsmaßstab auch vorübergehende Gebrauchshindernisse dem Sachmängelrecht.[28] Dabei ist es unerheblich, ob der Sache diese Beziehungen „unmittelbar innewohnen“ oder „anhaften“.[29] Maßgeblich ist, daß sie aus der Sphäre der Sache stammen und nicht eher als Eigenschaft der neuen Umgebung der Sache einzuordnen sind.[30] Die frühere Zusicherung einer Eigenschaft geht somit in der Vereinbarung einer bestimmten Beschaffenheit nach neuem Recht auf, ohne daß sich daran noch besondere Rechtsfolgen knüpfen. Allerdings kann die Tatsache einer Eigenschaftszusicherung durch den Verkäufer bei der Frage nach seiner Einstandspflicht eine Rolle spielen, denn sofern die Zusicherung als Übernahme einer Garantie im Sinne von § 276 Abs. 1 BGB zu werten ist, ergeben sich Unterschiede im zu vertretenden Haftungsrahmen.

Zwischen den Vertragsparteien müssen die Beschaffenheitsmerkmale vereinbart worden sein. Eine derartige Vereinbarung der Beschaffenheit liegt vor, wenn die Konkretisierung der Pflicht des Verkäufers auf einen bestimmten Zustand des Vertragsgegenstands Bestandteil der zugrunde liegenden vertraglichen Vereinbarung ist.[31] Für eine solche Vereinbarung einer Beschaffenheit ge-

---

[24] Büdenbender, DStR 2002, 361, 361; Westermann, JZ 2001, 531, 532.

[25] Regierungsentwurf, BT-Drucksache 14/6040, S. 213; Palandt/ Putzo, § 434 BGB Rn. 9.

[26] Berger, JZ 2004, 276, 278; Lorenz, KF/ Canaris, S. 65; Schellhammer, MDR 2002, 241, 243; Palandt/ Putzo, § 434 BGB Rn. 10, 11; SchuldR/ Haas, Rn. 98.

[27] Erman/ Grunewald, § 434 BGB Rn. 4-6; Jauernig/ Berger, § 434 BGB Rn. 6.

[28] Henssler/ Graf v. Westphalen, § 434 BGB Rn. 14; Berger, JZ 2004, 276, 278.

[29] Palandt/ Putzo, § 434 BGB Rn. 11; Huber/ Faust, S. 297 Rn. 23; Häublein, NJW 2003, 388, 390.

[30] Lorenz, KF/ Canaris, S. 63/ 64, der die Abgrenzung mit Beispielen zur „Störfaktorzuordnung“ verdeutlicht.

[31] SchuldR/ Haas, Rn. 95; Palandt/ Putzo, § 434 BGB Rn. 16.

nügt die bloße verbindliche Beschreibung des Kaufgegenstands mit bestimmten Eigenschaften, eventuell bestehenden besonderen Formerfordernissen des Vertrags muß die Vereinbarung allerdings genügen. Im Falle eines Formmangels erstreckt sich die Heilung dann jedoch mit auf die Beschaffenheitsvereinbarung.[32] Insofern sind die Anforderungen an eine Beschaffenheitsvereinbarung geringer als an die frühere Zusicherung von Eigenschaften. Erforderlich für eine wirksame Beschaffenheitsvereinbarung sind lediglich zwei übereinstimmende Willenserklärungen. Es ist dabei unerheblich, ob die Beschaffenheit zwischen den Vertragsparteien ausdrücklich oder stillschweigend zustande gekommen ist, auch aus Verkehrsübung und Handelsbrauch kann sich eine derartige Vereinbarung ergeben.[33] In diesem Zusammenhang wird auch die Bezugnahme der Parteien auf technische Regelwerke und Normen als ausdrückliche Vereinbarung einer entsprechenden Beschaffenheit der Kaufsache angesehen.[34] Sofern die Vereinbarung einer Beschaffenheit nur konkludent erfolgt ist, muß im Zweifelsfall durch Auslegung der konkrete Anforderungsinhalt ermittelt werden. Dabei kann unter anderem auch der Preis der Ware, der insoweit als Qualitätsindikator die Sache näher kennzeichnet, heranzuziehen sein.[35]

b) Vertraglich vorausgesetzte Verwendung, § 434 Abs. 1 Satz 2 Nr. 1 BGB

Sofern eine solche Beschaffenheit nicht vereinbart ist, ist gemäß Satz 2 Nr. 1 auf die nach dem Vertrag vorausgesetzte Verwendung abzustellen. In diesen Fällen gilt die Sache als frei von Sachmängeln, wenn sie sich für die nach dem Vertrag vorausgesetzte Verwendung eignet. Da hinsichtlich des Merkmals der vorausgesetzten Verwendung wiederum eine Übereinstimmung zwischen den Parteien erforderlich ist, kommen sich beide Vorschriften in ihren Voraussetzungen nahe. Die Regelung des § 434 Abs. 1 Satz 2 Nr. 1 BGB soll aber nicht die Fälle erfassen, in denen konkrete Beschaffenheitsmerkmale vereinbart werden, sondern in denen die Zweckeignung als solche, gleichsam als „Ergebnis“ vereinbart wird.[36] Aufgrund der identischen Rechtsfolgen handelt es sich bei dieser Regelung um den Auffangtatbestand von § 434 Abs. 1 Satz 1 BGB, sofern eine vertragliche Vereinbarung zwar nicht nachweisbar ist, dem Verkäufer aber die Anforderungen des Käufers erkennbar waren und dies auch zu belegen

---

[32] Palandt/ Putzo, § 434 BGB Rn. 18; Schellhammer, MDR 2002, 241, 243.

[33] Palandt/ Putzo, § 434 BGB Rn. 17; Henssler/ Graf v. Westphalen, § 434 BGB Rn. 18; Huber/ Faust, S. 297 Rn. 23.

[34] Henssler/ Graf v. Westphalen, § 434 BGB Rn. 19.

[35] SchuldR/ Haas, Rn. 95.

[36] Huber/ Faust, S. 299 Rn. 29; SchuldR/ Haas, Rn. 101; a.A., aber mit gleichem Ergebnis Lorenz, KF/ Canaris, S. 57, der eine Verwendungsvereinbarung ablehnt und über einen Auslegungsrückschluß die Beschaffenheit herleiten möchte.

ist. Die Orientierung der Regelung an dem „nach dem Vertrag" vorausgesetzten Verwendungszweck, macht deutlich, daß hinsichtlich einer konkreten Zweckbestimmung eine Übereinstimmung der Vertragsparteien bestehen muß, so daß einseitige Vorstellungen des Käufers insoweit keine Berücksichtigung finden können.[37] Auch hier kann die bestimmte Verwendung ausdrücklich oder stillschweigend vorausgesetzt werden, letzteres wird vor allem bei Kaufverträgen über alltägliches Bedarfsgut der Fall sein.[38] Denn bei derartigen Geschäften des täglichen Lebens wird von den Parteien das Augenmerk weniger auf das Vorhandensein bestimmter Eigenschaften der Kaufsache gerichtet, als auf die Tatsache, daß sie für die durch den Vertrag erkennbare Verwendung geeignet ist. Geregelt werden somit die Fälle subjektiver Beschaffenheitsanforderungen, die zwar nicht die Wirkung vertraglicher Verbindlichkeit erreichen, jedoch für den Verkäufer erkennbar bestanden und damit von ihm berücksichtigt werden mußten.[39] Ein Mangel liegt nach dieser Regelungsalternative jedenfalls immer dann vor, wenn infolge der tatsächlichen Beschaffenheit bei ordnungsgemäßer Verwendung die Eignung vermindert oder vollkommen beseitigt ist. Die Zugrundelegung einer bestimmten Verwendung bei Vertragsschluß erweitert nach neuem Recht zugunsten des Käufers auch insoweit den Haftungsrahmen, als nicht nur Defizite der Sache selbst als Mangel gelten, sondern auch deren unzureichende Kompatibilität mit anderen Dingen oder eine unzureichende Nutzungsmöglichkeit unter besonderen geforderten Aspekten. Auf eine grundsätzlich bestehende uneingeschränkte Einsatzbereitschaft der Sache unter „Normalbedingungen" kommt es dann folglich nicht an, die Einschätzung der Tauglichkeit unter der vom Käufer offengelegten Verwendungsabsicht obliegt insoweit dem Verkäufer, den bei Fehleinschätzung auch die Haftung trifft.

Einen Sonderfall zwischen den Alternativen des § 434 Abs. 1 Satz 1 und Satz 2 BGB bildet die Konstellation, daß eine Beschaffenheitsvereinbarung getroffen wird und zudem ein mit dieser nicht in Einklang zu bringender Verwendungszweck vereinbart wird. Hier könnte man aufgrund der Formulierung des Gesetzestextes in § 434 Abs. 1 Satz 1 und 2 BGB eine echte Rangfolge annehmen und den Kauf strikt nach der getroffenen Beschaffenheitsvereinbarung beurteilen. Ein derartiges Vorgehen kann aber dazu führen, daß der durchschnittliche Verbraucher, der über keine vertieften Sachkenntnisse verfügt, durch die Vorgabe seiner Beschaffenheitsvorstellungen im Ergebnis nicht die Sache erhält, die er eigentlich wollte. Daher ist zumindest in solchen Fällen, in denen dem sachkundigen Verkäufer die Unvereinbarkeit der Beschaffenheit mit dem ge-

---

[37] Palandt/ Putzo, § 434 BGB Rn. 21; Huber/ Faust, S. 300 Rn. 30; Lorenz, KF/ Canaris, S. 57.

[38] Palandt/ Putzo, § 434 BGB Rn. 20.

[39] Anwaltskommentar/ Brüggemeier, § 434 BGB Rn. 7.

nannten Verwendungszweck hätte auffallen müssen, eine strikte Vorrangstellung der Beschaffenheitsvereinbarung zu verneinen. Es ist vielmehr davon auszugehen, daß es dem Käufer in diesen Fällen wichtiger ist, die Sache wie vorgesehen verwenden zu können, als daß sie die von ihm genannten konkreten Eigenschaften aufweist.[40] Anderenfalls würde die bloße Orientierung am formalen Aufbau des Gesetzes dazu führen, daß der beabsichtigte Verbraucher in derartigen Fällen einer unklaren Kaufentwicklung stets des beabsichtigten Schutzes benommen würde. Sofern der Käufer jedoch erkennbar selbst über ausreichende Sachkenntnis verfügt, kann es bei der grundsätzlichen Beurteilung nach der vereinbarten Beschaffenheit bleiben.

2. Objektive Kriterien für das Vorliegen eines Sachmangels

Für den Fall, daß zwischen den Parteien keine Übereinstimmung hinsichtlich der oben dargestellten subjektiven Voraussetzungen getroffen wurde, kommt es zur Beurteilung der Mangelhaftigkeit einer Kaufsache auf ihre Eignung für die gewöhnliche Verwendung an. In diese Beurteilung mit einzubeziehen ist die übliche Sacheigenschaft und die daraus resultierenden berechtigten Erwartungen des Käufers.[41] Der Maßstab der Üblichkeit bemißt sich anhand normaler, durchschnittlicher Anforderungen des Marktes an den Kaufgegenstand, so daß diese Beurteilung in erster Linie auf Anforderungen des typisierten Durchschnittskäufers abstellt.[42] Die insoweit vom Gesetz genannten Aspekte der verlangten „Normalbeschaffenheit" einer Kaufsache sind im Detail nicht scharf voneinander abzugrenzen. Mit diesen Merkmalen der Beschaffenheitsbestimmung richtet sich das Gesetz an einer vermeintlichen Parteivereinbarung aus, an der sich Beschaffenheit der Kaufsache messen lassen muß.[43]

a) Gewöhnliche Verwendung

Die Regelung des § 434 Abs. 1 Satz 2 Nr. 2 BGB erfaßt als Alternative der oben dargestellten Regelungen den Fall, daß keine Beschaffenheitsvereinbarung irgendeiner Art besteht und es somit zur Beurteilung des Vorliegens eines Sachmangels entscheidend auf die „gewöhnliche Verwendung" der Kaufsache ankommt. Hintergrund dieser Regelung ist die Umsetzung der Verbrauchsgüterkaufrichtlinie, die zur Beurteilung auf die Zweckeignung abstellt, der Güter der gleichen Art gewöhnlich genügen müssen.[44] Der Kaufsache wird damit ein

---

[40] Erman/ Grunewald, § 434 BGB Rn. 14; SchuldR/ Haas, Rn. 104.

[41] Anwaltskommentar/ Brüggemeier, § 434 BGB Rn. 9.

[42] Palandt/ Putzo, § 434 BGB Rn. 30.

[43] Grigoleit/ Herresthal, JZ 2003, 233, 235, die insoweit von der Typisierung einer konkludenten Beschaffenheitsabrede sprechen.

[44] Huber/ Faust, S. 301 Rn. 34; Henssler/ Graf v. Westphalen, § 434 BGB Rn. 27.

durchschnittliches Beschaffenheitsspektrum zugrunde gelegt, das dem einer „Normalbeschaffenheit“ der Kaufsache entspricht. Für diese Beurteilung im Wege der Vertragsauslegung nach §§ 133, 157 BGB ist folglich ein generell abstrakter Maßstab anzuwenden.[45] Die gewöhnliche Verwendung ist objektiv abzuleiten aus der Art der Sache und einem redlichen, vernünftigen Verhalten des Durchschnittskäufers, der den Verkehrskreisen, denen der Käufer angehört, entspricht.[46]

b) Übliche Beschaffenheit

Den grundsätzlichen Maßstab der „üblichen Beschaffenheit“ bilden, wie der Gesetzeswortlaut klarstellt, die Eigenschaften von Sachen der gleichen Art, wobei es nicht nur auf das Spektrum der objektiv erforderlichen Mindesteigenschaften ankommt, sondern weitergefaßt auf sämtliche regelmäßig bei Vergleichssachen zu findende Merkmale. Maßgeblich ist dabei, daß zur Beurteilung die richtigen Vergleichsgruppen gebildet werden. So können auch Gegenstände verschiedener Hersteller miteinander verglichen werden, sofern sie dem Grunde nach demselben Qualitätsstandard entsprechen.[47] Ebenso muß bei der Beurteilung Berücksichtigung finden, ob der Kaufgegenstand als Markenprodukt oder einfaches „no-name“-Produkt verkauft wurde.[48] Besondere Bedeutung erlangen auch öffentliche Äußerungen, die durch den Verkäufer, Hersteller oder Gehilfen hinsichtlich der Beschaffenheit der Kaufsache gemacht werden. Davon erfaßt sind alle Äußerungen, die in jeglicher Form, mündlich, schriftlich, durch gedruckte oder elektronische Medien auch durch unbeteiligte Dritte wahrnehmbar sind.[49] Auszunehmen sind jedoch sog. veröffentlichte Äußerungen über eine Sache, d.h. solche Stellungnahmen, die vom Hersteller oder Verkäufer nicht bewußt nach außen getätigt wurden. In diesen Fällen fehlt es an einer Zurechenbarkeit gegenüber den Urhebern der Äußerung, die zur Begründung einer Bindungswirkung erforderlich ist.[50] Da es bei den öffentlichen Äußerungen aber nicht darauf ankommt, daß diese durch den Verkäufer in die konkreten Vertragsverhandlungen mit dem Käufer einbezogen worden sind, müssen in diesem Zusammenhang insbesondere auch Werbeaussagen berück-

---

[45] Lorenz, KF/ Canaris, S. 58; Henssler/ Graf v. Westphalen, § 434 BGB Rn. 27.

[46] Schellhammer, MDR 2002, 241, 244; Palandt/ Putzo, § 434 BGB Rn. 27; Henssler/ Graf v. Westphalen, § 434 BGB Rn. 27.

[47] Grigoleit/ Herresthal, JZ 2003, 233, 235; Palandt/ Putzo, § 434 BGB Rn. 29.

[48] Huber/ Faust, S. 302 Rn. 36.

[49] Anwaltskommentar/ Büdenbender, § 434 BGB Rn. 10 ff; Palandt/ Putzo, § 434 BGB Rn. 34; Huber/ Faust, S. 303 Rn. 39.

[50] Grigoleit/ Herresthal, JZ 2003, 233, 237; Jauernig/ Berger, § 434 BGB Rn. 16.

sichtigt werden.[51] Allerdings sieht das Gesetz Ausnahmen vor, die den Verkäufer vor einer starren und derart umfangreichen Haftung schützen sollen. Danach wirken sich öffentliche Angaben einerseits nicht auf den Umfang der Beschaffenheit aus, wenn der Verkäufer die Äußerungen nicht kannte und diese Unkenntnis auch nicht auf irgendeiner Form der Fahrlässigkeit beruht.[52] Der hierbei anzulegende Bemessungsmaßstab wird sich in der Praxis danach richten müssen, ob es sich um einen professionellen Verkäufer oder eine Privatperson handelt, von der die Sache erworben werden soll. Obschon beide „Verkäuferarten“ durch die Regelung erfaßt werden, sind die Anforderungen an eine veräußernde Privatperson gering zu halten, um dem Charakter des Geschäfts gerecht zu werden. Bei einem professionellen Verkäufer ist demgegenüber zu differenzieren, ob es sich um einen Exklusivhändler oder um einen Anbieter eines breitgefächerten Warensortiments handelt. Aufgrund der besonderen Geschäftssituation ist bei einem Exklusivhändler daher in der Regel die vollständige Kenntnis der aktuellen Werbung anzunehmen. Bei den übrigen Verkäufern läßt sich hingegen die Anforderung an die Kenntnis der Werbung an den Stellenwert der Ware im Sortiment, den tatsächlichen Wert der Ware, sowie Art und Ausmaß der Werbung anknüpfen.[53] Eine derartige Haftung scheidet andererseits gänzlich aus, sofern der Verkäufer zum Zeitpunkt des Vertragsschlusses in gleichwertiger Weise die öffentlichen Äußerungen berichtigt. Vergleichbar mit der Berichtigung fehlerhafter Pressemeldungen gilt diese Berichtigung nur dann als gleichwertig, wenn sie auf ähnlich effiziente Weise, also in einem vergleichbaren Medium und in vergleichbar öffentlichkeitswirksamer Aufmachung erfolgt.[54] Dies setzt voraus, daß die Berichtigung in vergleichbarer Intensität und Frequenz bekanntgemacht wird wie die ursprüngliche Werbung. Nicht erheblich ist jedoch, daß der Käufer tatsächlich von der Berichtigung Kenntnis erlangt. Darüber hinaus scheidet eine Haftung des Verkäufers auch dann aus, wenn die Äußerung nachweisbar auf die Kaufentscheidung des Käufers keinen Einfluß genommen hat. In diesen Fällen würde die strikte Annahme einer Bindungswirkung der Äußerung über das beabsichtigte Ziel hinausschießen, denn der betroffene Verbraucher ist insoweit nicht schutzwürdig. Aus der Tatsache, daß das Gesetz auf eine Beeinflussung des Käufers abstellt, wird deutlich, daß die Äußerung weder die einzige Motivation des Käufers noch der ausschlaggebende Faktor zum Kaufentschluß gewesen sein muß. Die Haftung des Verkäufers er-

---

[51] Henssler/ Graf v. Westphalen, § 434 BGB Rn. 31, Huber/ Faust, S. 303 Rn. 39.

[52] Palandt/ Putzo, § 434 BGB Rn. 38; Anwaltskommentar/ Büdenbender, § 434 BGB Rn. 14.

[53] SchuldR/ Haas, Rn. 114; Erman/ Grunewald, § 434 BGB Rn. 25.

[54] Bernreuther, MDR 2003, 63, 67; Palandt/ Putzo, § 434 BGB Rn. 39; Anwaltskommentar/ Büdenbender, § 434 BGB Rn. 14.

gibt sich vielmehr bereits dann, wenn die von der Äußerung erfaßte Eigenschaft ein Teilmotiv eines gesamten Motivbündels des Käufers gewesen ist.[55]

3. Fehler bei Montage

Ebenfalls einem Sachmangel gleichgestellt werden über § 434 Abs. 2 BGB die unsachgemäße Montage der Kaufsache durch den Verkäufer oder dessen Erfüllungsgehilfen (Satz 1) und die als Bausatz verkaufte Sache mit einer fehlerhaften Montageanleitung, bei der die Montage nicht fehlerfrei gelungen ist (Satz 2).

a) Montagefehler, § 434 Abs. 2 Satz 1 BGB

Die Regelung des § 434 Abs. 2 Satz 1 BGB betrifft den Fall, daß nach Inhalt des Vertrages neben der bloßen Lieferung der Sache durch den Verkäufer auch die Montage beim Käufer geschuldet ist. Im Gegensatz zur früheren Regelung, die zwischen unerheblichen und gewichtigen Montageleistungen auf Grundlage des Kaufvertrags unterschied, erfaßt die neue Regelung jeden Vertrag, bei dem zumindest auch eine Montageverpflichtung vereinbart wurde.[56] Allerdings ist insoweit zu fordern, daß die vereinbarte Montage nicht dem Gesamtvertrag das Gepräge gibt. Anderenfalls handelt es sich um einen Werkvertrag, dessen mangelhafte Hauptpflichterfüllung nicht nach kaufrechtlichen Vorschriften zu beurteilen ist. Die geschuldete Montage muß unsachgemäß erfolgt sein, wobei zwei Fallgruppen durch die Vorschrift erfaßt werden. Einerseits stellt bereits die unsachgemäße Montage der Kaufsache selbst einen Sachmangel dar, andererseits werden auch die Fälle erfaßt, bei denen aufgrund der fehlerhaften Montage zudem eine Beeinträchtigung der Beschaffenheit der Kaufsache hervorgerufen wird.[57] Die fehlerhafte Montage muß durch den Verkäufer oder dessen Erfüllungsgehilfen erfolgen.

b) Mangelhafte Montageanleitung, § 434 Abs. 2 Satz 2 BGB

Satz 2 der Regelung betrifft Gegenstände, die „zur Montage bestimmt" sind, also nicht durch den Verkäufer aufgebaut werden, sondern dies vom Käufer selbst oder durch einen beauftragten Dritten zu erledigen ist. Dazu bedarf der Käufer in der Regel einer Anleitung, die es ihm ermöglicht, die Sache selbst ordnungsgemäß zusammenzubauen oder in technisch ordnungsgemäßer Weise gebrauchsfertig zu machen.[58] In diesen Fällen liegt auch dann ein Sachmangel

---

[55] Grigoleit/ Herresthal, JZ 2003, 233, 239.

[56] Henssler/ Graf v. Westphalen, § 434 BGB Rn. 47; Palandt/ Putzo, § 434 BGB Rn. 40; Lorenz/ Riehm, Rn. 489; Boerner, ZIP 2001, 2264, 2267.

[57] Palandt/ Putzo, § 434 BGB Rn. 44; Huber/ Faust, S. 305 Rn. 52.

[58] Hoeren/ Flohr, Rn. 34; dies erfaßt etwa den Anschluß von Haushaltsmaschinen, Elektronikgeräten, etc. an die dafür vorgesehenen Einrichtungen.

vor, wenn bei Fehlerfreiheit der einzelnen Bestandteile der Kaufsache die dazu gehörige Montageanleitung fehlerhaft ist.[59] Unerheblich ist dabei, wer die Montage vornehmen soll, dies kann sowohl durch den Käufer oder eine dritte Person erfolgen. Eine Montageanleitung ist mangelhaft, sofern sie entweder sachlich unverständlich gestaltet oder in einer für den Käufer nicht verständlichen Sprache abgefaßt ist.[60] Nicht ausdrücklich geregelt ist der Fall, daß die Montageanleitung bei der Lieferung fehlt. Aus dem Regelungszweck und Kontext der Vorschrift ist aber zu entnehmen, daß auch dies einen Sachmangel darstellt.[61] Die Haftung für diesen Mangel trifft den Verkäufer auch dann, wenn die fehlerhafte Montageanleitung nicht von ihm, sondern von dem ihn beliefernden Hersteller stammt.[62] Nicht zu verantworten hat der Verkäufer jedoch Montagefehler, die selbst bei ordnungsgemäßer Anleitung unterlaufen wären. Ebenso haftet der Verkäufer nicht für die fehlerhafte Anleitung, wenn die Montage der Kaufsache trotz allem ordnungsgemäß gelingt. Ein gesetzlich nicht geregelter, aber gleich gelagerter Problemfall ist die Lieferung einer Sache mit mangelhafter oder gänzlich ohne Bedienungsanleitung. In Übereinstimmung mit der bisherigen Rechtsprechung[63] sind diese Fälle nach der neuen Rechtslage ebenfalls als Sachmangel anzusehen. Die oben dargestellten Ausführungen gelten damit für die Bedienungsanleitung in gleicher Weise, allerdings kann bei der analogen Anwendung des § 434 Abs. 2 Satz 2 BGB der zweite Halbsatz auf diese Fälle keine Anwendung finden.[64] Die Bedienungsanleitung ermöglicht dem Käufer in der Regel erst die uneingeschränkte Nutzung der Sache unter optimaler Ausnutzung ihrer Eigenschaften. Aus diesem Grund hat der Käufer, selbst wenn er die Sache selbständig in Funktion setzen konnte, ohne eine ordnungsgemäße Bedienungsanleitung nie das erhalten, was ihm notwendigerweise als Käufer der Sache zusteht.

4. Quantitative Mängel

Die neue Definition des Sachmangels sieht eine Vereinheitlichung des Mangels mit der Falschlieferung (aliud) und der Zuweniglieferung vor. Diese werden in § 434 Abs. 3 BGB ausdrücklich dem Sachmangel gleichgestellt. Diese Gleich-

---

[59] Anwaltskommentar/ Büdenbender, § 434 BGB Rn. 17; Grunewald/ Gernhuber, § 15 Rn. 3.

[60] Brüggemeier, WM 2002, 1376, 1378; Palandt/ Putzo, § 434 BGB Rn. 49; Medicus/ SchR-BT, § 74 Rn. 50.

[61] So auch Brüggemeier, WM 2002, 1376, 1378; SchuldR/ Haas, Rn. 121.

[62] Henssler/ Graf v. Westphalen, § 434 BGB Rn. 49.

[63] BGH, ZIP 1989, 1333; Soergel/ Huber, § 459 BGB Rn. 331.

[64] Erman/ Grunewald, § 434 BGB Rn. 58; SchuldR/ Haas, Rn. 120; a.A. Jauernig/ Berger, § 434 BGB Rn. 19; Brand, ZGS 2003, 96, 97, die den Fall vom allgemeinen Fehlerbegriff direkt erfaßt sehen.

stellung macht die in der Vergangenheit vor allem im Rahmen des Gattungskaufs teilweise sehr schwierige Unterscheidung zwischen Sachmangel- und Aliudlieferung obsolet.[65]

a) Aliudlieferung, § 434 Abs. 3 Fall 1 BGB

Die Gleichstellung bedeutet, daß es nunmehr unerheblich ist, ob die gelieferte aber nicht vertragsgemäße Kaufsache noch der geschuldeten Gattung angehört, oder ob die Abweichung der gelieferten von der vertraglich geschuldeten Kaufsache noch genehmigungsfähig gemäß § 378 HGB ist. Denn sobald die gelieferte Kaufsache von dem vertraglich geschuldeten Programm abweicht, handelt es sich bezüglich der Rechtsfolgen um einen Sachmangel im Sinne von § 434 Abs. 3 BGB.[66] Dabei spielt es keine Rolle, ob die Sache zu der geschuldeten Gattung gehört ohne allerdings die geschuldeten Eigenschaften zu erfüllen, oder ob die Sache einer anderen Gattung zuzuordnen ist. Erforderliche Voraussetzung für die Anwendbarkeit des § 434 Abs. 3 BGB ist im Wesentlichen nur, daß der Verkäufer auch aus Sicht des Käufers erkennbar die Sache zur Erfüllung der ihm obliegenden Leistungspflicht erbracht hat.[67] Für den Fall der Stückschuld wird diese Regelung teilweise aufgrund der bestehenden engen Voraussetzungen der Qualifikation der Vertragssache eingeschränkt. Diese Ansicht geht nicht von einem Mangel der Sache sondern von einer Verwechslung mit einer anderen Sache aus, wobei diese Fälle dann nicht von der Intention des § 434 Abs. 3 BGB erfaßt werden.[68] Allerdings ist dem Wortlaut der Regelung eine Unterscheidung, wie sie diese Ansicht zugrundelegt, nicht zu entnehmen, so daß eine weite Anwendung von § 434 Abs. 3 BGB ohne Unterscheidung zwischen Stück- und Gattungskauf vorzuziehen ist.

b) Zuweniglieferung, § 434 Abs. 3 Fall 2 BGB

Auch die negative Abweichung der gelieferten zur vertraglich geschuldeten Menge der Kaufsache steht einem Sachmangel gleich. Eine Mindermenge wird durch den Verkäufer dann geliefert, wenn er dem Käufer nur einen Teil der verkauften Sache oder nur eine Teilmenge der Gattungsware überläßt.[69] Maßgeblich ist dabei, daß der Verkäufer die gelieferte Menge für den Käufer erkennbar

---

[65] Brüggemeier, WM 2002, 1376, 1378; Boerner, ZIP 2001, 2264, 2268.

[66] Palandt/ Putzo, § 434 BGB Rn. 52a; Huber/ Faust, S. 305 Rn. 62; Büdenbender, DStR 2002, 361, 362.

[67] Anwaltskommentar/ Büdenbender, § 434 BGB Rn. 18; Lorenz, KF/ Canaris, S. 66; Huber/ Faust, S. 305 Rn. 62; Lorenz, JuS 2003, 36, 37.

[68] Lorenz, KF/ Canaris, S. 66, 68/ 69, der hervorhebt, daß mit Sachen, die offensichtlich nicht Vertragsgegenstand gewesen sind, von vorneherein keine Erfüllung durch den Verkäufer möglich sei.

[69] Schellhammer, MDR 2002, 241, 246.

zur Erfüllung seiner Gesamtverpflichtung erbringt. Nur dann liegt ein Fall der Zuweniglieferung vor, der nach § 434 Abs. 3 BGB die Gewährleistungsrechte nach sich zieht. Anderenfalls handelt es sich um eine Teilleistung, die nicht der Sachmängelgewährleistung unterliegt.[70]

III. Der Rechtsmangel

Der Rechtsmangel ist in § 435 BGB geregelt, wobei sich im Gegensatz zum Sachmangel keine relevanten Unterschiede zur bisherigen Ausgestaltung ergeben. Ein Rechtsmangel liegt vor, wenn von Dritten aufgrund eines privaten oder öffentlichen Rechts das Eigentum, der Besitz oder der unbeschränkte Gebrauch des Kaufgegenstands beeinträchtigt werden kann.[71] Gemeint sind damit die sog. Eviktionsfälle, die dingliche Rechte gegen den Käufer ebenso wie obligatorische Rechte Dritter bezüglich der Kaufsache oder Einreden, die dem verkauften Recht entgegenstehen, erfassen.[72] Allerdings begründen nur tatsächlich bestehende Rechte Dritter einen Rechtsmangel im Sinne der Vorschrift, so daß die bloße Geltendmachung eines tatsächlich nicht bestehenden Rechts durch einen Dritten keine Gewährleistung auszulösen vermag.[73] Der Rechtsmangel ist auch nach der Regelung des § 435 BGB ausschließlich objektiv zu bestimmen. Da nach der gesetzlichen Ausgestaltung bis auf die im Kaufvertrag ausdrücklich genannten Rechte keine weiteren vorhanden sein dürfen, die gegen den Käufer geltend gemacht werden können, kommt eine subjektive Beschaffenheitsvereinbarung sinnvoller Weise nicht in Betracht. Zudem ist es für den Käufer günstiger, wenn sich die Rechtsmangelbestimmung nicht nach dem bestimmten Verwendungszweck des Käufers richtet, denn dieser soll die Gewähr dafür haben, die Kaufsache zu einem späteren Zeitpunkt uneingeschränkt auch anders verwenden zu können, als dies bei Vertragsschluß vorgesehen und erkennbar war.[74] Da § 433 BGB den Verkäufer zur Erfüllung seiner Leistungspflicht sowohl zur sachmängelfreien als auch zur rechtsmängelfreien Verschaffung der Kaufsache verpflichtet, werden Sach- und Rechtsmängel in ihren Rechtsfolgen nunmehr grundsätzlich gleichgestellt.[75] Anders als nach der bisherigen Rechtslage haben auch Grenzfälle zwischen Sach- und Rechtsmängeln aufgrund der

[70] Lorenz, NJW 2003, 3097, 3098; Erman/ Grunewald, § 434 BGB Rn. 62.

[71] Palandt/ Putzo, § 435 BGB Rn. 5; Zimmer/ Eckhold, JURA 2002, 145, 146; Huber/ Faust, S. 311 Rn. 68.

[72] Henssler/ Graf v. Westphalen, § 435 BGB Rn. 4; Anwaltskommentar/ Büdenbender, § 435 BGB Rn. 1; Jauernig/ Berger, § 435 BGB Rn. 5; Schellhammer, MDR 2002, 485, 486.

[73] Anwaltskommentar/ Büdenbender, § 435 BGB Rn. 3; ABH/ Brambring, S.138; Huber/ Faust, S. 311 Rn. 69; Schellhammer, MDR 2002, 485, 486.

[74] Westermann/ Buck, S. 120.

[75] Hoeren/ Martinek/ Wolff, SKK, Teil 1 Rn. 470; Erman/ Grunewald, § 435 BGB Rn. 1.

daran anknüpfenden identischen Folgen keine besondere Bedeutung mehr.[76] Nach § 435 Abs. 2 BGB werden dem im Grundbuch eingetragene, aber nicht bestehende Rechte gleichgestellt. Dies ist erforderlich, da derartige „Scheinrechte“ einerseits im Rechtsverkehr für den Käufer zum Hindernis werden können, andererseits aber auch eine Veränderung zu tatsächlichen Rechten im Wege des gutgläubigen Erwerbs droht.[77] Wie auch beim Sachmangel gibt es bei der Rechtsmängelhaftung keinen generellen Ausschluß für unerhebliche Beeinträchtigungen, allerdings stehen für geringe Mängel nicht sämtliche Rechtsfolgen zur Verfügung.

C. Ausgestaltung der Gewährleistung im allgemeinen Kaufrecht

Das allgemeine Kaufrecht verweist in der neuen Ausgestaltung des § 437 BGB mit unterschiedlichen Voraussetzungen auf die einzelnen Rechte des Käufers. Die Regelung stellt damit die zentrale Norm der Rechte des Käufers auf Gewährleistung dar, sie regelt die Gesamtheit der Rechtsfolgen, die dem Käufer einer mangelhaften Sache gegen den Verkäufer zustehen. Mit Schaffung dieser grundlegenden Norm für jeglichen Gewährleistungsanspruch konnte das kaufrechtliche Gewährleistungsrecht in das allgemeine Leistungsstörungsrecht überführt werden. Die Ausgestaltung mittels Sonderregelungen, wie sie mit den §§ 459 ff BGB bisher für die kaufrechtlichen Gewährleistungsansprüche bestand, wurde durch die Integration in ein gemeinsames Regelungssystem aufgehoben.[78] Dabei gilt § 437 BGB für alle Kaufverträge und gemäß § 453 BGB für den Kauf von Rechten entsprechend.[79]

I. Abgestuftes System der Käuferrechte

Die Ausgestaltung der Gewährleistungsrechte im neuen Recht ist weiter als bislang am Willen der Vertragsparteien, den Gegenstand des Vertrags auch tatsächlich in der gewünschten Art und Weise zu erhalten, ausgerichtet. Maßgebliches Ziel der Gewährleistung ist demnach, daß beide Vertragsparteien mit dem Erhalt der Kaufsache in mangelfreiem Zustand möglichst das verschafft bekommen, was sie mit dem Vertragsschluß anstrebten.[80]

---

[76] Palandt/ Putzo, § 435 BGB Rn. 1; Anwaltskommentar/ Büdenbender, § 435 BGB Rn. 1; ABH/ Brambring, S. 138.

[77] SchuldR/ Haas, Rn. 137; Medicus/ SchR-BT, § 74 Rn. 53; Coester-Waltjen, JURA 2002, 534, 539.

[78] Henssler/ Graf v. Westphalen, § 437 BGB Rn. 1; SchuldR/ Haas, Rn. 140, 141; Schubel, JuS 2002, 313, 315.

[79] Palandt/ Putzo, § 437 BGB Rn. 3; Westermann/ Buck, S. 120.

[80] Zimmer/ Eckhold, JURA 2002, 145, 148; Brüggemeier, WM 2002, 1376, 1379; Schlechtriem, § 3 Rn. 71.

Insoweit lassen sich die Rechte des Käufers im Rahmen der Gewährleistung im neuen Recht auf zwei Ebenen einteilen. Entscheidend in diesem abgestuften System ist, ob der Mangel der Kaufsache behebbar ist oder nicht. Sofern der Mangel der Sache behebbar ist, kann der Käufer zunächst nur die Nacherfüllung vom Verkäufer verlangen. Dabei handelt es sich um die verschuldensunabhängige Modifikation des vertraglichen Erfüllungsanspruchs.[81] Dies führt faktisch zu einem Recht der zweiten Andienung[82] des Käufers, was in dieser gesetzlichen Ausgestaltung im deutschen Recht für die kaufrechtliche Gewährleistung neu ist. Allerdings stellt die Aufnahme dieser Möglichkeit in das Spektrum der Gewährleistungsrechte eine Annäherung an die bereits bestehende Vertragspraxis dar. Denn bereits nach altem Recht konnten die Vertragsparteien die Möglichkeit des Verkäufers zur Nacherfüllung in den allgemeinen Lieferbedingungen vereinbaren, wovon im Wirtschaftsverkehr häufig Gebrauch gemacht wurde.[83]

Der Käufer kann somit nur noch nach Unzumutbarkeit der Nacherfüllung, dem Fehlschlagen derselben oder der Verweigerung durch den Verkäufer die übrigen Gewährleistungsrechte geltend machen. Als solche stehen dem Käufer Rücktritt, Minderung und Schadensersatz zur Auswahl. Der Vorrang der Nacherfüllung gegenüber den anderen Rechten ist im Gesetz nicht ausdrücklich geregelt, vielmehr bestehen die Rechte aus § 437 Nr. 1 bis 3 BGB dem Wortlaut nach grundsätzlich unabhängig voneinander. Die Vorrangstellung ergibt sich jedoch mittelbar aus dem Erfordernis der Fristsetzung zur ordnungsgemäßen Leistungserbringung in §§ 440 Abs. 1 BGB, 281 Abs. 1 BGB, 323 Abs. 1 BGB und § 441 BGB.[84] Denn mit der zwingend notwendigen Fristsetzung erhält der Verkäufer zugleich auch die Gelegenheit zur Nacherfüllung. Um das ursprünglich beabsichtigte Vertragsziel zu erreichen, hat der Käufer somit nicht nur die Möglichkeit, dem Verkäufer eine zweite Chance einzuräumen, sondern er wird durch das neue Gewährleistungsrecht dazu verpflichtet.

1. Nacherfüllung gemäß § 437 Nr. 1 iVm § 439 BGB

Der nun in § 439 Abs. 1 BGB vorgesehene Nacherfüllungsanspruch bei Sach- und Rechtsmängeln gleichermaßen ist als kaufrechtlicher Rechtsbehelf im deutschen Recht eine Neuheit. Denn bisher konnte nur im Rahmen des Gattungs-

---

[81] Palandt/ Putzo, § 439 BGB Rn. 1; DL/H/L/R/ Büdenbender, § 8 Rn. 47; Henssler/ Graf v. Westphalen, § 439 BGB Rn. 3.

[82] Hoeren/ Martinek/ Wolff, SKK, Teil 1 Rn. 465; Westermann/ Buck, S. 122; Boerner, ZIP 2001, 2264, 2269; Brüggemeier, WM 2002, 1376, 1380; Westermann JZ 2001, 530, 536; Lorenz, JZ 2001, 742, 743.

[83] Coester-Waltjen, JURA 2002, 534, 541; Westermann/ Buck, S. 123.

[84] DL/H/L/R/ Büdenbender, § 8 Rn. 48; Hertel, ZAP 2002, Fach 3, 179, 182; Ball, ZGS 2002, 49, 50; Büdenbender, DStR 2002, 312, 315.

kaufs oder aufgrund vertraglicher Vereinbarung der Parteien Nacherfüllung verlangt werden. Ausgehend von der nun gesetzlich vorgesehenen Verpflichtung des Verkäufers zur mangelfreien Lieferung ergibt sich der Nacherfüllungsanspruch des Käufers als primär zustehender Anspruch bei Erhalt einer mangelhaften Sache.[85] Dieser Anspruch ist jedoch nicht identisch mit dem ursprünglichen Erfüllungsanspruch, sondern vielmehr eine Modifikation desselben, bedingt durch den stattfindenden Gefahrübergang der Sache zwischen den Parteien.[86] Der Nacherfüllungsanspruch des Käufers wird fällig, sobald dieser dem Verkäufer den Mangel anzeigt und dessen Beseitigung verlangt. Nicht erforderlich ist dafür, daß der Käufer explizit eine Frist zur Nacherfüllung setzt.[87] Der Nacherfüllungsanspruch des Klägers ist zudem nicht davon abhängig, daß der Verkäufer den vorliegenden Mangel zu vertreten hat.[88] Dies ergibt sich bereits aus dem rechtlichen Charakter des Nacherfüllungsanspruchs als Modifikation des ursprünglichen Erfüllungsanspruchs, bei dem es auch nicht auf ein Verschulden des Verkäufers ankommt.

Das Gesetz sieht in § 439 Abs. 1 BGB zwei Möglichkeiten der Nacherfüllung vor. Einerseits die Beseitigung des Mangels an der verkauften Sache selbst, die sog. Nachbesserung, andererseits die erneute Lieferung einer mangelfreien Sache, die sog. Ersatzlieferung. Diese Nacherfüllungsarten gelten für Sach- und Rechtsmängel gleichermaßen, sie bestehen auch grundsätzlich bei allen Kaufvertragsarten, unabhängig davon, ob es sich um einen Stück- oder einen Gattungskauf handelt. Die Frage der Nachlieferung bei einem Stückkauf war zunächst umstritten. Eine Ansicht der Lehre lehnte diese Möglichkeit ab und orientierte sich in der Begründung an der Entsprechung von Erfüllungs- und Nacherfüllungsanspruch, die beide ihre Grundlage im Inhalt des vertraglichen Schuldanerkenntnisses haben. Die Lieferung einer anderen als der vertraglichen Sache scheide bereits mangels einer entsprechenden Verpflichtung des Verkäufers aus. Dem liegt der Gedanke zugrunde, daß eine Leistung, die vom Verkäufer vor Gefahrübergang nicht zur Erfüllung verlangt werden kann, auch nicht Gegenstand der Nacherfüllung des Verkäufers werden könne.[89] Dem kann in

---

[85] Lorenz, NJW 2003, 1417; Huber, NJW 2002, 1004, 1005; Anders, ZRP 2000, 293, 295; Schlechtriem, § 3 Rn. 72.

[86] Huber, NJW 2002, 1004, 1005; Lorenz, JuS 2003, 36, 37; Canaris/ SchuldR, S. XXV; so auch Ackermann, JZ 2002, S. 378, 380, der eine Charakterisierung als „Primäranspruch mit […] Anpassungen“ vornimmt.

[87] Schubel, JuS 2002, 313, 316; Hoeren/ Martinek/ Wolff, SKK, Teil 1 Rn. 472; Westermann/ Buck, S. 143.

[88] Coester-Waltjen, JURA 2002, 534, 541; SchuldR/ Haas, Rn. 147; Canaris, DB 2001, 1815, 1816.

[89] Ackermann, JZ 2002, 378, 379; Pfeiffer, ZGS 2002, 23, 29; Lorenz, JZ 2001, 742, 744; Faust, ZGS 2004, 252, 253.

Übereinstimmung mit der inzwischen ergangenen Rechtsprechung jedoch nicht gefolgt werden. Denn diese Ansicht verkennt, daß der Gesetzgeber mit der Neugestaltung des Schuldrechts und der Verpflichtung des Verkäufers zu einer mangelfreien Leistung eine Veränderung zu der bisherigen Rechtslage vorgenommen hat. Eine weitergehende Trennung zwischen Gattungs- und Stückkauf bei der Frage der Gewährleistungsrechte entspricht damit nicht mehr der aktuellen Gesetzeslage[90], was einerseits aus dem Wortlaut der Norm und andererseits durch das Fehlen einer Einschränkung des Nachlieferungsanspruchs deutlich wird. Da die entscheidende Gewichtung zugunsten des Käufers auf der Mangelfreiheit der Kaufsache liegt, ist somit in Fällen, in denen die Kaufsache ersetzbar ist und das Leistungsinteresse des Käufers durch die andere Sache befriedigt werden kann, eine Ersatzlieferung uneingeschränkt zu bejahen.[91] Dies ist der Fall, wenn die Möglichkeit der Beschaffung einer gleichartigen und gleichwertigen Ersatzsache besteht.[92]

Die Auswahl der Nacherfüllungsart bestimmt im Einzelfall der Käufer als der Geschädigte, der dabei frei nach seinen Interessen vorgehen kann. Der Käufer kann die Auswahl, die grundsätzlich formfrei ist, auch dem Verkäufer überlassen.[93] Sofern eine der Nacherfüllungsarten nicht möglich ist, scheidet ein Anspruch des Käufers darauf gemäß § 275 Abs. 1 BGB aus. Sofern im konkreten Einzelfall beide Arten der Nacherfüllung unmöglich sind, bleibt dem Käufer nur die Geltendmachung seiner sonstigen Rechte.[94] Abgesehen von Einschränkungen des Wahlrechts aufgrund der Unmöglichkeit einer Nacherfüllungsform, wird das freie Wahlrecht des Käufers insoweit beschränkt, als die gewünschte Art der Nacherfüllung nicht mit unverhältnismäßigen Kosten für den Verkäufer verbunden sein darf, § 439 Abs. 3 BGB. Danach steht dem Verkäufer die Einrede der Unverhältnismäßigkeit zu, die er gegenüber dem Käufer bezüglich dessen Wahl geltend machen muß. Maßstab zur Beurteilung der Unverhältnismäßigkeit der Kosten ist dabei einerseits der hypothetische Wert der Sache in mangelfreiem Zustand und andererseits die Bedeutung des Mangels als Grund-

---

[90] So auch Canaris/ SchuldR,S. XXIV.

[91] Erman/ Grunewald, § 439 BGB Rn. 3; Kamanabrou, ZGS 2004, 57, 59; Lorenz, KF/ Canaris, S. 80; kritisch Musielak, NJW 2003, 89, 92.

[92] So auch OLG Braunschweig – Beschl. v. 04.02.2003, ZGS 2003, 156, 157; LG Ellwangen – Urt. v. 13.12.2002, NJW 2003, 517; Palandt/ Putzo, § 439 BGB Rn. 15; Canaris, JZ 2003, 831, 838; Bitter/ Meidt, ZIP 2001, 2114, 2119; Medicus/SchR-BT, § 74 Rn. 56; a.A. Faust, ZGS 2004, 252, 255, der diese Voraussetzung als typisch für die Vorratsschuld ansieht.

[93] A.A. Huber, NJW 2002, 1004, 1006, der grds. dem Verkäufer als „sachnäherem Vertragsteil“ die Wahl überlassen möchte.

[94] Palandt/ Putzo, § 439 BGB Rn. 19; SchuldR/ Haas, Rn. 156.

lage des Käuferinteresses an der Nacherfüllung.[95] Je stärker die Beeinträchtigung der Sache durch den Mangel ist, desto höher ist demnach auch die Unzumutbarkeitsgrenze für die Beseitigungsaufwendungen des Verkäufers anzulegen. Nicht relevant bei dieser Entscheidung ist, welche Art der Nacherfüllung für den Verkäufer ökonomischer ist, denn die Einschränkung soll keinesfalls dazu führen, daß der Verkäufer stets nur die ihm kostengünstigere Alternative der Nacherfüllung zu leisten hätte.[96] Da die in Absatz 2 Satz 2 der Norm genannten Kriterien zur Unverhältnismäßigkeit einerseits keine abschließende Aufzählung der relevanten Bezugspunkte darstellen und andererseits unbestimmt gefaßt sind, ist in dieser Frage eine Einzelfallbewertung der Zumutbarkeit vorzunehmen.[97] Mit fortschreitender Rechtsprechung in dieser Frage wird sich ein Richtwert herausbilden, an dem der konkrete Einzelfall gemessen werden kann.[98] Sofern der Verkäufer berechtigterweise die gewünschte Art der Nacherfüllung verweigert, beschränkt sich der Anspruch des Käufers auf die andere Alternative. Auch gegenüber der zweiten Alternative kann der Verkäufer sich auf die Unverhältnismäßigkeit berufen, allerdings ist insoweit ein strengerer Maßstab anzulegen, da sich der Käufer bei Ablehnung dieser Alternative mit den verbleibenden Sekundärrechten abfinden muß.[99] Die Einrede der Unverhältnismäßigkeit darf im Übrigen für den Käufer nicht mit verbleibenden Mängeln verbunden sein, denn auch in diesem Zusammenhang ist der Verkäufer zur Leistung einer gänzlich mangelfreien Sache verpflichtet.[100] Sofern die Mängelfreiheit nicht mit der anderen Alternative zu erreichen ist, braucht sich der Käufer auch nicht auf diese verweisen lassen. Bei Ablehnung einer Nacherfüllungsalternative ist der Verkäufer nicht verpflichtet, mit der Verweigerung von sich aus die alternative Form anzubieten. Vielmehr muß der Käufer sie vom Verkäufer erneut unter Setzung einer angemessenen Frist verlangen, da eine unberech-

---

[95] Zimmer/ Eckhold, JURA 2002, 145, 147; Ball, ZGS 2002, 49, 50; Jauernig/ Berger, § 439 BGB Rn. 15; Hoeren/ Martinek/ Wolff, SKK, Teil 1 Rn. 475.

[96] Zum Prinzip der subjektiven Äquivalenz als Schutzzweck der Regelung und anzulegenden Maßstab: Canaris, JZ 2004, 214, 219.

[97] Boerner, ZIP 2002, 2264, 2269; Schubel, JuS 2002, 313, 316; Heinrich, ZGS 2003, 253, 258; Lorenz, KF/ Canaris, S. 77.

[98] So etwa LG Ellwangen – Urt. v. 13.12.2002, NJW 2003, 517, das einen Unzumutbarkeitswert von 20% Mehrkostenaufwand ansetzt; Bitter/ Meidt, ZIP 2001, 2114 gehen von einem Richtwert von 10% aus.

[99] Im Ergebnis auch Heinrich, ZGS 2003, 253, 258; a.A. Lorenz, KF/ Canaris, S. 76, der wegen der verbleibenden Sekundärrechte von einem gleichbleibenden Maßstab ausgeht. Dies würde allerdings den erkennbaren gesetzlichen Vorzug einer Gewährleistung im Wege der Nacherfüllung zu schnell unberücksichtigt lassen.

[100] Hoeren/ Martinek/ Wolff, SKK, Teil 1 Rn. 475; SchuldR/ Haas, Rn. 159.

tigte erste Auswahl des Käufers nicht zu Lasten des Verkäufers gehen darf.[101] Eine vom Verkäufer zu Unrecht verweigerte Nacherfüllung kann der Käufer im Klageweg erzwingen.[102] Das Kriterium der Unverhältnismäßigkeit ist zugunsten des Verkäufers bei der Nacherfüllung zu berücksichtigen, da er gemäß § 439 Abs. 2 BGB sämtliche Kosten zu tragen hat. Dies bedeutet, daß dem Kläger keinerlei Belastungen aus der Bewirkung der Mangelfreiheit seiner Kaufsache erwachsen dürfen.

Sofern der Käufer den Mangel zum Zeitpunkt des Vertragsschlusses bereits kannte, sind nach § 442 BGB sämtliche Gewährleistungsansprüche ausgeschlossen.[103]

2. Rücktritt gemäß § 437 Nr. 2 iVm §§ 323, 326 Abs. 5, 440 BGB

Der Rücktritt vom Vertrag ist einer der sekundären Rechtsbehelfe nach § 437 BGB, die dem Käufer erst zustehen, nachdem eine angemessene Frist zur Nacherfüllung des behebbaren Mangels durch den Verkäufer erfolglos verstrichen ist oder ausnahmsweise eine Fristsetzung nicht erfolgen muß.[104] Die Verpflichtung zur Fristsetzung gilt damit grundsätzlich für alle Arten des Kaufvertrags, einschließlich der Geschäfte des täglichen Lebens. Auch wenn, wie gerade in den Fällen der sog. Alltagsgeschäfte, eine rasche Abwicklung der Gewährleistungsrechte im Mangelfall besonders wichtig ist, führt dies folglich nicht zu einem Verzicht auf die Fristsetzung überhaupt.[105] Jedoch wird bei diesen Fällen der Charakter des Alltagsgeschäfts in einer angemessen kurzen Dauer der Frist Berücksichtigung finden. Die bestehenden Ausnahmefälle ergeben sich aus der gesetzlichen Regelung nach § 323 Abs. 2 und § 440 BGB, insbesondere bei Verweigerung durch den Verkäufer, Unzumutbarkeit für den Käufer oder Fehlschlagen der Nacherfüllung. Für einen Fehlschlag der Nacherfüllung hat der Käufer zwei Nacherfüllungsversuche des Verkäufers abzuwarten, sollte auch dann die Sache noch nicht mangelfrei sein, muß sich der Käufer nicht mit weiteren Nacherfüllungsmaßnahmen zufrieden geben oder diesbezüglich weitere Fristen setzen.[106] Eine Verbindung der Fristsetzung zur Nacherfüllung mit einer Rücktrittsandrohung durch den Käufer ist allerdings abzulehnen. Diese Ver-

---

[101] Ball, ZGS 2002, 49, 50; Lorenz/ Riehm, Rn. 511.

[102] Schubel, JuS 2002, 313, 316.

[103] Albrecht/ Flohr/ Lange, S. 45; Medicus/ SchR-BT, § 74 Rn. 74.

[104] Schubel, JuS 2002, 313, 317; Brüggemeier, WM 2002, 1376, 1379; Zimmer/ Eckhold, JURA 2002, 145, 150.

[105] So auch Canaris, JZ 2001, 499, 510 der die zwingende Erforderlichkeit der Fristsetzung hervorhebt.

[106] Palandt/ Putzo, § 440 BGB Rn. 2; SchuldR/ Haas, Rn. 185; Grunewald/ Gernhuber, § 15 Rn. 9.

knüpfung könnte sich in der Praxis als Hindernis der Nacherfüllung darstellen und damit dem Regelungszweck zuwiderlaufen. Durch Einbringung einer solchen aufschiebenden Bedingung würde der vom Gesetz angestrebte Verständigungsprozeß der Parteien im Rahmen der Nacherfüllung erheblich belastet werden und sich negativ auf die Möglichkeit zur Erhaltung des Vertrags auswirken. Zudem würde diese Verknüpfung außer Acht lassen, daß nach neuem Recht der Fristablauf nicht automatisch den Verlust des Erfüllungsanspruchs bewirkt, sondern eine Bewertung des Vertragszustands durch den Käufer mittels Einschätzung der verbliebenen Pflichtverletzung nach Fristablauf erfolgen soll.[107] Ist der Mangel generell nicht behebbar und eine Nacherfüllung somit unmöglich, kann der Käufer nach § 326 Abs. 5 BGB sogleich ohne vorherige Fristsetzung zurücktreten. In diesen Fällen macht die Fristsetzung keinen Sinn, da ihr eigentlicher Zweck, dem Verkäufer durch die Nacherfüllung die Chance zur Rettung des Vertrags zu geben, ohnehin nicht mehr erreicht werden kann.

Der Rücktritt ist im neuen Gewährleistungsrecht an die Stelle der Wandelung getreten. Im Gegensatz zur früheren Regelung ist der Rücktritt auch im Kaufrecht ein Gestaltungsrecht, die Erklärung des Rücktritts ist somit eine einseitige empfangsbedürftige Willenserklärung, die nicht an eine bestimmte Form gebunden ist.[108] § 437 Nr. 2 BGB verweist hinsichtlich der Voraussetzungen für den Rücktritt auf die Vorschrift des § 323 BGB, die das Rücktrittsrecht näher ausgestaltet. Mit Zugang der Rücktrittserklärung beim Verkäufer, die den Käufer bezüglich seiner Rechtswahl in der Gewährleistung bindet[109], wandelt sich das Vertragsverhältnis in ein Rückgewährschuldverhältnis um, dessen Inhalt und Abwicklung sich nach den allgemeinen Regelungen der §§ 346 ff BGB richtet. Eine neue Regelung im Zusammenhang mit dem Rücktritt enthält § 325 BGB, der es ermöglicht, den Rücktritt mit einem Schadensersatzverlangen des Käufers zu verbinden. Die Regelung hebt hervor, daß in dem Verlangen von Schadensersatz bei gleichzeitigem Rücktritt kein widersprüchliches Verhalten zu sehen ist.[110] Damit soll die bislang bestehende Problematik gelöst werden, daß ein Käufer, der zunächst vom Vertrag zurückgetreten ist, im Anschluß nicht sein über die Rückabwicklung hinausgehendes Interesse an der Vertragserfüllung geltend machen konnte.[111]

---

[107] Derleder/ Zänker, NJW 2003, 2777, 2782.

[108] Zimmer/ Eckhold, JURA 2002, 145, 150; Ball, ZGS 2002, 49, 49; Brüggemeier, WM 2002, 1376, 1379; Canaris/ SchuldR, S. XXV.

[109] Westermann/ Buck, S. 141; Boerner, ZIP 2001, 2264, 2270; Zimmer/ Eckhold, JURA 2002, 145, 151.

[110] Gsell, JZ 2004, 643, 644; Lorenz/ Riehm, Rn. 541.

[111] Canaris, ZRP 2001, 329, 332; Gsell, JZ 2004, 643, 644; Jaensch, NJW 2003, 3613, 3614, der insoweit von der „Rücktrittsfalle" nach altem Recht spricht.

Der Rücktritt des Käufers ist allerdings dann ausgeschlossen, wenn der Mangel nur geringfügig, also unerheblich ist, § 323 Abs. 5 Satz 2; § 326 Abs. 5 Halbsatz 2 iVm § 323 Abs. 5 Satz 2 BGB. Diese Einschränkung hat ihren Hintergrund wiederum in dem Bestreben des Gesetzgebers, mit der neuen Ausgestaltung des Gewährleistungsrechts weitgehend das Vertragsverhältnis der Parteien zu erhalten. Bei derartigen Mängeln ist der Käufer folglich gemäß § 441 Abs. 1 Satz 2 BGB auf die Minderung oder im Falle des Verschuldens durch den Verkäufer auf den sog. "kleinen Schadensersatz"[112] verwiesen. Ebenfalls ist kein Rücktritt möglich, wenn der Mangel der Kaufsache allein oder weit überwiegend vom Käufer selbst zu verantworten ist, bzw. die Unmöglichkeit der Nacherfüllung diesem allein oder überwiegend anzulasten ist. Der Ausschluß des Rücktritts erfaßt auch solche Fälle, in denen die Kaufsache ohne Verschulden des Verkäufers den Mangel erst während des Annahmeverzugs des Käufers erlitten hat.[113]

3. Minderung gemäß § 437 Nr. 2 iVm § 441 BGB

Auch die Minderung ist ein sekundärer Rechtsbehelf des Käufers, der diesem erst nach erfolgloser Nacherfüllung zusteht. Allerdings ist die Minderung im Gegensatz zu den sonstigen Gewährleistungsrechten ein Sonderrechtsbehelf des Kauf-, Miet- und Werkvertragsrechts, der im allgemeinen Leistungsstörungsrecht keine Entsprechung hat.[114] Eine Ausgestaltung der Minderung als allgemeiner Rechtsbehelf für sämtliche Vertragsarten wurde vom Gesetzgeber unterlassen, um eine Anwendung auf den Dienst- und Arbeitsvertrag zu vermeiden, da dies als nicht zu dem jeweiligen Vertragswesen passend empfunden wurde und umfassende Streitigkeiten ermöglichen würde.[115] Daher ist die Regelung als Ausnahme zu den sonstigen Behelfen in § 441 BGB geregelt. Wie bisher beinhaltet die Minderung die Herabsetzung des Kaufpreises um den Betrag, um den der Mangel den Gegenwert der Kaufsache zum Zeitpunkt des Vertragsschlusses verringert, ohne daß sich am Fortbestand des zugrundeliegenden Vertrags etwas ändert. Aus der Formulierung des § 441 BGB, daß der Käufer „statt zurückzutreten" die Minderung verlangen kann, ergibt sich, daß sich beide Rechtsbehelfe in ihren Voraussetzungen entsprechen. Insofern bedarf es auch für die Minderung eines gültigen Kaufvertrages, eines nicht vom Käufer zu vertretenden Mangels der Kaufsache, sowie der erfolglosen Fristsetzung zur Nacherfüllung durch den Verkäufer. Aufgrund des Verweises auf die Voraussetzungen des

[112] S. dazu unten 4.

[113] Huber/ Faust, S. 342 Rn. 76; Lorenz, NJW 2002, 2497, 2499.

[114] Schubel, JuS 2002, 313, 318; Brüggemeier, WM 2002, 1376, 1379; Ball, ZGS 2002, 49, 49; Westermann/ Buck, S. 142.

[115] Medicus, JuS 2003, 521, 526; Schubel, JuS 2002, 313, 318.

Rücktritts ergibt sich, daß das Rücktrittsrecht des Käufers zum Zeitpunkt der Minderung bestehen muß, es darf folglich weder bereits erloschen sein, noch darf der Käufer sein Wahlrecht bereits anderweitig ausgeübt haben. Die Minderung ist nunmehr in § 441 Abs. 1 Satz 1 BGB als Gestaltungsrecht ausgeformt, so daß bereits die Minderungserklärung des Käufers zur Herabsetzung des Kaufpreises führt.[116] Mangels entsprechender Einschränkungen ist eine Minderung nun auch bei Vorliegen eines Rechtsmangels möglich.[117] Aus dem Charakter als Gestaltungsrecht ergibt sich im Gegensatz zur früheren Regelung der Minderung zudem, daß diese unteilbar ist und bei Beteiligung mehrerer Personen auf Seiten der Vertragsparteien nur einheitlich durch alle oder gegenüber allen erklärt werden kann.[118] Die Geltung dieses Einheitsprinzips wird in § 441 Abs. 2 BGB ausdrücklich geregelt. In der konkreten Berechnung nach § 441 Abs. 3 BGB hat sich gegenüber dem bisherigen Recht nach § 472 Abs. 1 BGB a.F. nichts geändert.[119] Eine Erweiterung bei der Bezifferung des Minderungsbetrags sieht § 441 Abs. 3 Satz 2 BGB vor, der eine Schätzung ausdrücklich vorsieht. Um insoweit eine Willkür des Käufers auszuschließen, obliegt die Vornahme einer freien Schätzung den angerufenen Gerichten.[120] Da auch bei einem geringen Mangel die Äquivalenz zwischen Leistung und Gegenleistung gestört ist, gibt es bei der Minderung keine Bagatellgrenze, die der Einschränkung des § 323 Abs. 5 Satz 2 BGB entspricht.[121] Diesbezüglich ist der eine mangelhafte Sache liefernde Verkäufer wegen § 441 Abs. 1 Satz 2 BGB nicht schutzwürdig, da bei der Minderung jedenfalls das schützenswerte Vertragsverhältnis erhalten bleibt.[122]

4. Schadensersatz gemäß § 437 Nr. 3 iVm §§ 440, 280, 281, 283, 311a BGB

Auch hinsichtlich der Schadensersatzpflicht verweist § 437 Nr. 3 BGB auf die §§ 280 ff BGB und damit ins allgemeine Leistungsstörungsrecht, ergänzt durch den ebenfalls geltenden § 440 BGB. Die Schadensersatzpflicht des Verkäufers

---

[116] Hoeren/ Martinek/ Wolff, SKK, Teil 1 Rn. 487; Lorenz/ Riehm, Rn. 528; Boerner, ZIP 2001, 2264, 2271.

[117] Canaris/ SchuldR, S. XXVI.

[118] DL/H/L/R/ Büdenbender, § 8 Rn. 51; Hoeren/ Martinek/ Wolff, SKK, Teil 1 Rn. 489; Huber/ Faust, S. 346 Rn. 89.

[119] Palandt/ Putzo, § 441 BGB Rn. 2; Zimmer/ Eckhold, JURA 2002, 145, 151; Boerner, ZIP 2001, 2264, 2271.

[120] Palandt/ Putzo, § 441 BGB Rn. 18; SchuldR/ Haas, Rn. 215.

[121] Schubel, JuS 2002, 313, 318; Canaris/ SchuldR, S. XXVI; Erman/ Grunewald, § 441 BGB Rn. 1; Westermann/ Buck, S. 142.

[122] DL/H/L/R/ Büdenbender, § 8 Rn. 51; Ernst/ Zimmermann/ Zimmer, S. 191, 200; Canaris, JZ 2004, 214, 219.

als weitere Gewährleistungsalternative zugunsten des Käufers ist im neuen Recht mit dem Verweis auf die zentrale Schadensersatznorm des § 280 BGB vereinheitlicht worden. Über die vormals zu Schadensersatz verpflichtenden Tatbestände der Eigenschaftszusicherung und des arglistigen Verschweigens eines Mangels nach § 463 BGB a.F. hinaus haftet der Verkäufer nach der neuen Regelung auch für fahrlässig nicht erkannte Mängel der Kaufsache.[123] Die Verschaffung einer mangelhaften Kaufsache stellt nach der Neufassung des § 433 Abs. 1 Satz 2 BGB eine Pflichtverletzung dar, die vom Verkäufer bei Kenntnis oder fahrlässiger Unkenntnis nach § 276 BGB zu vertreten ist. Aus diesem Grund gibt es für den Käufer nicht mehr Schadensersatz wegen Nichterfüllung, sondern nach der neuen Regelung Schadensersatz statt Erfüllung.[124] Bei Vorliegen einer solchen Pflichtverletzung spielt es keine Rolle mehr, an welcher Stelle der Schaden beim Käufer aufgetreten ist, denn Mangel- und Mangelfolgeschaden sind gleichermaßen nach § 280 BGB erstattungsfähig, sofern den Verkäufer ein Verschulden nach § 276, 278 BGB trifft.[125] Der Nachweis eines derartigen Verschuldens des Verkäufers wird in der Praxis sehr häufig nicht möglich sein, denn gerade bei Massenprodukten, die nicht durch den Hersteller selbst vertrieben werden, scheidet eine Untersuchungspflicht der Artikel und damit ein Verschulden realistischer Weise aus.[126] Zudem kann auch bei Geltung der neuen Regelungen das Verschulden nicht dadurch über § 278 BGB konstruiert werden, indem der Produzent der Waren als Erfüllungsgehilfe des Verkäufers angesehen wird.[127] Die konkrete Schadensersatzpflicht des Verkäufers ergibt sich je nachdem, ob der Mangel behebbar ist aus §§ 280, 281 BGB oder bei einem anfänglich unbehebbarem Mangel aus § 311a BGB.

Im Fall eines behebbaren Mangels differenziert § 280 BGB weiter nach unterschiedlichen Schadensarten mit jeweils anderen Rechtsfolgen. Neben dem einfachen Schadensersatz kommt auch der Schadensersatz statt der Leistung (§§ 280 Abs. 1 iVm Abs. 3 iVm 281, 283 BGB) und wegen Verzögerung der Leistung (§§ 280 Abs. 1 iVm Abs. 2 iVm 286 BGB) in Betracht. Soweit die Vorschriften für den Schadensersatz eine erfolglose Fristsetzung zur Nacherfüllung voraussetzen, ist zu überprüfen, ob nach § 440 BGB das Erfordernis im konkreten Fall nicht entbehrlich ist. Grundsätzlich kann der Käufer nur Scha-

[123] Schmidt-Räntsch, Rn. 799; Huber/ Faust, S. 354 Rn. 110.

[124] Lorenz, KF/ Canaris, S. 33; Westermann/ Buck, S. 149; Canaris, JZ 2001, 499, 512.

[125] Lorenz, NJW 2002, 2497, 2500; Büdenbender, DStR 2002, 312, 317; Schlechtriem, § 3 Rn. 89.

[126] Schubel, JuS 2002, 313, 318; Coester-Waltjen, JURA 2002, 534, 541; Canaris/ SchuldR, S. XXVII; zur eingeschränkten Untersuchungspflicht des gewerblichen Verkäufers Jauernig/ Berger, § 437 BGB Rn. 22.

[127] BT-Drucksache 14/6040, S. 210.

densersatz wegen des mangelbedingten Minderwerts verlangen, also den sog. „kleinen Schadensersatz“, bei dem er die Kaufsache behält.[128] Der „große Schadensersatz“, den § 281 Abs. 1 Satz 3 BGB als Schadensersatz statt der ganzen Leistung bezeichnet, steht dem Käufer nur zu, sofern der Mangel der Kaufsache nicht unerheblich ist. Dies setzt voraus, daß das Erfüllungsinteresse aufgrund des Mangels gänzlich entfällt, dem Käufer folglich mit einer Teilleistung nicht gedient ist.[129] Im Gegenzug dazu muß der Käufer die Kaufsache herausgeben.[130] Anstelle des Schadensersatzes kann der Käufer auch unter den Voraussetzungen des § 284 BGB den Ersatz seiner vergeblich gemachten Aufwendungen, die er im Vertrauen auf den Erhalt einer mangelhaften Kaufsache gemacht hat, verlangen.[131] Diese Sonderregelung zum Ersatz des negativen Interesses führt dazu, daß das Vertrauen des Käufers in die Leistungstreue des Verkäufers, das sich in Aufwendungen auf die Sache manifestiert, insofern geschützt wird, daß eine Frustrierung derselben als ein Vertragsbruch behandelt und entsprechend sanktioniert wird.[132] Vor diesem Hintergrund sind dabei auch Aufwendungen ersatzfähig, die zu immateriellen Zwecken oder zu Konsumzwecken getätigt wurden, obschon sie von vorneherein nicht auf Kostendeckung ausgerichtet waren. Maßgeblich ist insoweit nur, daß sie ohne Pflichtverletzung des Verkäufers nicht auch ihren Zweck verfehlt hätten.[133] Diese Einschränkung ist erforderlich, damit der Käufer nicht anderweitig fehlgeschlagene Investitionen auf den Verkäufer abwälzen kann.

Eine Schadensersatzpflicht aus § 280 BGB kommt bei einem anfänglich unbehebbaren Mangel nicht in Betracht, da es insofern an einer Pflichtverletzung des Verkäufers fehlt. Da nach der neuen Regelung des § 311a Abs. 1 BGB die vorliegende anfängliche Unmöglichkeit nicht die Unwirksamkeit des Vertrages bewirkt, haftet der Verkäufer nach Absatz 2 der Regelung, wenn er das zur Unmöglichkeit führende Leistungshindernis bei Vertragsschluß kannte oder fahrlässig nicht kannte.[134]

---

[128] DL/H/L/R/ Büdenbender, § 8 Rn. 70; Westermann/ Buck, S. 155; Hoeren/ Martinek/ Wolff, SKK, Teil 1 Rn. 500; Medicus/ SchR-BT, §74 Rn. 72; Lorenz, KF/ Canaris, S. 33.

[129] Canaris, DB 2001, 1815, 1816; Grunewald/ Gernhuber, § 15 Rn. 14; Lorenz, JZ 2001, 742, 744.

[130] Hoeren/ Martinek/ Wolff, SKK, Teil 1 Rn. 500; DL/H/L/R/ Büdenbender, § 8 Rn. 70; Lorenz/ Riehm, Rn. 539; Schmidt-Räntsch, Rn. 807.

[131] Medicus, JuS 2003, 521, 525; Schmidt-Räntsch, Rn. 805; Canaris, ZRP 2001, 329, 333.

[132] Lorenz/ Riehm, Rn. 542; Canaris, DB 2001, 1815, 1820.

[133] Hoeren/ Martinek/ Wolff, SKK, Teil 1 Rn. 502; Lorenz/ Riehm, Rn. 543; Lorenz, KF/ Canaris, S. 50, der deutlich macht, daß der Schaden nicht die Aufwendungen selbst sind, sondern vielmehr die Frustrierung der damit verbundenen Erwartungen des Käufers.

[134] Westermann/ Buck, S. 149; Schmidt-Räntsch Rn. 804; Lorenz, KF/ Canaris, S. 51.

Über § 276 BGB erfolgt darüber hinaus eine Erweiterung der Schadensersatzpflicht des Verkäufers auch bei unverschuldeter Unkenntnis des Verkäufers. Eine derartige Haftungsverschärfung kann sich etwa durch Übernahme einer Garantie im Sinne von § 276 Abs. 1 Satz 1 BGB ergeben. Damit greift die Regelung die Fälle auf, die als „Zusicherung" im Sinne des § 463 a.F. BGB anzusehen waren, allerdings unter Aufhebung der Beschränkung dieser Zusicherung auf Sacheigenschaften.[135]

II. Verjährung der Ansprüche

Im Rahmen der Schuldrechtsmodernisierung wurde auch das Verjährungsrecht durch den Gesetzgeber neu gestaltet. In den §§ 194 ff BGB wird die Verjährung von Ansprüchen geregelt, wonach gemäß § 195 BGB Ansprüche regelmäßig binnen einer Frist von drei Jahren verjähren. Von dieser grundsätzlichen Regelung werden die in § 437 Nr. 1 und 3 BGB dargestellten Ansprüche auf Nacherfüllung, Schadensersatz und Ersatz vergeblicher Aufwendungen jedoch nicht erfaßt, da sie der Sonderregelung des § 438 BGB unterstellt sind.[136]

1. Grundsätzliche Verjährung von Gewährleistungsansprüchen

Die Regelung des § 438 BGB sieht für Gewährleistungsansprüche nicht mehr wie früher eine absolute Verjährungsfrist von sechs Monaten vor, sondern enthält ein differenziertes Programm an Verjährungsfristen für verschiedene Anspruchskonstellationen. Grundsätzlich verjähren demnach Nacherfüllungsansprüche des Käufers nach § 438 Abs. 1 Nr. 3 BGB in zwei Jahren. Diese Regelung erfaßt sowohl Ansprüche wegen eines Sachmangels als auch wegen eines Rechtsmangels, sie gilt für Ansprüche auf den Ersatz von Mangelschäden ebenso wie für den Ersatz von Mangelfolgeschäden.[137] Eine Einschränkung des Geltungsbereichs über eine teleologische Reduktion[138], dahingehend, daß entfernte Mangelfolgeschäden, bei denen nicht das Leistungsinteresse des Käufers sondern dessen Integritätsinteresse betroffen ist, nicht erfaßt werden, kann insoweit nicht überzeugen. Dieser Einschränkung steht einerseits der eindeutige Regelungswortlaut entgegen, andererseits die Tatsache, daß die Abgrenzung verschiedener Mangelfolgeschadensarten der Intention der Regelung, die Abgrenzungsproblematik mit Mangelfolgeschäden zu beseitigen bzw. zu entschärfen, zuwider laufen würde.[139] Die umfassende Geltung ist zwar nicht ausdrücklich

---

[135] Medicus, JuS 2003, 521, 525; Erman/ Grunewald, § 437 BGB Rn. 21.

[136] Zur Qualifikation als Sonderverjährung Canaris/ SchuldR, S. XXVII.

[137] Albrecht/ Flohr/ Lange, S. 12; Hoeren/ Martinek/ Wolff, SKK, Teil 1 Rn. 504, Mansel/ Budzikiewicz, § 5 Rn. 15, S. 121; Arnold, ZGS 2002, 438, 440; Canaris/ SchuldR, S. XXVIII.

[138] So Lorenz, KF/ Canaris, S. 95/ 98/ 147.

[139] Lorenz, KF/ Dauner-Lieb, S. 135.

im Gesetz geregelt, sie ergibt sich jedoch aus dem Zusammenhang mit den Regelungen des § 438 Abs. 1 Nr. 1 und 2 BGB, die als Sonderregelungen zu Absatz 1 Nr. 3 formuliert sind.[140] Die Feststellung des Gesetzes, die grundsätzliche Frist der Nr. 3 gelte „im Übrigen", dient somit nicht nur zur Abgrenzung von den Sonderregelungen der Nr. 1 und 2, sondern bekräftigt die unterschiedslose Erfassung von Mängeln des gesamten Spektrums im Rahmen der Gewährleistung. Für den Beginn der Verjährung knüpft das Gesetz nach § 438 Abs. 2 BGB an objektive Gegebenheiten wie die Ablieferung der Sache und die Übergabe des Grundstücks an, sie ist also unabhängig davon, ob der Käufer Kenntnis vom Bestehen seines Anspruchs hat.[141] Sofern sich für das konkrete Geschäft der Zeitpunkt der Ablieferung nicht ohne weiteres bestimmen läßt, ist der Moment als relevant zu Grunde zu legen, ab dem der Käufer die Möglichkeit hatte, uneingeschränkt die Sache zu überprüfen.[142] Bezugspunkt der Verjährung ist regelmäßig der Leistungsanspruch, außer wenn ein besonderer Nacherfüllungsanspruch neben dem ursprünglichen Erfüllungsanspruch besteht. In diesem Fall kommt es auf die Verjährung des Nacherfüllungsanspruchs und nicht auf die des ursprünglichen Erfüllungsanspruchs an.[143] Nach der Regelung des § 203 BGB bewirken Verhandlungen über den Anspruch eine Hemmung der Verjährung. Dies gilt auch für die Verjährung von Mängelansprüchen.

Problematisch ist in diesem Zusammenhang die Frage, inwieweit sich die Forderung des Käufers einer mangelhaften Sache, Nacherfüllung nach § 439 BGB zu leisten, auf den Fristlauf seiner Gewährleistungsrechte insgesamt auswirkt. Dabei kommen die vorübergehende Hemmung der Frist sowie der Neubeginn der Verjährung bei der Nacherfüllung in Betracht, denn ein uneingeschränkter Fristlauf würde zu Lasten des Käufers gehen, was sich nicht mit dem Sinn und Zweck des § 439 BGB als Erweiterung der Gewährleistungsrechte des Käufers in Einklang bringen ließe. Ein Neubeginn des Fristablaufs wird in der Literatur teilweise damit begründet, daß in der Durchführung der Nacherfüllung ein Anerkenntnis des entsprechenden Anspruchs des Käufers gemäß § 212 Abs. 1 Nr. 1 BGB zu sehen sei.[144] Diese Ansicht wird teilweise mit dem Argument abgelehnt, daß nicht jede Nacherfüllung zwangsläufig ein Anerkenntnis des Verkäufers darstelle, da dieser auch aus reinen Kulanzgründen tätig werden

---

[140] Westermann/ Buck, S. 161; Lorenz/ Riehm, Rn. 555.

[141] Hoeren/ Martinek/ Wolff, SKK, Teil 1 Rn. 507; Mansel/ Budzikiewicz, § 5 Rn. 127, S. 144; Westermann/ Buck, S. 158; Albrecht/ Flohr/ Lange, S. 12.

[142] Palandt/ Putzo, § 438 BGB Rn. 15; Westermann/ Buck, S. 158, die etwa für den Fall eines verkauften Unternehmens auf den Moment des Betriebsübergangs abstellen.

[143] Westermann/ Buck, S. 162/ 163; Mansel/ Budzikiewicz, § 5 Rn. 24, S. 222.

[144] Oetker/ Maultzsch, S. 128; Graf v. Westphalen, ZGS 2002, 19, 21.

könne.[145] Vor diesem Hintergrund ist es erforderlich, die Auswirkungen auf den Verjährungsablauf danach zu unterscheiden, welche Art von Nacherfüllung der Verkäufer leistet. Sofern es sich um die Ersatzlieferung einer neuen Sache handelt, ist nach überzeugender Ansicht in der Lehre von einem Neubeginn der Verjährungsfrist auszugehen. Der Neubeginn der Frist ist erforderlich, um dem Käufer die ihm zustehende Zeit zu gewähren, die Sache in Gebrauch zu nehmen. Anderenfalls liefe der Käufer Gefahr, daß er kurz vor Ablauf der Gewährleistungsfrist eine vollkommen neue Sache erhält, deren potentielle Mängel er gar nicht mehr in Erfahrung bringen kann, bevor seine Gewährleistungsrechte verjährt sind. Mangels Möglichkeit der vorangehenden Kenntnisnahme eventueller Mängel ist der Käufer insoweit auf vollständigen neuen Fristenlauf angewiesen.[146] Dem Käufer entsteht dadurch zudem kein unangemessener Vorteil, da er im Rahmen der Nachlieferung die alte Sache gemäß den Rücktrittsregelungen herauszugeben hat und folglich auch die Nutzungen zu erstatten hat. Letztlich kann auch nicht gegen einen Neubeginn der Verjährung eingewandt werden, daß dies zu einer unendlichen Frist zu Lasten des Verkäufers führen werde.[147] Der Verkäufer, der im Rahmen der Nacherfüllung eine erneut mangelhafte Sache liefert, begeht bei seiner Gewährleistungsverpflichtung eine erneute Pflichtverletzung, die er wie die vorangegangene zu verantworten hat. Der sich daraus ergebende Haftungszeitraum entspricht insoweit dem gesamten Gewährleistungssystem und stellt keine Haftungsverschärfung zu Lasten des Verkäufers dar. Demgegenüber würde eine bloße Hemmung der Verjährung in diesen Fällen den Käufer benachteiligen, da ihm mit fortschreitendem Fristablauf zunehmend das Mängelrisiko an ihm vollkommen unbekannten (Ersatz-) Sachen auferlegt würde.[148] Jenseits der Fälle, in denen ein Anerkenntnis des Verkäufers nach § 212 Abs. 1 Nr. 1 BGB vorliegt, erscheint die Annahme eines Neubeginns der Frist für den Fall, daß die Nacherfüllung durch eine Nachbesserung erfolgt, problematisch. Der Hinweis, das Wahlrecht des Käufers in § 439 BGB mache eine einheitliche Regelung bezüglich des Fristablaufs erforderlich[149], greift insoweit zu kurz. Die Interessenlage des Käufers bei der Nachbesserung unterscheidet sich von den Fällen der Ersatzlieferung. Denn bei der Nachbesserung behält der Käufer die ihm bereits vertraute Sache, an der nur

---

[145] Arnold, ZGS 2002, 438, 440; Auktor, NJW 2003, 120, 122; Ritzmann, MDR 2003, 430, 431.

[146] Henssler/ Graf v. Westphalen, § 438 Rn. 31; Arnold, ZGS 2002, 438, 440; SchuldR/ Haas, Rn. 332.

[147] So Reinking, ZGS 2002, 140, 144.

[148] Im Einzelnen kann insoweit auf die Begründung des Neubeginns der Frist verwiesen werden.

[149] Henssler/ Graf v. Westphalen, § 438 Rn. 32.

konkrete Änderungen vorgenommen werden. Dem Käufer wird damit nicht das neue Mangelrisiko einer anderen Sache auferlegt, das den Neubeginn der Verjährung erforderlich macht. Im Ergebnis ist daher in diesen Fällen eine Hemmung der Verjährung für den konkreten Zeitraum der Nachbesserung anzunehmen.[150] Die Begründung für eine derartige Hemmungswirkung ist umstritten, so wird einerseits eine Konstruktion über eine stillschweigende Abrede der Parteien nach § 202 Abs. 2 BGB vorgenommen.[151] Diese Konstruktion birgt die Problematik, daß grundsätzlich dem Schweigen im Rechtsverkehr keine Erklärungsbedeutung zukommt. Zudem läßt sich ein konkludenter Erklärungswille bezüglich einer Hemmungswirkung der Nachbesserung beim Verkäufer nicht ohne weiteres unterstellen, denn dieser wird trotz Bereitschaft zur Herstellung der Mangelfreiheit in erster Linie ein Interesse an einem schnellstmöglichen Fristablauf haben. Vor diesem Hintergrund stützt eine andere Ansicht die Hemmungswirkung auf die Regelung des § 203 BGB. Die konkrete Begründung spaltet sich dabei in die direkte Anwendung der Norm, da keine Nachbesserung ohne entsprechende Verhandlungen möglich sei[152], oder einer Analogie zu § 203 BGB aufgrund der vergleichbaren Situation[153] auf. Auch diese Ansicht vermag nicht uneingeschränkt zu überzeugen, da im Tätigwerden des Verkäufers, sei es zur Kontrolle des geltend gemachten Mangels, sei es zur Beseitigung desselben, keine Verhandlungssituation mit dem Käufer im eigentlichen Sinn zu sehen ist. Die Konstruktion eines derartigen, quasi verdeckten, Meinungsaustauschs zwischen den Parteien erfordert eine sehr weite Auslegung des Verhandlungsbegriffs, auf den dann eine entsprechende Analogie erfolgen kann. Dennoch ist diese Konstruktion letztlich der Vorzug zu geben, da sie auf Anhaltspunkte im alten Recht zurückgreifen kann, auf die auch der Gesetzgeber verwiesen hat. Die entsprechende Situation wurde nach altem Recht durch eine Analogie zu § 639 Abs. 2 BGB a.F. gelöst, einer Norm, der die Regelung des neuen § 203 BGB nach Ansicht des Gesetzgebers nahe steht[154], so daß die darauf basierende Konstruktion ebenfalls dem Willen des Gesetzgebers entspricht. Nicht überzeugen kann demgegenüber eine weitergehende Differenzierung zwischen Neubeginn oder Hemmung der Verjährungsfrist im Rahmen der jeweiligen Nacherfüllungsmöglichkeiten danach, ob es sich um einen „neuen" oder

---

[150] Auktor, NJW 2003, 120, 122; Arnold, ZGS 2002, 438, 440; Wagner, ZIP 2002, 789, 794; Leenen, DStR 2002, 34, 41; Larenz/ Wolf, § 17 Rn. 40.

[151] Mansel/ Budzikiewicz § 8 Rn 22, S. 221.

[152] Reinking, ZGS 2002, 140, 143; Wagner, ZIP 2002, 789, 794.

[153] Arnold, ZGS 2002, 438, 440; Auktor, NJW 2003, 120, 122.

[154] BT-Drucksache 14/6040, S. 111; Larenz/ Wolf, § 17 Rn. 40.

„alten“ Mangel an der Sache handelt.[155] Diese Ansicht würde in der Praxis zu einer unüberschaubaren Situation führen, welche Restfristen für welche Mängel gelten und wie sich die Beseitigung eines Mangels auf den Fristverlauf der gegebenenfalls bereits beseitigten Mängel auswirke.

Eine weitergehende Besonderheit bei den Verjährungsregelungen ergibt sich aus der Tatsache, daß die Vorschrift des § 438 BGB nur für Ansprüche gilt. Aufgrund der Ausgestaltung von Rücktritt und Minderung als Gestaltungsrechte werden diese Institute des Gläubigers folglich nicht von der Regelung erfaßt. Daher hat der Gesetzgeber aus Gründen des Gleichlaufs der Verjährung in § 438 Abs. 4 und 5 BGB eine gesonderte Regelung aufgenommen.[156] Diese Sonderregelung verweist für die Gestaltungsrechte auf die Rechtsfolgen der Verjährung nach § 218 Abs. 1 Satz 1 BGB. Danach sind die Gestaltungsrechte des Rücktritts und der Minderung unwirksam, sobald ein hinzugedachter Nacherfüllungsanspruch verjährt wäre.

2. 30-jährige Verjährung nach § 438 Abs. 1 Nr. 1 BGB

Als Ausnahme gilt nach § 438 Abs. 1 Nr. 1 a) BGB für Eviktionsfälle eine Verjährungsfrist von 30 Jahren. Die Regelung dient dazu, den Käufer einer Sache in diesen Fällen davor zu schützen, von einem Dritten in Anspruch genommen zu werden, ohne daß er selbst noch Rückgriff bei seinem Verkäufer nehmen kann.[157] Ohne diese Sonderregelung hätte der Käufer nach Ablauf seiner zweijährigen Gewährleistungsfrist noch weitere 28 Jahre das Risiko tragen müssen, schutzlos Ansprüchen Dritter ausgesetzt zu sein. In § 438 Abs. 1 Nr. 1 b) BGB wird die Verjährungsfrist entsprechend auch auf solche Rechtsmängel ausgedehnt, die ins Grundbuch eingetragen werden. Damit wird der Erwerber eines Grundstücks geschützt vor Rechten, die zwischen Vertragsschluß und Gefahrübergang zur Eintragung ins Grundbuch gelangen können, die nicht von ihm zu übernehmen sind und von deren Bestehen er keine Kenntnis erhält.[158] Aufgrund der vergleichbaren Belastung des Erwerbers mit den Fällen fehlender Eigentumsverschaffung wurde die Verjährungsfrist auch für diese Fälle ausgedehnt.[159]

---

[155] So Auktor, NJW 2003, 120, 122; SchuldR/ Haas, Rn. 333 die diese Unterscheidung damit begründen, daß eine mangelhafte Nacherfüllung eine erneute Pflichtverletzung darstelle.

[156] Krämer, ZGS 2002, 379, 381; Medicus/ SchR-BT, § 74 Rn. 73i; Hoeren/ Martinek/ Wolff, SKK, Teil 1 Rn. 509.

[157] Erman/ Grunewald, § 438 BGB Rn. 3; Amann, DNotZ 2002, 94, 101; Westermann/ Buck, S. 159; Mansel/ Budzikiewicz, § 5 Rn. 100, S. 138.

[158] Henssler/ Graf v. Westphalen, § 438 BGB Rn. 3; SchuldR/ Haas, Rn. 313.

[159] Hoeren/ Martinek/ Wolff, SKK, Teil 1 Rn. 509; Mansel/ Budzikiewicz, § 5 Rn. 113, S. 141.

3. Fünfjährige Verjährung nach § 438 Abs. 1 Nr. 2 BGB

Bei Bauwerken und mangelhaften Baumaterialien gilt nach § 438 Nr. 2 BGB eine Verjährungsfrist von fünf Jahren. Diese Regelung war notwendig, um den Bauhandwerker, bzw. den Zwischenhändler vor einer Regreßfalle zu schützen. Denn da der Bauhandwerker gegenüber dem Abnehmer nach Werkvertragsrecht fünf Jahre lang haftet, muß er, um nicht benachteiligt zu werden, auch fünf Jahre lang kaufrechtlich Regreß nehmen können.[160] Durch diese Angleichung der kaufrechtlichen Verjährungsfrist ist es nicht mehr erforderlich, wie bislang die Anwendung des Werkvertragsrechts zu bemühen, um etwa Käufer von neu errichteten Bauwerken vor zu kurzen Fristen zu schützen. Ein weiterer Grund für diese Regelung liegt in der Tatsache, daß Mängel an Bausachen häufig erst längere Zeit nach ihrem Einbau erkennbar werden. Daher wird auch der Bauherr, der die Materialien selbst erwirbt und dann einbaut, von der Regelung erfaßt.[161] Allerdings gilt die verlängerte Frist nicht, wenn der Mangel der Sache in der Einbauleistung begründet liegt und nicht in der Fehlerhaftigkeit des Materials. Ebenso gilt die Fristverlängerung entsprechend der zweiten Alternative des § 438 Abs. 1 Nr. 2 BGB, wenn Baumaterialien „entsprechend der üblichen Verwendungsweise“ verwandt wurden und einen Mangel bewirkten. Dies ist somit objektiv zu bestimmen, wobei hinsichtlich der Frage der baulichen Verwendung aufgrund der Deckungsgleichheit der Begriffe auf die diesbezüglich entwickelten Kriterien des Werkvertragsrechts zurückgegriffen werden kann.[162] Der Beginn der Verjährungsfrist richtet sich dabei aufgrund der ausdrücklichen Regelung des Absatzes 2 nach dem Zeitpunkt der Übergabe der Materialien, auf den Zeitpunkt der Verwendung im Bauwerk kommt es nicht an. Diese Regelung kann im Ergebnis bei der Verwendung von Baumaterialien für ein umfangreiches Projekt, etwa der Errichtung mehrer Gebäude, zu einer unterschiedlichen (Rest-) Frist der verbauten Materialien führen. Dies ist jedoch hinzunehmen, da nur durch die Anknüpfung an die Ablieferung ein konkret zu belegender Zeitpunkt für den Verjährungsbeginn festzustellen ist, während der Nachweis der Verwendung der Materialien häufig problematisch sein dürfte.

4. Sonderregelung bei Arglist des Verkäufers

Als weitere Sonderregelung sieht § 438 Abs. 3 BGB vor, daß im Falle des arglistigen Verschweigens des Mangels durch den Verkäufer die regelmäßigen Verjährungsfristen der §§ 195, 199 BGB an die Stelle der kürzeren kaufrechtli-

---

[160] Jauernig/ Berger, § 438 BGB Rn. 7; Leenen, DStR 2002, 34, 37; Hoeren/ Martinek/ Wolff, SKK, Teil 1 Rn. 509.

[161] Erman/ Grunewald,§ 438 BGB Rn. 7; Westermann/ Buck, S. 160; Huber/ Faust, S. 374, Rn. 179.

[162] Mansel/ Budzikiewicz, § 5 Rn. 80, S. 134; Witt, JuS 2002, 105, 108.

chen Gewährleistung treten. Die Bestimmung der Arglist richtet sich auch in diesem Kontext nach den Kriterien, die für § 123 BGB entwickelt worden sind. Neben der Verlängerung der Fristlaufzeit ist vor allem von Bedeutung, daß die Verjährung, wie in § 194 ff BGB vorgesehen, in diesen Fällen dann nicht bereits nach Übergabe, sondern erst ab Kenntnis bzw. fahrlässiger Unkenntnis des Mangels durch den Käufer zu laufen beginnt.[163] Insofern bestimmt sich die Verjährungsfrist in diesen Fällen nach subjektiven Kriterien. Um eine Fristverkürzung für den Fall der fünfjährigen Laufzeit bei Bauwerken zu verhindern, stellt Satz 2 des Absatzes klar, daß insoweit durch Arglist eine Fristverkürzung nicht bewirkt werden kann.

D. Garantien im Kaufrecht

In einem engen wirtschaftlichen Zusammenhang mit den gesetzlichen Gewährleistungsrechten stehen die Ansprüche des Käufers aus Garantiezusagen. Diese Garantiezusagen, die rechtlich von den Gewährleistungsrechten zu trennen sind, beinhalten eine Qualitätszusage der Kaufsache nach dem Gefahrübergang. Im Unterschied dazu umfaßt die gesetzliche Gewährleistung Qualitätsdefizite im Zeitpunkt des Gefahrübergangs.[164] Die Garantie läßt die gesetzlichen Gewährleistungsrechte unberührt, sie verschafft dem Käufer vielmehr zusätzliche Rechte gegenüber demjenigen, der ihm die Garantie gewährt hat.[165]

I. Definition

Das Gesetz gibt für den Begriff der Garantie keine Legaldefinition, er wird jedoch an verschiedenen Stellen verwendet und somit das Bestehen von Garantien durch den Gesetzgeber vorausgesetzt. Nach bisheriger Rechtsprechung versteht man unter einer Garantie das vertragliche Versprechen, für einen bestimmten Erfolg einzustehen oder ein bestimmtes Schadensrisiko zu übernehmen.[166] Auch die Verbrauchsgüterkaufrichtlinie, die der Gesetzesänderung hinsichtlich der Garantien zugrunde liegt, definiert in Art. 1 Abs. 2 e) in vergleichbarer Weise die Garantie als „jede von einem Verkäufer oder Hersteller gegenüber dem Verbraucher ohne Aufpreis eingegangene Verpflichtung, den Kaufpreis zu erstatten, wenn das Verbrauchsgut nicht den in der Garantieerklärung oder in der einschlägigen Werbung genannten Eigenschaften entspricht“. Ohne eine nähere Ausgestaltung des Begriffes vorzunehmen, ist damit Grundlage der Bestimmung einer Garantie, daß alle während der Garantiefrist auftretenden Män-

---

[163] Medicus/ SchR-BT, § 74 Rn. 73h; Huber/ Faust, S. 375, Rn. 181; Albrecht/ Flohr/ Lange, S. 12; Witt, JuS 2002, 105, 108.

[164] Büdenbender, DStR 2002, 361, 363; Anwaltskommentar/ Büdenbender, § 443 BGB Rn. 1.

[165] BGH, Urteil v. 23.03.1988, NJW 1988, S. 1726, 1727; Schmidt-Räntsch/ Maifeld/ Meier-Göring/ Röcken, S. 518.

[166] BGH, Urteil v. 13.06.1996, NJW 1996, 2569, 2570.

gel Gewährleistungsansprüche auslösen können.[167] Auf Grundlage dieser Definition ist zwischen verschiedenen Verwendungsfällen im Gesetz zu unterscheiden, denn die Übernahme einer Garantie im Sinne von § 276 Abs. 1 Satz 1 BGB, die mit der Garantie in §§ 442 Abs. 1 Satz 2, 444 identisch ist, hat eine andere Bedeutung als die Garantiezusage des § 443 BGB.[168]

II. Garantien des Verkäufers

Der Käufer kann Garantien sowohl vom Verkäufer der Sache als auch von deren Hersteller und damit einem nicht am Kaufvertrag beteiligten Dritten eingeräumt bekommen. In beiden Fällen kommt eine vertragliche Beziehung mit dem Käufer zustande, allerdings in verschiedenen rechtlichen Ausgestaltungen. Die Garantie des Verkäufers ist als besondere Abrede innerhalb des Kaufvertrages zu verstehen, durch die dem Käufer die zusätzlichen Rechte gewährt werden.[169]

1. Selbständige Garantien

Aufgrund des unterschiedlichen Regelungsgehalts und der verschiedenen Ausgestaltung bei Garantien im Verhältnis von Käufer und Verkäufer ist zwischen selbständigen und unselbständigen Garantien zu differenzieren.

a) Garantieübernahme nach § 276 BGB

Das Gesetz enthält die Regelung einer selbständigen Garantie in § 276 BGB. Eine derartige Regelung ist neu, denn bisher kannte das Bürgerliche Gesetzbuch die Garantie als ausdrücklich geregeltes Rechtsinstitut nicht.

aa) Definition

Eine Definition des Begriffs ist im Gesetz nicht enthalten. Aus dem systematischen Zusammenhang läßt sich jedoch seine Bedeutung herleiten. Die Regelung der Garantie des § 276 BGB erfolgte vor dem Hintergrund der Abschaffung des § 463 BGB a.F. im Rahmen der Neuregelung des Gewährleistungsrechts im allgemeinen Leistungsstörungsrecht. Da die Schadensersatzhaftung nach §§ 447 Nr. 3, 280 Abs. 1 BGB ein Verschulden voraussetzt war eine gesonderte Regelung der Haftung für zugesicherte Eigenschaften notwendig. Der Gesetzgeber wollte diese Haftung nicht abschaffen, sondern nur an passender Stelle neu regeln. Der Begriff der Garantie in § 276 BGB ist somit inhaltsgleich mit der aus dem alten Recht bekannten Zusicherung einer Eigenschaft.[170] Da insoweit mit

---

[167] BGH, Urteil v. 20.12.1978, NJW 1979, 645.

[168] Oetker/ Maultzsch, S. 144/ 145; Büdenbender, DStR 2002, 361, 363; Huber/ Faust, S. 372, Rn. 173; Hk-BGB/ Saenger, § 443 BGB Rn. 2.

[169] MPTW/ Tonner/ Crellwitz/ Echtermeyer, S. 342.

[170] Anwaltskommentar/ Dauner-Lieb, § 276 BGB Rn. 18; Hk-BGB/ Schulze, § 276 BGB Rn. 23; Huber/ Faust, S. 372, Rn. 173; Däubler-Gmelin, NJW 2001, 2281, 2285.

dem Begriffswechsel von der „Zusicherung" zur „Garantie" kein inhaltlicher Unterschied verbunden ist, kann zur Konkretisierung des Garantiebegriffs ebenfalls auf die von der Rechtsprechung entwickelten Grundsätze zur Zusicherung einer Eigenschaft zurückgegriffen werden.[171] Maßgebliches Kriterium ist demnach die rechtsgeschäftliche Übernahme einer verschuldensunabhängigen Einstandspflicht, denn für eine Zusicherung ist Voraussetzung, daß der Verkäufer die Gewähr für das Vorhandensein einer Eigenschaft übernimmt und damit seine Bereitschaft zu erkennen gibt, für alle Folgen einzutreten, sofern diese Eigenschaft fehlt.[172] Mit der neuen Ausgestaltung des § 276 BGB hat der Gesetzgeber damit den Begriff der Garantie, der in der Praxis bereits früher häufig für die Zusicherung einer Eigenschaft verwendet wurde, auch als Begriff in den Gesetzeswortlaut aufgenommen. Eine derartige Garantie kann ausdrücklich, aber auch stillschweigend übernommen werden.[173] Die Vereinbarung einer Garantie ist durch Auslegung nach §§ 133, 157 BGB zu ermitteln.[174]

bb) Regelungsgehalt

Die Übernahme einer selbständigen Garantie bewirkt, daß der Verkäufer als Garantiegeber aufgrund der Beschaffenheitsvereinbarung, die er mit Zusicherung der Eigenschaft gegeben hat, eine Pflichtverletzung unabhängig von einem Verschulden zu vertreten hat.[175] Der Umfang des Vertretenmüssens richtet sich nach §§ 276 Abs. 1 Satz 1, 280 Abs. 1 Satz 2 BGB. Welche Schäden von der Garantiehaftung erfaßt werden, insbesondere, ob darunter auch Mangelfolgeschäden gehören, ist anhand der konkreten Vereinbarung durch Auslegung nach den Vorschriften der §§ 133 und 157 BGB zu ermitteln.[176] Die Reichweite der Garantie ist darüber hinaus maßgeblich für die Frage, ob der Käufer zunächst bezüglich seiner Rechte aus §§ 281, 323 BGB nur Nacherfüllung verlangen kann, oder ob aufgrund der Garantie die Fristsetzung entbehrlich ist.[177] Da die Gewährung einer Garantie eine freiwillige, zusätzliche Leistung des Verkäufers darstellt, unterliegt sie ausschließlich dessen Willen und kann folglich bezüg-

---

[171] Hk-BGB/ Saenger, § 442 BGB Rn. 7; HbSchuldR/ Schimmel/ Buhlmann, S. 210, Rn. 36; Anwaltskommentar/ Dauner-Lieb, § 276 BGB Rn. 18.

[172] Palandt/ Heinrichs, § 276 BGB Rn. 29; Hk-BGB/ Schulze, § 276 BGB Rn. 23; Anwaltskommentar/ Dauner-Lieb, § 276 BGB Rn. 19, 20.

[173] Hk-BGB/ Saenger, § 442 BGB Rn. 7; Palandt/ Heinrichs, § 276 BGB Rn. 29.

[174] HbSchuldR/ Schimmel/ Buhlmann, S. 210, Rn. 37; Palandt/ Heinrichs, § 276 BGB Rn. 29.

[175] Brüggemeier, WM 2002, 1376, 1381; SchuldR/ Medicus, Rn. 141.

[176] DL/K/S/ Looschelders, S. 403; HbSchuldR/ Schimmel/ Buhlmann, S. 210, Rn. 37.

[177] Anwaltskommentar/ Dauner-Lieb, § 276 BGB Rn. 20.

lich ihrer konkreten Voraussetzungen und der mit ihr verbundenen Rechtsfolgen im Garantiefall ausgestaltet, bzw. begrenzt werden.[178]

cc) Beweislastverteilung im Rahmen der Garantie

Die Beweislastverteilung im Rahmen einer Garantie nach § 276 BGB ergibt sich im Zusammenhang mit der Regelung des § 280 Abs. 1 Satz 2 BGB.[179] Diese Regelung sieht eine Verteilung der Darlegungs- und Beweislast vor. Danach hat sich der Schuldner, sobald ein objektiver Pflichtenverstoß feststeht, hinsichtlich eines Vertretenmüssens zu entlasten. Da die Frage der Übernahme einer Garantie vom Gesetzgeber als Frage des Vertretenmüssens im Rahmen des § 276 BGB geregelt worden ist, greift auch in diesem Punkt die Vermutungswirkung des Gesetzes. Dies bedeutet, daß der Schuldner sich in der Frage einer eventuellen Garantieübernahme entlasten muß. Obschon diese grundlegende Beweislast des Verkäufers zunächst überrascht, da sie diesem die Pflicht zu einem quasi präventiven Negativbeweis einer Garantie auferlegt, sind in der Praxis Beweiserfordernisse in diesem Ausmaß wohl regelmäßig nicht zu erwarten. Denn sofern der Käufer sich auf die negative Abweichung einer Beschaffenheit im Sinne des § 434 Abs. 1 BGB beruft, muß er zur Untermauerung seines Anspruchs auch zu einer entsprechenden vertraglichen Vereinbarung der Parteien vortragen. Erst bei der Frage, inwieweit in der vorgetragenen Vereinbarung eine Garantie zu sehen ist, obliegt dann dem Verkäufer nach § 276 BGB die Beweislast, vorgetragene Anzeichen dafür zu widerlegen.

dd) Verjährung

Die Verjährung des Garantieanspruchs ergibt sich bei § 276 BGB mangels anderer einschlägiger Sonderregelungen aus den allgemeinen Verjährungsvorschriften des BGB. Da § 276 BGB hinsichtlich der Garantie als Frage des Verschuldens ausgestaltet ist und im Übrigen auf die allgemeinen Gewährleistungsnormen aufbaut, gilt auch die Verjährung des § 438 BGB.[180] Nach § 438 Abs. 1 Nr. 3 BGB beträgt die Regelverjährungszeit damit zwei Jahre.

b) Selbständiger Garantievertrag

Neben der neu im Gesetz geregelten selbständigen Garantie aus § 276 BGB gibt es auch weiterhin die Möglichkeit, gegenüber einem Käufer im Rahmen eines selbständigen Garantieversprechens für einen von der Eigentumsverschaffung und der Beschaffenheit der Sache unabhängigen Erfolg einzustehen.

---

[178] Zur Auswirkung des § 444 BGB und dessen Auslegungserfordernis s.u. im gesonderten Abschnitt.

[179] Palandt/ Heinrichs, § 276 BGB Rn. 42, § 280 Rn. 34, 35; Henssler/ Graf v. Westphalen/ Dedek § 276 BGB Rn. 20.

[180] Westermann/ Pfeiffer, S. 224.

aa) Definition

Bei dieser Art von Garantie durch einen selbständigen Garantievertrag handelt es sich um einen zweiseitigen Vertrag, der im Verhältnis zum Kaufvertrag ein eigenständiges Schuldverhältnis mit gesonderten Erfüllungsansprüchen gegen den Verkäufer begründet.[181] Obschon der Garantievertrag zu einer Geschäftseinheit im Sinne des § 139 BGB verbunden sein kann, wird er von eventuellen Formerfordernissen des Kaufvertrags nicht erfaßt.[182]

bb) Regelungsgehalt

Bei einem selbständigen Garantievertrag zwischen den Vertragsparteien wird über die bloße Beschaffenheit der Kaufsache hinaus eine Einstandspflicht des Verkäufers für einen weitergehenden Erfolg begründet.[183] Der selbständige Garantievertrag tritt neben den Kaufvertrag und bezieht sich nicht ausschließlich auf die Beschaffenheit der Kaufsache sondern auch auf sonstige Umstände des Vertrags. Aufgrund der Eigenständigkeit dieser Garantie kommt hierbei eine Einbeziehung von Werbeaussagen über die Kaufsache in den Garantieumfang nicht in Betracht.[184] Grundsätzlich richtet sich damit der Inhalt der Garantie ausschließlich nach der zugrunde liegenden vertraglichen Vereinbarung der Parteien, die auch die Regelung der Rechtsfolgen enthalten sollte. Sofern keine detaillierte Vereinbarung vorliegt, wird für den Verkäufer durch die selbständige Garantie die Einstandspflicht zur Schadloshaltung nach § 249 ff BGB begründet, wenn der garantierte Erfolg nicht eintritt. Dies bedeutet, daß ein Garantiegeber, der keine explizite Ausgestaltung seiner Garantie vornimmt oder diese auf anderem Wege eingrenzt, dem Vertragspartner vollumfänglich haftet.

cc) Beweislastverteilung im Rahmen der Garantie

Hinsichtlich der selbständigen Garantie durch eigene Garantieverträge bleibt es bei der allgemeinen gesetzlichen Regelung, wonach jede Partei das ihr Günstige beweisen muß.[185] Demnach trifft den Käufer im Fall einer mangelhaften Sache, für die der Verkäufer verschuldensunabhängig einstehen wollte, die vollständige Beweislast. Er muß neben der Vereinbarung der Garantie auch sämtliche Umstände darlegen, die den Mangel der Sache betreffen und beweisen, daß dieser Mangel im Garantiezeitraum ohne sein Verschulden aufgetreten ist.

---

[181] Hoeren/ Martinek/ Wolff, SKK, § 443 BGB Rn. 1.

[182] Oetker/ Maultzsch, S. 146.

[183] Henssler/ Graf v. Westphalen, § 443 BGB Rn. 6; Oetker/ Maultzsch, S. 146.

[184] Hoeren/ Martinek/ Wolff, SKK, § 443 BGB Rn. 7.

[185] Palandt/ Heinrichs, § 276 BGB Rn. 42, § 280 BGB Rn. 34, 35; HK-BGB/ Schulze, § 280 BGB Rn. 9.

dd) Verjährung

Da es sich bei der selbständigen Garantie dieser Art um einen vollkommen eigenständigen Vertrag handelt, gelten auch für die Frage der Verjährung der damit gewährten Ansprüche primär die in diesem Vertrag vorgesehenen Regelungen. Sofern in dem selbständigen Garantievertrag keine eigenständige Regelung getroffen ist, gelten die allgemeinen Regelungen der Verjährung nach § 195 BGB mit einer Frist von drei Jahren.[186]

2. Unselbständige Garantien

Neben den oben dargestellten Garantien sieht das Gesetz in seiner neuen Ausgestaltung auch die Möglichkeit der Gewährung unselbständiger Garantien vor. Diese Art von Garantien wird in § 443 BGB geregelt. Da solche Garantiezusagen Bestandteil des Kaufvertrages werden und Modifikationen des Kaufvertrages zugunsten des Käufers betreffen, insbesondere die Erweiterung der gesetzlichen Haftung des Verkäufers für Mängel, bezeichnet man sie als unselbständige Garantien.[187] Da auch diese Art von Garantien in ihren Rechten über die gesetzlich vorgeschriebenen Schutzrechte des Käufers hinausgehen, ist es allein die Sache des Verkäufers, inwieweit er Garantien auf seine Produkte gewährt. Eine Verpflichtung zur Gewährung von Garantien dieser Art besteht nicht, so daß die Vorschrift des § 443 BGB nur dann einschlägig ist, wenn eine Garantie freiwillig vereinbart wurde.[188]

a) Garantiezusage nach § 443 BGB

Die Regelung des § 443 BGB geht wie auch bei den selbständigen Garantien ebenfalls von dem generellen Garantiebegriff aus. § 443 BGB nimmt keine Konkretisierung des Garantieinhalts vor, denn diese Garantiezusagen werden freiwillig gegeben und unterliegen somit in ihrer Ausgestaltung hinsichtlich Inhalt und Reichweite der Privatautonomie.[189] Als Rahmenvoraussetzung einer ordnungsgemäßen Garantie muß aus ihr jedoch hervorgehen, auf welche Eigenschaften und Beschaffenheitsangaben sie sich bezieht, wie lange sie gelten soll und welche Rechtsbehelfe dem Käufer im Garantiefall zustehen sollen.[190] Die-

---

[186] Hoeren/ Martinek/ Malzer, SKK, Syst. Teil F I Rn. 376, 377; Mansel/ Budzikiewicz, § 5 Rn. 178, S. 158.

[187] Palandt/ Putzo, § 443 BGB Rn. 4; Oetker/ Maultzsch, S. 144; Hammen, NJW 2003, 2588; Dauner-Lieb/ Thiessen, ZIP 2002, 108, 111.

[188] MPTW/ Tonner/ Crellwitz/ Echtermeyer, S. 346.

[189] Anwaltskommentar/ Büdenbender, § 443 BGB Rn. 1; Schellhammer, MDR 2002, 241, 246; Gaul, ZHR 166 (2002) S.62; Lorenz, KF/ Canaris, S. 82.

[190] Westermann/ Buck, S. 164; Hk-BGB/ Saenger, § 443 BGB Rn. 4; Erman/ Grunewald, § 443 BGB Rn. 2; Schmidt-Räntsch/ Maifeld/ Meier-Göring/ Röcken, S. 518.

ser Garantieanspruch tritt neben die Rechte des Käufers aus dem Gewährleistungsrecht und ist unabhängig von diesen.[191] Insofern dienen Garantien der Verstärkung und Erweiterung der gesetzlichen Mängelhaftung[192] und geben dem Käufer zusätzliche und weiterreichende Rechte, als ihm aufgrund gesetzlicher Regelungen gewährt werden, etwa durch Verlängerung der Fristen. Der konkrete Inhalt ist dabei entweder eindeutig festzulegen, oder er muß durch Auslegung nach §§ 133, 157 BGB ermittelt werden. Sofern die Garantieerklärung des Verkäufers keine Einzelheiten enthält, werden sämtliche Sachmängel von der garantiegemäßen Haftung erfaßt, denn andernfalls würde die Funktion des Zusatzschutzes einer Garantie leerlaufen. Der Garantiegeber, der durch Gewährung derselben besonderes Vertrauen in sich und seine Ware schafft, soll sich bei Vorliegen eines Garantiefalls nicht durch Berufung auf eine Unklarheit im Garantieumfang von seinen Verpflichtungen befreien können. Aufgrund der Freiwilligkeit, mit der der Garantiegeber diese eingegangen ist, gebietet es die Schutzwürdigkeit des Käufers, zu seinen Gunsten die größtmögliche Haftungsabdeckung durch die Garantie anzunehmen. Die Garantienorm des § 443 BGB enthält praktisch keinen eigenständigen Regelungsgehalt oder eine gesonderte Rechtsfolge, sie verweist insoweit deklaratorisch auf die Garantievereinbarung selbst. Diese Bezugnahme erklärt sich ebenfalls daraus, daß die Gewährung einer Garantie ausschließlich freiwillig durch Vereinbarung zwischen den Parteien erfolgen und ausgestaltet werden kann, der Rahmen und Inhalt der Garantie daher stets zwischen den Parteien vereinbart wird. Sofern dies nicht der Fall ist, greift aufgrund der Schutzbedürftigkeit des Käufers ohnehin die Vermutung zugunsten einer möglichst umfassenden Garantiegewährung. Eine detaillierte Regelung bestimmter Rechtsfolgen im Gesetz ist aus diesem Grund nicht notwendig. Die Grundlage der Ansprüche des Käufers aus einer derartigen Garantie ist folglich die Garantievereinbarung selbst und nicht die Norm des § 443 Abs. 1 BGB.[193]

b) Beschaffenheitsgarantien, § 443 Abs. 1 Alt. 1 BGB

Die Regelung des § 443 BGB unterscheidet im Rahmen der unselbständigen Garantien je nach dem Schwerpunkt und der Zielrichtung ihrer Ausgestaltung verschiedene Unterformen. Gegenstand der Regelung in § 443 Abs. 1 Alt. 1 BGB ist die Beschaffenheitsgarantie.

---

[191] Jauernig/ Berger, § 443 BGB Rn. 1; Schmidt-Räntsch/ Maifeld/ Meier-Göring/ Röcken, S. 518; ABH/ Brambring, S. 173.

[192] Schellhammer, MDR 2002, 241, 246; Palandt/ Putzo, § 443 BGB Rn. 1.

[193] Huber/ Faust, S. 371 Rn. 170; Oetker/ Maultzsch, S. 147.

aa) Definition

Bei der Beschaffenheitsgarantie nach § 443 Abs. 1 Alt. 1 BGB wird durch den Verkäufer garantiert, daß die Kaufsache in dem zur Bestimmung eines Mangels für die gesetzliche Gewährleistung relevanten Zeitpunkt bestimmte Merkmale aufweist.[194] Eine solche Garantie geht über die Vereinbarung einer bloßen vertragsgemäßen Beschaffenheit hinaus, es wird ein eigenständiger Anspruch aus der Garantie als vertraglicher Erfüllungsanspruch gewährt. Somit kann eine Beschaffenheitsgarantie einen weitergehenden Regelungsgehalt haben, wenn der Verkäufer über die in § 437 BGB genannten Ansprüche und Rechte hinaus dem Käufer im Haftungsfall Ansprüche gewährt.

bb) Regelungsgehalt des § 443 BGB für Beschaffenheitsgarantien

Wie bereits erwähnt richtet sich der Regelungsgehalt der Beschaffenheitsgarantie grundsätzlich nach der konkreten Ausgestaltung der Garantie. Insoweit ist den Parteien im Rahmen der Privatautonomie bewußt durch das Gesetz keine Einschränkung auferlegt. Auch ein inhaltlicher Mindeststandard, etwa hinsichtlich einer bestimmten Rechtsfolge, wird durch das Gesetz nicht vorgeschrieben, sie würde aufgrund der individuellen Konstellationsmöglichkeiten auch im Einzelfall zu Lösungen führen müssen, die für die Parteien nicht immer sachgerecht wären.[195] Von einer Eingrenzung der möglichen Rechtsfolgenkonstellationen hat der Gesetzgeber zurecht Abstand genommen, denn einerseits ist mit den gesetzlichen Gewährleistungsrechten der erforderliche Rechtsfolgenkatalog zur Sicherung der Verbraucherrechte vorhanden, andererseits ist eine individuelle Anpassung der Garantierechte an den jeweiligen Vertrag im Wege der Vertragsvereinbarung der Parteien unter dem Gesichtspunkt des Käuferschutzes erfolgversprechender. Die Norm des § 443 Abs. 1 BGB stellt klar, daß die Rechte aus der Garantie „unbeschadet der gesetzlichen Ansprüche“ zustehen. Mit dieser Formulierung macht der Gesetzgeber die Positionierung der unselbständigen Garantien im Gesamtsystem der Käuferrechte deutlich, indem er sich hinsichtlich der Voraussetzungen und Rechtsfolgen vom gesetzlichen Gewährleistungssystem abkoppelt. Diese Bestimmung wirft jedoch in ihrer Formulierung zunächst Fragen auf. Denn bei strikter Orientierung am Wortlaut würden durch die Regelung nur die Ansprüche des § 437 BGB erfaßt, was allerdings die Minderung und den Rücktritt außen vor lassen würde, da es sich bei diesen beiden Gewährleistungsarten um Gestaltungsrechte handelt. Obschon der Gesetzgeber in den übrigen Normen die Unterscheidung zwischen Gewährleistungsansprüchen und entsprechenden Gestaltungsrechten auch in der Formulierung berücksichtigt hat, ist für die in Rede stehende Regelung von einem legislatorischen

[194] Erman/ Grunewald, § 443 BGB Rn. 2; Oetker/ Maultzsch, S. 144; Palandt/ Putzo, § 443 BGB Rn. 4.

[195] Schmidt-Räntsch/ Maifeld/ Meier-Göring/ Röcken, S. 522.

Versehen auszugehen. Zum einen legt die Begründung des Gesetzesentwurfs, der wiederum auf „gesetzliche Gewährleistungsrechte“ abstellt[196], eine solche Auslegung nahe, zum anderen wird diese Ansicht auch durch die der Neuregelung zugrundeliegende Richtlinie[197] gestützt. Denn nach Art. 6 Abs. 2 der Richtlinie muß durch eine Garantie klargestellt werden, daß der Verbraucher gesetzliche Rechte hat, die durch sie nicht berührt werden. Durch einen Vergleich mit dem Regelungskonzept des § 444 BGB wird diese Ansicht auch systematisch gefestigt. Das dort festgeschriebene Verbot einer Einschränkung „der Rechte des Käufers wegen eines Mangels“, also sämtlicher Gewährleistungsrechte, im Falle einer Garantiegewährung durch den Verkäufer macht nur dann Sinn, wenn durch die Garantie selbst auch sämtliche Gewährleistungsrechte unberührt bleiben.[198] Anderenfalls ergäbe sich für die Gestaltungsrechte des § 437 BGB eine Regelungslücke, die offensichtlich nicht beabsichtigt war.

Da die Garantie somit neben den gesetzlichen Gewährleistungsansprüchen besteht, räumt eine Garantievereinbarung dem Käufer ohnehin stets einen atypischen Vorteil ein, so daß eine Benachteiligung des Käufers durch eine Garantie nicht zu erwarten ist.[199] Die Garantie kann daher auf bestimmte Teile der Kaufsache, Wertsummenbeträge oder einzelne Rechtsfolgen begrenzt werden. Die Regelung sieht gerade nicht vor, daß dem Käufer einer Sache stets zusätzliche Rechte eingeräumt werden müssen. Vielmehr kann seitens des Verkäufers bei Übernahme einer Garantie nur eine Erleichterung der Geltendmachung der gesetzlichen Gewährleistungsrechte, nicht aber die Einräumung zusätzlicher Rechte gewollt sein.[200] Insofern können auch einzelne Rechte aus einer Garantie im Einzelfall hinter dem zurückbleiben, was der Käufer einer mangelhaften Sache im Gewährleistungsfall vom Verkäufer verlangen kann; ebenso kann sich aus einer Garantie auch nur ein eingeschränktes Rechtsfolgenspektrum ergeben, das dem Käufer allerdings unter für ihn günstigeren Bedingungen zur Verfügung steht. Daraus wird deutlich, daß die Garantie keinesfalls als Äquivalent der Gewährleistungshaftung ausgestaltet ist, sondern in erster Linie eine Zusatzleistung des Verkäufers im Rahmen einer Verkaufsstrategie darstellt und in der Praxis entsprechend eingesetzt wird. Sofern in einer Garantievereinbarung jedoch keine Regelung hinsichtlich der Rechte des Käufers im Garantiefall vorgesehen ist, wird man im Wege der Auslegung dazu kommen müssen, daß dem

---

196 BT-Drucksache 14/6040, S. 239.

197 Richtlinie 1999/44/EG des Europäischen Parlaments und des Rates vom 25. Mai 1999 zu bestimmten Aspekten des Verbrauchsgüterkaufs und der Garantien für Verbrauchsgüter, Abl.EG Nr. L 171 vom 07.07.1999, 12.

198 Hammen, NJW 2003, 2588, 2590; Jauernig/ Berger, § 443 BGB Rn. 13.

199 Westermann/ Buck, S. 164; Oetker/ Maultzsch, S. 148.

200 Hoeren/ Martinek/ Wolff, SKK, § 443 BGB Rn. 24; Lorenz, KF/ Canaris, S. 82.

Käufer im Garantiefall alle gesetzlich vorgesehenen Gewährleistungsrechte zustehen sollen.[201] Andernfalls liefe die gesetzgeberisch beabsichtigte Schutzerweiterung zugunsten des Käufers ins Leere und die Garantie würde zum bloßen Marketinginstrument des Verkäufers herabgewertet werden, mit dem dieser anpreisend am Markt auftreten könnte, ohne daß sich eine sachgerechte Grundverpflichtung für ihn daraus ergeben würde. In formeller Hinsicht bestehen im allgemeinen Kaufrecht keine strengen Anforderungen an eine Garantie. Es bedarf zur Vereinbarung einer Garantie weder der Einhaltung der Schriftform, noch müssen eine Garantiekarte oder ähnliches übergeben werden. Auch die Verwendung von Begriffen wie „Zusicherung“ oder „Garantie“ ist nicht erforderlich. Ob im konkreten Fall eine Garantie abgegeben wurde, ist im Wege der Auslegung nach §§ 133, 157 BGB festzustellen.[202] Sofern für die Garantievereinbarung die allgemeinen Geschäftsbedingungen des Verkäufers verwendet werden, kann eine Inhaltskontrolle nach den §§ 307 ff BGB nicht stattfinden, da es insofern an dispositiven Gesetzesvorschriften fehlt.

cc) Konkretisierung der Garantie durch “einschlägige“ Werbung

Über den Inhalt der eigentlichen Garantieerklärung hinaus bezieht § 443 Abs. 1 BGB auch die „einschlägige“ Werbung für die Kaufsache als einen die Garantie mitbestimmenden Faktor ein. Das Gesetz enthält keine Hinweise, wann eine Werbung als „einschlägig“ zu bezeichnen ist. Jedoch spricht die Tatsache, daß die Gewährung einer Garantie durch den Verkäufer freiwillig erfolgt und Werbung für ein Produkt eine wesentliche Informationsquelle im Wirtschaftsbereich darstellt, dafür, daß eine Einbeziehung von Werbung in den Garantieumfang sinnvoller Weise nur restriktiv erfolgen darf. Dies insoweit, als sich Hinweise auf einen entsprechenden Verpflichtungswillen des Garanten ergeben müssen. Denn eine allzu offensive Einbeziehung von Werbeangaben in den Garantieumfang würde andernfalls dazu führen, daß entweder durch Haftungsausschlußklauseln das Institut der Garantie entwertet oder im Geschäftsverkehr häufig auf die Gewährung von Garantien verzichtet werden würde.

Von dieser Grundeinschränkung ausgehend, müssen jedenfalls solche Werbeangaben als „einschlägig“ im Sinne von § 443 Abs. 1 BGB gelten, die vom Garantiegeber in die Öffentlichkeit gebracht wurden, in einem engen Zusammenhang zu der gewährten Garantie stehen und geeignet sind, die Garantiebedingungen zu konkretisieren.[203] Bedeutend wird dies insbesondere dann, wenn etwa in der Werbung mit Garantiebedingungen geworben wird, die später in der eigentlichen Garantie nicht aufgeführt werden. In diesen Fällen wird nicht nur

---

[201] Jauernig/ Berger, § 443 BGB Rn. 13; Westermann/ Buck, S. 165.

[202] Hoeren/ Martinek/ Wolff, SKK, § 443 BGB Rn. 14; Hk-BGB/ Saenger, § 443 BGB Rn. 4.

[203] Hoeren/ Martinek/ Wolff, SKK, § 443 BGB Rn. 33; Henssler/ Graf v. Westphalen, § 443 BGB Rn. 36.

eine Garantiebedingung durch die Werbung konkretisiert, sondern eine Erweiterung des Garantieinhalts selbst vorgenommen.[204] Denn in diesen Fällen erfordert es die Schutzwürdigkeit des Käufers ebenso wie das Bestreben, die Garantie nicht zum vordergründigen Werbeinstrument werden zu lassen, die jeweiligen Angaben uneingeschränkt als Garantieinhalt zu übernehmen. Nicht ausreichend zur Einbeziehung in die Garantie sind allerdings allgemein gehaltene Beschaffenheitsbeschreibungen, die über ein Produkt abgegeben werden. Dazu zählen auch die reinen Werbeanpreisungen, bei denen bewußt auf den Überzeichnungseffekt der Aussage gesetzt wird, um so Aufmerksamkeit für das Produkt zu erreichen.[205] Bei diesen Aussagen ist für den Käufer erkennbar, daß es nicht auf die Bestimmung konkreter Vertrags- oder Garantiekriterien ankommen soll, denn häufig wird es bei derartigen Aussagen bereits an einer objektiven Bemessungsgrundlage zur Überprüfung dieser Angaben fehlen. Insoweit fehlt es folglich an einer Schutzwürdigkeit des Käufers. Für die Wirkung der Werbeangaben auf die Garantie ist es unerheblich, ob der Käufer als Garantienehmer tatsächlich Kenntnis der einschlägigen Werbung hatte.[206] Auch in dieser Frage greifen die oben genannten Schutzgesichtspunkte der Garantie, so daß zugunsten des Käufers bei Abschluß des Vertrags von einer konkludenten Einbeziehung der Werbeangaben auszugehen ist. Dies ist möglich, da das Gesetz nicht erfordert, daß die Garantie beim Käufer ursächlich für den Vertragsabschluß geworden ist. Diese Annahme belastet den Verkäufer auch nicht unangemessen, denn dieser richtet sich mit seinen Werbeaussagen bewußt an einen ihm unbekannten Kreis von Personen, der sich allein dadurch konkretisieren läßt, daß es sich um potentielle Käufer seiner Ware handelt. Mit Verwirklichung der Kaufabsicht sind somit alle Voraussetzungen des Verkäufers hinsichtlich der Garantie- bzw. Werbungswirkung gegeben, denn aus der Natur der Sache ergibt sich, daß der werbende Verkäufer von der Kenntnisnahme seiner Produktwerbung und deren Ursächlichkeit für einen Kauf ausgeht. Eine individuelle Wirkungsabgrenzung insbesondere hinsichtlich der vermittelten Inhalte ist vor diesem Hintergrund nicht erforderlich.

Darüber hinaus stellt sich die Frage, ob und wie eine öffentliche Werbung des Herstellers Einfluß auf den Inhalt der Garantie des Verkäufers nehmen kann und ob gegebenenfalls eine derartige Wechselwirkung auch in umgekehrter Konstellation festzustellen ist. Hinsichtlich der Verkäufergarantie ist eine Einbeziehung der Herstellerwerbung zu bejahen, denn derartige Werbung ist in der Regel die Informationsquelle, die den Käufer zu seinem Kauf bewegen wird.

---

204 SchuldR/ Haas, Rn. 100; Erman/ Grunewald, § 443 BGB Rn. 13.

205 HbSchuldR/ Winkelmann, S. 501, Rn. 156; Bernreuther, MDR 2003, 63, 64, mit Beispielen derartiger Angaben.

206 Henssler/ Graf v. Westphalen, § 443 BGB Rn. 37; Hoeren/ Martinek/ Wolff, SKK, § 443 BGB Rn. 39.

Zudem wird es dem Händler möglich sein, die Angaben der Werbung zur Kenntnis zu nehmen und seine Garantie darauf abzustimmen.[207] Die Einbeziehung ist über eine entsprechende Auslegung des § 443 Abs. 1 Satz 3 BGB möglich.[208] Die Erwartung, der Käufer könne in solchen Fällen stets zwischen Herstellerwerbung und Verkäufergarantie unterscheiden, kann nicht überzeugen. Denn eine derart strikte Trennung unter Bezugnahme auf den Garantiewillen des Verkäufers durch den Käufer ist in der Praxis wohl nicht zu erwarten.[209] Im umgekehrten Fall ist eine Beeinflussung der Herstellergarantie durch Werbung des Verkäufers zu verneinen. Die in diesen Fällen eher regional ausgerichteten Werbekonzepte der Verkäufer werden in der Regel vom Hersteller nicht zur Kenntnis genommen werden können. Insofern fehlt es in diesen Fällen an der „Einschlägigkeit" bezüglich der Herstellerwerbung, da der Hersteller seine Garantie nicht an der Werbung des Verkäufers ausrichten kann.[210] Ferner dürfte der begrenzte Wirkungsradius dieser Werbemaßnahmen in der Regel auch dem Käufer ersichtlich sein, da diese Werbekonzepte individueller gestaltet sein werden, um eine unmittelbare Ausrichtung an die örtliche Zielgruppe des Verkäufers zu erreichen. Unter diesen Vorraussetzungen erkennt der Käufer das Verhältnis der Werbung zu der bestehenden Garantie und ist diesbezüglich nicht in besonderer Weise schutzwürdig.

dd) Beweislastverteilung im Rahmen der Garantie

Von besonderer Bedeutung im Rahmen der Garantien ist die Verteilung der Beweislast. Mangels einer abweichenden gesetzlichen Ausgestaltung entspricht die Beweislastverteilung bei der Beschaffenheitsgarantie den allgemeinen Grundsätzen der Beweislast[211], wonach jede Partei das ihr Günstige darlegen und beweisen muß. Ein besonderes Gewicht muß dabei auf dem Nachweis des Zeitpunkts liegen, in dem der Mangel der Sache aufgetreten ist, denn die Beschaffenheitsgarantie beschränkt sich lediglich auf die Mängelfreiheit in dem für §§ 434, 435 BGB relevanten Zeitpunkt.[212] Aufgrund dieser Beweislastverteilung bezüglich eines eventuellen „Garantiemangels" muß der Verkäufer als Garantiegeber zu seiner Verteidigung darlegen, daß der Mangel nicht im maßgeblichen Zeitpunkt vorhanden war, sondern erst später aufgetreten ist, oder die Sache durch den Käufer unsachgemäß behandelt, seitens eines Dritten beschä-

[207] BT-Drucksache 14/6857, S. 28; Henssler/ Graf v. Westphalen, § 443 BGB Rn. 38.

[208] Oetker/ Maultzsch, S. 147; Jauernig/ Berger, § 443 BGB Rn. 11.

[209] So aber Hoeren/ Martinek/ Wolff, SKK, § 443 BGB Rn. 37.

[210] BT-Drucksache 14/6857, S. 28; Henssler/ Graf v. Westphalen, § 443 BGB Rn. 39.

[211] Anwaltskommentar/ Büdenbender, § 443 BGB Rn. 5; Henssler/ Graf v. Westphalen, § 443 BGB Rn. 56, 57; Jauernig/ Berger, § 443 BGB Rn. 15.

[212] Oetker/ Maultzsch, S. 144; ABH/ Brambring, S. 174.

digt, oder in sonstiger, nicht von ihm zu vertretender Weise verschlechtert worden ist.[213]

ee) Verjährung der Garantieansprüche

Die in der Garantie festgesetzten Fristen stellen regelmäßig Verjährungsfristen der Ansprüche und Rechte des Käufers dar. Der Gesetzgeber hat von einer allgemeinen Regelung der Verjährung von Garantieansprüchen durch eine besondere Vorschrift abgesehen. Wie der gesamte Garantieinhalt, soll nach dem Willen des Gesetzgebers auch die Frage der Verjährung der durch sie gewährten Ansprüche die Angelegenheit der Parteien bleiben. Diese haben somit die Möglichkeit, eine individuell angemessene Regelung zu finden. Dabei muß allerdings als wesentlich beachtet werden, daß diese Verjährungsfrist nicht ohne weiteres mit der Dauer der Garantiefrist gleichzusetzen ist. Diese beiden Fristen sind voneinander zu unterscheiden, denn letztere Frist bestimmt lediglich, ob ein auftretender Mangel an der Sache überhaupt noch einen Garantiefall darstellt. Sofern allerdings von den Parteien eine Garantiefrist nicht vereinbart wurde, gilt im Zweifel auch für diese Frage die Verjährungsfrist.[214] Haben die Parteien von dem Recht, eine individuelle Verjährungsregelung zu vereinbaren, keinen Gebrauch gemacht, stellt sich daher die Frage, an welcher gesetzlichen Regelung die Verjährung der Garantieansprüche zu orientieren ist. Für die Verjährungsfristen der Garantieansprüche ist in der Literatur zwischen zwei Ansichten zu differenzieren. Eine Ansicht, die von der Tatsache ausgeht, daß die Beschaffenheitsgarantie des § 443 BGB nunmehr gesetzlich gesondert ausgestaltet ist, hält die allgemeine Verjährungsregelung der §§ 195 BGB für die maßgebliche Orientierungsgrundlage.[215] Nach dieser Ansicht kann aufgrund der Ausgestaltung in § 443 BGB die Verjährungsregelung aus § 438 nicht Anwendung finden, denn diese Verjährungsvorschriften sind eindeutig auf die Mangelansprüche des § 437 BGB begrenzt. Sofern die konkrete Garantievereinbarung in dieser Frage keine individuelle Regelung trifft, ist daher die allgemeine Regelung der §§ 195 ff BGB mit einer regelmäßigen Fristdauer von drei Jahren einschlägig. Demnach beginnt die Verjährung der Standard-Garantieansprüche wie Nachbesserung oder Nachlieferung gemäß § 199 BGB mit dem Schluß des Jahres, in dem der Mangel aufgetreten ist und vom Verkäufer erkannt wurde bzw. hätte erkannt werden müssen.[216] Sofern man mit der anderen in der Literatur vertretenen Ansicht die Garantien des § 443 BGB als unselbständige Garan-

---

[213] Palandt/ Putzo, § 443 BGB Rn. 25; Erman/ Grunewald, § 443 BGB Rn. 17; Hk-BGB/ Saenger, § 443 BGB Rn. 6.

[214] Palandt/ Putzo, § 443 BGB Rn. 13; Erman/ Grunewald, § 443 BGB Rn. 12.

[215] Henssler/ Graf v. Westphalen, § 443 BGB Rn. 44/ 53; SchuldR/ Haas, Rn. 415; Westermann/ Buck, S. 165; Erman/ Grunewald, § 443 BGB Rn. 12; Albrecht/ Flohr/ Lange, S. 46.

[216] SchuldR/ Haas, Rn. 415; Erman/ Grunewald, § 443 BGB Rn. 12.

tien ansieht, kommt eine Ausrichtung der Verjährung an der Regelung des § 438 BGB in Betracht.[217] Wenn auch diese Vorschrift die Garantieansprüche nicht direkt erfaßt, da sie sich unmittelbar auf die Mängelgewährleistungsansprüche des § 437 BGB bezieht, ist zumindest eine analoge Anwendung der Vorschrift aufgrund des engen sachlichen Zusammenhangs mit der Gewährleistungshaftung bei den geltend gemachten Garantieansprüchen möglich. Dann stellt sich allerdings die Frage nach dem konkreten Verjährungsbeginn der Garantieansprüche. Unter Beachtung der alten Rechtslage kommt als Beginn des Fristlaufs das Auftreten des Garantiefalls, bzw. spätestens dessen Anzeige in Betracht.[218] Eine uneingeschränkte Übertragung dieser bisherigen Praxis auf die neue Rechtslage kann jedoch zu einseitigen Belastungen des Garantiegebers führen, die nicht ohne weiteres mit dem Sinn und Zweck der Garantie in Übereinstimmung zu bringen sind. Sofern etwa bei einem Gleichlauf von Garantiefrist und Verjährungsfrist mit einer Dauer von zwei Jahren der Mangeleintritt durch den Käufer erst gegen Ende der Garantiefrist entdeckt werden würde, ergäbe sich für den Käufer praktisch eine Verdoppelung der Haftungszeit des Verkäufers. Bei einer längeren Garantiefrist würde sich der Haftungszeitraum ebenfalls entsprechend verlängern. Derartige Auswirkungen der Regelungsübertragung werden in der Praxis nicht ohne weiteres hingenommen werden können. Denn bei dem sich aus einer Garantie für den Verkäufer ergebenden Haftungszeitraum handelt es sich neben dem Spektrum der gewährten Garantierechte immer um den wesentlichen Punkt, auf dessen Grundlage der Verkäufer seine Garantie ausrichten wird. Nur sofern der Verkäufer das Zusammenspiel von möglicherweise ihm gegenüber geltend gemachten Rechten und den dafür in Betracht kommenden Zeitraum von vorneherein genau abschätzen kann, wird er sich überhaupt für eine Garantiegewährung entscheiden. Ein unklarer Endzeitpunkt der Haftung sowie die Aussicht auf eine gravierende Verlängerung des potentiellen Haftungsrahmens würde den Verkäufer voraussichtlich von der Gewährung einer Garantie abhalten, weswegen auch die Unterstellung eines entsprechenden Vereinbarungswillens bedenklich erscheint.

Diesen Auswirkungen kann begegnet werden, wenn man den Beginn der Verjährung nicht wie bisher variabel am Zeitpunkt der Entdeckung des Mangel bestimmt, sondern vielmehr entsprechend § 438 Abs. 2 BGB auf den Zeitpunkt der Übergabe bzw. der Ablieferung der Kaufsache abstellt. Für den Fall kürzerer oder gleichlaufender Garantiefristen wird dann die Gewährleistungsverjährung nicht beeinflußt. Vielmehr würde während der laufenden Garantiefrist die Rechtsstellung des Käufers entsprechend der ihm gewährten Garantierechte verbessert, ohne allerdings den Gesamthaftungszeitraum zu Lasten des Garan-

---

[217] Hoeren/ Martinek/ Wolff, SKK, § 443 BGB Rn. 44; MPTW/ Tonner/ Crellwitz/ Echtermeyer, S. 346; Mansel/ Budzikiewicz, § 5 Rn. 178, S. 156.

[218] Hk-BGB/ Saenger, § 443 BGB Rn. 5; Mansel/ Budzikiewicz, § 5 Rn. 178, S. 156.

ten auszudehnen. Bei einer längeren Garantiefrist als der von § 438 Abs. 1 BGB vorgesehenen Verjährungsfrist ist dann von einer angleichenden Verlängerung der Verjährungsfrist auszugehen, um dem Käufer für die gesamte Zeit die Möglichkeit der Geltendmachung seiner Garantierechte zu erhalten. Anderenfalls wäre eine Verkürzung der Garantiefrist quasi „durch die Hintertür“ die Folge, was mit der Schutzbedürftigkeit eines durch die Garantie zunächst begünstigten Käufers nicht in Einklang zu bringen ist. Eine Verlängerung des Haftungszeitraums zu Lasten des Garanten ist aber auch in diesen Fällen nicht zu befürchten, denn der Ablauf der Garantiefrist bildet in jedem Fall den feststehenden Haftungsendpunkt. Diesen Zeitpunkt kann der Verkäufer bei Gewährung der Garantie selbst festlegen und hat damit die Möglichkeit zur abschließenden Haftungsausgestaltung. Sofern der Käufer den Mangel erst kurz vor Ablauf der Garantiefrist entdeckt, muß er durch Maßnahmen im Sinne von § 204 BGB eine Hemmung der Frist bewirken. Dies ist ihm jedoch in Anbetracht seiner durch die Garantie verbesserten Rechtsstellung zuzumuten.[219]

c) Haltbarkeitsgarantien, § 443 Abs. 1 Alt. 2 BGB

Die zweite Unterform der nunmehr gesetzlich geregelten Garantie ist die in § 443 Abs. 1 Alt. 2 BGB normierte Haltbarkeitsgarantie.

aa) Definition

Mit der Haltbarkeitsgarantie nach § 443 Abs. 1 Alt. 2 BGB garantiert der Verkäufer dem Käufer, daß die Kaufsache innerhalb eines bestimmten Zeitraums oder einer gewissen Nutzungsdauer ohne Mangel bleibt.[220] Da somit das Element der Dauerhaftigkeit[221] das für die Haltbarkeitsgarantie maßgebliche Kriterium bildet, ist bei einer derartigen Garantie relevant, daß die Sache über den für die gesetzliche Gewährleistung zur Bestimmung eines Mangels relevanten Zeitpunkt hinaus ihre bestimmten Merkmale behält.[222] Der Verkäufer gewährt dabei die in der Garantie vereinbarten Rechte für den Fall, daß die Sache, ohne daß dies auf einer äußeren Einwirkung beruht, ein Beschaffenheitsmerkmal vor Ablauf der vereinbarten Frist verlieren sollte. Der Käufer wird so in seinem Vertrauen geschützt, daß er sich mindestens für den von der Garantie vorgesehenen Zeitrahmen auf die Sache verlassen kann. Damit erweitert die Haltbarkeitsgarantie über den Zeitpunkt des Gefahrübergangs hinaus das Rechtsspektrum des Käufers.

---

[219] Mansel/ Budzikiewicz, § 5 Rn. 178, S. 156.

[220] Westermann/ Buck, S. 164; Erman/ Grunewald, § 443 BGB Rn. 3/ 4.

[221] Jauernig/ Berger, § 443 BGB Rn. 2; Henssler/ Graf v. Westphalen, § 443 BGB Rn. 23.

[222] Henssler/ Graf v. Westphalen, § 443 BGB Rn. 46; Oetker/ Maultzsch, S. 145; Brüggemeier, WM 2002, 1376, 1380.

bb) Regelungsgehalt des § 443 BGB für Haltbarkeitsgarantien

Ebenso wie bei der Beschaffenheitsgarantie richtet sich der Inhalt der Haltbarkeitsgarantie nach der konkreten inhaltlichen Ausgestaltung, die ebenfalls der Privatautonomie unterworfen ist. Insofern kann an dieser Stelle auf die obigen Ausführungen zur Beschaffenheitsgarantie verwiesen werden, da sich diesbezüglich keine Unterschiede ergeben. Sofern die Garantieerklärung in ihrem Wortlaut nicht eindeutig ist, bedarf sie ebenfalls der Auslegung nach §§ 133, 157 BGB. Dabei ist im Rahmen der Auslegung allerdings ein besonderes Augenmerk darauf zu legen, Anhaltspunkte für die Eingehung eines Garantiezeitraums und dessen Konkretisierung zu finden. Der besondere erforderliche zeitliche Bindungswille des Verkäufers muß sich in der Erklärung wiederfinden, denn nur damit läßt sich im Wege der Auslegung eine Abgrenzung zu einer einfachen Beschaffenheitsgarantie ziehen.[223]

cc) Konkretisierung der Garantie durch "einschlägige" Werbung

Wie bei der Beschaffenheitsgarantie ist auch bei der Haltbarkeitsgarantie die einschlägige Werbung gemäß § 443 Abs. 1 BGB zur Bestimmung des Garantieinhalts zu berücksichtigen. Auch in diesem Punkt ergeben sich keine Unterschiede zur Beschaffenheitsgarantie, so daß auf die obigen Ausführungen verwiesen werden kann.

dd) Beweislastverteilung im Rahmen der Garantie

Hinsichtlich der Beweislast bei der Haltbarkeitsgarantie nach § 443 Abs. 1 Alt. 2 BGB wurden mit der neuen Regelung des § 443 Abs. 2 BGB Ausnahmen von den Grundsätzen der Beweislast auf Grundlage der zuvor von der Rechtsprechung entwickelten Beweiserleichterungen gesetzlich fixiert.[224] Die Regelung des § 443 Abs. 2 BGB enthält eine Vermutungsregelung für das Vorliegen eines Garantiefalls, die mittels Gegenbeweis widerlegt werden kann.[225] Die Regelung sieht vor, daß dem Käufer der Beweis obliegt, daß ihm für die Kaufsache eine Garantie gewährt wurde und auch der nun von ihm geltend gemachte Mangel dem sachlichen Geltungsbereich dieser Garantie unterfällt.[226] Darüber hinaus muß der Käufer beweisen, daß der geltend gemachte Mangel während der Garantiefrist aufgetreten ist.[227] Die Beweispflicht für den Zeitpunkt des Mangel-

[223] Oetker/ Maultzsch, S. 145.

[224] Schmidt-Räntsch/ Maifeld/ Meier-Göring/ Röcken, S. 521; Hoeren/ Martinek/ Wolff, SKK, § 443 BGB Rn. 42.

[225] Anwaltskommentar/ Büdenbender, § 443 BGB Rn. 5; Oetker/ Maultzsch, S. 149.

[226] Schmidt-Räntsch/ Maifeld/ Meier-Göring/ Röcken, S. 522; Albrecht/ Flohr/ Lange, S. 46; Westermann/ Buck, S. 164.

[227] MPTW/ Tonner/ Crellwitz/ Echtermeyer, S. 347; Hoeren/ Martinek/ Wolff, SKK, § 443 BGB Rn. 42; Palandt/ Putzo, § 443 BGB Rn. 24.

eintritts hat das Gesetz dem Käufer auferlegt, da ein entsprechender Nachweis durch den Verkäufer, der die Sache nicht mehr in Besitz hat, nicht ohne weiteres möglich ist. Eine Beweislastumkehr in diesem Punkt brächte für den Verkäufer die Gefahr einer nicht kontrollierbaren Ausdehnung der Garantiefrist mit sich.[228] Aufgrund der geltenden Vermutungswirkung muß der Käufer aber nicht beweisen, daß der Mangel auf die anfängliche Mangelhaftigkeit der Sache zurückzuführen ist.[229] Vielmehr trifft den Verkäufer die Beweislast, daß trotz des durch den Käufer dargelegten Hintergrunds die Voraussetzungen eines Garantiefalls fehlen.[230] Um einen Garantieanspruch gegen sich abzuwenden, muß der Garant darlegen, daß die Verschlechterung durch eine äußere Einwirkung hervorgerufen wurde, etwa durch eine unsachgemäße Behandlung der Kaufsache durch den Käufer oder einen Dritten, oder eine anderweitige Beschädigung, die nicht als Garantiefall anzuerkennen ist.[231] Um eine Entwertung der Garantie zu Lasten des Käufers zu verhindern, sind an den Entlastungsbeweis des Verkäufers hohe Anforderungen zu stellen. Aus diesem Grund kann es nicht genügen, wenn der Verkäufer lediglich darlegt, daß die Sache technisch einwandfrei hergestellt worden ist.[232] Ein derartiger Beweisantritt greift im Übrigen bereits deshalb zu kurz, da die Haltbarkeitsgarantie gerade über die bloße Mangelfreiheit zum Herstellungszeitpunkt hinaus Schutz gewähren soll.

ee) Verjährung der Garantieansprüche

Hinsichtlich der Verjährung der Haltbarkeitsgarantie gilt das zur Beschaffenheitsgarantie Dargelegte in gleichem Maße. Da die Haltbarkeitsgarantie aber auch solche Mängel erfaßt, die erst nach Gefahrübergang und unter Umständen erst kurz vor Ablauf der Garantiefrist auftreten, kann sich die Abgabe einer Haltbarkeitsgarantie noch deutlicher auf den Fristbeginn der Verjährung auswirken. In diesen Fällen ging die bisherige Rechtsprechung immer dann von einer Verlängerung der Verjährungsfrist aus, wenn die Garantiefrist länger war, als die Verjährungsfrist des § 477 BGB.[233] Dies galt auch für Fälle, wenn der Haltbarkeitszeitraum nicht durch eine Frist sondern mittels anderer Merkmale

---

[228] Schmidt-Räntsch/ Maifeld/ Meier-Göring/ Röcken, S. 523.

[229] MPTW/ Tonner/ Crellwitz/ Echtermeyer, S. 347.

[230] Palandt/ Putzo, § 443 BGB Rn. 25; Westermann/ Buck, S. 164.

[231] Henssler/ Graf v. Westphalen, § 443 BGB Rn. 60, die etwa auf das Beispiel von Nagetierbissen, die einen KfZ-Schaden verursacht haben, verweisen.

[232] Anwaltskommentar/ Büdenbender, § 443 BGB Rn. 5; Schmidt-Räntsch/ Maifeld/ Meier-Göring/ Röcken, S. 523; SchuldR/ Haas, Rn. 414.

[233] OLG Köln, Urt. v. 28.02.2002, NJW 1992, 1462; BGH, Urt. v. 20.12.1978, NJW 1979, 645.

der Benutzungsdauer eingegrenzt war.[234] Sofern die Garantiefrist kürzer als die gesetzliche Verjährungsfrist ist, blieb nach bisheriger Rechtsprechung der Fristablauf der Verjährung von der Garantie unberührt.[235] Nach der neuen gesetzlichen Ausgestaltung gibt es für die Haltbarkeitsgarantie die bereits im Zusammenhang mit der Beschaffenheitsgarantie dargestellten Lösungswege. Auch im Fall der Haltbarkeitsgarantie spricht vieles dafür, von einem fixen Zeitpunkt des Fristbeginns auszugehen und nicht wie bisher variabel die Entdeckung des Mangels als Auslösungszeitpunkt heranzuziehen. Denn stellt man auf den Zeitpunkt der Übergabe bzw. der Ablieferung der Sache ab, wird die angesprochene Haftungsausdehnung zu Lasten des Garanten vermieden, ohne daß der Käufer seiner verbesserten Rechtsposition beraubt wird.[236] Der käuferschützende Regelungsinhalt wird dabei uneingeschränkt erhalten, ohne daß die Garantie den Verkäufer allerdings über ein verträgliches Maß belastet. Auch hier kann wegen der insoweit identischen Voraussetzungen auf die Ausführungen zur Beschaffenheitsgarantie verwiesen werden.

III. Garantien des Herstellers

Der Regelungsumfang von § 443 BGB beschränkt sich nicht allein auf die Garantie des Verkäufers. Der Wortlaut der Regelung erfaßt ausdrücklich auch Garantien, die von Dritten für die Kaufsache abgegeben werden. Damit weitet der Gesetzgeber bewußt den Anwendungsbereich der Regelung über die direkte Kaufvertragsbeziehung hinaus aus, so daß auch Garantien von Herstellern vom Regelungsgehalt erfaßt werden.

1. Definition

Bei Herstellergarantien handelt es sich um Garantieerklärungen, die Warenhersteller, selbständige Vertriebsgesellschaften von Herstellern und Importeure den Waren beifügen und die von den Händlern an die Käufer weitergeben werden. Bei einer Garantie des Herstellers, der nicht identisch ist mit dem Verkäufer der Sache, ist eine Unterscheidung zwischen selbständigen und unselbständigen Garantien nicht erforderlich. Da zwischen dem Käufer und einem sog. Dritthersteller bis auf die Garantievereinbarung kein Vertrag besteht, kommt eine unselbständige Garantie im Sinne des § 443 BGB nicht in Betracht.[237] Insofern ist jede Garantieübernahme des Drittherstellers eine selbständige Garantievereinbarung.

Derartige Garantien kommen in der Regel mittels der beiliegenden Garantiekarte zwischen den Parteien zustande. Indem der Dritte der Ware eine Garantie-

---

[234] Hoeren/ Martinek/ Wolff, SKK, § 443 BGB Rn. 42.

[235] BGH, Urt. v. 21. 12. 1960, NJW 1961, 730.

[236] Mansel/ Budzikiewicz, § 5 Rn. 178, S. 156.

[237] Henssler/ Graf v. Westphalen, § 443 BGB Rn. 23; Oetker/ Maultzsch, S. 146.

karte beilegt, die durch den Verkäufer als Bote übergeben wird, unterbreitet er dem Käufer ein Angebot im Sinne von § 145 BGB, einen Garantievertrag abzuschließen. Diese in der Vergangenheit bereits durch die Rechtsprechung herausgebildete Konstruktion hat nun ihren Niederschlag in der Regelung des § 443 BGB gefunden.[238] Die Annahme des Angebots erfolgt dann seitens des Kunden stillschweigend mit dem Kauf der Ware, wobei auf den Zugang einer Annahmeerklärung nach § 151 BGB beim Dritten verzichtet wird.[239] Eine weitere Möglichkeit, eine Drittgarantie einzugehen, ist der Abschluß eines Vertrags zugunsten Dritter gemäß § 328 BGB. Im Gegensatz zur oben dargestellten Konstruktion verpflichtet sich der Dritte dabei bereits gegenüber dem Weiterverkäufer, so daß die Garantie zwischen diesen beiden Parteien vereinbart wird. Der Käufer ist in diesen Fällen als begünstigter Dritter ausreichend genug konkretisiert, wenn sich die Garantie an den Endverbraucher richtet und die Identität des Käufers für die Parteien des Garantievertrages ohne Bedeutung ist.[240] Die konkrete Art, mit der eine Drittgarantie gewährt wird, ist im Einzelfall durch Auslegung zu ermitteln. Dabei ist zu berücksichtigen, das etwa ein Vertrag zugunsten Dritter, den der Hersteller mit seinem Weiterverkäufer eingeht, unter Umständen als Instrument der Vertrauensbildung innerhalb der Vertriebsstruktur der Ware eingesetzt werden kann, da damit der Verkäufer für eventuelle Garantiefälle gegenüber dem Hersteller als Garantiepartner rückabgesichert wird.

2. Regelungsgehalt

Da der Käufer als Endabnehmer weder dem Schutzbereich des Vertrags zwischen Hersteller und Verkäufer untersteht, noch sonst im Normalfall ein Schutzpflichtverhältnis im Sinne von § 311 Abs. 3 BGB zwischen beiden begründet wird, ist der Käufer im Regelfall auf außervertragliche Ansprüche aus dem Delikts- oder Produkthaftungsgesetz angewiesen. Die Gewährung einer Herstellergarantie verbessert damit die Rechtsposition des Käufers, der durch die direkte vertragliche Beziehung zum Hersteller ein breiteres Spektrum an Anspruchsmöglichkeiten, die zudem über die bloße Geltendmachung von Schadensersatz hinausgehen und damit für den Käufer eine höhere Attraktivität haben, gewährt bekommt.

Inhaltlich ist die Herstellergarantie in der Regel als Beschaffenheits- oder Haltbarkeitsgarantie ausgestaltet.[241] Grundsätzlich unterscheidet sich damit die

---

[238] Anwaltskommentar/ Büdenbender, § 443 BGB Rn. 3; Lorenz, KF/ Canaris, S. 83, 84; Erman/ Grunewald, § 443 BGB Rn. 6.

[239] BGH, Urteil v. 12.11.1980, NJW 1981, 275, 276; BGH, Urteil v. 24.06.1981, NJW 1981, 2248, 2249; Henssler/ Graf v. Westphalen, § 443 Rn. 9; Oetker/ Maultzsch, S. 146/ 147.

[240] BGH, Urteil v. 28.06.1979, NJW 1979, 2036; Hoeren/ Martinek/ Wolff, SKK, § 443 BGB Rn. 15.

[241] Oetker/ Maultzsch, S. 147; Jauernig/ Berger, § 443 BGB Rn. 6/ 7.

Herstellergarantie in ihrem Inhalt und von den Regelungsfolgen nicht von den bereits dargestellten Garantien des Verkäufers. Der Hersteller entscheidet auch bei dieser Garantie selbst über den Umfang und die Bedingungen der Rechtsposition, die er als Garant dem Käufer einräumen will.[242] Gegenüber der Verkäufergarantie ist das Anspruchsspektrum des Käufers bei der Herstellergarantie allerdings eingeschränkt. Denn da der Hersteller gegen den Käufer als Endabnehmer keine Kaufpreisforderung hat, kommen Minderung und Rücktritt mangels eines insoweit erforderlichen zugrundeliegenden Vertragsverhältnisses nicht in Betracht.[243] Der garantiegewährende Hersteller tritt selbst nicht in das zwischen Käufer und Verkäufer bestehende Kaufvertragsverhältnis ein, sondern begründet ein eigenständiges Garantievertragsverhältnis. Daher kann der Hersteller im Rahmen seiner Garantie nur solche Gewährleistungsmaßnahmen anbieten, die nicht unmittelbar auf das bestehende Kaufvertragsverhältnis aufbauen, bzw. dieses voraussetzen. Welche Rechte dem Garantienehmer im konkreten Fall zustehen, ist jeweils aus den Umständen des Einzelfalls, den Garantiebedingungen, sowie der Art und dem Verwendungszweck der Kaufsache zu bestimmen. Sofern der Käufer aus einer Herstellergarantie vorgeht, ist zudem darauf zu achten, ob er Ansprüche geltend macht, die ihm nicht nur gegen den Hersteller sondern auch in inhaltlich übereinstimmender Weise gegen den Verkäufer zustehen. Denn dann sind beide Vertragsverhältnisse strikt zu trennen. Zu beachten ist weiterhin, daß Verhandlungen der Parteien über den Anspruch, die Durchführung eines Nachbesserungsversuchs und auch das Fehlschlagen der Nachbesserung ihre rechtliche Wirkung nach § 425 BGB nur gegenüber dem jeweils in Anspruch genommenen Teil entfalten.[244]

3. Beweislastverteilung

Bei der Beweislast ergeben sich keine Unterschiede zur Regelung bei der Verkäufergarantie. So hat auch bei einer Beschaffenheitsgarantie des Herstellers nach dem allgemeinen Grundsatz der Beweislastverteilung der Käufer als Garantienehmer die Beweislast dafür, daß eine Garantie gewährt wurde und der Mangel im Garantiezeitraum aufgetreten ist.[245]

Die Beweislastverteilung der Haltbarkeitsgarantie des Herstellers entspricht ebenso der Regelung bei einer entsprechenden Garantie des Verkäufers. Der Käufer muß demnach nachweisen, daß die Garantie gewährt wurde, daß ein Mangel aufgetreten ist und dieser von der Garantie erfaßt wird. Zu seinen Guns-

---

[242] Hoeren/ Martinek/ Wolff, SKK, § 443 BGB Rn. 29.

[243] Schmidt-Räntsch/ Maifeld/ Meier-Göring/ Röcken, S. 520; Hoeren/ Martinek/ Wolff, SKK, § 443 BGB Rn. 29; Jauernig/ Berger, § 443 BGB Rn. 13.

[244] Schmidt-Räntsch/ Maifeld/ Meier-Göring/ Röcken, S. 521.

[245] Erman/ Grunewald, § 443 BGB Rn. 17; Palandt/ Putzo, § 443 BGB Rn. 24, 25.

ten gilt folglich auch bei dieser Garantie die Vermutung, daß es sich um einen von der Garantie erfaßten Mangel handelt. Um sich von der Haftung zu befreien, muß der Hersteller beweisen, daß der Mangel durch unsachgemäßen Gebrauch oder äußere Einflüsse hervorgerufen wurde.[246]

4. Verjährung der Garantieansprüche

Auch die Verjährung der Ansprüche aus der Herstellergarantie verläuft identisch zu denen der Verkäufergarantien. Insoweit wird auf die obigen Ausführungen verwiesen.

E. Garantien im Unternehmenskauf

Eine besondere Rolle spielt die Abgabe von Garantien im Rahmen von Unternehmenskäufen. Aufgrund der Komplexität solcher Kaufgeschäfte, die sich nicht ohne weiteres in die Kategorien des Kaufrechts einteilen lassen, erschienen die Gewährleistungsregelungen auf derartige Verträge den Vertragsparteien in der Regel nicht sachgerecht.[247] Deshalb hat sich in der Praxis durchgesetzt, unter Ausnutzung der Privatautonomie diese Geschäfte individualvertraglich detailliert zu regeln. Sofern die Parteien über derartige Verträge die Haftungsrisiken des Geschäfts bestimmen und begrenzen wollen, bietet die Vereinbarung von Garantien die Möglichkeit, die Chancen und Risiken eines derartigen Geschäfts für beide Vertragsparteien kalkulierbar zu machen.

I. Formen des Unternehmenskaufs

Der Verkauf von Unternehmen kann in der Praxis durch die Parteien auf unterschiedliche Art und Weise durchgeführt werden. Die konkrete Ausgestaltung richtet sich danach, in welchem Umfang „das Unternehmen" vom Verkäufer auf den Käufer übergehen soll, ob also das Unternehmen als Sachgesamtheit oder Summe von Einzelrechten übertragen werden soll. Nach dem von den Parteien gewünschten Gegenstand des Geschäfts richtet sich dann auch die Art der Ausgestaltung des Vertrags, mit der die Parteien das Geschäft abwickeln wollen. Wie oben bereits angedeutet, lassen sich solche Unternehmenskaufverträge nicht immer eindeutig in den Ordnungen „Sachkauf" oder „Rechtskauf" qualifizieren.[248]

1. Echter Unternehmenskauf (Asset Deal)

Um einen echten Unternehmenskauf, einen sog. Asset Deal, handelt es sich, wenn das Unternehmen durch den Verkauf der einzelnen Wirtschaftsgüter veräußert wird und damit als eigenständige Sachgesamtheit den Vertragsgegen-

---

[246] Hk-BGB/ Saenger, § 443 BGB Rn. 6; Hoeren/ Martinek/ Wolff, SKK, § 443 BGB Rn. 42.

[247] Gronstedt/ Jörgens, ZIP 2002, 52, 53; Holzapfel/ Pöllath, S. 331 ff. Rn. 400 ff.

[248] Knott, NZG 2002, 249; Dauner-Lieb/ Thiessen, ZIP 2002, 108, 109.

stand darstellt.[249] Dies ist unabhängig davon, auf welche Art und Weise die Übertragung des Wirtschaftsgutes erfolgt. In diesen Fällen wird die vom Unternehmen verkörperte Gesamtheit von Sachen und Rechten, die tatsächlichen Beziehungen und Vertragspositionen, sowie das Know-how und die unternehmerischen Handlungen als einheitlicher Gegenstand betrachtet. Die Vertragsausgestaltung als Asset Deal ist aus diesem Grund von Vorteil, wenn nicht das gesamte Unternehmen sondern lediglich klar umgrenzte Teile daraus, bzw. Untereinheiten des Gesamtunternehmens veräußert werden sollen, da sich die Parteien dann nicht zunächst um eine entsprechende Strukturierung wie beim Rechtskauf kümmern müssen.[250] Nicht um einen Asset Deal handelt es sich jedoch, wenn durch den Verkäufer nur einzelne Sachen und Rechte des Unternehmens sowie dessen Warenzeichen und Patente, oder Unternehmens-Know-how verkauft werden.[251] Bei Geschäften dieser Art ist unter Zugrundelegung einer Gesamtbetrachtung der Vertragsumfang zu eng umgrenzt, um von der Veräußerung eines Unternehmens ausgehen zu können, da in diesen Fällen eine Gewichtung des Vertragsgegenstands als wesentlicher Teil des Unternehmens nicht vorzunehmen ist. Nach Ansicht der Rechtsprechung[252] reicht zur Übertragung eines Unternehmens nicht nur die Übertragung sämtlicher Sachen und Rechte aus, maßgeblich ist, daß das Unternehmen als Ganzes oder zumindest mit allen wesentlichen Bestandteilen im Wege der Singularsukzession verkauft und übertragen wird.[253]

2. Anteilskauf (Share Deal)

Dem gegenüber spricht man von einem Anteilskauf oder sog. Share Deal, wenn nicht die einzelnen Vermögensgegenstände des Unternehmens veräußert werden, sondern Anteilsrechte oder Beteiligungen an dem Unternehmen.[254] Dabei kann es sich um Aktien oder auch um Anteile an einer GmbH, OHG oder KG handeln.[255] Vor dem Hintergrund dieser Differenzierung zwischen Share Deal und Asset Deal stellt sich die Frage, wie sich der Verkauf von verschiedenen Anteilsgrößen auf die Einordnung als Sach- oder Rechtskauf auswirkt. Ein Anteils- oder Beteiligungskauf gilt zumindest dann als Unternehmenskauf, wenn der Käufer zwar nicht alle Geschäftsanteile erwirbt, die bei dem Verkäufer oder

---

[249] Hermanns, ZIP 2002, 696; Holzapfel/ Unternehmenskauf, S. 88.

[250] Knott/ Mielke/ Weidlich, Rn. 51.

[251] Niewiarra, S. 54; zur Abgrenzung auch Grunewald, NZG 2003, 372.

[252] BGH, Urt. v. 30.10.1968, NJW 1968, 392.

[253] Wolf/ Kaiser, DB 2002, 411, 413; Holzapfel/ Pöllath, S. 506 Rn. 832.

[254] Huber, AcP Bd. 202 (2002), S. 179, 229; Weitnauer, NJW 2002, 2511, 2512; Knott/ Mielke/ Weidlich, Rn. 39.

[255] Niewiarra, S. 53; Holzapfel/ Unternehmenskauf, S. 87.

einem Dritten verbleibenden Anteile aber nur noch derart geringfügig sind, daß durch sie die Verfügungsbefugnis des Erwerbers über das Unternehmen nicht entscheidend beeinträchtigt werden kann.[256] Eine genaue Beteiligungsquote wurde von der Rechtsprechung jeweils nur für den Einzelfall festgelegt, so daß kein allgemeinverbindlicher Schwellenwert in dieser Frage besteht. Es ist zumindest festzuhalten, daß eine Beteiligungsquote des Käufers von mehr als 90 % regelmäßig ausreichend, demgegenüber eine Quote von weniger als 50 % als zu gering anzusehen ist.[257] Die Einordnung des Geschäfts war nach bisheriger Rechtslage insbesondere erforderlich, um die Gewährleistungsrechte des Käufers bei Vorliegen eines Mangels bestimmen zu können. Nach neuer Rechtslage ist eine Bestimmung in diesen Ausmaßen nicht mehr zwingend erforderlich, denn der Gesetzgeber hat in § 453 Abs. 1 BGB neben dem Sach- und Rechtskauf noch den Kauf von „sonstigen Gegenständen" als dritte Kategorie ausgebildet. Auch auf diese Art des Kaufs sollen die Vorschriften des Sachkaufs Anwendung finden. Unabhängig von einer eventuellen Einordnung des Geschäfts durch die Parteien ist vor diesem Hintergrund der Unternehmenskauf somit unabhängig von seiner konkreten Ausgestaltung immer als Kauf eines sonstigen Gegenstands einzuordnen.[258] Die genaue Unterscheidung zwischen dem Kauf eines sonstigen Gegenstands und einem Rechtskauf ist jedoch weiterhin eine Frage des Parteiwillens und unter anderem danach zu beurteilen, ob tatsächlich das gesamte Unternehmen zur Weiterführung des geschäftlichen Potentials oder lediglich als Form einer Geldanlage übertragen werden soll.[259]

II. Gewährleistung beim Unternehmenskauf

Die Gewährleistung beim Unternehmenskauf richtet sich aufgrund des Fehlens von Sondervorschriften grundsätzlich nach den allgemeinen gesetzlichen Vorschriften des Kaufrechts. Da das Fehlen von Spezialregelungen und die geltenden allgemeinen Rechtsfolgen für die Komplexität des Unternehmenskaufs als ungenügend gelten, werden seitens der Vertragsparteien bei Vertragsabschluß individuelle Regelungen ausgehandelt, nach denen sich die Rechtsfolgen im Mangelfall richten. Aus diesem Grund spielt der zwischen den Parteien ausgehandelte Katalog von Garantien bezüglich Art und Umfang der Gewährleistung eine bedeutende Rolle im Unternehmenskauf.

---

[256] Gaul, ZHR 166 (2002), 35, 39; Weitnauer, NJW 2002, 2511, 2515.

[257] BGH Urt. v. 27.02.1970, WM 1970, 819, 821; Niewiarra, S. 53; Jaques, BB 2002, 417.

[258] Lange ZGS 2003, 300, 302; SchuldR/ Haas, Rn. 545; Henssler/ Graf v. Westphalen, § 453 BGB Rn. 10.

[259] So Lange ZGS 2003, 300, 302.

1. Gewährleistung beim Asset Deal

Die gesetzliche kaufrechtliche Gewährleistung der § 433 ff BGB erfaßt nach ihrem Wortlaut nur Kaufverträge über Sachen. Ein Unternehmen in seiner umfassenden Gesamtheit an Sachen, Rechten, und auch an Mitarbeitern stellt keine Sache in diesem Sinne dar. Allerdings erklärt § 453 Abs. 1 BGB die Anwendbarkeit der kaufrechtlichen Gewährleistungsregeln auch für den Kauf von Rechten und sonstigen Gegenständen, denn wie oben dargestellt werden mit dem Kauf sonstiger Gegenstände auch Unternehmenskäufe umfaßt.[260] Die unterschiedlichen Gewährleistungsformen beim Unternehmenskauf ergeben sich nicht zuletzt daraus, daß sich je nach Umfang des Verkaufsgegenstands auch die Mängel an der Kaufsache „Unternehmen" unterscheiden.

a) Beschaffenheitsmangel des Unternehmens an sich

Je nach Art der Verkaufsform des Geschäfts ergeben sich bei der Beurteilung von Mängeln unterschiedliche Bezugspunkte, an denen die in Rede stehende Mangelhaftigkeit zu überprüfen ist. Den grundlegenden Fall eines Gewährleistungsrechte auslösenden Fehlers stellt dabei ein Mangel des Unternehmens an sich dar. Für diese Fälle hat sich durch die Neuregelung des § 434 Abs.1 Satz 1 BGB eine Änderung der Rechtslage ergeben, denn die Änderung in der Beurteilung des Beschaffenheitsbegriffs wirkt sich auch auf den Unternehmenskauf aus. Bereits nach altem Recht wurde es als Beschaffenheitsmangel eines Unternehmens angesehen, wenn der Ruf desselben entgegen der vom Verkäufer behaupteten Sachlage schlecht war, oder sich das Unternehmen nicht zu dem in den Vertragsverhandlungen besprochenen Zweck eignete.[261] Hinsichtlich des Rufs eines Unternehmens ließ die Rechtsprechung die Wertung als Beschaffenheitsmerkmal offen, ging aber von einer zusicherungsfähigen Eigenschaft der Kaufsache aus und bejahte damit ebenfalls einen Beschaffenheitsmangel.[262] Die frühere Rechtslage hatte zu einer schwierigen und ausdifferenzierten Abgrenzung der Rechtsprechung geführt, was unter den Beschaffenheitsbegriff des Gesetzes zu subsumieren war und damit zu gesetzlichen Gewährleistungsansprüchen führte. Mit dem nach neuer Rechtslage geltenden weiten Beschaffenheitsbegriff des § 434 Abs. 1 Satz 1 BGB sind derartige Abgrenzungen nicht mehr notwendig.[263] Danach führen sämtliche Angaben zur Konkretisierung des Unternehmens, gleich welcher Art und auf welchen Zeitraum sie sich erstrecken,

---

260 BT-Drucksache 14/6040, S. 242; Büdenbender/ Unternehmenskauf, S. 21.

261 Wolf/ Kaiser, DB 2002, 411, 414.

262 BGH, Urt. v. 03.07.1992, NJW 1992, 2564.

263 Rödder/ Hötzel/ Mueller-Thuns, § 9 Rn. 39, 68.

zur Anwendung des Sachmängelrechts.[264] Neben allgemeinen Angaben zum Zustand des Unternehmens, etwa Aussagen über den Ruf oder die Nutzungsmöglichkeit des Unternehmens, werden folglich auch unrichtige Detailangaben zu Umsatz, Ertrag, Höhe der Verbindlichkeiten oder die fehlerhafte Gegenüberstellung der Aktiva und Passiva des Unternehmens erfaßt.[265] Auf die Frage einer unmittelbaren oder mittelbaren Beeinträchtigung der Gebrauchstauglichkeit kommt es dabei ebenfalls nicht mehr an.[266] Vielmehr gilt nach der neuen gesetzlichen Ausgestaltung im Rahmen eines Asset Deals jegliche Angabe, die einen Bezug zum Unternehmen hat, als Beschaffenheit, sofern die Parteien sie als solche vereinbaren.[267] Für eine Einengung des Beschaffenheitsbegriffs besteht auch aufgrund der nunmehr geltenden längeren Fristen kein Bedürfnis mehr.

b) Beschaffenheitsmangel in Unternehmensbestandteilen

Neben dem Unternehmen selbst als funktionale Einheit und Kaufgegenstand können auch die einzelnen vom Unternehmen verkörperten Sachen, Rechte und sonstigen Gegenstände mangelbehaftet sein. Nach der bisherigen Rechtslage führten Mängel am sog. sachlichen Substrat nur dann zur Sachmängelhaftung, sofern dadurch das Unternehmen als solches in seinem Wert oder seiner Tauglichkeit beeinträchtigt wurde. Dies war nach der Rechtsprechung bislang der Fall, wenn der Mangel derart schwerwiegend war, daß die wirtschaftliche Grundlage des Unternehmens betroffen wurde oder dies für das gesamte Unternehmen eine nicht unerhebliche Abweichung vom vertraglich vorausgesetzten Zustand bedeutete.[268] Sofern dies nicht der Fall war, blieben Gewährleistungsansprüche für den jeweiligen Einzelgegenstand ausgeschlossen. Grundsätzlich gilt auch nach neuer Rechtslage, daß die bloße Mangelhaftigkeit eines Bestandteils des Unternehmens, eines sog. Assets, nicht zu Gewährleistungsrechten des Käufers führt, denn Haftungsgrundlage ist insoweit die Mangelhaftigkeit des Kaufgegenstands. Der Kaufgegenstand ist in diesen Fällen das Unternehmen, das jedoch nicht mangelhaft ist. Der Mangel des einzelnen Assets wiederum kann wegen des abweichenden Bezugspunkts der Mangelhaftung keine Berücksichtigung finden.[269] Allerdings ergibt sich im Ergebnis eine Veränderung aufgrund der Tatsache, daß nach der Neuregelung des Kaufrechts eine Erheblichkeitsgrenze bei Mängeln nicht mehr vorgesehen ist. Denn in der Praxis wird

---

[264] Hilgard/ Kraayvanger, MDR 2002, 678, 679; Holzapfel/ Unternehmenskauf, S. 90; Eidenmüller, ZGS 2002, 290, 295.

[265] Triebel/ Hölzle, BB 2002, 521, 525; Seibt/ Reiche, DStR 2002, 1135, 1138.

[266] Wolf/ Kaiser, DB 2002, 411, 413.

[267] Holzapfel/ Unternehmenskauf, S. 90; Henssler/ Graf v. Westphalen, § 453 BGB Rn. 11.

[268] BGH, Urt. v. 14.07.1978, NJW 1979, 33.

[269] Lange, ZGS 2003, 300, 305; i.Erg. Erman/ Grunewald, § 434 BGB Rn. 44.

sich fast jeder Mangel eines Assets des Unternehmens in zumindest geringfügigem Ausmaß auf das Unternehmen als Gesamtheit auswirken. Da aber eine derart geringfügige Beeinträchtigung des Kaufgegenstands bereits zur Auslösung der Gewährleistungsrechte ausreicht, wird der Verkäufer auch in diesen Fällen zur Gewährleistung verpflichtet sein. Dies bedeutet, daß die speziellen Gewährleistungsvorschriften letztlich auch bei Mängeln im sachlichen Substrat des Unternehmens Anwendung finden, obschon der eigentliche Gegenstand des Asset Deals das Unternehmen als funktionale Einheit ist.[270] Typische Beschaffenheitsmängel im Substrat eines Unternehmens sind beispielsweise Fehler bei der Bestandsangabe von Betriebsmitteln, sog. Quantitätsmängel, oder Qualitätsmängel wie etwa die Kontamination des Unternehmensgrundstücks.[271] Diese Erweiterung der Gewährleistungshaftung ergibt sich, obwohl nicht ausdrücklich im Gesetz geregelt, aus § 434 Abs. 3 BGB n.F, der die Zuweniglieferung als Sachmangel behandelt.[272] Für den Fall des Unternehmenskaufs wird damit eine auf die einzelnen Vermögensgegenstände des Unternehmens bezogene Sichtweise zu Grunde gelegt. Die Erheblichkeit des Mangels ist nun jedoch entscheidend für die Frage, ob dem Käufer das gesamte Spektrum an Rechtsbehelfen zusteht oder diesbezüglich Einschränkungen bestehen.[273]

c) Rechtsmangel

Für die Rechtsmängelhaftung beim Unternehmenskauf unterscheidet man ebenso wie beim Sachmangel zwischen Mängeln am Unternehmen als Kaufsache selbst oder solchen an diesem zugrunde liegenden Sachen, Rechten und sonstigen Gegenständen.[274] Ein Rechtsmangel am Unternehmen im Ganzen liegt etwa im Falle eines ausschließlichen Vertriebsrechts eines Dritten vor. Auch berufsgenossenschaftliche Betriebsverbote oder bau- bzw. gewerbepolizeiliche Nutzungsbeschränkungen, die einer Weiterführung des Unternehmens entgegenstehen, sind ebenso wie sonstige Gegenrechte Dritter, die sich belastend auf den Wert auswirken, als Rechtsmangel zu qualifizieren.[275] Die Neufassung der Rechtsmängelhaftung hat im Gegensatz zu den Veränderungen beim Sachmangel insofern keine Unterschiede zur alten Rechtslage gebracht. Ebenfalls wie beim Sachmangel ist auch beim Rechtsmangel die Erheblichkeit im konkreten Fall des mangelbehafteten Einzelgegenstands maßgeblich für das Bestehen von

---

[270] Wolf/ Kaiser, DB 2002, 411, 414; Holzapfel/ Unternehmenskauf, S. 88; Lange, ZGS 2003, 300, 306.

[271] Wolf/ Kaiser, DB 2002, 411, 415 mit weiteren Beispielen.

[272] Seibt/ Reiche, DStR 2002, 1135, 1140.

[273] DL/K/S/ Wertenbruch, S. 500; Lange, ZGS 2003, 300, 306.

[274] Büdenbender/Unternehmenskauf, S. 26; Rödder/ Hötzel/ Mueller-Thuns, § 9 Rn. 40.

[275] Hoeren/ Martinek/ Müller, SKK, § 453 BGB Rn. 1; Wolf/ Kaiser, DB 2002, 411, 415.

Gewährleistungsrechten des Käufers. Aufgrund der Neuregelung der Erheblichkeitsanforderung wirkt sich das Ausmaß des Rechtsmangels wie auch beim Sachmangel auf das Spektrum des sich für den Käufer ergebenden Gewährleistungsanspruchs aus.

2. Gewährleistung beim Share Deal

Sofern das Unternehmen im Wege des Anteilskaufs, also als Share Deal, veräußert wurde, handelt es sich wie bereits dargestellt, um einen Rechtskauf im Sinne des § 453 Abs. 1 BGB. Auch in diesem Fall ist der Verkäufer gegenüber dem Käufer im Falle von Mängeln zur Gewährleistung verpflichtet. Die Neuregelung des § 453 BGB stellt den Rechtskauf dem Kauf von Sachen gleich und sieht damit auch für den Gewährleistungsfall beim Rechtskauf die entsprechende Anwendung der Regelungen des § 434 BGB vor.

a) Beschaffenheitsmangel

Aufgrund der Gleichstellung von Sach- und Rechtskauf sind für den Share Deal ebenfalls die Regelung von Beschaffenheitsmängeln in § 434 BGB hinsichtlich des Bestehens von Gewährleistungsansprüchen maßgeblich. Die Beurteilungsgrundlage eines Mangels ist auch in diesem Kontext die von den Parteien vorgenommene Beschaffenheitsvereinbarung der Kaufsache. Sofern eine vereinbarte Beschaffenheit bei der Kaufsache nicht vorliegt, handelt es sich somit um einen Sachmangel im Sinne des § 434 BGB und damit einen Auslöser für Gewährleistungsansprüche.[276] Aufgrund dieses weiten Verständnisses eines Beschaffenheitsmangels ist es möglich, daß auch im Rahmen der Vereinbarungen eines Share Deals ein Recht als Gegenstand des Kaufvertrages nicht die vertragliche Vereinbarung aufweist und somit ein Beschaffenheitsmangel vorliegt. Dazu ist erforderlich, daß sich die Parteien in den Verhandlungen darauf einigen, daß die Beschaffenheit des hinter dem Anteilskauf stehenden Unternehmens auch die einzelnen Anteile bestimmen soll. Sofern das zugrunde liegende Unternehmen nicht die vereinbarte Beschaffenheit aufweist, wirkt sich dies auch auf die veräußerten Anteile am Unternehmen aus. Die Leistung des Verkäufers entspricht damit nicht der vertraglich vereinbarten Leistungspflicht. Diese Anwendung der Sachmängelhaftung ist im Rahmen des Share Deals beim Kauf eines geringen Geschäftsanteils umstritten, da teilweise unter Verweis auf die bisherige Rechtslage eine Anwendbarkeit aufgrund fehlender Prägungsmöglichkeit des Mangels auf den Einzelanteil verneint wird. Demnach sei in derartigen Fällen nicht davon auszugehen, daß der Käufer Ansprüche der Sachmängelhaftung geltend machen werde.[277] Diese Ansicht überzeugt jedoch nicht, da

---

[276] Wolf/ Kaiser, DB 2002, 411, 416; SchuldR/ Haas, Rn. 556; Seibt/ Reiche, DStR 2002, 1135, 1138; Grunewald, NZG 2003, 372, 373.

[277] Eidenmüller, ZGS 2002, 290,294; Huber, AcP 202 (2002), 179, 229; Grunewald, NZG 2003, 372, 373.

sie nicht ausreichend auf den Willen der Vertragspartei abstellt. Sofern der Käufer zwar nur einen geringen Anteil am Unternehmen erwirbt, sich jedoch in den Verhandlungen über die Beschaffenheit des Unternehmens und damit der Anteile daran informiert und diese Erkenntnisse auch Gegenstand der Vereinbarungen werden, besteht kein Grund, die dem Gesetz zugrundeliegende weite Definition des Mangels über eine Beteiligungsgrenze einzuschränken. Das insoweit maßgebliche Interesse des Käufers an bestimmten Beschaffenheiten des Unternehmens manifestiert sich in diesen Fällen im Rahmen der Verhandlungen und nicht über den erworbenen Unternehmensanteil. Das Spektrum an gewährleistungsauslösenden Fehlern bei dieser Art von Geschäften ist somit nicht auf den Rechtsmangel beschränkt. Dadurch ergibt sich eine Erweiterung der bei der Beurteilung eines potentiellen Mangels zu berücksichtigenden Faktoren, die bereits bei dem Erwerb weniger Anteile an einem Unternehmen zur Gewährleistungsauslösung kommen kann. Dies ist etwa bei fehlerhaften Angaben zu den erwirtschafteten Erträgen des Unternehmens der Fall, da diese sich zwangsläufig auf die einzelnen Unternehmensanteile durchschlagen.[278] Soweit also beim Anteilskauf von den Parteien auf die Ertragsfähigkeit und die Werthaltigkeit des Unternehmens Bezug genommen wird, ist darin immer zugleich die Vereinbarung der Beschaffenheit des in Rede stehenden Unternehmensanteils zu sehen.[279] Bei Fehlen dieser Beschaffenheit stehen dem Käufer Ansprüche aus § 437 BGB zu. In diesen Fällen ist eine Auslegung der vertraglichen Vereinbarung im Einzelfall notwendig, die auch die Wesentlichkeit des Anteils am Gesamtunternehmen berücksichtigt. Sofern eine sehr geringe, jedoch nach Vereinbarung der Parteien relevante Beteiligung am Unternehmen vorliegt, muß die Vereinbarung der damit verbundenen Beschaffenheit des Unternehmens um so deutlicher in die Vereinbarung aufgenommen sein, da es sich dabei um eine außergewöhnliche Vereinbarung handelt.[280]

Wie beim eigentlichen Unternehmenskauf ist auch ein Mangel an einzelnen Gegenständen des Unternehmens als Mangel des Anteils selbst anzusehen, wenn durch sie der Unternehmenswert insgesamt gemindert wird, da sich dies auch auf den Anteil selbst auswirkt.[281] Dies ist insoweit besonders, als beim Share Deal anders als beim Asset Deal die einzelnen Gegenstände des Unternehmens in der Regel nicht im Kaufvertrag aufgeführt werden und damit nicht direkt den Gewährleistungsregelungen unterliegen. Eine abweichende Handhabung der Gewährleistung in diesem Punkt würde jedoch das Äquivalenzinteres-

[278] Rehberg, ZGS 2002, 456, 457.

[279] Im Ergebnis Henssler/ Graf v. Westphalen, § 453 BGB Rn. 15; Gaul, ZHR 166 (2002), S. 35, 39.

[280] Wolf/ Kaiser, DB 2002, 411, 417.

[281] Wolf/ Kaiser, DB 2002, 411, 417.

se im Vertrag stören, da es hinsichtlich der sonstigen Risiken keinen Unterschied macht, ob der Käufer das Unternehmen als Ganzes oder im Wege des Anteilskaufs erwirbt.

b) Rechtsmangel

Die Rechtsmängelhaftung beim Anteilskauf geht ebenfalls auf die Definition des Rechtsmangels aus § 435 BGB zurück. Hinsichtlich der Ausgestaltung der Gewährleistung im Einzelnen kann wegen der gesetzlichen Gleichbehandlung beider Mangelarten auf die Ausführungen zur Sachmangelhaftung verwiesen werden. Ein Rechtsmangel ist bei einem Share Deal zu bejahen, wenn der Anteil des Käufers überhaupt nicht oder zumindest nicht in der vereinbarten Höhe am Unternehmen besteht oder aber der vom Käufer erworbene Anteil mit dem Pfandrecht oder Niesbrauch eines Dritten belastet wird.[282] Der Käufer erhält insoweit nicht den vereinbarten und dem Geschäft zugrundegelegten Gegenwert, insbesondere auch weil sich der Mangel gleichzeitig auf das Unternehmen auswirkt, und damit auch eine Einschränkung der Nutzungsmöglichkeit des Käufers insgesamt bejaht werden muß. Die Rechtsmängelhaftung beim Share Deal umfaßt darüber hinaus auch solche Fälle, bei denen etwa ein Unternehmensanteil indirekt durch das Bestehen von Stimmrechtsbeschränkungen belastet wird, oder sich aufgrund des erworbenen Anteils für den Käufer im Vorhinein nicht erkennbare Verpflichtung des Käufers zur Haftung für Altschulden nach § 128 HGB ergeben. Auch eine zuvor nicht genannte Beschränkung der Gewinnbeteiligung belastet den Käufer und stellt einen Rechtsmangel dar.[283]

III. Ausgestaltung der Garantien im Unternehmenskauf

Wie bereits angesprochen, verlassen sich die Vertragsparteien beim Unternehmenskauf in der Praxis regelmäßig nicht auf die gesetzliche Gewährleistungsausgestaltung, sondern vereinbaren im Kontext des Vertragsschlusses ihre eigenen Gewährleistungsregelungen. Dieses individuelle Haftungssystem wird im Rahmen von Garantien durch die Parteien ausgearbeitet und zum Inhalt des Kaufvertrages gemacht. Zur Vereinbarung derartiger Garantien benötigen die Parteien eine verläßliche Grundlage, die den Zustand des Unternehmens wiedergibt und damit beiden Seiten eine umfassende Kenntnis des Geschäftsgegenstands verschafft. Aus diesem Grund wird beim Unternehmenskauf in der Regel im Vorfeld oder während der Verhandlungen eine Due Diligence erstellt, auf die die Parteien dann ihre Verhandlungen beziehen. Unter Due Diligence versteht man die Durchleuchtung des Zielunternehmens durch den potentiellen

[282] Palandt/ Putzo, § 453 BGB Rn. 18; Lange, ZGS 2003, 300, 303; Eidenmüller, ZGS 2002, 290, 292.

[283] Wolf/ Kaiser, DB 2002, 411, 416 mit weiteren Beispielen; Grunewald, NZG 2003, 372, 373.

Käufer.[284] Die Ergebnisse dieses Überprüfungsverfahrens werden dabei mit sämtlichen für den Käufer wesentlichen Details zusammengefaßt und ihre Richtigkeit vom Verkäufer garantiert. Insoweit ist die Due Diligence von besonderer Bedeutung für den Käufer, denn gerade weil die Parteien die Garantie auf Grundlage der Due Diligence vereinbaren, wirken sich deren Ergebnisse in erheblicher Weise auf den Garantieinhalt und die sich für den Käufer ergebenden Rechte aus. Insbesondere durch die Regelung des § 442 BGB, wonach Rechte des Käufers wegen eines ihm bereits bei Vertragsschluß bekannten Mangels ausgeschlossen sein sollen, kann sich insoweit aus der Due Diligence auch eine Gewährleistungsbegrenzung für den Käufer ergeben.[285] Obschon die Regelung auf eine vertraglich vereinbarte Garantie nicht unmittelbar Anwendung findet, ergibt sich diese Rechtsfolge auch aus dem Verbot widersprüchlichen Verhaltens. Ein Käufer, der aufgrund einer Unternehmensprüfung die Stärken und Schwächen eines Unternehmens kennt und dennoch den Vertrag abschließt, tut dies unter Eingehung des ihm bekannten Risikos. Mit Vertragsschluß akzeptiert er den ihm bekannten Zustand als vertragsgemäß und macht damit deutlich, daß er keine Gewährleistungsansprüche aufgrund der ihm bekannten Daten geltend machen werde. In diesem Gesichtspunkt unterscheidet sich der Unternehmenskauf nicht von übrigen Geschäften, bei denen das Verbot widersprüchlichen Verhaltens ebenfalls einzuhalten ist.

Bedeutender Bestandteil von Garantien im Unternehmenskauf kann die Vereinbarung sogenannter Toleranzklauseln sein, die für den Fall von nur geringfügiger Abweichung des Ist- vom Sollzustand einen Haftungsausschluß zugunsten des Verkäufers vorsehen und damit eine individuell vereinbarte Erheblichkeitsschwelle darstellen. Darüber hinaus können die Parteien für den Fall von Rechtsstreitigkeiten die Anrufung eines Schiedsgerichts vereinbaren, um derartige Streitigkeiten möglichst rasch und unproblematisch klären zu können.

Für die Parteien kommen bei der Ausgestaltung der Garantie verschiedene Regelungsmodelle in Betracht. Die Fassung der jeweiligen Garantietypen im Unternehmenskauf unterscheidet sich zum einen nach der konkreten Art der Garantie, die vereinbart werden soll, und zum anderen danach, ob die Garantievereinbarung als abschließende Regelung getroffen wird oder noch anderen Ansprüchen Raum gewährt werden soll.[286]

---

[284] Fleischer/ Unternehmenskauf, S. 105; Huber, AcP Bd. 202 (2002), S. 179, 194.

[285] Knott/ Mielke/ Weidlich, Rn. 454, 456; Fleischer/ Unternehmenskauf, S. 106; Müller, NJW 2004, 2196, 2196, der hervorhebt, daß dies nur bei positiver Kenntnis oder Offensichtlichkeit des Mangels möglich sei; eine Einschränkung der Rechte aufgrund Unterlassens der Due Diligence oder des Übersehens eines Mangels komme wegen Fehlens einer entsprechenden Verpflichtung des Käufers nicht in Betracht.

[286] Huber, AcP Bd. 202 (2002), S. 179, 204.

1. Verschiedene Garantietypen

Wie auch im allgemeinen Kaufrecht unterscheidet man zwischen verschiedenen Arten von Garantien, die jeweils unterschiedliche Rechtsfolgen aufweisen. Im Vergleich zum allgemeinen Kaufrecht haben sich dabei im Unternehmenskauf noch weitergehende Modelle an Garantien entwickelt.

a) Unselbständige Garantie

Die unselbständige Garantie im Rahmen eines Unternehmenskaufvertrags enthält keinen eigenständigen sachlichen Regelungsbereich. Sie dient dazu, eine ohnehin bestehende gesetzliche Haftung zu sichern und zu verstärken.[287]

b) Selbständige Garantie

Die selbständige Garantie ist die eigentlich klassische Garantie im Unternehmenskauf, da sie der Tatsache, daß sich auf diesem Gebiet die gesetzlichen Gewährleistungsregeln in der Praxis als unpassend erwiesen haben, unmittelbar Rechnung trägt. Derartige vertragliche Garantien stehen außerhalb der gesetzlichen Gewährleistungsregelungen und beinhalten ein individuell abgestimmtes Haftungssystem, das die Parteien ihrem Vertrag vorrangig zugrunde legen. Mit ihr garantiert der Verkäufer unbedingt und uneingeschränkt einen Umstand bezüglich des Unternehmens. Sofern dies nicht der Fall ist, mithin ein Garantiefall vorliegt, treten die ebenfalls im Vertrag konkret festgelegten Rechtsfolgen ein.[288] Da diese Haftung nichts mit Verschulden zu tun hat, ist die Kenntnis des Verkäufers oder die Möglichkeit seiner Kenntnis vom Mangel irrelevant. Maßgeblich ist damit für den Garantiefall und dessen Folgen ausschließlich der Inhalt des Garantievertrags.

Das Spektrum der von der Garantie erfaßten Gewährleistungsrechte wird ferner den individuellen Interessen der Parteien angepaßt. Daher ist bei einem Unternehmenskauf eine vollständige Rückabwicklung des Vertrags in der Regel nicht als potentielles Recht des Käufers vorgesehen. Die Rückabwicklung des Unternehmenskaufs wird zu erheblichen Problemen führen, da sich der Geschäftsgegenstand in der Zeit der Übergabe bis zur Rückabwicklung weiterentwickelt und nicht selten wesentlich verändert haben wird. Ein derart komplexes Kaufobjekt kann sich aufgrund der Maßnahmen des Käufers so verändert haben, daß der Verkäufer seinen ursprünglichen Unternehmenszweck nicht wieder aufnehmen kann, so daß ihm eine „Rücknahme" des Unternehmens nicht zumutbar ist. Ebenfalls hat auch der Käufer in der Regel kein Interesse an einer vollständigen Rückabwicklung des Vertrags, da er bereits begonnen haben wird, den von ihm angestrebten Unternehmenszweck zu verfolgen. Die Rückabwicklung würde daher auch von seiner Seite erhebliche Anstrengungen erfor-

---

[287] Knott, NZG 2002, 249, 254; Huber, AcP Bd. 202 (2002), S. 179, 205.

[288] Triebel/ Hölzle, BB 2002, 521, 529; Hermanns, ZIP 2002, 696, 698.

dern, um das Unternehmen in den Zustand des Vertragsschlusses zurück zu versetzen. Als mögliche Mängelrechte werden daher für den Eintritt eines Garantiefalls in der Regel von den Parteien die Herabsetzung des Kaufpreises oder eine Schadensersatzpflicht des Verkäufers vereinbart.

Die Parteien haben die Möglichkeit, durch die Vereinbarung von sog. Bagatellklauseln mit bestimmten Mindestschadensbeträgen, die Haftungsfälle aufgrund der Garantie im Rahmen des beiderseitigen Vertragsinteresses und einem sinnvollen Maß zu halten. Je nach Ausgestaltung als sog. de minimis- oder basket-Klauseln[289] können die Parteien bestimmte Mindestfreibeträge und Freigrenzen vereinbaren, nach denen der Haftungseintritt davon abhängt, ob die Höhe einzelner Ansprüche aus nicht eingehaltenen Garantien oder die Höhe sämtlicher nicht eingehaltener Garantien für das Überschreiten der Bagatellgrenze maßgeblich sind. Ebenfalls abhängig von der konkreten Ausgestaltung dieser Mindestbetragsklauseln ist, ob der Käufer bei Erreichen des Schwellenwerts entweder die Ersetzung des gesamten Schadens verlangen kann, wobei der Mindestbetrag als Freigrenze seines Anspruchs fungiert, oder ihm nur die den Schwellenwert überschreitende Schadenssumme zusteht. Bei dieser Variante dient der Schwellenwert als Freibetrag zugunsten des Verkäufers.[290]

Zugunsten des Verkäufers kann die Haftung auch nach oben begrenzt werden. Mit der Vereinbarung sog. cap-Klauseln wird der Höchstbetrag, bis zu dessen Summe der Verkäufer für sämtliche nicht erfüllte Garantien haftet, im Kaufvertrag festgeschrieben.[291] Die Obergrenze richtet sich dabei regelmäßig nach dem zugrundeliegenden Kaufpreis.[292] Darüber hinaus finden sich in der Praxis häufig für den Eintritt von Steuer- und Umwelthaftungsrisiken Sonderregelungen hinsichtlich der Schadensbestimmung, des einzuhaltenden Verfahrens vor Behörden und vor Gericht sowie der Verteilung des dabei auftretenden finanziellen Risikos.[293] Die Ausgestaltung sämtlicher Vereinbarungen dieser Art ist Verhandlungssache der Parteien und richtet sich daher nach der jeweiligen Verhandlungsposition des Käufers und Verkäufers. Nur soweit sich die Parteien auf einen Haftungskompromiß einigen können und dem Vertrag eine individuelle Garantieregelung zugrunde legen, ist es möglich, den Vertrag an den Interessenlagen beider Parteien auszurichten.

Von besonderer Bedeutung in der Praxis ist in diesem Zusammenhang die uneingeschränkte Garantie des Verkäufers dafür, daß die Bilanz des Unterneh-

---

[289] Rödder/ Hötzel/ Mueller-Thuns, § 10 Rn. 77.

[290] Zu den Begriffen und Abgrenzungen s. Knott/ Mielke/ Weidlich, Rn. 472.

[291] Faust, ZGS 2002, 271; Seibt/ Raschke/ Reiche, NZG 2002, 256, 257; Rödder/ Hötzel/ Mueller-Thuns, § 10 Rn. 81.

[292] Knott/ Mielke/ Weidlich, Rn. 473; Rödder/ Hötzel/ Mueller-Thuns, § 10 Rn. 82.

[293] Seibt/ Raschke/ Reiche, NZG 2002, 256, 257.

mens den Grundsätzen ordnungsgemäßer Buchführung entspricht. In diesen Fällen trägt der Verkäufer das nicht unerhebliche Risiko dafür, daß der Käufer nach Abschluß des Vertrages über diese Garantie den Kaufpreis nach unten zu korrigieren versucht, indem er die zugrundegelegte Bilanz angreift. Dieses Risiko wird eingeschränkt, sofern der Verkäufer in der Vertragsklausel, die die ordnungsgemäße Buchführung garantiert, gleichzeitig auf den Umfang der Buchführungsüberprüfung hinweist. Dann sind Kritikpunkte, die bei der Überprüfung erkannt worden sind oder zu erkennen waren, vom Garantieumfang ausgeschlossen.[294]

c) Garantie „nach bestem Wissen"

Auf dem Gebiet des Unternehmenskaufs hat sich noch ein weiterer Garantietyp herausgebildet. Im Gegensatz zu der uneingeschränkten Garantie sichert der Verkäufer dabei nur zu, daß die Kaufsache nach seinem „besten Wissen" einen bestimmten Umstand des Unternehmens aufweist. Dieser Vorbehalt bewirkt, daß die eigentlich mit derartigen Garantien verbundene uneingeschränkte Einstandspflicht des Verkäufers zu einer eingeschränkten Haftung abgemildert wird.[295] Diese Art von Garantie bedarf im Einzelfall der Auslegung, da im Garantiefall zu klären ist, ob es sich um eine reine Arglisthaftung handelt oder der Haftungsumfang weiter gefaßt ist.[296] Insofern kommt es auf die konkrete Formulierung der Garantieklausel an, da die jeweiligen Formulierungszusätze der Garantie unterschiedlichen Charakter geben können. Eine Einbeziehung der groben Fahrlässigkeit bewirkt zugunsten des Käufers zumindest eine Beweiserleichterung und schneidet dem Verkäufer die Möglichkeit ab, sich auf sein „bestes Wissen" berufen zu können, sofern Anzeichen zum Hinterfragen seines Kenntnisstands vorlagen. Die Haftung für grobe Fahrlässigkeit wird im Normalfall bereits aus dem Kontext der Garantiegewährung zu bejahen sein, denn eine Beschränkung der Garantierechte auf Fälle des Vorsatzes widerspricht dem Zweck der Schutzerhöhung durch individualisierten Interessenausgleich der Parteien. Ebenfalls möglich ist eine Annäherung der Garantie an die Verschuldenshaftung, wenn die Parteien einen Zusatz wie „nach bestem Wissen und gehöriger Erkundigung" verwenden. Die Parteien können ferner eine Begrenzung der Garantie zu einer Art Arglisthaftung vornehmen. Dies erreicht der Verkäufer beispielsweise durch Aufnahme eines Zusatzes „verkauft wie geprüft und besichtigt". Vergleichbar mit der Formulierung beim Gebrauchtwagenkauf bedeutet eine solche Garantie, daß der Verkäufer für seine Angaben nur derart einstehen möchte, daß ihm persönlich nichts Gegenteiliges bekannt ist. Bis auf den Fall der Arglist wird damit das Risiko der fehlerhaften Äquivalenzeinschät-

[294] Huber, AcP Bd. 202 (2002), S. 179, 207.

[295] Fleischer/ Unternehmenskauf, S. 115; Rödder/ Hötzel/ Mueller-Thuns, § 10 Rn. 30.

[296] Huber, AcP Bd. 202 (2002), S. 179, 207; Knott/ Mielke/ Weidlich, Rn. 457.

zung der Leistungen dem Käufer auferlegt.[297] Der Verkäufer hat auch die Möglichkeit, eine Haftungseinschränkung über die Bestimmung des relevanten Kreises der Wissensträger vorzunehmen. Eine solche Begrenzung ist sowohl positiv, d.h. unter Nennung der maßgeblichen Personen möglich, als auch negativ, unter ausdrücklichem Ausschluß bestimmter nicht relevanter Personen. Je größer dabei der Kreis der relevanten Personen hinsichtlich des Bezugspunktes der Garantie ist, desto größer ist auch die Bedeutung der Garantie für den Käufer.[298] Sofern sämtliche in den Organisationsstrukturen entscheidenden Personen des Unternehmens in die Garantie miteinbezogen werden, steht dem Käufer ein breitgestreutes und detailliertes Wissen über das Kaufobjekt als Garantiehintergrund zur Verfügung, so daß ein Haftungssausschluß des Verkäufers im Mangelfall kaum möglich sein wird. Das Risiko eines solchen Haftungsausschlusses nimmt mit zunehmender Begrenzung auf einzelne relevante Personen zu. Vor diesem Hintergrund bildet der Kreis der Wissensträger die maßgebliche Komponente, inwieweit die Haftungszusage als sog. „weiche" Garantie dem Verkäufer zugute kommt, oder eine erhebliche Abschwächung der Angaben zugunsten des Käufers gerade vermieden wird.[299] Da die Gewährung einer Garantie nach bestem Wissen folglich in verschiedener Hinsicht mit erheblichen Folgen für die Gewährleistung im Garantiefall begrenzt werden kann, hängt ihre Ausgestaltung in besonderer Weise vom Verhandlungsgeschick und dem Verhandlungsgleichgewicht der Parteien ab.

2. Abschließende und offene Garantielisten

Von Bedeutung bei Garantievereinbarungen im Unternehmenskauf ist zudem die Frage, ob die vereinbarte Garantieliste als Grundlage der Käuferansprüche abschließend sein soll. Wollen die Parteien keine eigenständige und abschließende Regelung des in Betracht kommenden Spektrums an Haftungsrechten vereinbaren, können sie durch Aufnahme einer Öffnungsklausel in die Garantievereinbarung die Anwendbarkeit des gesetzlichen Gewährleistungsrechts hervorheben. Diese Lösung kommt dem Käufer zugute, da er neben den individuell ausgehandelten Haftungskonstellationen immer auf den gesetzlich vorgesehenen „Mindestschutz" zurückgreifen kann.[300] Allerdings muß der Käufer trotz Aufnahme einer derartigen Klausel auf Vollständigkeit der Garantieliste bedacht sein, da im Zweifel aus der Nichtaufnahme des von ihm geltend gemachten Umstands in die Liste für ihn nachteilige Schlüsse gezogen werden. Der Garantievertrag muß deshalb ausdrücklich feststellen, daß den Verkäufer

[297] Huber, AcP Bd. 202 (2002), S. 179, 208.

[298] Fleischer/ Unternehmenskauf, S. 117; Knott/ Mielke/ Weidlich, Rn. 458.

[299] Jaques, BB 2002, 417, 423; Fleischer/ Unternehmenskauf, S. 117.

[300] Huber, AcP Bd. 202 (2002), S. 179, 208; Knott/ Mielke/ Weidlich, Rn. 475.

eine über die Garantieliste hinausgehende Haftung treffen soll, denn anderenfalls wird im Regelfall aufgrund des Individualcharakters der Vereinbarung durch die Auslegung nach §§ 133, 157 BGB der abschließende Charakter der Liste zu ermitteln sein.[301] Lediglich im Wege der Arglisthaftung kann der Käufer dann noch gegen den Verkäufer vorgehen, sofern er die Kausalität des vom Verkäufer bewußt nicht berücksichtigten Umstands für seinen Kaufentschluß nachweisen kann. Der Verkäufer kann durch Aufnahme einer Ausschlußklausel seine Haftung noch weitergehend begrenzen, da mit einer derartigen Ausschlußklausel auch die gesetzlichen Gewährleistungsregelungen zumindest in dem Maße ausgeschlossen werden, als sie weiter als die vertraglichen Garantien reichen.[302] Auch diese Ausschlußklauseln müssen in ihrer Formulierung präzise gefaßt sein, um den Zweck eines klar umrissenen Haftungsrahmens zugunsten des Verkäufers erfüllen zu können. Denn auch in diesen Fällen werden Unklarheiten im Ausschlußumfang aufgrund des Individualcharakters einer Garantievereinbarung eingrenzend und damit käufergünstig ausgelegt werden.

IV. Beweislastverteilung

Für diese Arten der Garantie im Unternehmenskauf gelten die allgemeinen Regelungen der Beweislastverteilung, wonach jeder das ihm Günstige darlegen und beweisen muß. Dem Käufer obliegt damit die Beweislast, daß eine wirksame Garantievereinbarung geschlossen wurde, ein Mangel des Unternehmens gegeben ist und dieser Mangel einen Umstand betrifft, der auch Gegenstand der Garantieliste ist. Sofern der Verkäufer sich von seiner Haftung befreien möchte, muß er seinerseits die dazu notwendigen Punkte darlegen. Wie oben bereits angesprochen, können sich Verschiebungen in der Beweislast insbesondere im Bereich der Garantie nach „bestem Wissen“ ergeben. Dies ist abhängig von den jeweiligen durch die Parteien verwandten Formulierungszusätzen in der Garantievereinbarung.

V. Verjährung der Garantieansprüche

Die Parteien unterliegen bei der Ausgestaltung der Vertragsfreiheit, so daß sie bei Vereinbarung einer selbständigen Garantie unabhängig von deren konkreten Ausgestaltung auch die Verjährungsfristen jeweils nach eigenem Bedarf anpassen können.[303] Insoweit hat sich in der Praxis durchgesetzt, eine Staffelung der verschiedenen Gewährleistungsfristen vorzunehmen. Ausgangspunkt der Staffelung ist dabei die gesetzliche Verjährung von zwei Jahren, die in der Regel ausreicht, um im Rahmen der dabei anstehenden Jahresabschlüsse die nicht erfüll-

---

[301] Mit Verweis auf das Auslegungsprinzip „enumeratio ergo limitatio“: Huber, AcP Bd. 202 (2002), S. 179, 208.

[302] Rödder/ Hötzel/ Mueller-Thuns, § 10 Rn. 83, 84.

[303] Wolf/ Kaiser, DB 2002, 411, 419.

ten Garantiezusagen des Verkäufers aufzudecken. Für besondere Mängel, die erfahrungsgemäß erst später entdeckt werden, ist eine Verlängerung der Verjährungsfrist sinnvoll.[304] Diese Verlängerung kann eine Ausweitung des Haftungszeitraums der einzelnen Garantieansprüche von bis zu dreißig Jahren im Falle von Rechtsmängeln vorsehen.[305]

F. Verbot des Haftungsausschlusses nach § 444 BGB

Die Neuregelungen des Schuldrechts haben im Zusammenhang mit Garantien eine weitere gewichtige Änderung gebracht. Bereits nach alter Rechtslage wurde ein Gewährleistungsausschluß im Falle der Arglist des Verkäufers für unwirksam erklärt. Dies wurde in den §§ 443 und 476 BGB a.F. geregelt. Der Gesetzgeber hat nun im Zuge der Reform als weiteren Fall der Unwirksamkeit eines Gewährleistungsausschlusses die Übernahme einer Garantie für die Beschaffenheit der Kaufsache durch den Verkäufer hinzugenommen. Die Regelung des § 444 BGB sieht vor, daß ein Verkäufer sich nicht auf eine Vereinbarung, die die Rechte des Käufers hinsichtlich eines Mangels beschränkt oder insgesamt ausschließt, berufen kann, sofern er diesen Mangel arglistig verschwiegen oder eine Garantie für die Beschaffenheit der Sache übernommen hat.

Die Auswirkungen dieser Regelungen waren in der Praxis zunächst unklar, da aufgrund der Formulierung des Gesetzeswortlauts nicht unmittelbar erkennbar ist, welchen Regelungsbereich die Norm hat. Dies führte insbesondere im Unternehmenskauf zu erheblichen Unsicherheiten. Wie oben dargestellt, hat sich in der Praxis auf diesem Gebiet die Erarbeitung einer eigenständigen Gewährleistungsregelung mittels eines umfassenden Systems vertraglicher Haftung durch den Verkäufer durchgesetzt. Eine wesentliche Rolle spielen dabei die Garantien als Haftungsgrundlage zwischen den Parteien. Da diese aus Gründen der interessengerechten Risikoverteilung jedoch vereinbarten Begrenzungen unterliegen, stellte sich die Frage, welche Auswirkungen die Regelung des § 444 BGB hat und ob - insbesondere beim Unternehmenskauf - die bisherige Vertragspraxis aufrecht erhalten werden kann.

I. Garantie im Sinne des § 444 BGB

Der Kernpunkt des dargestellten Problems liegt in der Frage, ob die Regelung des § 444 BGB auch die freiwillig als eigenes Haftungssystem vereinbarten Garantien, also sog. selbständige Garantien, erfaßt. Zum Anwendungsbereich der Regelung werden in der Literatur verschiedene Positionen vertreten, die damit für den Unternehmenskauf folglich zu unterschiedlichen Ansichten gelangen.

---

[304] Etwa die Haftung für Kontamination und Altlasten in Grundstücken, Rödder/ Hötzel/ Mueller-Thuns, § 10 Rn. 92.

[305] Huber, AcP Bd. 202 (2002), S. 179, 204; Rödder/ Hötzel/ Mueller-Thuns, § 10 Rn. 92.

Ein Teil der Literatur bejaht eine Erfassung der selbständigen Garantie, hält deshalb die bisherige Vorgehensweise im Rahmen des Unternehmenskaufs für nicht mehr gangbar und verweist dazu in erster Linie auf den Wortlaut der Norm.[306] Eine andere Ansicht der Literatur geht demgegenüber davon aus, daß nur die unselbständigen Garantien von der Regelung des § 444 BGB erfaßt werden und damit der Verwendung von individuellen Haftungsvereinbarungen beim Unternehmenskauf nichts im Weg steht.[307] Vor diesem Hintergrund ist eine Bestimmung des Regelungsbereichs des § 444 BGB erforderlich, die auch die Frage der Einschlägigkeit der Norm auf die in Rede stehenden Garantiekonstellationen erfaßt.

1. Auslegung des Regelungsgegenstands von § 444 BGB

Ausgehend von der Vorschrift des § 444 BGB ergibt sich kein klar umrissener Anwendungsbereich, da der Wortlaut nicht eindeutig ist.[308] Das Gesetz definiert den Begriff der Garantie nicht näher und nimmt keine eindeutige Eingrenzung vor, ob die Vorschrift nur unselbständige oder auch selbständige Garantien erfaßt. Allein aus der Formulierung der Norm ist damit eine Klärung der aufgeworfenen Frage nicht zu erreichen. Die Gesetzesbegründung enthält ebenfalls keinen eindeutigen Hinweis, wie der Regelungsbereich der Norm zu definieren ist.[309] Zur Herleitung des Regelungsbereichs müssen folglich der Regelungskontext sowie Sinn und Zweck der Norm einbezogen werden.

Zur Bestimmung der Anwendbarkeit der Norm ist zu berücksichtigen, daß nach der alten Rechtslage zwischen einer Garantie und der Zusicherung einer Eigenschaft im Sinne von § 463 BGB a.F. unterschieden wurde, nach der neuen Rechtslage die Garantie aber die Eigenschaftszusicherung ersetzt. Der Regierungsbegründung zu den §§ 443 Abs. 1, 444 BGB ist zu entnehmen, daß der Gesetzgeber die Beschaffenheitsgarantie als neuen Regelungsgegenstand an die Stelle der Eigenschaftszusicherung des § 459 Abs. 2 BGB a.F. ins Gesetz aufnehmen wollte.[310] Obschon die Regelung des § 276 BGB nur von einer Garantie

---

[306] Graf v. Westphalen, ZIP 2002, 545, 546; Faust, ZGS 2002, 271, 272; Hermanns, ZIP 2002, 696, 697; v. Gierke/ Paschen, GmbHR 2002, 457, 461; Pfeiffer, ZGS 2003, 161; Schlechtriem, § 3 Rn. 88.

[307] Knott, NZG 2002, 250; Huber, AcP Bd. 202 (2002), S. 179, 238; Seibt/ Reiche, DStR 2002, 1181; Jacques, BB 2002, 417; Grönstedt/ Jörgens, ZIP 2002, 52; Lorenz/ Riehm, Rn. 563.

[308] BMJ, ZGS 2003, 307, 308; Zerres, MDR 2003, 368, 369; i. Ggs. dazu scheint Graf v. Westphalen von einem eindeutig über den Wortlaut zu definierenden Anwendungsbereich der Norm mit größtmöglichem Ausschlußcharakter auszugehen, vgl. Graf v. Westphalen, ZIP 2003, 1179.

[309] Rödder/ Hötzel/ Mueller-Thuns, § 10 Rn. 8; Lieb/ Unternehmenskauf, S. 58.

[310] BT-Drucksache 14/6040, S. 236, 240.

redet, während die Normen der §§ 442, 443, 444 und 447 BGB von der Garantie einer Beschaffenheit ausgehen, ist von einer Identität der Garantiebegriffe auszugehen. Die begrifflichen Unterschiede beruhen auf dem weiter gefaßten Geltungsbereich von § 276 BGB, der auch außerhalb des Kaufrechts einschlägig ist. Die Norm betrifft daher die Garantie einer Beschaffenheit, ohne allerdings zwangsläufig darauf begrenzt zu sein.[311] Es liegt demnach nur dann eine Garantie im Sinne des § 444 BGB vor, wenn der Verkäufer aufgrund einer vertraglichen Zusicherung einer Eigenschaft eine verschuldensunabhängige Haftung gemäß § 276 BGB begründet hat.[312] Der Begriff der Garantie in § 444 BGB und § 276 BGB ist folglich identisch.[313] Daraus folgt, daß der Anwendungsbereich des § 444 BGB die Garantien solcher Umstände der Kaufsache betrifft, für die zuvor eine Eigenschaftszusicherung abgegeben werden konnte oder die aufgrund des nun erweiterten Beschaffenheitsbegriffs in § 434 Abs. 1 BGB Gegenstand einer Beschaffenheitsgarantie sein können.[314] Auf Grundlage dieser Überlegungen spricht bereits viel dafür, daß die Regelung des § 444 BGB nur auf die unselbständigen Garantien wie die Beschaffenheitsgarantie Anwendung finden soll. Die Vertragspraxis beim Unternehmenskauf würde demnach nicht berührt werden. Doch auch wenn die oben dargelegten Anhaltspunkte für eine eindeutige Abgrenzung des Anwendungsbereichs als nicht ausreichend angesehen werden[315], wird im Ergebnis ein Änderungserfordernis bei der Garantiegewährung im Unternehmenskauf abzulehnen sein.

Unabhängig von der Ausgangsposition ist ein Änderungserfordernis selbst bei grundsätzlicher Erfassung auch der selbständigen Garantie zu verneinen, da dies dem auch weiterhin umfassend bestehenden Grundsatz der Vertragsfreiheit widersprechen würde. Die uneingeschränkte Beibehaltung dieses Grundsatzes auch im Zusammenhang mit Garantien ergibt sich deutlich aus der Regelung des § 443 BGB, der ausdrücklich die Vertragsfreiheit der Parteien betont. Logische Konsequenz dieses Grundsatzes ist, daß der garantiegewährende Verkäufer aufgrund der Vertragsfreiheit die Rechtsfolgen seiner verschuldensunabhängigen Einstandspflicht selbst bestimmen kann. Diesen Grundsatz berücksichtigt

---

[311] Lieb/ Unternehmenskauf, S. 61.

[312] Henssler/ Graf v. Westphalen, § 444 BGB Rn. 12; Hilgard/ Kraayvanger, MDR 2002, 678, 681; Triebel/ Hölzle, BB 2002, S. 521, 530; DL/K/S/ Looschelders, S. 406.

[313] Schmidt-Räntsch, § 444 BGB Rn. 901; Henssler/ Graf v. Westphalen, § 444 BGB Rn. 12; Anwaltskommentar/ Büdenbender, § 444 BGB Rn. 1; Erman/ Grunewald, § 444 BGB Rn. 11; Knott, NZG 2002, 249, 255.

[314] Seibt/ Reiche, DStR 2002, 1181; Huber, AcP Bd. 202 (2002), S. 179, 238.

[315] BMJ, ZGS 2003, 307, 309, das insoweit von einer Relativierung des Ergebnisses durch eine Beschlußempfehlung des Rechtsausschusses ausgeht, BT-Drucks. 14/7052, S. 184; Zerres, MDR 2003, 368; 370; Lorenz, KF/ Canaris, S. 85.

auch § 444 BGB, der selbst keine Rechtsfolgenregelung enthält, sondern sich vielmehr an die Voraussetzungen einer Garantiegewährung richtet. Denn die Rechtsfolgen einer derartigen Garantie werden allein von den Vertragsparteien auf Grundlage der geltenden Vertragsfreiheit festgelegt.[316] Für eine Anwendung der Regelung des § 444 BGB fehlt es daher bereits an den Voraussetzungen, denn sofern die Parteien Beschränkungen ihrer selbständigen Garantien vereinbaren, liegt folglich keine nachträgliche Verkürzung garantierter Rechte vor, sondern eine anfängliche Begrenzung des Regelungsumfangs. Somit kommt § 444 BGB bereits tatbestandlich bei Haftungsbegrenzungen in selbständigen Garantieversprechen nicht zur Anwendung.[317] Die Konzeption der Norm zeigt ferner, daß widersprüchliches Verhalten des Verkäufers unterbunden werden soll und § 444 BGB mithin Ausdruck des Grundsatzes vom Verbot des venire contra factum proprium ist.[318] Ein solches widersprüchliches Verhalten ist beim Abschluß freiwilliger selbständiger Garantien jedoch nicht zu erwarten, da der Verkäufer in einer einheitlichen Garantieerklärung den Haftungsrahmen konkret festlegt. Dabei tritt die Widerspruchssituation verschiedener gegenläufiger Regelungen, die nach dem Grundsatz des venire contra factum proprium verhindert werden soll, gar nicht auf.[319] Bei der inhaltlichen Ausgestaltung dieser Garantien handelt es sich, wie oben dargelegt gerade nicht um Haftungsbeschränkungen, sondern vielmehr um einen Teil der Haftungsbegründung selbst.[320] Dem Begriff der Garantie selbst ist nicht zwingend zugrunde gelegt, daß diese unbegrenzt gewährt werden muß. Zudem entspricht beim Unternehmenskauf die Übernahme einer begrenzten Garantie gerade der üblichen Vertragspraxis, so daß insoweit auch ein Überraschungsmoment zu Lasten des Käufers verneint werden muß. Nicht übersehen werden sollte in diesem Kontext schließlich, daß die Intention der Reform, die Käuferrechte hinsichtlich von Garantien zu stärken, im Unternehmenskauf nicht überbewertet werden darf. Denn aufgrund der üblichen Due Diligence-Prüfung wird im Rahmen des Verhandlungsprozesses

---

316 Picot/ Unternehmenskauf, S. 77; Rödder/ Hötzel/ Mueller-Thuns, § 10 Rn. 8; von einer Geltung des Grundsatzes geht auch BMJ, ZGS 2003, 307, 309 aus, das jedoch dabei von einer prinzipiellen Erfassung aller Garantien ausgeht, ohne in der konkreten Frage aber zu einem anderen Ergebnis zu kommen.

317 Seibt/ Reiche, DStR 2002, 1181; DL/K/S/ Wertenbruch, S. 511; Zerres, MDR 2003, 368, 371; Lorenz, KF/ Canaris, S. 85.

318 Jauernig/ Berger, § 444 BGB Rn. 13; Gaul, ZHR 166 (2002), S. 63; Triebel/ Hölzle, BB 2002, S. 521, 530; BMJ, ZGS 2003, 307, 309.

319 Lieb/ Unternehmenskauf, S. 67; Picot/ Unternehmenskauf, S. 77; Jauernig/ Berger, § 444 BGB Rn. 13; BMJ, ZGS 2003, 307, 309.

320 Lieb/ Unternehmenskauf, S. 66; Erman/ Grunewald, § 444 BGB Rn. 11; Müller, NJW 2002, S. 1026, 1026; DL/K/S/ Looschelders, S. 408.

eine Gleichwertigkeit der Vertragsparteien hergestellt.[321] Die faktische Verhandlungsparität spricht ebenfalls für die Nichtanwendung des § 444 BGB auf selbständige Garantien.[322] Diese Auslegung der Regelung steht auch in Einklang mit der Tatsache, daß § 444 BGB die bereits im Gesetz enthaltenen, früher jedoch getrennten Bestimmungen der §§ 443, 476 BGB a.F. sowie den § 11 Nr. 11 AGBG hinsichtlich der zugesicherten Eigenschaften zusammenfaßt.[323] Die Regelung des AGB-Gesetzes beinhaltete ebenfalls das Verbot widersprüchlichen Vertragsverhaltens und sicherte damit den Mindestschutz des Käufers vor einer unangemessenen und überraschenden Haftungsfreizeichnung des Verkäufers durch Vertragsklauseln.[324] Ein Aufrechterhalten der Praxis des Vereinbarens selbständiger Garantien läuft dem Zweck des § 444 BGB als Nachfolgebestimmung, wie aufgezeigt werden konnte, aber nicht entgegen. Aufgrund der individuell verhandelten Gewährung einer beschränkten Garantie ist eine überraschende Einschränkung gerade nicht gegeben. Zudem war bei der alten Regelung hinsichtlich der Rechtsfolgen eine zweifache Beschränkung möglich, und zwar einerseits hinsichtlich der Regelungsreichweite, andererseits bezüglich des konkreten Rechtsfolgenspektrums. Eine Anwendung der Norm auf selbständige Garantien würde die Einschränkung der Vertragsfreiheit ergeben und mit dem vollständigen Entfallen jeglicher Beschränkungen weit über das frühere Ergebnis der Anwendung von § 11 Nr. 11 AGBG hinausgehen.[325] Daß dies offensichtlich mit der Regelung nicht gewollt ist, konnte bereits dargelegt werden. Insofern kann festgehalten werden, daß die Neuregelung des § 444 BGB auf dem Gebiet der Unternehmenskäufe jedenfalls individualvertraglichen Haftungsbegrenzungen bei selbständigen Garantieversprechen nicht entgegensteht.[326] Ein offener Regelungsbereich des § 444 BGB im Rahmen einer selbständigen Garantie verbleibt damit nur in den Fällen, in denen ein Verkäufer zunächst freiwillig eine uneingeschränkte Garantie gewährt und diese nachträglich oder im Wege eines überraschenden Klauselkatalogs doch eingrenzen möchte.[327]

---

[321] So auch Müller, NJW 2004, 2196, 2196.

[322] Gesell/ Diskussionsbericht, S. 81; Picot/ Unternehmenskauf, S. 78.

[323] Schmidt-Räntsch, § 444 BGB Rn. 901; DL/K/S/ Wertenbruch, S. 511; Palandt/ Putzo, § 444 BGB Rn. 1; BMJ, ZGS 2003, 307, 309.

[324] Anwaltskommentar/ Büdenbender, § 444 BGB Rn. 1; Hk-BGB/ Saenger, § 443 BGB Rn. 4.

[325] Lieb/ Unternehmenskauf, S. 68.

[326] Jaques, BB 2002, 417, 418; Gaul, ZHR 166 (2002); von Gierke/ Paschen, GmbHR 2002, 457, 461.

[327] So auch Lorenz, KF/ Canaris, S. 85.

Auch eine regelungssausweitende Analogie kommt nicht in Betracht. Dafür fehlt es bereits an der erforderlichen Regelungslücke, da der Gesetzgeber bewußt zwischen Beschaffenheitsgarantie und selbständiger Garantie unterschieden hat.[328] Eine Analogie liefe daher der gesetzlichen Systematik zuwider.[329] Eine Änderung der gegenwärtigen Vertragspraxis ist damit nicht notwendig.

Weiterhin ist in diesem Zusammenhang noch die Abgrenzung der Garantie im Sinne von §§ 276, 444 BGB von der einfachen Beschaffenheitsvereinbarung gemäß § 434 Abs. 1 Satz 1 BGB zu beachten. Bei dieser treffen die Vertragsparteien nur eine Absprache über die für den Kauf ausschlaggebenden Kriterien der Sache.[330] Im Rahmen der vertraglichen Gestaltungsfreiheit können die Käuferrechte im Falle des Fehlens individuell geregelt werden. Etwa kann die Gewährleistung auf einzelne Teile begrenzt oder mit vertraglichen Rechten kombiniert werden.[331] Dabei muß nicht unbedingt zugleich eine Beschaffenheitsvereinbarung erklärt werden.[332] Aufgrund der schwierigen Abgrenzung und der schwerwiegenden und einschneidenden Sanktionsfolgen des § 444 BGB muß die Bejahung einer Garantie im Sinne des § 444 daher restriktiv erfolgen.[333]

2. Klarstellende Regelungsänderung

Trotz der Möglichkeit, auch mit der bestehenden Norm des § 444 BGB die bisherige Praxis der Garantiegewährung im Unternehmen beizubehalten, bestanden Bestrebungen, die Regelung zugunsten einer eindeutigen Aufrechterhaltung der Vertragspraxis zu ändern. Aus diesem Grund hat die CDU/CSU- Fraktion den Entwurf einer Änderung von §§ 444, 477 und 309 BGB eingebracht[334], der sich zur Frage der Haftungsbegrenzung in erster Linie an der Regelungslage vor Inkrafttreten der Schuldrechtsmodernisierung orientiert. Das Erfordernis einer Gesetzesänderung wird damit begründet, daß Rechtssicherheit durch eine Stellungnahme des Justizministeriums alleine nicht zu erreichen sei.[335] Derartige

---

[328] Picot/ Unternehmenskauf, S. 78.

[329] Rödder/ Hötzel/ Mueller-Thuns, § 10 Rn. 8; Seibt/ Raschke/ Reiche, NZG 2002, 256, 259.

[330] Hertel, ZAP 2002, Fach 3, 179, 187; Anwaltskommentar/ Büdenbender, § 434 BGB BGB Rn. 6.

[331] Hertel, ZAP 2002, Fach 3, 179, 187.

[332] Triebel/ Hölzle, BB 2002, S. 521, 531; Seibt/ Raschke/ Reiche, NZG 2002, 256, 258.

[333] Henssler/ Graf v. Westphalen, § 444 BGB Rn. 17.

[334] Entwurf eines Gesetzes zur Änderung des Bürgerlichen Gesetzbuchs (Gesetz zur Beseitigung der Rechtsunsicherheit beim Unternehmenskauf) vom 03. Juni 2003, BT-Drucks. 15/1096, S. 3 ff. Die Neuregelungen entsprechen den konkreten Änderungsforderungen von Pfeiffer, ZGS 2003, S. 161.

[335] Krings, BT-Plenarprotokoll 15/56, S. 4738 (D); Röttgen, BT-Plenarprotokoll 15/56, S. 4740 (A).

Stellungnahmen seien rechtlich nicht verbindlich und bilden im Falle eines Rechtsstreits keine gesicherte Grundlage, auf der die befaßten Gerichte eine Entscheidung fällen können.[336] Bis zum Stadium einer gefestigten höchstrichterlichen Rechtsprechung in diesem Punkt ergäbe sich damit aus der Auslegung der Norm keine rechtliche Sicherheit.[337] Um eine auf Unsicherheit beruhende Ausklammerung deutschen Kaufrechts im Zusammenhang mit Unternehmenskäufen zu verhindern, sollte mit der Gesetzesänderung abschließend die erforderliche Klarheit der Gesetzesgrundlage wieder hergestellt werden.

Inhaltlich sollte die Regelung des § 444 BGB dahingehend geändert werden, daß die jetzige Alternative 2 der Norm, die Gewährung einer Garantie für die Beschaffenheit einer Sache, vollständig entfällt. Während nach diesem Regelungsvorschlag grundsätzlich die Vertragsfreiheit der Parteien eine umfassende individuelle Haftungsausgestaltung auch bei Garantien zuläßt, wäre lediglich der mit Arglist handelnde Verkäufer zu unbeschränkbarer Haftung verpflichtet. In ihrem Regelungsinhalt wäre die Norm damit identisch mit § 476 BGB a.F gewesen. Diese grundlegende Änderung sei erforderlich, da eine bloße Eingrenzung der Anwendung des geltenden § 444 BGB nicht ausreichen würde, um jegliche Unklarheit zu beseitigen. Die Beschränkung von Garantien werde zwar im Rahmen des Unternehmenskaufs in besonders ausgeprägtem Maße vorgenommen, sei jedoch nicht auf diesen Bereich begrenzt. Eine abschließende Lösung müsse daher die Regelung grundlegend verändern. Um den Anforderungen der zugrundeliegenden Richtlinie gerecht zu werden, sollte im Verbrauchsgüterkauf eine Ergänzung in § 477 BGB vorgenommen werden, die ein generelles Beschränkungsverbot für Garantien vorsieht. Um die mit der aktuellen Norm bestehenden Probleme zu vermeiden, sollte das Verbot der Haftungsbegrenzung ausdrücklich nur „soweit eine Garantie nach § 443 BGB Rechte des Käufers begründet" gelten. Diese Ausgestaltung der Norm würde den Grundsatz des venire contra factum propium deutlich hervorheben, der auch den Wirkungsrahmen des § 444 BGB darstelle, dabei aber unklar bleibe und so zur Rechtsunsicherheit führe. Damit sollte sichergestellt werden, daß im Verbrauchsgüterkauf eine Einschränkung von Käuferrechten nicht möglich sei, vielmehr mit Gewährung einer Garantie eine Bindungswirkung hinsichtlich sämtlicher Rechtsfolgen eingegangen wird. Um den Schutz des Verbrauchers auch nach der Neuregelung abschließend zu sichern, sollte die Regelung des § 309 BGB zu den allgemeinen Geschäftsbedingungen um ein Verbot des Ausschlusses oder der Beschränkung der Haftung für eine Beschaffenheitsgarantie erweitert werden. Mit dieser Norm würde der alte § 11 Nr. 11 AGBG inhaltlich wieder Bestandteil des neuen Rechts werden. Ziel der Vorschrift sollte sein, Käufern einen besonderen

---

[336] BT-Drucks. 15/1096, S. 5; Krings, BT-Plenarprotokoll 15/56, S. 4738 (D); Röttgen, BT-Plenarprotokoll 15/56, S. 4740 (A).

[337] Pfeiffer, ZGS 2003, 161; Röttgen, BT-Plenarprotokoll 15/56, S. 4740 (A).

Schutz davor zu gewähren, daß mittels der insbesondere im Verbrauchsgüterkauf verbreiteten vorgefertigten Vertragsformulare keine den Käufer benachteiligenden Vereinbarungen getroffen werden können. Obschon das Klauselverbot nicht ausschließlich Verbrauchsgüterkäufe betrifft, wird durch die Norm in besonders deutlicher Weise der dabei häufiger auftretende Fall einer überraschenden Haftungsbegrenzung durch bewußt unübersichtliche Vertragsgestaltung angesprochen.

Demgegenüber wurde von Regierungsseite die vorgesehene Änderung abgelehnt und vielmehr eine Klarstellung bevorzugt, die sich auf die bestehende Regelung des § 444 BGB beschränkte. Um die bestehenden Zweifel in der Anwendung gerade im Unternehmenskauf auszuräumen, wurde durch eine Ersetzung des Wortes „wenn" mit „soweit" eine Klarstellung der Regelung im Sinne des Verständnisses der herrschenden Meinung vorgenommen. Mit dieser Änderung wurde die herrschende Ansicht, daß sich an der bisherigen Vertragspraxis im Unternehmenskauf nichts ändern sollte, hervorgehoben, ohne daß der vom Gesetzgeber beabsichtigte Schutz vor intransparenten Regelungen und widersprüchlichen Einschränkungen von Garantien auf den Verbrauchsgüterkauf beschränkt wurde.[338] Eine solche Beschränkung wurde abgelehnt, da hinsichtlich des Vertrauensschutzes ein Unterschied zwischen dem Käufer eines Unternehmens und dem eines Verbrauchsguts nicht festzustellen sei. Die gesetzliche Regelung müsse in sämtlichen Fällen unterbinden, daß ein Verkäufer durch die Abgabe von Garantieerklärungen einen besonderen Kaufanreiz schaffe und diesen gleichzeitig zu Lasten des Käufers durch seine Vertragsgestaltung wieder zunichte mache.[339]

Beide dargestellten Positionen geben Anlaß zur Kritik. Die von der Regierung vertretene Ansicht vermag aufgrund der Ausgangsposition nicht vollständig zu überzeugen, zudem greift sie wohl zu kurz. Sofern es für notwendig erachtet wird, auf den unstrittig bestehenden Diskussionsbedarf der Norm des § 444 BGB in der Rechtspraxis mit einer klärenden Interpretationshilfe nach außen zu treten, ist eine gleichzeitige Verneinung eines Änderungsbedarfs bereits nicht konsequent. Eine Minimaländerung des Gesetzes durch die dargestellte redaktionelle Ersetzung im Wortlaut räumt zwar den Hauptunsicherheitsfaktor aus, kann aber nicht unbedingt umfassende Klarheit im Regelungskontext schaffen. Auch nach dieser Änderung bleibt eine im Ergebnis fehlgehende Auslegung des § 444 BGB möglich, daß nämlich dem Käufer im Falle eines Verstoßes „alle Rechte wegen eines Mangels", also sämtliche aus § 437 BGB, zustehen sollten, obwohl der Verkäufer zunächst nur ein beschränktes Spektrum

---

[338] Montag, BT-Plenarprotokoll 15/56, S. 4741 (A); Hartenbach, BT-Plenarprotokoll 15/56, S. 4742 (B).

[339] Montag, BT-Plenarprotokoll 15/56, S. 4741 (B); Hartenbach, BT-Plenarprotokoll 15/56, S. 4742 (B).

an Garantierechten gewähren wollte. Um auch diese in der Praxis hinderliche Interpretation auszuschließen, wären demnach noch weitere Änderungen erforderlich gewesen, die den Bezugpunkt der betroffenen Rechte herausarbeiten würden. Da sich diese Änderungen allerdings auch auf die Arglistalternative des § 444 BGB auswirken würden, ist eine einfache und unmißverständliche Klarstellung durch die umgesetzten redaktionellen Änderungen nicht zu erreichen.[340] Demgegenüber hatte der Entwurf der Opposition den Vorteil, mit der Änderung in § 444 und § 309 BGB in den angesprochenen Punkten die bereits aus dem alten Recht bekannte Regelungssituation herzustellen und insoweit für Klarheit zu sorgen. Dem hätte auch nicht entgegengehalten werden können, daß eine derartige Änderung der widersprüchlichen Einschränkung von Garantien beim Unternehmenskauf Vorschub leisten würde. Aufgrund der Durchführung einer Due Diligence im Rahmen der Vertragsverhandlungen besteht zwischen den Parteien beim Unternehmenskauf eine nahezu gleichwertige Verhandlungsposition, auf deren Grundlage erst die Ausgestaltung der Garantien vorgenommen wird. Diese Ausgangssituation der Garantie unterscheidet sich daher von den gewöhnlichen Kaufgeschäften, etwa von Verbrauchsgütern, wo der Käufer regelmäßig einen Wissensnachteil gegenüber dem Verkäufer hat. Vor diesem Hintergrund wäre eine widersprüchliche Garantiebeschränkung zu Lasten des Käufers entweder ausgeschlossen, oder aufgrund der üblichen Vertragsgestaltung ohne weiteres erkennbar.[341] In der Literatur wurde hingegen am Änderungsentwurf die geplante Neufassung des § 477 BGB kritisch betrachtet, da sie als potentielle Quelle neuer Unsicherheiten eingeschätzt wurde.[342] Nach dieser Ansicht war eine Abänderung des § 477 BGB nicht notwendig, da bereits die Regelung des § 475 BGB in eindeutiger Weise die Beschränkung von Garantien in solchen Fällen ausschließe. Allenfalls für den Fall eines Schadensersatzanspruchs nach § 475 Abs. 3 BGB könne es nach der Gesetzesformulierung zu Unklarheiten kommen, da dieser Anspruch zwar durch die Garantie gewährt werden könne, nicht aber in der zugrundeliegenden Richtlinie[343] vorgesehen ist. Das Verbot des Verzichts auf Ansprüche aus Art. 7 der Richtlinie greife damit zwar nicht direkt, dennoch sei eine Freizeichnung aufgrund des verpflichtenden Charakters der anspruchsbegründenden Garantie gemäß Art. 6 der Richtlinie ausgeschlossen. Daher sei der richtlinienkonformen Auslegung der Norm vor einer ergänzenden Änderung des § 477 BGB der Vorzug zu geben.

---

[340] Thiessen, ZRP 2003, 272, 274.

[341] So auch Lieb/ Unternehmenskauf, S. 68; Thiessen, ZRP 2003, 272, 274.

[342] Thiessen, ZRP 2003, 272, 274.

[343] Richtlinie 1999/44/EG des Europäischen Parlaments und des Rates vom 25. Mai 1999 zu bestimmten Aspekten des Verbrauchsgüterkaufs und der Garantien für Verbrauchsgüter.

Abschließend ist festzuhalten, daß erwartungsgemäß durch die klarstellende redaktionelle Änderung des § 444 BGB mit der von der Regierung verfolgten Minimallösung in Übereinstimmung mit der überzeugenden herrschenden Ansicht, daß die bisherige Vertragspraxis beizubehalten sei, zumindest eine Entschärfung der Situation eingetreten ist.

II. Regelungsinhalt des § 444 BGB

Die Regelung sieht vor, die Position des Käufers als Garantienehmer zu stärken und ihn daher vor Maßnahmen des Verkäufers, die sich auf seine Garantierechte auswirken zu schützen. Als Rechtsfolge sieht § 444 BGB daher vor, daß sich der Verkäufer nicht auf die Vereinbarung, die seine Haftung beschränkt oder ausschließt, berufen darf. Die vom Verkäufer vorgesehene Vereinbarung ist damit unwirksam.[344] Der Gesetzgeber hat mit dieser Ausgestaltung der Unwirksamkeitsfolge und dem gleichzeitigen Verzicht auf eine Nichtigkeitserklärung der Vereinbarung auch in der Rechtsfolge den Verbraucherschutz möglichst weit gehalten. Denn diese Fassung der Norm stellt klar, daß § 139 BGB keine Anwendung findet und folglich die Unwirksamkeit der Vereinbarung eines Gewährleistungsausschlusses keinesfalls zu einer Unwirksamkeit des gesamten Vertrags führen kann.[345] Vielmehr bleibt die Haftung des Verkäufers uneingeschränkt bestehen. Im Falle von Mängeln richten sich die Ansprüche hinsichtlich einer Garantie für eine bestimmte Eigenschaft nach § 280 BGB.[346]

G. Gewährleistung im Verbrauchsgüterkauf

Im Rahmen der Schuldrechtsreform hat der Gesetzgeber bereits wesentliche Regelungsbestandteile der Verbrauchsgüterkaufrichtlinie in die allgemeinen Regelungen für Kaufverträge integriert. Damit wurde die der Neuregelung zugrundeliegende Absicht, eine möglichst einheitliche und geschlossene Regelung zu treffen, weitgehend umgesetzt.[347] Lediglich solche Vorgaben, die von der Richtlinie für den Verbrauchsgüterkauf vorgeschrieben werden, ohne daß ihre Geltung für allgemeine Kaufverträge gerechtfertigt ist, wurden als Sondervorschriften in den §§ 474 ff BGB als eigener Untertitel in das BGB aufgenommen.[348] Es handelt sich hierbei um Normen die ausschließlich besonderen Verbraucherschutzgesichtspunkten Rechnung tragen.

---

344 Hk-BGB/ Saenger, § 444 BGB Rn. 7; Palandt/ Putzo, § 444 BGB Rn. 10.

345 Schmidt-Räntsch, § 444 BGB Rn. 902; Hk-BGB/ Saenger, § 444 BGB Rn. 7; Palandt/ Putzo, § 444 BGB Rn. 10.

346 Henssler/ Graf v. Westphalen, § 444 BGB Rn. 24.

347 Elb, S. 92; Anwaltskommentar/ Büdenbender, § 474 BGB Rn. 4; Canaris/ SchuldR, S. XXIX.

348 Anwaltskommentar/ Büdenbender, § 474 BGB Rn. 1; Westermann/ Buck, S. 166.

I. Definition des Verbrauchsgüterkaufs

Die Definition des Verbrauchsgüterkaufs ist in § 474 Abs. 1 BGB enthalten. Danach liegt ein Verbrauchsgüterkauf vor, wenn ein Verbraucher als Käufer von einem Unternehmer als Verkäufer eine bewegliche Sache kauft. Diese Definition begrenzt den Anwendungsbereich der Sonderregelung somit über zwei Kriterien.

1. Personeller (subjektiver) Anwendungsbereich

Zunächst müssen am in Rede stehenden Kaufgeschäft ein Verbraucher und ein Unternehmer als Vertragsparteien beteiligt sein. Beide Begriffe werden im Gesetz definiert. Unter Verbraucher im Sinne des § 13 BGB versteht man eine natürliche Person, die ein Rechtsgeschäft abschließt, das weder einer gewerblichen noch selbständigen beruflichen Tätigkeit zugerechnet werden kann. Unternehmer im Sinne von § 14 BGB ist jede natürliche oder juristische Person, die bei Abschluß eines Rechtsgeschäfts in Ausübung ihrer gewerblichen oder selbständigen beruflichen Tätigkeit handelt.[349] Keine Anwendung finden damit die Sonderregelungen, wenn Kaufverträge von Unternehmern oder Verbrauchern untereinander abgeschlossen werden.[350] Auch Kaufverträge mit umgekehrter Rollenverteilung der Parteien, also einem Unternehmer als Käufer und einem Verbraucher als Verkäufer, werden von den Regelungen der §§ 474 ff BGB nicht erfaßt.[351]

Die konkrete Bestimmung der Vertragsparteien als Verbraucher oder Unternehmer kann in Einzelfällen zu Abgrenzungsschwierigkeiten führen. Generell ist der Status des Käufers nach dem objektiven Verwendungszweck der Kaufsache zu beurteilen. Eine Bezugnahme auf eine tatsächlich bestehende Informations- und Bedürfnislage bei der als Käufer agierenden Person ist in diesem Kontext unerheblich.[352] Demnach ist auch ein Unternehmer oder Freiberufler, der eine Sache für eigene private Zwecke erwirbt, ein Verbraucher im Sinne der Norm. Nicht eindeutig vom Gesetz geregelt ist der Fall, daß eine Mischnutzung der Kaufsache für berufliche und private Zwecke durch den Käufer erfolgt. Der gesetzgeberischen Absicht, den Verbraucher möglichst umfassend zu schützen, wird man in diesen Fällen jedoch am besten gerecht, wenn die Anwendung der Sonderregelungen danach erfolgt, welche Nutzungsform bei objektiver Betrach-

---

[349] ABH/ Brambring, S. 201; Palandt/ Putzo, § 474 BGB Rn. 5.

[350] Anwaltskommentar/ Büdenbender, § 474 BGB Rn. 2; HK-BGB/ Saenger, § 474 BGB Rn. 2.

[351] Westermann/ Buck, S. 166; SchuldR/ Haas, Rn. 430; Erman/ Grunewald, § 474 BGB Rn. 2.

[352] Struck, JA 2004, 68, 70; Hoeren/ Martinek/ Bohne, SKK, § 474 BGB Rn. 10.

tung im konkreten Fall überwiegt.[353] Auch die Bestimmung des Verkäufers als Unternehmer kann problematisch sein, da die Definition des Unternehmers in § 14 BGB über den handelsrechtlichen Kaufmannsbegriff des § 1 HGB hinausgeht. Insofern ist unklar, ob es sich um einen gewerblichen Verkäufer, wie etwa einen (Groß-) Händler oder Hersteller handeln muß, oder ob bereits jeder Verkauf einer beweglichen Sache durch einen Unternehmer zur Bejahung des Verbrauchsgüterkaufs ausreicht. In diesem Punkt sollte eine enge Eingrenzung des Anwendungsbereichs der Sonderregelungen auf eine kommerzielle Verkäuferfunktion zur Anwendung kommen.[354] Dafür spricht, daß in diesen Fällen zwischen den Vertragsparteien nicht das dem Verbrauchsgüterkauf in der Regel zugrunde liegende strukturelle Ungleichgewicht[355] besteht, so daß eine Schutzbedürftigkeit des Verbrauchers vor der besonderen Sachkenntnis des Unternehmers nicht gegeben ist.[356] Allerdings ist bei der Klärung dieser Frage zu berücksichtigen, daß die Ausübung der gewerblichen oder selbständigen Tätigkeit im Sinne des § 14 BGB auch dann zu bejahen ist, wenn das in Rede stehende Rechtsgeschäft nicht unmittelbar zum Kernbereich der ausgeübten Tätigkeit zu zählen ist.[357] Eine genaue Abgrenzung kann demnach nur im Einzelfall erfolgen, unter Berücksichtigung des konkreten Verkaufsgegenstands und der Einbeziehung der üblichen professionellen Betätigungsfelder des Verkäufers.

2. Sachlicher (objektiver) Anwendungsbereich

Der sachliche Anwendungsbereich der Definition beschränkt sich auf bewegliche Sachen als Kaufgegenstand. Dabei spielt es gemäß §§ 474 Abs. 1 Satz 2, 475 Abs. 2 BGB keine Rolle, ob die Kaufsache neu oder gebraucht ist. Vom Regelungsgehalt nicht erfaßt werden sämtliche Grundstückskaufverträge. Dies gilt auch für die im Rahmen eines Immobilienverkaufs mit als Zubehör veräußerten beweglichen Sachen. Da bei einer Bewertung des Gesamtgeschäfts diese Dinge ebenfalls nicht den Charakter des Geschäfts prägen und die Frage der Anwendung der Sonderregelungen für das Geschäft als Einheit zu beurteilen ist, ist eine isolierte Anwendung der §§ 474 ff BGB nur auf das Zubehör insoweit

---

[353] Palandt/ Heinrichs, § 13 BGB Rn. 3; SchuldR/ Haas, Rn. 428; Dauner-Lieb/ Dötsch, DB 2003, 1666, 1666; Henssler/ Graf v. Westphalen, § 474 BGB Rn. 4; a.A. Brüggemeier, WM 2002, 1376, 1385, der aufgrund der Entwicklung im europäischen Rechtssetzungsprozeß die Einbeziehung der Mischnutzung ablehnt und eine kommerzielle Verkäuferfunktion als Beurteilungsmaßstab präferiert.

[354] Hoeren/ Martinek/ Bohne, SKK, § 474 BGB Rn. 14; Albrecht/ Flohr/ Lange, S. 50.

[355] Jorden/ Lehmann, JZ 2001, 952, 963.

[356] Hoeren/ Martinek/ Bohne, SKK, § 474 BGB Rn. 14; Brüggemeier , WM 2002, 1376, 1385.

[357] SchuldR/ Haas, Rn. 428.

nicht sachgerecht.[358] Grundsätzlich gilt für die Vorschrift der Sachbegriff des § 90 BGB, allerdings werden über dessen Regelungsbereich hinaus auch Gas und Wasser als bewegliche Sachen im Sinne der Definition angesehen, sofern sie in einem begrenzten Volumen oder einer bestimmten Menge abgefüllt sind.[359] Vom Regelungsumfang ausgeschlossen ist gemäß § 474 Abs. 1 Satz 2 BGB die Veräußerung von gebrauchten Sachen im Wege der öffentlichen Versteigerung, sofern der Verbraucher persönlich daran teilnehmen kann. Dabei handelt es sich um eine Ausnahmevorschrift, die in der Praxis in erster Linie die Versteigerung von Fundsachen betrifft. Aufgrund der Möglichkeit des Käufers, die Sache anzusehen und zu untersuchen, läßt sich diese Ausnahmeregelung begründen, da in diesen Fällen die Übertragung der strengen Vorschriften der Mängelhaftung auf den Versteigerer als Dritten unbillig wäre.[360] Nicht erfaßt von dieser Ausnahmeregelung sind demgegenüber Versteigerungen im Internet, da es dabei an der geforderten persönlichen Anwesenheit des Käufers fehlt.[361] Der Verbraucher ist bei diesen Geschäften schutzwürdig, da er die angebotene Sache nicht untersuchen kann, er muß sich vielmehr auf die Angaben des Verkäufers verlassen. Damit liegt dem Geschäft ein strukturelles Ungleichgewicht zugrunde, das den Käufer, zumal er auch nicht ohne weiteres auf die Durchschnittsbeschaffenheit einer neuen Sache vertrauen kann, schutzwürdig macht.

II. Verbot abweichender Vereinbarungen, § 475 BGB

Aufgrund der im Kaufrecht grundsätzlich vorherrschenden Dispositionsfreiheit ist es den Vertragsparteien möglich, von der gesetzlichen Regelung abweichende Vereinbarungen zu treffen. Dieser Spielraum wird im allgemeinen Kaufrecht nur durch § 444 BGB begrenzt, der im Falle einer Garantie oder Arglist ein Berufen auf eine Haftungsbeschränkung ausschließt. Zum Schutz des Verbrauchers erklärt darüber hinausgehend § 475 BGB die Eingrenzung von Verbraucherrechten durch besondere vertragliche Vereinbarungen für unwirksam. Aufgrund der Ausgestaltung der Norm wird das Verbrauchsgüterkaufrecht insoweit partiell zum zwingenden Recht, das die Rechtsstellung des Verbrauchers verbessert.

---

[358] Hoeren/ Martinek/ Bohne, SKK, Syst. Teil G I Rn. 542; a.A. Westermann/ Buck, S. 166.

[359] Anwaltskommentar/ Büdenbender, § 474 BGB Rn. 3; Brüggemeier, WM 2002, 1376, 1385.

[360] Erman/ Grunewald, § 474 BGB Rn. 7; a.A. SchuldR/ Haas, Rn. 434, der die Anwendbarkeit der Ausnahmevorschrift ausschließt, sofern Auktionen hochwertiger gebrauchter Gegenstände, wie etwa Antiquitäten, in Rede stehen.

[361] Jauernig/ Berger, § 474 BGB Rn. 5; Hoeren/ Martinek/ Bohne, SKK, Syst. Teil G I Rn. 543; Brüggemeier, WM 2002, 1376, 1385.

1. Regelungsgrundsatz

Die Regelung des § 475 Abs. 1 BGB verbietet Vereinbarungen, die Gewährleistungsrechte für Sach- und Rechtsmängel nach den §§ 433 bis 435, 437, 439 bis 443 BGB zum Nachteil des Verbrauchers verändern, sofern diese Vereinbarungen vor Mitteilung des Mangels getroffen wurden. Die Vereinbarung eines Ausschlusses oder einer Einschränkung der Gewährleistung ist damit gegenüber einem Verbraucher grundsätzlich unwirksam.[362] Der Kaufvertrag selbst bleibt dennoch wirksam und durchsetzbar, denn durch Festlegung des „Nichtberufens“ wird eine Gesamtnichtigkeit des Vertrags ausgeschlossen.[363] Insoweit entspricht die Regelung der Rechtsfolge der von § 444 BGB. Das Spektrum der vor abweichenden Vereinbarungen geschützten Vorschriften zu Pflichten und Mängelrechten ist weit gefaßt. Neben den durch die jeweiligen Vorschriften im Einzelnen bezeichneten Rechte wird darüber hinaus auch die Vereinbarung solcher Regelungen verboten, die der Gesetzgeber bewußt nicht in das Gesetz aufgenommen hat. So scheidet etwa die individuelle Vereinbarung einer Rügeobliegenheit des Käufers aus, da auch sie als zusätzliche Anspruchsvoraussetzung den Verbraucher beschwert.[364] Eine entsprechende Regelung ist zwar in der zugrunde liegenden Richtlinie enthalten, es wurde aber bewußt auf die Aufnahme einer derartigen Obliegenheit ins deutsche Recht verzichtet.[365] Durch die Einbeziehung des § 442 BGB in den Geltungsbereich der Norm wird klargestellt, daß auch beim Verbrauchsgüterkauf die Kenntnis des Mangels seitens des Käufers die Gewährleistung ausschließt.[366] Zu beachten ist, daß das Verbot derartiger Vereinbarungen nur gilt, sofern sie vor Kenntnis des Mangels und damit in der Regel bereits bei Vertragsschluß erfolgten. Sofern der Käufer den Mangel kennt und gegenüber dem Verkäufer bereits geltend gemacht hat, steht einer Vereinbarung, die auch Einschränkungen der Käuferrechte vornimmt, nicht entgegen. Der Käufer ist nicht mehr schutzwürdig, da zwischen den Parteien kein strukturelles Ungleichgewicht mehr besteht.

Nach § 475 Abs. 2 BGB ist auch eine Erleichterung der Verjährungsfrist zu Lasten des Käufers ausgeschlossen. Diese Regelung begründet damit einen verbraucherrechtlichen Mindestschutz, für den es unerheblich ist, auf welchem

---

[362] Hk-BGB/ Saenger, § 475 BGB Rn. 1; Hoeren/ Martinek/ Bohne, SKK, Syst. Teil G I Rn. 550.

[363] Anwaltskommentar/ Büdenbender, § 475 BGB Rn. 10; Jauernig/ Berger, § 475 BGB Rn. 5; Medicus/SchR-BT, § 75 Rn. 80b.

[364] SchuldR/ Haas, Rn. 451; Erman/ Grunewald, § 475 BGB Rn. 4.

[365] Palandt/ Putzo, § 474 BGB Rn. 1.

[366] ABH/ Brambring, S. 203; Elb, S. 95.

Wege die konkrete Vereinbarung erfolgt ist.[367] Maßgeblich ist allein, daß Vereinbarungen, die vor Mitteilung des Mangels getroffen werden, dann unwirksam sind, wenn sie bei Neuwaren im Ergebnis zu einer Frist von unter zwei Jahren ab Lieferung der Kaufsache führen. Bei gebrauchten Waren sieht die Regelung eine Untergrenze von einem Jahr vor. Erfaßt werden vom Verbot nicht nur ausdrückliche Verkürzungen der Verjährungsfrist, sondern alle Vereinbarungen der Verjährungserleichterung, die im Ergebnis zu einer Unterschreitung der vorgesehenen Mindestfristen führen. Dies wäre etwa durch eine Vorverlegung des Verjährungsbeginns möglich.[368]

2. Relevanz beim Kauf gebrauchter Sachen

Die Sonderregelungen gelten bis auf die abweichende Regelung der kürzeren Mindestverjährungsfrist in gleicher Weise auch für Kaufverträge über gebrauchte Waren. In diesen Fällen wird die Regelung von besonderer Relevanz, denn gerade beim Gebrauchtkauf, insbesondere dem Gebrauchtwagenkauf, wurde bisher häufig vom Verkäufer ein günstiges Angebot unterbreitet, wenn sich der Käufer mit einem (begrenzten) Gewährleistungsausschluß einverstanden erklärte. Durch die Neuregelung ist die in dieser Branche übliche Praxis, die Gewährleistung durch die Klausel „gekauft wie besehen" o.ä. zu beschränken, nicht mehr möglich.[369] Eine Einschränkung des Haftungsrahmens zugunsten des Verkäufers kann jetzt aber durch Abschluß einer wirksamen Beschaffenheitsvereinbarung erreicht werden.[370] Dabei kann sich allerdings im Einzelfall der Umfang des Haftungsausschlusses als problematisch erweisen, denn auch bei der Verwendung von charakteristischen Schlagworten wie etwa „Bastlerfahrzeug" etc. ist nicht unmittelbar eine Konkretisierung des Mangelspektrums anzunehmen. Zudem wird es in der Praxis mitunter auch schwierig sein, den Nachweis zu erbringen, inwieweit tatsächlich eine derartige Eigenschaft vereinbart wurde und vor allem welche Haftungseinschränkungen sich daraus ergeben sollten. Sofern dies nicht eindeutig und nachweisbar von den Parteien vereinbart wurde, haftet der Verkäufer für die gewöhnliche Beschaffenheit eines vergleichbaren Gegenstands. Eine andere Möglichkeit ist die Erstellung einer detaillierten Mängelliste, mit der der Verkäufer den Käufer umfassend über den Zustand der Kaufsache in Kenntnis setzt. Zwar läßt sich damit der Umfang der Mangelhaftigkeit des Gegenstands genau begrenzen, doch ist diese Alterna-

[367] Die Regelung ist folglich nicht auf eine Fristverkürzung durch AGB gemäß §§ 307 – 309 BGB beschränkt, Hk-BGB/ Saenger, § 475 BGB Rn. 1; Erman/ Grunewald, § 475 BGB Rn. 9.

[368] ABH/ Brambring, S. 203, 204; Brüggemeier, WM 2002, 1376, 1386.

[369] Albrecht/ Flohr/ Lange, S. 47; Müller, NJW 2003, 1975, 1976.

[370] Reinking, DAR 2001, 8, 10; Albrecht/ Flohr/ Lange, S. 47; Erman/ Grunewald, § 475 BGB Rn. 3.

tive aufgrund ihres Aufwands unpraktikabel. Zudem sind sämtliche Vereinbarungen an § 475 Abs. 1 Satz 2 BGB zu messen, so daß es sich dabei nicht um Umgehungsregelungen handeln darf. In diesen Fällen gelten die Sonderregelungen des Verbrauchsgüterkaufs dennoch.[371] Eine Umgehung der Vorschrift liegt vor, sofern die Vereinbarung zwar dem Wortlaut nach nicht durch das Verbot des § 475 Abs. 1 Satz 1 BGB erfaßt wird, der Sinn und Zweck des Verbraucherschutzes der Verbotsnorm aber unterlaufen würde.[372]

3. Ausnahme bei Schadensersatzansprüchen

Ausdrücklich nicht erfaßt von den verbraucherrechtlichen Sonderregelungen sind Schadensersatzansprüche. Dies stellt § 475 Abs. 3 BGB klar, der für Vereinbarungen über die Beschränkung oder den Ausschluß lediglich eine Kontrolle nach den §§ 307 bis 309 BGB vorschreibt. Diese Ausnahme gilt für Schadensersatzansprüche aller Art. Hintergrund dieser Regelung ist die Tatsache, daß Schadensersatzansprüche in der zugrundeliegenden Regelung nicht geregelt werden, so daß der Gesetzgeber von einer Ausweitung der Verbraucherrechte über den zwingenden Inhalt der Richtlinie hinaus abgesehen hat. Aufgrund der Ausgestaltung der Ausnahmeregelung in einem eigenen Absatz wird deutlich, daß die Möglichkeit einer abweichenden Vereinbarung auch die Vereinbarung einer anderweitigen Verjährung der Schadensersatzansprüche mitumfaßt.[373]

III. Beweislastumkehr nach § 476 BGB

Wie bereits dargestellt, muß der Käufer nach den allgemeinen Regeln der Darlegungs- und Beweislast grundsätzlich die Voraussetzungen der §§ 437 ff BGB nachweisen, um einen Gewährleistungsanspruch geltend machen zu können. Dazu obliegt ihm insbesondere der Beweis, daß der behauptete Mangel bereits im Zeitpunkt des Gefahrübergangs vorhanden war und nicht erst später durch unsachgemäßen Gebrauch des Käufers entstanden ist. Da dieser Nachweis unter Umständen für den Käufer sehr schwierig ist, enthält das Gesetz für den Verbrauchsgüterkauf eine Sonderregelung zugunsten des Verbrauchers. Obschon es dem Wortlaut des § 476 BGB nicht unmittelbar zu entnehmen ist, gilt diese Vorschrift ausschließlich für den Verbrauchsgüterkauf, allerdings einschließlich des Regresses in der Lieferantenkette.[374] Dies ergibt sich einerseits

---

[371] Hoeren/ Martinek/ Bohne, SKK, Syst. Teil G I Rn. 551; Hk-BGB/ Saenger, § 476 BGB Rn. 1.

[372] Müller, NJW 2003, 1975; Palandt/Heinrichs, § 306a BGB Rn. 2; Jauernig/ Berger, § 475 BGB Rn. 6.

[373] ABH/ Brambring, S. 204; Jauernig/ Berger, § 475 BGB Rn. 8; Hoeren/ Martinek/ Bohne, SKK, Syst. Teil G I Rn. 555.

[374] Westermann/ Buck, S. 168; Palandt/ Putzo, § 476 BGB Rn. 3; Schlechtriem, § 3 Rn. 100; Jauernig/ Berger § 476 BGB Rn. 1.

aus der zugrundeliegenden Richtlinie, zum anderen aus der systematischen Stellung der Vorschrift im Regelungskontext. Die Regelung gilt auch ausdrücklich nur für Sachmängel der Kaufsache, Rechtsmängel werden davon nicht erfaßt.[375] Die Vorschrift zur Beweislastumkehr erfaßt neue und gebrauchte Sachen grundsätzlich gleichermaßen, jedoch werden sich in der Praxis aufgrund der gesetzlich vorgesehenen Einschränkungen der Regelung insbesondere bei gebrauchten Sachen Regelungsunterschiede ergeben.

1. Regelungsgrundsatz

Um auch in dieser Hinsicht den Verbraucher in besonderer Weise zu schützen, enthält § 476 BGB eine Beweislastumkehr für sämtliche Sachmängel, die sich innerhalb von sechs Monaten seit Gefahrübergang zeigen. Danach gilt im Verbrauchsgüterkauf eine Vermutung, daß die Sache bereits zum Zeitpunkt des Gefahrübergangs mangelhaft war, sofern sich der Sachmangel binnen sechs Monaten seit Gefahrübergang zeigt. Die Beweislastumkehr bietet sich als Anknüpfungspunkt des Verbraucherschutzes an, da es in der Regel dem Verkäufer aufgrund seiner Kenntnis der Sache leichter möglich sein wird, deren Vertragsmäßigkeit nachzuweisen, als dem Käufer.[376] Denn der Verbraucher verfügt häufig weder über die erforderliche Sachkenntnis, noch hat er im Zweifel Gelegenheit, sich in ausreichender Weise mit dem Kaufgegenstand vertraut zu machen. Mit der Regelung wird daher das Auftreten eines Mangels an der Kaufsache im vorgesehenen Zeitraum vollständig in den Risikobereich des Verkäufers gelegt, denn dieser muß zu seiner Entlastung den ordnungsgemäßen Zustand der Sache im Zeitpunkt des Gefahrübergangs darlegen. Sofern der Käufer sämtliche sonstigen Voraussetzungen für § 437 BGB beweist, ist es Sache des Unternehmers, die Mangelfreiheit bei Gefahrübergang zu beweisen.[377] Der maßgebliche Zeitpunkt des Gefahrübergangs fällt regelmäßig mit dem Zeitpunkt der Lieferung der Kaufsache zusammen. Allerdings erfaßt die Regelung auch den Fall des Annahmeverzugs nach § 446 Satz 3 BGB, so daß es in diesen Konstellationen zu einer Vorverlagerung des Gefahrübergangs kommt.[378] Da der Käufer in diesen Fällen noch keinen Besitz an der Sache hat und folglich auch keine Gelegenheit, den Mangel festzustellen, wird vertreten, daß der Fristbeginn in diesen Fällen entsprechend des Verzugszeitraums verschoben werden müßte.[379] Diese

---

[375] Anwaltskommentar/ Büdenbender, § 476 BGB Rn. 7; Henssler/ Graf v. Westphalen, § 476 BGB Rn. 7.

[376] Staudenmeyer, NJW 1999, 2393, 2396; Reinking, DAR 2001, 8, 14

[377] Anwaltskommentar/ Büdenbender, § 476 BGB Rn. 3; ABH/ Brambring, S. 205.

[378] Hoeren/ Martinek/ Bohne, SKK, Syst. Teil G I Rn. 558; HbSchuldR/Winkelmann, S. 541 Rn. 234.

[379] Gsell, JZ 2001, 65, 73, 74; Erman/ Grunewald, § 476 BGB Rn. 3, die im Ergebnis diese Ansicht jedoch ablehnt.

Kritik stützt sich darauf, daß gerade aufgrund der Vermutungswirkung des Mangelursprungs ein Annahmeverzug eigentlich ausgeschlossen sei, da die Sache nicht ordnungsgemäß und folglich in verzugsbegründender Weise angeboten werde. Zudem werde der Schutzzweck der Norm verfehlt, wenn man die Frist zu Lasten des Käufers vor Übergabe der Sache beginnen lasse. Diese Ansicht vermag allerdings nicht zu überzeugen, denn zum einen gilt die Vermutungswirkung nur für den Entstehungszeitpunkt und nicht für die Frage, ob die Sache tatsächlich mangelhaft ist, so daß ein Rückschluß über die Möglichkeit des Vorliegens eines Annahmeverzugs damit nicht zu begründen ist. Zum anderen widerspricht es nicht dem Regelungszweck, die Vermutungsfrist zu Lasten des Käufers auf den Annahmeverzug anzurechnen, der sich aufgrund seines Annahmeverzugs selbst ebenfalls vertragswidrig verhält.[380] Die dem Regelfall zugrundeliegende Schutzwürdigkeit des Verbrauchers fehlt somit gerade.

Die Vermutungsregelung des § 476 BGB ist streng von der Beweiserleichterung des § 443 Abs. 2 BGB zu trennen. Während § 443 Abs. 2 BGB alle Haltbarkeitsgarantiefälle mit Sachmängeln betrifft und deren Rechtsfolge regelt, beschränkt sich § 476 BGB auf eine Rückwirkungsvermutung bezüglich eines durch den Käufer nachgewiesenen Mangels. Die Regelung des § 476 betrifft damit nur eine Rechtsvoraussetzung aus dem Katalog der §§ 434, 437 BGB hinsichtlich möglicher Käuferbefugnisse.[381]

2. Auftreten des Sachmangels in Sechs-Monats-Frist

Die Vorschrift verlangt, daß sich der Mangel der Kaufsache binnen sechs Monaten seit Gefahrübergang „zeigt". Nicht ausreichend für die Wirkung des § 476 BGB ist es, wenn die Sache in der gesetzlichen Frist objektiv mangelhaft gewesen ist. Der Mangel muß vielmehr erkennbar werden, d.h. er muß optisch deutlich zu Tage treten oder im Rahmen des Gebrauchs der Sache in eindeutiger Weise zu erfahren sein.[382] Der konkrete Zeitpunkt, in dem sich der Mangel zeigt, ist damit in erster Linie von dem Empfinden und der Aufmerksamkeit des Käufers abhängig. Diese Anknüpfung belastet den Verkäufer aber nicht über die Maßen, da dieser Zeitpunkt nur für den Käufer maßgeblich ist, um seine Rechte unter Ausnutzung der Beweislastumkehr geltend zu machen. Eine Verlängerung der Verjährungsfrist für Ansprüche gegen den Verkäufer ergibt sich damit nicht. Die Regelung des § 476 BGB verlangt nicht, daß der Käufer den Mangel binnen der Sechs-Monats-Frist dem Verkäufer anzeigt, die Geltendmachung ist damit im gesamten Haftungszeitraum möglich. In diesem Fall trägt der Käufer jedoch die Beweislast für sämtliche Voraussetzungen der Beweislastumkehr. Er muß

---

[380] HbSchuldR/ Winkelmann, S. 541 Rn. 234; Hk-BGB/ Saenger, § 476 BGB Rn. 1.

[381] Anwaltskommentar/ Büdenbender, § 476 BGB Rn. 4; Westermann/ Buck, S. 168.

[382] Palandt/ Putzo, § 476 BGB Rn. 7; Erman/ Grunewald, § 476 BGB Rn. 1; SchuldR/ Haas, Rn. 437.

dann also auch das Auftreten des Mangels innerhalb der Sechs-Monats-Frist beweisen, ohne sich auf Sonderregelungen berufen zu können.[383]

3. Ausschluß der Beweislastumkehr

Der Gesetzgeber hat in § 476 Hs. 2 BGB eine Einschränkung der Sonderregelung aufgenommen, wonach die Beweislastumkehr im Verbrauchsgüterkauf ausgeschlossen ist, wenn die Vermutung mit der Art der Sache oder des Mangels unvereinbar ist. Die Voraussetzungen der Ausnahmeregelung hat der Verkäufer zu beweisen.[384] Soweit dieser Nachweis gelingt, greift die Beweislastumkehr nicht ein und der Käufer hat nach den allgemeinen Grundsätzen das Bestehen des Mangels bei Gefahrübergang zu beweisen. Der Regelungsinhalt der Ausnahmevorschrift ist von der ebenfalls dem Verkäufer obliegenden Entkräftung der gesetzlichen Vermutung aus § 476 Hs. 1 BGB zu unterscheiden, denn den Verkäufer trifft in den Ausnahmefällen schon keine Vermutungsbelastung, die er entkräften müßte.

a) Unvereinbarkeit mit der Art der Sache

Eine Unvereinbarkeit der Vermutung mit der Art der Sache betrifft solche Kaufgegenstände, bei denen bereits aufgrund ihrer gewöhnlichen Beschaffenheit regelmäßig binnen sechs Monaten Mängel auftreten. Von der Ausschlußregelung erfaßt sind daher Gegenstände zur kurzfristigen Nutzung, etwa frische Lebensmittel, oder solche mit hohem Verschleißcharakter.[385] Zudem wird diese Ausnahme bei dem Verkauf von gebrauchten Sachen relevant, da bei diesen die jeweils unterschiedliche Abnutzung des Kaufgegenstands zu berücksichtigen ist, so daß ein allgemeiner Erfahrungssatz in dieser Hinsicht nicht feststellbar ist.[386] Gerade bei gebrauchten Sachen kann die Klärung der Vereinbarkeit der Vorschrift mit dem Kauf im Einzelfall problematisch sein. Ein genereller Ausschluß der Beweislastumkehr ist jedoch bei gebrauchten Sachen keinesfalls anzunehmen. Dem steht die Tatsache, daß sämtliche Sonderregelungen für gebrauchte Sachen ansonsten in gleicher Weise gelten, entgegen. Um dem Gesamtkonzept der Sonderregelungen zu entsprechen, ist vielmehr eine Einzelfallbetrachtung vorzunehmen, die insbesondere die Beschaffenheitsvereinbarungen der Parteien zur Kaufsache in die Frage der Beweisvermutung einbezieht und

---

[383] Anwaltskommentar/ Büdenbender, § 476 BGB Rn. 12, i. Erg. Lorenz/ Riehm, Rn. 587.

[384] Jauernig/ Berger, § 476 BGB Rn. 2; Palandt/ Putzo, § 476 BGB Rn. 9; Anwaltskommentar/ Büdenbender, § 476 BGB Rn. 4.

[385] Haas, BB 2001, 1313, 1319; Anwaltskommentar/ Büdenbender, § 476 BGB Rn. 14.

[386] BegrRE, Drucksache 14/6040, S. 245; Westermann, NJW 2002, 241, 244.

im Übrigen berücksichtigt, ob auch die Gesamtumstände des zugrundeliegenden Geschäfts mit der Vermutungswirkung in Einklang zu bringen sind.[387]

b) Unvereinbarkeit mit der Art des Mangels

Eine Unvereinbarkeit der Vermutung mit der Art des Mangels ist gegeben, wenn aufgrund der charakteristischen Merkmale der Beschädigung zumindest mit hoher Wahrscheinlichkeit davon auszugehen ist, daß der Mangel erst nach Gefahrübergang entstanden ist. Dies ist etwa bei sehr auffälligen, auf den ersten Blick erkennbaren, äußeren Beschädigungen der Kaufsache der Fall. Bei diesen kann unterstellt werden, daß sie anderenfalls schon zum Zeitpunkt der Übergabe durch den Käufer gerügt worden wären. Um dem Ausnahmecharakter der Einschränkung gerecht zu werden, dürfen die Anforderungen an die Ausnahmetatbestände nicht zu gering angelegt werden. Vielmehr ist eine strenge Interpretation der Vorschrift erforderlich.[388] Ebenfalls erfaßt sind Mängel, bei denen bereits aus technischen Gründen ein Vorliegen des Mangels bei Gefahrübergang nicht in Betracht kommt.[389] Nicht immer offensichtlich und dennoch unvereinbar mit der Vermutungsregelung sind jedoch Fälle, in denen der Mangel durch einen Fehlgebrauch oder eine Überbeanspruchung der Sache durch den Käufer hervorgerufen wird. Zwar gilt für diese Fälle grundsätzlich die allgemeine Beweislastverteilung, doch obliegt es zunächst dem Verkäufer, den die Vermutungsregelung ausschließenden Fehlgebrauch des Käufers zu beweisen. Vor diesem Hintergrund trifft den Verkäufer in jedem Fall die Verpflichtung zu einer genauen Dokumentation des Qualitätszustands, ohne die er die Voraussetzung der Ausschlußwirkung nicht darlegen kann.[390]

Als Sonderfall einer Unvereinbarkeit der Vermutung mit der Art des Mangels ist der Viehkauf zu behandeln.[391] Dabei ist zwischen der Infektion des Tieres, die einen Sachmangel darstellt, und dem Zeitpunkt des Krankheitsausbruchs, bei dem der Mangel offensichtlich wird, zu unterscheiden. Da erhebliche Ungewißheit hinsichtlich der Inkubationszeiten und der Krankheitsanlagen bei den Tieren bestehen kann, wird in diesen Fällen häufig eine Unvereinbarkeit im Sinne des § 476 HS. 2 BGB gegeben sein.[392] Aufgrund der bestehenden Unsi-

---

[387] Erman/ Grunewald, § 476 BGB Rn. 5; Hoeren/ Martinek/ Bohne, SKK, § 476 BGB Rn. 11; SchuldR/ Haas, Rn. 438, der dazu anhand verschiedener Konstellationen des Gebrauchtwagenkaufs eine Einzelfallbewertung durchführt.

[388] Westermann/ Buck, S. 168, 169; Anwaltskommentar/ Büdenbender, § 476 BGB Rn. 15.

[389] Staudenmayer, NJW 1999, 2393, 2396; SchuldR/ Haas, Rn. 439.

[390] HbSchuldR/ Winkelmann, S. 542, Rn. 236, der in diesem Zusammenhang auf das Erfordernis von entsprechenden Sachverständigenexpertisen in der Praxis hinweist.

[391] BegrRE, BT-Drucksache 14/6040, S. 245.

[392] Palandt/ Putzo, § 476 BGB Rn. 11; Hoeren/ Martinek/ Bohne, SKK, § 476 BGB Rn. 13.

cherheit bei der Bestimmung des maßgeblichen Zeitpunkts wäre eine Abweichung von der generellen Beweislastverteilung zugunsten des Verbrauchers nicht sachgerecht.

IV. Sonderbestimmungen des § 477 für Garantien

Die Regelung des § 477 BGB dient ebenfalls der Stärkung der Rechte des Verbrauchers. Die Norm modifiziert die Regelung des § 443 BGB für den Verbrauchsgüterkauf, indem sie besondere formelle und inhaltliche Anforderungen an die unselbständige Garantie stellt. Bezugspunkt der Regelung des § 477 BGB sind alle von Herstellern, Verkäufern oder Dritten abgegebene Garantieerklärungen im Sinne des § 443 BGB.[393] Besondere materiellrechtliche Vorgaben enthält § 477 BGB nicht, so daß die Regelung des § 443 BGB auch im Verbrauchsgüterkauf uneingeschränkt Geltung hat. Dies bedeutet, daß der Verbraucher durch eine ihm gewährte Garantie im Vergleich zu sonstigen Käufern keine Besserstellung an Garantierechten erfährt.[394] Zweck der Regelung ist es, zugunsten des Verbrauchers eine größtmögliche Transparenz hinsichtlich der Rechte aus einer Garantie und dem Zusammenhang solcher Garantievereinbarungen mit den gesetzlichen Käuferrechten zu erreichen. Der geschäftlich unerfahrene Verbraucher soll durch die Regelung des § 477 BGB vor einer Irreführung durch unverständliche, unvollständige oder unklare Garantien geschützt werden und zudem die Möglichkeit des Nachweises einer Garantie mittels Urkunde erhalten.[395]

1. Formelle Anforderungen an die Garantie

Die besonderen Schutzanforderungen des § 477 BGB an Garantien beziehen sich auf eine formelle Begünstigung des Verbrauchers.

a) Verständlichkeit in Sprache und Stil

Als Hauptregelungspunkt ist in § 477 Abs. 1 Satz 1 BGB vorgesehen, daß die Garantieerklärung „einfach und verständlich" abgefaßt sein muß. Diese Anforderung setzt unabhängig vom Inhalt der konkreten Garantie bereits eine Beschränkung der Garantieausgestaltung hinsichtlich der zu verwendenden Sprache. Um dieser grundlegenden Anforderung gerecht zu werden, muß jedenfalls im Regelfall eine Garantie in deutscher Sprache verfaßt sein. Umstritten ist in der Praxis, ob von diesem Grundsatz in Einzelfällen abgewichen werden kann

---

[393] Schmidt-Räntsch, § 477 BGB Rn. 936; ABH/ Brambring, S. 206; Hk-BGB/ Saenger, § 477 BGB Rn. 1; Medicus/ SchR-BT, § 76 Rn. 80e.

[394] Hk-BGB/ Saenger, § 477 BGB Rn. 1; Anwaltskommentar/ Büdenbender, § 477 BGB Rn. 2.

[395] Jauernig/ Berger, § 477 BGB Rn. 1; Palandt/ Putzo, § 477 BGB Rn. 2; Hoeren/ Martinek/ Bohne, SKK, Syst. Teil G I Rn. 562.

und die Abfassung in einer Fremdsprache, in der Regel Englisch, ausreicht, wenn diese hinsichtlich der Kaufsache als üblich anzusehen ist.[396] Dies wird teilweise bejaht, sofern es sich tatsächlich um eine „gegenstandsnahe" Sprache handelt und die Garantie zudem einfach gehalten ist. Letztlich ist eine derartige Praxis aber wohl nicht mit dem Regelungszweck des § 477 BGB vereinbar. Zum einen läßt die Verwendung von Gegenständen, die wie Computer aus dem englischen Sprachraum kommen nicht darauf schließen, daß der Benutzerkreis tatsächlich in ausreichendem Maße diese Fremdsprache beherrscht, um auch die Garantie zu verstehen. Zum andern dient die Vorschrift gerade dazu, auch dem durchschnittlichen Verbraucher seine Garantierechte zu sichern. Sofern der Verbraucher die Fremdsprache ohnehin versteht, bedarf er des Regelungsschutzes insoweit gar nicht. Sofern er aber der Sprache nicht ausreichend mächtig ist, bewirkt eine Ausweitung des Sprachrahmens nicht nur eine Einschränkung sondern eine vollständige Aufhebung dieser Schutzfunktion der Norm.[397] Als grundsätzlicher Bewertungsmaßstab der Verständlichkeit ist jedenfalls maßgeblich, daß ein durchschnittlicher Verbraucher seine Garantierechte verstehen kann. Aus diesem Grund sollen selbst bei Verwendung der deutschen Sprache der übermäßige Gebrauch von Fremdwörtern und juristischen Begriffen sowie ein komplizierter Satzbau ausscheiden. Schließlich ist die Garantie auch optisch so zu gestalten, daß sie in ihrem Regelungsumfang klar gegliedert und in den maßgeblichen Zusammenhängen strukturiert ist.[398]

b) Anforderung an den Informationsgehalt

Bezüglich der inhaltlichen Ausgestaltung stellt § 477 Abs. 1 Satz 2 BGB zwingende Anforderungen, die der Garantiegeber mittels detaillierten Angaben zu erfüllen hat.

Nach Nr. 1 des Regelungssatzes muß der Garantiegeber durch einen eindeutigen Hinweis klarstellen, daß dem Käufer neben der Garantie auch gesetzliche Rechte zustehen und daß diese durch die Garantie nicht eingeschränkt werden. Diese Informationspflicht des Garantiegebers soll dem Verbraucher das Verhältnis der gesetzlichen Gewährleistungsrechte der § 437 ff BGB und der Garantie im Sinne von § 443 BGB verdeutlichen. Dieses Verhältnis ist dem Verbraucher in der Praxis häufig unklar, was zu Rechtsirrtümern und letztlich zu einer Verschlechterung der Verbraucherposition im Falle eines Mangels führen kann. Der Garantiegeber muß daher deutlich machen, daß es sich bei der

[396] Z.B. für Computer: BT-Drucks. 14/6040, S. 246; Schmidt-Räntsch, § 477 BGB Rn. 936; Palandt/ Putzo, § 477 BGB Rn. 6.

[397] So im Ergebnis auch SchuldR/ Haas, Rn. 445; Erman/ Grunewald, § 477 BGB Rn. 2; Jauernig/ Berger, § 477 BGB Rn. 2.

[398] Anwaltskommentar/ Büdenbender, § 477 BGB Rn. 3-5; Palandt/ Putzo, § 477 BGB Rn. 6.

Garantie um ein zusätzliches und damit von dessen gesetzlichen Rechten unabhängiges Leistungsversprechen an den Käufer handelt.[399]

Durch Nr. 2 des Regelungssatzes wird der Garantiegeber dazu verpflichtet, einen gesetzlich angestrebten Mindeststandard an Informationen zum Inhalt der Garantie zu wahren. Zwar unterliegt auch im Verbrauchsgüterkauf die inhaltliche Ausgestaltung der Garantien dem Ermessen des Garantiegebers, doch sieht § 477 Abs. 1 Satz 2 Nr. 2 BGB vor, daß die Garantie eindeutig klar machen muß, was dem Verbraucher durch sie gewährt wird.[400] Zunächst muß folglich aus der Garantie hervorgehen, welche zusätzlichen Rechte ihm konkret eingeräumt werden. Des weiteren ist der Eintrittsfall einer Garantie, d.h. die Voraussetzungen und Umstände, unter denen der Gewährende haften möchte, im Einzelnen darzulegen.[401] Schließlich verlangt die Vorschrift die Nennung weiterer wesentlicher Bestandteile des Garantieinhalts, wie ihre Dauer und räumlichen Geltungsbereich, sowie den Namen und die Anschrift des Garantiegebers. Auch diese Angaben sollen die Position des Verbrauchers für einen Garantiefall stärken. Insbesondere die persönlichen Daten des Garantiegebers sollen es dem Verbraucher ermöglichen, seine Garantieansprüche auch tatsächlich durchsetzen zu können, ohne daß es dazu aufwendiger und zeitraubender Nachforschungen bedarf.

c) Dokumentation der Garantie

Nach § 477 Abs. 2 BGB kann der Verbraucher verlangen, daß ihm die Garantieerklärung in Textform mitgeteilt wird. Die Abfassung der Garantie in Textform bezieht sich auf § 126 b BGB und erfordert nicht zwangsläufig eine Abfassung auf Papier. Eine Erklärung der Garantie auf elektronischen Medien wie einer Diskette oder CD-ROM wird der Vorschrift ebenso gerecht, wie eine Versendung der Erklärung mittels Fax oder E-Mail, die auf einem Server gespeichert und vom Verbraucher als Empfänger jederzeit geöffnet werden kann. Da auch mit dieser Regelung eine bessere Dokumentation der Garantien erreicht werden soll, ist eine gesonderte Urkunde mit eigenhändiger Unterschrift, also die Schriftform nach § 126 BGB, nicht erforderlich. Allerdings reicht eine Auflistung des Garantieinhalts auf der Homepage des Garantiegebers nicht aus, um der Textform im Sinne von § 477 Abs. 2 BGB gerecht zu werden. Dies ergibt sich einerseits aufgrund der Regelung des § 126 b BGB, andererseits aus Art. 6 Abs. 3 der Verbrauchsgüterkaufrichtlinie selbst, die darauf abstellt, daß die Garantie dem Verbraucher zumindest auf einem Datenträger dauerhaft jederzeit

---

[399] Schmidt-Räntsch/ Maifeld/ Meier-Göring/ Röcken, S. 560; MPTW/ Tonner/ Crellwitz/ Echtermeyer, S. 348.

[400] Westermann/ Buck, S. 173; Schmidt-Räntsch/ Maifeld/ Meier-Göring/ Röcken, S. 560.

[401] Palandt/ Putzo, § 477 BGB Rn. 10; Erman/ Grunewald, § 477 BGB Rn. 4; SchuldR/ Haas, Rn. 447.

zur Verfügung steht. Daran fehlt es jedoch bei einer Homepage, die durch den Garantiegeber verändert werden kann, ohne daß dem Verbraucher dagegen Maßnahmen zur Verfügung stehen.[402]

2. Rechtsfolgen im Falle des Verstoßes

Die Rechtsfolgen eines Verstoßes gegen die Anforderungen der Absätze 1 und 2 sind in § 477 Abs. 3 BGB geregelt. Dort wird klargestellt, daß derartige Verstöße des Garantiegebers nicht die Wirksamkeit der Garantieverpflichtung berühren. Insoweit wird eine Anwendung des § 139 BGB ausgeschlossen, da eine derartige Gesamtunwirksamkeit der Garantieverpflichtung den Verbraucher im Endeffekt schlechter stellen würde, als er ohne die Sondervorschrift stünde.[403] Um vor einer solchen unangemessenen Benachteiligung des Verbrauchers zu schützen, sollen diesem auch dann die Garantierechte zustehen, wenn die Garantiebedingungen unklar oder nur mündlich mitgeteilt worden sind. Denn selbst die in solchen Fällen auftretenden Unklarheiten oder Beweislastschwierigkeiten beim Verbraucher gewähren diesem stets noch eine bessere Position als bei einer Nichtigkeit der gesamten Garantie, bei deren Vorliegen der Verbraucher insoweit rechtlos gestellt wäre.[404] Allerdings trifft den Verbraucher die Beweislast, daß überhaupt eine Garantie abgegeben wurde und welchen Inhalt diese Garantie hatte. Um auch in diesen Fällen dem Gesichtspunkt des Verbraucherschutzes gerecht zu werden, müssen jedoch im Rahmen dieses Nachweises Unklarheiten bezüglich Inhalt und Umfang der Garantieerklärung zu Lasten des Verwenders gehen.[405]

Darüber hinaus kann dem Verbraucher in gravierenden Fällen gegen den Verwender ein Schadensersatzanspruch gemäß § 280 BGB wegen der Verletzung von Schutz- und Aufklärungspflichten zustehen, sofern die fehlerhafte Garantie ursächlich für den Vertragsschluß war. Ebenfalls ist gegen einen derartigen Verstoß eine Verbandsklage nach § 13 UWG wegen Verstoßes gegen §§ 1 und 3 UWG sowie nach § 2 UnterlKlG möglich.[406]

---

[402] MPTW/ Tonner/ Crellwitz/ Echtermeyer, S. 349; Anwaltskommentar/ Büdenbender, § 477 BGB Rn. 8.

[403] Anwaltskommentar/ Büdenbender, § 477 BGB Rn. 9; Schlechtriem, § 3 Rn. 102; Medicus/ SchR-BT, Rn. 80e; Elb, S. 97.

[404] Schmidt-Räntsch, § 477 S. 561; Henssler/ Graf v. Westphalen, § 477 BGB Rn. 17; Erman/ Grunewald, § 477 BGB Rn. 7.

[405] Westermann/ Buck, S. 174; Anwaltskommentar/ Büdenbender, § 477 BGB Rn. 9.

[406] Schmidt-Räntsch/ Maifeld/ Meier-Göring/ Röcken, S. 561, 562; Palandt/ Putzo, § 477 BGB Rn. 14; SchuldR/ Haas, Rn. 448; Lorenz/ Riehm, Rn. 565.

V. Rechte des Unternehmers nach §§ 478, 479 BGB

Die Regelungen der §§ 478, 479 BGB betreffen den Rückgriffsanspruch des Letztverkäufers, sofern dieser von einem Verbraucher wegen einer Mangelhaftigkeit der Kaufsache in Anspruch genommen worden ist. Dieser Anspruch richtet sich gegen den Lieferanten, d.h. den Unternehmer, der die Sache an den Verkäufer verkauft hat. Aufgrund der Ausgestaltung einer sog. Lieferkette bleibt es den Vertragsparteien möglich, den Rückgriff durch individuelle Vereinbarungen untereinander selbst auszugestalten.[407]

1. Rückgriffsrecht des Unternehmers, § 478 BGB

Die Rückgriffsregelung des Unternehmers stellt im Regelungskontext, der sich insbesondere dem Schutz des Verbrauchers widmet, zunächst einen Fremdkörper dar.[408] Die Zugehörigkeit dieser Regelung ergibt sich jedoch aus der Funktion, dem Letztverkäufer, in der Regel einem Einzelhändler, der den umfangreichen Verbraucherrechten ausgesetzt ist, ebenfalls einen effektiven Rückgriffsanspruch zu verschaffen. Dies ist notwendig, da zwischen den einzelnen Unternehmern nicht die Reglementierungen des Verbrauchsgüterkaufs gelten. Ohne eine gesonderte Regelung würde die Ausgestaltung der Verbraucherrechte zu einer Regreßfalle des Letztverkäufers führen können, in deren Rahmen dieser mit der Gewährleistung solcher Mängel endgültig belastet würde, die nicht von ihm zu vertreten waren.[409] Ein Rückgriffsanspruch könnte etwa durch besondere vertragliche Haftungsvereinbarungen zwischen den Parteien ausgeschlossen werden, oder die Durchsetzung der Rechte des Letztverkäufers aufgrund fortschreitenden Fristenlaufs im Zeitpunkt der Rechtsausübung des Verbrauchers bereits ausgeschlossen sein. Darüber hinaus könnte ein Rückgriffsanspruch des Letztverkäufers aufgrund der in diesem Parteiverhältnis allgemein gültigen Beweislastverteilung an der häufigen Unmöglichkeit eines konkreten Mangelnachweises zum Zeitpunkt des Gefahrübergangs scheitern. Die Regelungen des § 478 BGB gelten nach Absatz 5 der Norm nicht nur zwischen dem Letztverkäufer und seinem Lieferanten, sondern zwischen sämtlichen Vertragsverhältnissen innerhalb der Lieferkette.

a) Rückgriffserleichterung zugunsten des Unternehmers

Um diese ungerechtfertigte Belastung des Letztverkäufers zu vermeiden, sieht das Gesetz in § 478 BGB in den Absätzen 1, 3 und 4 Regelungen vor, die eine

---

[407] Canaris/ SchuldR, S. XXX.

[408] Matusche-Beckmann, BB 2002, 2561, 2562, die die Einordnung der Vorschriften in diesen Kontext aufgrund nur mittelbarer materiell-rechtlicher Betroffenheit ablehnt; Canaris/ SchuldR, S. XXX.

[409] Hoeren/ Martinek/ Bohne, SKK, Syst. Teil G I Rn. 565; Maultzsch, NJW 2002, 1171; HbSchuldR/ Winkelmann, S. 545 Rn. 242; Lorenz/ Riehm, Rn. 588.

Erleichterung der Durchsetzung bestehender allgemeiner Gewährleistungsansprüche des Unternehmers gegen seinen Lieferanten bewirken. Diese Regelungen gewähren dem Unternehmer folglich keine eigenständige Anspruchsgrundlage, sondern bewirken, daß die zwischen Letztverkäufer und Verbraucher geltenden Regeln auch innerhalb der Lieferkette zwischen den jeweiligen Vertragsparteien gelten.

aa) Entbehrlichkeit der Fristsetzung nach § 478 Abs. 1 BGB

Die Regelung des § 478 Abs. 1 BGB sieht vor, daß der Unternehmer im Falle einer Mängelgewährleistung seinen Anspruch auf die in § 437 BGB genannten Rechte gegenüber dem ihm in der Lieferkette vorangehenden Vertragspartner geltend machen kann, ohne daß es dazu der im Regelfall erforderlichen Fristsetzung als Voraussetzung für Minderung, Rücktritt und Schadensersatz bedarf. Mit dieser Regelung wird ausgeschlossen, daß sich der in Anspruch genommene Lieferant durch Nacherfüllung dem Anspruch des Letztverkäufers entzieht. Innerhalb der Lieferkette macht die Möglichkeit zur Nacherfüllung keinen Sinn, denn auch der Letztverkäufer selbst kann im Falle der Minderung oder des Rücktritts des Verbrauchers ebenfalls nicht Nacherfüllung leisten.[410]

Zwingende Voraussetzung für diese Rückgriffserleichterung ist, daß der Gegenstand des Verbrauchsgüterkaufs zwischen Unternehmer und Verbraucher eine „neu hergestellte Sache" ist. Im Gegensatz zu den sonstigen Regelungen des Verbrauchsgüterkaufs, die auch gebrauchte Sachen in ihren Regelungsumfang einbeziehen, kommt eine Anwendung zugunsten des Letztverkäufers nicht in Betracht. Diese Einschränkung ist erforderlich, da bei gebrauchten Sachen in der Regel keine geschlossene Vertriebskette vorliegt, so daß eine Rückgriffserleichterung nicht gerechtfertigt wäre.[411] Ebenfalls von der Regelung ausgenommen sind aufgrund des Wortlauts die Fälle, in denen der Letztverkäufer die Kaufsache nicht aufgrund eines wirksamen Verbraucheranspruchs, sondern aus anderen Gründen, etwa aus Kulanz gegenüber dem Kunden, zurückgenommen hat.[412] Die Voraussetzungen für einen Letztverkäuferanspruch aus §§ 437, 478 BGB entsprechen im Übrigen denen des Verbraucheranspruchs gegenüber dem Letztverkäufer. Hinsichtlich des geltend gemachten Mangels im Verhältnis von Unternehmer und Lieferant ist darauf zu achten, daß Mangelidentität zu dem Vertragsverhältnis des Unternehmers zum Verbraucher vorliegt. Diese Deckungsgleichheit, die aufgrund des im neuen Recht geltenden einheitlichen

[410] Palandt/ Putzo, § 478 BGB Rn. 11; Huber/ Faust, S. 402 Rn. 25; Westermann/ Buck, S. 175; Jacobs, JZ 2004, 225, 229; Canaris/ SchuldR, S. XXXI.

[411] BegrRE, BT-Drucksache 14/6040, S. 248; kritisch bzgl. dieses „Rückschlusses" für sämtliche Fälle, aber ohne konkretes Erg. Jacobs, JZ 2004, 225, 227.

[412] Jauernig/ Berger § 478 BGB Rn. 5; Matthes, NJW 2002, 2505, 2507; Schubel, ZIP 2002, 2061, 2063; Huber/ Faust, S. 402 Rn. 27.

Mangelbegriffs in der Regel gegeben ist, kann wegen besonderen Beschaffenheitsvereinbarungen zwischen den jeweiligen Parteien entfallen.[413] Sofern der Unternehmer seinen Haftungsrahmen durch freiwillige Vereinbarungen gegenüber dem Verbraucher ausweitet, kann er dennoch nur in dem ursprünglichen Haftungsrahmen seines Lieferanten Regreß verlangen, denn das Risiko seiner Haftungserweiterung kann nicht auf übrige Vertragspartner abgewälzt werden.

bb) Beweislastumkehr des § 478 Abs. 3 BGB

Eine wesentliche Rolle bei der Absicherung der Rechte des Letztverkäufers gegenüber seinem Lieferanten stellt Absatz 3 der Regelung dar, der die Beweislastumkehr des § 476 BGB zwischen den Parteien der Lieferkette für anwendbar erklärt. Damit wird erreicht, daß der Unternehmer sich binnen der ersten sechs Monate ebenfalls auf die gesetzliche Vermutung der Mangelhaftigkeit der Sache zum Zeitpunkt des Gefahrübergangs berufen kann, wie dies dem Verbraucher gegenüber dem Letztverkäufer zusteht.[414] Sofern sich binnen dieser Frist ein Mangel der Kaufsache zeigt, hat der Unternehmer im Rahmen seines Regreßanspruchs nur den Nachweis zu erbringen, daß er die Sache von dem in Anspruch genommenen Lieferanten bezogen hat. Von besonderer Bedeutung ist für den Unternehmer insoweit, daß die Frist erst mit Übergabe der Kaufsache an den Verbraucher zu laufen beginnt. Der Verlust an Rückgriffsrechten oder das Erschwernis ihrer Durchsetzung aufgrund des Fristablaufs ist damit auch innerhalb der Lieferkette nicht zu befürchten. Allerdings führt dieser Fristengleichlauf gegenüber den einzelnen Unternehmern der Lieferkette unter Umständen zu einer erheblichen Verlängerung der Regreßhaftung, da sich auch Lagerzeiten der Ware bei einzelnen Zwischenlieferanten auf die Gesamthaftungsdauer der Lieferkette auswirken.[415]

cc) Abdingbarkeitsvorschrift des § 478 Abs. 4 BGB

Die Vorschrift des Absatzes 4 sieht eine Begrenzung der Dispositionsfreiheit zwischen den beteiligten Unternehmern der Lieferkette vor. Da Verbraucher durch Vereinbarungen innerhalb dieser Vertragsverhältnisse nicht betroffen werden, steht der grundsätzlichen individuellen Einschränkung des ansonsten zum Verbraucher identischen Spektrums an Mängelrechten nichts entgegen. Die Sonderregelung des § 475 BGB greift insoweit nicht ein. Um die einzelnen Unternehmer der Lieferkette dennoch vor einer drohenden Regreßfalle zu schützen, kommt eine Abdingbarkeit der Unternehmerrechte nur insoweit in Be-

---

413 Maultzsch, JuS 2002, 1171, 1172; Lorenz/ Riehm, Rn. 591; Hoeren/ Martinek/ Bohne, SKK, Syst. Teil G I Rn. 567; Huber/ Faust, S. 402 Rn. 28.

414 Jauernig/ Berger, § 478 BGB Rn. 10; HbSchuldR/ Winkelmann, S. 547 Rn. 245; SchuldR/ Haas, Rn. 486.

415 Ernst/ Gsell, ZIP 2001, 1389, 1398; HbSchuldR/ Winkelmann, S. 547 Rn. 246.

tracht, als ein gleichwertiger Ausgleich eingeräumt wird. Eine genauere Bestimmung der erforderlichen Gleichwertigkeit ist im Gesetz nicht enthalten. Dazu sind verschiedene Ausgestaltungen möglich, bei denen jeweils im Einzelfall zu überprüfen ist, ob sie tatsächlich gleichwertig sind. In Betracht kommen als Bezugspunkte einer solchen Vereinbarung die bestehenden Risiken, die Marktlage des Gegenstands und sein Preis, wobei jedenfalls zu berücksichtigen ist, daß der bloße Ausgleich unbilliger Härten beim haftenden Unternehmer nicht ausreicht.[416] Zudem wird sich die Abdingungsvereinbarung auf das konkrete Vertragsverhältnis beziehen müssen und darf nicht bloß ein Unterbestandteil einer generellen und pauschalierten Rabattvereinbarung sein.[417] Andernfalls droht auch über diese Regelung ein Ausbrechen aus dem Schutz des Letzt- oder Zwischenverkäufers der Lieferkette und damit eine Regreßfalle. Eine unwirksame Abbedingung zieht nicht die Folgen des § 139 BGB nach sich, vielmehr ist ein Berufen auf diese Vereinbarung ausgeschlossen; dies gilt auch, sofern auf anderen Wegen eine Umgehung des Regelungsinhalts erreicht werden soll.

dd) Sonstige Regelungen des § 478 BGB

§ 478 Abs. 5 BGB stellt klar, daß die Regelungen der Abs. 1 bis 4 in der gesamten Lieferkette gelten, so daß jeder haftende Unternehmer gegenüber seinem Unternehmer-Verkäufer innerhalb der Lieferkette in der erleichterten Form seine Ansprüche durchsetzen kann. Auf die Anzahl der Zwischenhändler in der Kette kommt es dabei nicht an.[418] Schließlich hebt Absatz 6 der Regelung hervor, daß bei einem Kaufvertrag zwischen Lieferant und Unternehmer die Untersuchungs- und Rügepflichten des § 377 HGB zur Anwendung kommen. Insofern kann das Rückgriffsrecht des Unternehmers auch aus diesem Gesichtspunkt eingeschränkt werden. Ein Rückgriff aufgrund eines erkennbaren Mangels, der vom Unternehmer mangels Untersuchung nicht erkannt oder aus sonstigen Gründen nicht gerügt wurde, kommt nicht in Betracht.[419]

b) Aufwendungsersatzanspruch des Unternehmers gemäß § 478 Abs. 2 BGB

Neben den Regelungen zur Erleichterung des Rückgriffs enthält § 478 Abs. 2 BGB einen eigenständigen Aufwendungsersatzanspruch, der ebenfalls dem Un-

---

[416] Palandt/ Putzo, § 478 BGB Rn. 4; SchuldR/ Haas, Rn. 491; Westermann, NJW 2002, 241, 253.

[417] So HbSchuldR/ Winkelmann, S. 546 Rn. 243, der eine strikte Einschränkung der Vorschrift hin zu einer zwingenden Geltung der kaufrechtlichen Vorschriften auch innerhalb der Lieferkette tendiert; für die Pauschalierung als Umsetzungsmodell Marx, BB 2002, 2566, 2567; Erman/ Grunewald, § 478 BGB Rn. 18.

[418] Elb, S. 99; Huber/ Faust, S. 405 Rn. 34, 35.

[419] HbSchuldR/ Winkelmann, S. 550 Rn. 253; Elb, S. 99; Huber/ Faust, S. 406 Rn. 37; Erman/ Grunewald, § 478 BGB Rn. 22.

ternehmer im Rahmen der Lieferkette zugute kommt. Danach kann der Letztverkäufer Ersatz der Aufwendungen von seinem Lieferanten fordern, die er aufgrund der Nacherfüllung einer bei Gefahrübergang mangelhaften Sache zu erbringen hatte. Die Regelung dient dazu, sämtliche Aufwendungen in der Lieferkette weitergeben zu können, etwa Material-, Fahrt- und Transportkosten, sowie die entstandenen Arbeitskosten gegenüber dem Verbraucher.[420] Aufgrund der Regelung des § 439 Abs. 2 BGB kann der Letztverkäufer diese Kosten nicht vom Verbraucher verlangen. Ohne diese Sonderregelung wäre die Geltendmachung derartiger Aufwendungen nur gemäß §§ 437 Nr. 3, 280 Abs. 1 BGB bei Vorliegen eines Verschuldens seines Lieferanten für den Letztverkäufer möglich.[421] Daraus resultierende Unbilligkeiten einer Regreßfalle zu Lasten des Unternehmers sollen durch den eigenen Anspruch des § 478 Abs. 2 BGB vermieden werden.[422] Entscheidend für den Regreßanspruch des Unternehmers ist folglich die Kausalität des Mangels für die notwendigen Nacherfüllungsmaßnahmen des Unternehmers und die Kausalität dieser Maßnahmen für die in Rede stehenden Aufwendungen.[423] Der Unternehmer kann jedoch nur solche Kosten ersetzt verlangen, die er bereits selbst aufgebracht hat und bezüglich derer er sich auch nicht gegenüber dem Verbraucher auf Unverhältnismäßigkeit berufen konnte.[424] In letzterem Fall kann der in Regreß genommene Unternehmer allerdings nicht vollständig die Haftung verweigern, sondern kann seinerseits die Ersatzverpflichtung um den Kostenbetrag, der die zumutbare Alternative übersteigt, verringern. Ein darüber hinausgehender Anspruch widerspricht der Gesetzesintention, da der Unternehmer nur soweit schutzwürdig im Sinne der Regelung ist, als er berechtigterweise zugunsten eines Verbrauchers in Aufwendungsvorlage getreten ist. Ein Anspruch aus Absatz 2 zugunsten des Letztverkäufers besteht vor diesem Hintergrund nicht, wenn er aus Kulanzgründen leistete, es sich um einen Rücktritt des Verbrauchers gegenüber dem Unternehmer handelte, oder lediglich der Kaufpreis gemindert wurde.[425] In diesen Fällen be-

---

[420] Palandt/ Putzo, § 478 BGB Rn. 12, 13; Erman/ Grunewald, § 478 BGB Rn. 12; Westermann, NJW 2002, 241, 252; Böhle, NJW 2003, 3680, 3682.

[421] Canaris/ SchuldR, S. XXXII; Erman/ Grunewald, § 478 BGB Rn. 12; Jacobs, JZ 2004, 225, 230.

[422] Medicus/ SchR-BT, § 76 Rn. 80f; Pick, ZIP 2001, 1173, 1177; Albrecht/ Flohr/ Lange, S. 47.

[423] Marx, BB 2002, 2566, 2570, der folglich sog. Handlingkosten als regreßfähig ansieht, wenn sie diese Voraussetzungen erfüllen und ohne Gewährleistungsfall zumindest nicht in entsprechender Weise entstanden wären.

[424] Jauernig/ Berger, § 478 BGB Rn. 8; Mautzsch, JuS 2002, 1171, 1173; Matthes, NJW 2002, 2505, 2507; Schubel, ZIP 2002, 2061, 2066.

[425] Hoeren/ Martinek/ Bohne, SKK, Syst. Teil G I Rn. 568; Böhle, NJW 2003, 3680, 3681; Ernst/ Gsell ZIP 2001, 1389, 1394.

stehen somit keine ersetzbaren Aufwendungen des Unternehmers, für die die Mitglieder der Lieferkette aufzukommen haben. Die Beweislast für seinen Anspruch obliegt grundsätzlich dem Regreß begehrenden Unternehmer, wobei auch in diesen Fällen die Beweislastumkehr der §§ 478 Abs. 3, 476 BGB gilt.

2. Verjährungsregelung des § 479 BGB

Die Rückgriffsansprüche des Unternehmers unterliegen der besonderen Verjährungsregelung des § 479 BGB. Während § 479 Abs. 1 BGB die Aufwendungsersatzansprüche des § 478 Abs. 2 BGB erfaßt, betrifft § 479 Abs. 2 BGB die erleichterten Rückgriffsansprüche aus § 478 Abs. 1 BGB. Aus § 479 Abs. 3 BGB ergibt sich, daß diese Verjährungsregelungen auch für sämtliche Rückgriffsansprüche in der Lieferkette gelten. Die Verjährungsvorschriften sind grundsätzlich durch Individualvereinbarungen änderbar, doch gilt dabei die Regelung des § 478 Abs. 4 BGB, so daß die Vereinbarung einer Fristverkürzung durch einen gleichwertigen Ersatz auszugleichen ist.[426]

a) Regelung des § 479 Abs. 1 BGB

Die Regelung bestimmt, daß die Aufwendungsersatzansprüche des Unternehmers nach § 487 Abs. 2 BGB binnen zwei Jahren verjähren. Zeitpunkt des Fristbeginns ist die Ablieferung der Sache durch den Lieferanten an den Unternehmer. Mit dieser Regelung hat der Gesetzgeber einen Gleichlauf der Verjährungsfrist der Regreßrechte mit der allgemeinen Verjährungsfrist des § 438 BGB für Gewährleistungsansprüche angeordnet. Der Aufnahme einer Sonderregelung bedurfte es, da § 478 Abs. 2 BGB als eigenständige Anspruchsgrundlage nicht von der kaufrechtlichen Verjährungsregelung des § 438 BGB erfaßt wird.[427] Die Verjährung hätte andernfalls gemäß §§ 195, 199 BGB drei Jahre ab Jahresschluß nach Entstehen des Anspruchs und Kenntnis gedauert. Der Gesetzgeber hat insoweit den Verjährungsgleichlauf sämtlicher Ansprüche erreicht, die aus der Lieferung einer mangelhaften Sache folgen.

b) Regelung des § 479 Abs. 2 BGB

Aus § 479 Abs. 2 ergibt sich eine Ablaufhemmung der Verjährung von Ansprüchen des Unternehmers gegen seinen Lieferanten. Dabei umfaßt die Regelung sowohl den Aufwendungsersatzanspruch des § 478 Abs. 2 BGB als auch die durch § 478 Abs. 1 BGB erleichterten Rückgriffsrechte. Die Ablaufhemmung sieht vor, daß eine Verjährung der Unternehmeransprüche frühestens zwei Monate nach dem Zeitpunkt eintritt, in dem der Unternehmer die Ansprüche des

[426] Erman/ Grunewald, § 479 BGB Rn. 5; Palandt/ Putzo; § 479 BGB Rn. 3, zu den in Betracht kommenden Ausgleichsmöglichkeiten muß auch hier eine Einzelfallbetrachtung erfolgen.

[427] Palandt/ Putzo, § 479 BGB Rn. 4; Jauernig/ Berger, § 479 BGB Rn. 1; ABH/ Brambring, S. 211, 212.

Verbrauchers erfüllt hat. Durch diese Hemmung wird verhindert, daß Rückgriffsansprüche des Unternehmers bereits vor dem Zeitpunkt verjährt sind, in dem dieser vom Verbraucher wegen eines Mangels in Anspruch genommen wird und dabei von seinen Rückgriffsrechten Kenntnis erlangt.[428] Ohne eine derartige Regelung wären die Sonderregelungen des § 478 BGB wirkungslos, da ein fortlaufender Regreß im Rahmen der Lieferkette durch Verjährung bei einem nicht für den Mangel verantwortlichen Zwischenhändler abzubrechen drohte. Da der Unternehmer andererseits in derartigen Fällen aufgrund seiner eigenen Haftung bereits von den ihm selbst zustehenden Rechten Kenntnis hat, bedarf er zur Geltendmachung auch keines längeren Schutzzeitraums als zwei Monate. Denn es ergibt sich aus der Ablaufhemmung zwangsläufig auch eine Ausdehnung des gesamten Haftungszeitraums, die sich letztlich zu Lasten der einzelnen Lieferanten und Hersteller auswirkt und in der Marktplazierung der Ware Niederschlag finden wird. Um die Berechnungsunsicherheit von möglichen Rückgriffsansprüchen zu Lasten des jeweiligen Lieferanten auf ein annehmbares Maß zu begrenzen, sieht die Regelung des Absatzes 2 Satz 2 daher eine absolute Obergrenze vor. Die Ablaufhemmung endet dementsprechend spätestens fünf Jahre nach Ablieferung der Kaufsache durch den Lieferanten an den Letztverkäufer. Dieser Maximalhaftungszeitraum gilt für alle an der Lieferkette beteiligten Unternehmer einschließlich des Herstellers.[429]

3. Teil: Die kaufrechtliche Gewährleistung in Spanien

In Spanien ist die Verbrauchsgüterkaufrichtlinie durch ein Spezialgesetz in nationales Recht umgesetzt worden. Das spanische Recht unterscheidet in seiner Ausgestaltung zwischen dem zivilrechtlichen und dem handelsrechtlichen Kauf, zudem gibt es Spezialgesetze, die spezielle Formen des Kaufes zum Gegenstand haben.[430] Ein besonderer Schutz des Käufers als Verbraucher wird durch ein eigenes Verbraucherschutzgesetz von 1984[431] erreicht, das sich auch mit Fragen der Gewährleistung befaßt. Die Abgrenzung zwischen dem allgemeinen zivilrechtlichen und dem handelsrechtlichen Kauf richtet sich gemäß Art. 325, 326 des Código Comercial nach der Frage, ob mit dem jeweiligen Rechtsgeschäft Konsumzwecke oder die Absicht auf Gewinnerzielung verfolgt werden.[432] Ge-

---

[428] Canaris/ SchuldR, S. XXXII; Lorenz/ Riehm, Rn. 593; Huber/ Faust, S. 407 Rn. 42; Mansel, NJW 2002, 89, 95; Mautzsch, JuS 2002, 1171, 1174.

[429] Medicus/ SchR-BT, § 76 Rn. 80f; SchuldR/ Haas, Rn. 498; Palandt/ Putzo, § 479 BGB Rn. 8

[430] Etwa das Abzahlungsgesetz, Ley reguladora de las Ventas a Plazos de Bienes Muebles, Ley 50/1965 vom 17.01.1965, BOE Nr. 173 vom 21.07.1965.

[431] Ley General para la Defensa de los Consumidores y Usuarios (LGDCU), Ley 26/1984 vom 19.07.1984, BOE Nr. 176 vom 24.07.1984.

[432] Fuchs, S. 62; Ruiz Muñoz, AC 2003 (29), S. 785, 791.

genstand der vorliegenden Untersuchung sind in erster Linie Kaufgeschäfte von Verbrauchern, d.h. solche ohne weitere Gewinnerzielungsabsicht, bei denen die einschlägigen Regelungen nur solche des C.C. sind. Im weiteren Zusammenhang wird darüber hinaus auch auf den Kauf von Unternehmen eingegangen, bei dem teilweise auch die Regelungen des Código Comercial zur Anwendung kommen können.

A. Struktur des Gewährleistungsrechts

Der Anknüpfungspunkt der kaufrechtlichen Gewährleistung im spanischen Recht findet sich in der Verpflichtung des Verkäufers, den Gegenstand des Kaufvertrags zu übergeben. Obschon die Formulierung des Art. 1.461 C.C. neben der Übergabe der Kaufsache auch die Mängelbeseitigung zur Pflicht des Verkäufers erklärt[433], handelt es sich dabei nicht um eine wesentliche Leistungspflicht direkt aus dem Kaufvertrag. Diese Einordnung der Gewährleistung ist im spanischen Recht nicht unumstritten, da teilweise die Gewährleistung als ein Sonderfall der nicht ordnungsgemäßen Erfüllung des Kaufvertrags durch den Verkäufer angesehen wird.[434] Nach dieser Ansicht sollen jedoch die Bestimmungen über die Anfechtung von Willenserklärungen hierauf keine Anwendung finden, sondern werden durch die Spezialregelungen der Art. 1.474 ff C.C. verdrängt. Die Rechtsprechung und Teile der Literatur sehen demgegenüber die Gewährleistung als Folgeverpflichtung des Verkäufers an, die unabhängig von der Frage der Erfüllung oder Nichterfüllung der Hauptleistungspflicht des Verkäufers erwächst.[435] Dafür spricht vor allem, daß der Gesetzgeber ein System von Gewährleistungsrechten ausgearbeitet hat, das ohne jeden Bezug zu den Regelungen der Nichterfüllung des Vertrags Wirkung entfaltet.[436] Darüber hinaus unterscheiden sich auch beide Regelungssysteme dahingehend voneinander, daß die Nichterfüllung eine Lösung vom Vertrag gestattet, was bei der Gewährleistung nicht ohne weiteres der Fall ist. Zudem besteht ein gewichtiger Unterschied beider Systeme darin, daß die Gewährleistung dem Willen der Vertragspartner unterliegt und daher vollständig von diesen ausgeschlossen werden kann. Die Pflicht zur Übergabe der Kaufsache als Hauptleistungspflicht des Verkäufers unterliegt demgegenüber nicht dem Regelungsbereich der Vertragsparteien.[437]

---

[433] Art. 1.461 C.C: „El vendedor está obligado a la entrega y *saneamiento* de la cosa objeto de la venta.“.

[434] Vgl. Bercovitz Rodríguez-Cano/ Peña Lopez, Art. 1.461 C.C. S. 1694.

[435] STS 07.02.1984, RJ 1984, 579; STS 01.12.1965, RJ 1965, 5736; Tuero Aller, CDJ 1995, S. 317, 321; Bercovitz Rodríguez-Cano/ Peña Lopez, Art. 1.461 C.C. S. 1694; Durán Rivacoba, S. 50.

[436] Durán Rivacoba, S. 50; Albácar López/ Albácar López, Art. 1.474 C.C. I, S. 364.

[437] Albácar López/ Albácar López, Art. 1.474 C.C. I, S. 364, 365.

B. Mangelbegriff im spanischen Recht

Ebenso wie im deutschen Recht, ist auch in der spanischen Ausgestaltung des Gewährleistungssystems der Mangel der zentrale Anknüpfungspunkt der Käuferrechte.

I. Definition des Mangels

Wie bereits angesprochen sieht das spanische Recht in Art. 1.461 C.C. ausdrücklich die Gewährleistung der Kaufsache durch den Verkäufer vor. Der Verpflichtung zur Gewährleistung ist mit den Art. 1.474 C.C. bis 1.499 C.C. unter dem Titel „De las obligaciones del vendedor“ (Verpflichtungen des Verkäufers) ein eigener Abschnitt vorbehalten. In Art. 1.474 C.C, der ausdrücklich auf die grundlegende Norm des Art. 1.461 C.C. Bezug nimmt, wird eine Zweiteilung des Gewährleistungssystems in Rechts- und Sachmängelhaftung vorgenommen und damit der generelle Haftungsumfang des Verkäufers im Rahmen der Gewährleistung umgrenzt.[438] Der Verkäufer haftet demnach für den gesetzmäßigen und unumstrittenen Besitz an der verkauften Sache (Art. 1.474 Nr. 1 C.C.) sowie für die verborgenen Mängel oder Fehler der Kaufsache (Art. 1.474 Nr. 2 C.C.). Eine weitergehende Definition des Mangelbegriffs als Grundlage der Gewährleistung enthält die Norm nicht, sie dient nur der Systematisierung der verschiedenen Haftungsregelungen.[439] Als Ziel der Gewährleistung wird dem Käufer damit die Möglichkeit des Genusses und der Nutzung der Sache zugesprochen, weswegen der Verkäufer im Fall einer bei Vertragsschluß nicht vorhersehbaren Entziehung der Sache oder einer Beeinträchtigung verantwortlich gemacht wird.[440]

II. Unterscheidung zwischen Rechtsmangel und Sachmangel

Wie Art. 1.474 C.C. deutlich macht, wird im spanischen Recht bei der Gewährleistung des Verkäufers zwischen Rechtsmängeln und Sachmängeln unterschieden. Sowohl bezüglich der Voraussetzungen als auch der Rechtsfolgen der Gewährleistung der verschiedenen Mangelarten bestehen Regelungsunterschiede.

1. Die Rechtsmängelhaftung

Die Rechtmängelhaftung des Verkäufers wird in den Art. 1475 C.C. bis einschließlich Art. 1483 C.C. in ihren Voraussetzungen und Rechtsfolgen behandelt.

---

[438] Art. 1.474 C.C: „... el vendedor responderá al comprador: 1. De la posesión legal y pacífica de la cosa vendida, 2. De los vicios o defectos ocultos que tuviere.“.

[439] MdJ/ Morales Moreno Art, Art. 1.474 I, S. 934.

[440] Lete del Rio, S. 37; Rubio Garrido, S. 480.

a) Der Rechtsmangel nach Art. 1.475 C.C.

Die Voraussetzungen für das Eingreifen der Rechtsmängelhaftung werden in Art. 1.475 C.C. dargelegt. Durch diese explizite Aufzählung der Voraussetzungen kommt die Vorschrift einer Legaldefinition des Rechtsmangels gleich.[441] Danach liegt ein Rechtsmangel vor, sofern dem Käufer die gekaufte Sache durch ein rechtskräftiges Urteil und aufgrund des Rechts eines Dritten, das dem seinen vorgeht, ganz oder teilweise entzogen wird.

b) Voraussetzungen der Rechtsmängelhaftung

Die Rechtsmängelhaftung, die sog. „saneamiento en caso de evicción“, ist demnach an vier Voraussetzungen geknüpft, die im Folgenden erläutert werden.

aa) Vollständige oder teilweise Entziehung der Sache

Die vollständige oder teilweise Entziehung der Kaufsache ist grundlegende Voraussetzung der Gewährleistung, denn durch sie wird der Käufer um die Vorteile der Sache, auf die er aufgrund des Vertrags vertrauen durfte, gebracht.[442] Die dieser Art von Gewährleistung zugrundeliegende „evicción“, d.h. der Rechtsmangel in Form des Sachentzugs,[443] erfolgt als Akt eines Dritten außerhalb des konkreten Vertragsverhältnisses, durch den der Käufer aus dem Besitz der Kaufsache gedrängt wird, ohne daß diese Entziehung zwangsläufig körperlicher Art sein muß.[444] Der Entzug der Kaufsache löst jedoch nur Gewährleistungsansprüche gegen den Verkäufer aus, sofern die Übergabe der Kaufsache bereits vollständig erfolgt ist. Anderenfalls handelt es sich um einen Fall der Nichterfüllung des Vertrags, bei dem die Gewährleistungsvorschriften nicht zur Anwendung kommen.[445] Der mit Abschluß des Kaufvertrags verfolgte Zweck kann unter diesen Umständen nicht erreicht werden, so daß der Verkäufer zur Übergabe der Kaufsache und Verschaffung der angestrebten Position des Käufers tätig werden muß. Die Abgrenzung, ob es sich bei dem Rechtsmangel um einen teilweisen oder vollständigen Entzug der Kaufsache handelt, erfolgt durch Gewichtung im Einzelfall nach der Vorschrift des Art. 1.479 C.C. Maßgeblich ist dabei der Grad der Beeinträchtigung des einzelnen Kaufgegenstands, bzw.

---

[441] Sohst, Art. 1475 C.C, S. 256.

[442] MdJ/ Torralba Soriano, Art. 1.475 II 2, S. 938; Albaladejo/ Garcia Cantero, Art. 1475 a 1482, S. 304.

[443] Zur ordnungsgemäßen Übersetzung des Begriffs „evicción“ der Art. 1475 ff C.C. und dem Begriffsverständnis im Zusammenhang mit den deutschen Rechtsbegriffen s. Sohst, Art. 1475 C.C, S. 256; Peuster, C.C., S. 751.

[444] Lasarte Álvarez, S. 213; Durán Rivacoba, S. 121.

[445] STS 03.11.1980 , RJ 1980, 4128; STS 09.04.1947, RJ 1947, 898 bis; Bercovitz Rodríguez-Cano/ Peña Lopez, Art. 1.475 C.C. 1.1, S. 1713.

der betroffene Anteil, sofern es sich um mehrere Gegenstände handelt. Die Entziehung der Sache muß zudem bereits wirksam sein, da die bloße Bedrohung oder der Versuch der Entziehung nicht zur Auslösung von Gewährleistungsansprüchen ausreichend ist.[446]

bb) Rechtskräftiges Urteil

Der Entziehung der Sache muß ein Urteil zugrunde liegen, das auf die Klageerhebung eines Dritten aufgrund von Rechten an der Kaufsache zurückgeht. In anderen Fällen, in denen sich der Käufer aufgrund seiner Rechtsstellung gegenüber dem Verkäufer ausreichend selbst zur Wehr setzen kann, findet die Rechtsmängelgewährleistung keine Anwendung.[447] Der Gesetzgeber knüpft die Rechtsmängelgewährleistung an diese Voraussetzung, da sichergestellt sein soll, daß aufgrund ihrer weitreichenden Folgen die Eviktionshaftung einer Gerichtsentscheidung vorbehalten ist. Was Gegenstand des Verfahrens und damit auch des Urteils, das die Rechtsmängelhaftung nach sich zieht, sein kann, ist umstritten. Eine Meinung sieht lediglich Verfahren, die das Eigentum betreffen, als relevant an, da alle anderen Rechte an der Sache durch die Gewährleistung im Rahmen des Art. 1.483 C.C. erfaßt würden.[448] Die andere Meinung zählt jede Klage die aufgrund der Sache gegen den Käufer erhoben wird zur Rechtsmängelhaftung, da der Käufer durch sie immer im uneingeschränkten Genuß an der Sache gestört ist.[449] Beide Ansichten gehen letztlich wohl zu weit, erstere aufgrund ihrer zu restriktiven Auslegung, die zweite bedarf einer Einengung bezüglich der die Eviktionshaftung auslösenden Klagemöglichkeiten. Nachdem zunächst die Voraussetzung eng ausgelegt und ausschließlich auf gerichtliche Urteile begrenzt wurde, ist inzwischen allgemein anerkannt, daß auch Rechtsakte, die formell mit diesen gleichgestellt sind, die Eviktionshaftung nach Art. 1.475 C.C. auslösen können.[450] Diese Eigenschaft kommt nach allgemeiner Ansicht auch Verwaltungsbescheiden[451] und Entscheidungen durch Schiedsge-

[446] STS 07.06.1995, RJ 1995, 4630; STS 11.11.1993, RJ 1993, 8176; Vázquez Barros, S.176; Albácar López/ Albácar López, Arts. 1.475 – 1.476 I 1, S. 238; MdJ/ Torralba Soriano, Art. 1.475 II 2, S. 937.

[447] MdJ/ Torralba Soriano, Art. 1.475, S. 936; Albaladejo/ Garcia Cantero, Art. 1475 a 1482, S. 301; Lete del Rio, S. 37.

[448] Serra Dominguez, S. 306.

[449] Ruiz, RGLJ 1868, S. 330, 331.

[450] STS 05.12.1925, CJ, T.168, núm. 187; Bercovitz Rodríguez-Cano/ Peña Lopez, Art. 1.475 C.C. 1.2. S. 1714; Durán Rivacoba, S. 128, MdJ/ Torralba Soriano, Art. 1.475, S. 937.

[451] Sog. „acto administrativo", S.T.S. 5-XII-1925; S.T.S. 27-V-1957; STS 28.06.1966; Castan Tobeñas, S. 125; Lete del Rio, S. 37.

richtssprüche[452] zu. Das Urteil bzw. die zugrundeliegende Entscheidung muß bereits rechtskräftig sein. Diese Voraussetzung wird in Art. 1.480 C.C. noch einmal ausdrücklich aufgegriffen. Dabei ist das Kriterium der Rechtskraft in einem weiteren Sinn als in Art. 207 Abs. 2 LEC[453], also der Unmöglichkeit weiterer Rechtsmittel gegen das Urteil, zu verstehen.[454] Die für Art. 1.475 C.C. erforderliche Rechtskraft liegt auch dann vor, wenn die zuständige Behörde im richtigen Verfahren und in der richtigen Entscheidungsform endgültig entschieden hat und dagegen weder ordentliche noch außerordentliche Rechtsmittel eingelegt werden können, sei es aufgrund der Natur der Sache oder weil die Parteien dies vereinbart haben.[455]

cc) Vor dem Kauf bestehendes Recht eines Dritten

Das geltend gemachte Recht des Dritten muß aus der Zeit vor dem Kauf stammen. Als relevanter Zeitpunkt ist damit nicht der Vertragsschluß, sondern vielmehr der Zeitpunkt des Vollzugs der Übergabe der Sache gemeint.[456] Denn aufgrund der Ausgestaltung des spanischen Kaufrechts, das die ordnungsgemäße Übergabe der Kaufsache an den Käufer als Hauptleistungspflicht des Verkäufers bestimmt, ergibt sich als Konsequenz die Pflicht des Verkäufers, die Kaufsache in dem Zustand zu übergeben, den sie bei Abschluß des Kaufvertrages hatte. Zur Klärung der Frage, ob eine Eviktionshaftungspflicht des Verkäufers im konkreten Fall besteht, ist folglich der Zeitpunkt zu bestimmen, an dem das geltend gemachte Recht des Dritten entstanden ist. Damit ist die Gewährleistung für Rechtsmängel einer strikten zeitlichen Schranke unterworfen, wie lange Rechte Dritter gegenüber dem Verkäufer zurechnungsfähig sind.[457] Nur vor Übergabe der Kaufsache entstandene Rechte lösen eine solche Haftung aus.[458] Solche Rechte, die nach dem Kauf der Sache von Dritten entstehen, können nicht mehr dem Verkäufer zugerechnet werden, denn ab der Übergabe befindet sich die Sache im alleinigen Risikobereich des Käufers.[459] Diese Zurechnungs-

---

[452] Sog. „ laudo arbitral“, Valpuesta Fernandez/ López y López, S. 578; Durán Rivacoba, S. 128; Coca Payeras, S. 2954.

[453] Ley de Enjuiciamento Civil (LEC.), span. Zivilprozeßordnung.

[454] Valpuesta Fernandez/ López y López, S. 578; Gullon Ballesteros, S. 36.

[455] Durán Rivacoba, S. 143; Manresa, Art. 1475 y 1476, S. 186; Albaladejo/ Garcia Cantero, Art. 1475 a 1482, S. 303.

[456] Albácar López/ Albácar López, Arts. 1.475 – 1.476 I 3, S. 371.

[457] MdJ/ Torralba Soriano, Art. 1.475 II 3, S. 938; Albaladejo/ Garcia Cantero, Art. 1475 a 1482, S. 306.

[458] STS 05.12.1931, RJ 1930-1931, 2269; Piske, Rn. 220.

[459] Durán Rivacoba, S. 149; MdJ/ Torralba Soriano, Art. 1.475 II 3, S. 938; Castan Tobeñas, S. 125; Lete del Rio, S. 37.

fähigkeit ist nicht als Verschulden, sondern vielmehr als ursächliche Zurechnung zu verstehen, denn die Gewährleistungspflicht gründet nicht auf einem Verschulden des Verkäufers.[460] Grenzfälle dieser strikten zeitlichen Schranke der Haftungsverpflichtung des Verkäufers sind die Fälle der Ersitzung der Kaufsache durch einen Dritten. Dabei ist zwischen dem Zeitpunkt der tatsächlichen Ersitzung und dem der Geltendmachung derselben zu unterscheiden. Sofern die Ersitzung vor Übergabe der Sache erfolgte und lediglich erst später geltend gemacht wird, besteht eine Haftungspflicht des Verkäufers.[461] Demgegenüber reicht es nicht aus, wenn die Ersitzung bereits vor Übergabe der Kaufsache „begonnen" wurde, aber erst nach dem relevanten Zeitpunkt zur Vollendung gelangt. In diesem Fall fehlt es an einem dem Kaufvertrag vorangehenden Recht.[462]

dd) Mitteilung an den Verkäufer

Eine weitere Voraussetzung für einen Gewährleistungsanspruch des Käufers aufgrund eines Rechtsmangels ist, daß dem Verkäufer die anhängige Besitzentziehungsklage mitgeteilt wird. Diese Voraussetzung ergibt sich zwar nicht aus Art. 1.475 C.C. selbst, doch wird die Notwendigkeit dieser sog. „llamada en garantía" in Art. 1.481 C.C. ausdrücklich hervorgehoben. Bei dieser Mitteilung an den Verkäufer handelt es sich um ein prozessuales Hilfsmittel, um die Beteiligung des Verkäufers als Dritten an diesem Rechtsstreit zu erreichen.[463] Dadurch soll der Verkäufer die Möglichkeit erhalten, an dem laufenden Verfahren teilzunehmen.[464] Diese Beteiligung des Verkäufers am Rechtsstreit hat mehrere Aspekte: Einerseits ist der Verkäufer als derjenige, der zum in Rede stehenden Zeitpunkt die Kaufsache in seinem Eigentum hatte, am besten in der Lage, das geltend gemachte Recht eines Dritten zu widerlegen. Seine Beteiligung am Rechtsstreit kann damit leichter zur umfassenden Aufklärung des möglichen Haftungsfalles beitragen. Andererseits erhält der Verkäufer gleichzeitig die Möglichkeit, negative Folgen, die für ihn selbst aus einem Unterliegen des Käufers im Rechtsstreit resultieren können, zu vermeiden.[465] Allerdings hat die

[460] Albaladejo/ Garcia Cantero, Art. 1475 a 1482, S. 306; MdJ/ Torralba Soriano, Art. 1.474 II 3, S. 938.

[461] Albácar López/ Albácar López, Arts. 1.475 – 1.476 I 3, S. 371; Albaladejo/ Garcia Cantero, Art. 1475 a 1482, S. 306, 307.

[462] Bercovitz Rodríguez-Cano/ Peña Lopez, Art. 1.475 C.C. 1.1, S. 1714; Albaladejo/ Garcia Cantero, Art. 1475 a 1482, S. 307.

[463] Sierra Gil de la Cuesta/ González Poveda, Art. 1.481 I, S. 401; Gimenez Roig, S. 166.

[464] Löber/ Peuster/ Piltz, Spanisches Kaufrecht, S. 217; Lasarte Álvarez, S. 214; Gimenez Roig, S. 166.

[465] Gullon Ballesteros, S. 35; STS, 03.12.1975, RJ 1975, 4321.

Teilnahme des Verkäufers am Prozeß je nach Ausgang im Einzelfall keine Auswirkungen auf die Folgen des Prozesses. Denn sofern der Rechtsstreit mit einem für den Käufer günstigen Urteil endet, liegt kein Fall einer Eviktion vor. In diesen Fällen besteht unabhängig davon, ob er den Käufer in dem Prozeß unterstützt hat oder nicht, kein Gewährleistungsanlaß, so daß den Verkäufer auch keinerlei Verpflichtungen aus dem Rechtsstreit treffen.[466] Sofern jedoch der Rechtsstreit zu Lasten des Käufers endet, ist der Verkäufer ebenfalls unabhängig von seiner Teilnahme am Rechtstreit gegenüber dem Käufer zur Eviktionshaftung verpflichtet.[467] Die prozessuale Stellung des sich beteiligenden Verkäufers wurde in der Rechtsprechung und Literatur unterschiedlich beurteilt. Einerseits wird er als mitbeklagte Partei[468] charakterisiert, auf den auch das Urteil selbst Rechtsfolgen entfalten konnte. Andererseits hat die Rechtsprechung in jüngerer Zeit die Stellung des Verkäufers vor dem oben dargestellten Hintergrund seiner Beteiligung am Rechtsstreit als Streithelfer[469] angesehen, der mit seinen Handlungen unabhängig von der Stellung des Käufers als Partei am Prozeß teilnimmt. Sofern eine Benachrichtigung des Verkäufers unterbleibt, ist nach Art. 1.481 Satz 2 C.C. eine Gewährleistungshaftung ausgeschlossen. Der Käufer muß innerhalb der Frist des Art. 1.482 Abs. 1 und Abs. 2 C.C. den Antrag stellen, daß dem Verkäufer die Klageerwiderung zugestellt wird. Die konkrete Dauer dieser Frist richtet sich aufgrund des in der Norm vorgeschriebenen Gleichlaufs mit der Frist der Klageerwiderung nach der Art des Prozesses, so daß sich diesbezügliche Unterschiede ergeben können.[470] Im Gegensatz dazu schreibt das Gesetz keine konkrete Frist zur eigentlichen Benachrichtigung des Verkäufers vor, dies hat nach Art. 1.482 Abs. 1 C.C. lediglich „in kürzestmöglicher Zeit“[471] zu geschehen. Aus dieser Formulierung des Gesetzes ist aber eine Verpflichtung des Richters oder des betrauten Schriftführers zur dringenden und unmittelbaren Mitteilung zu entnehmen. Im Falle einer Verzögerung kann er daher zur Verantwortung gezogen werden.

---

[466] Bercovitz Rodríguez-Cano/ Peña Lopez, Art. 1.481 C.C. 1.1, S. 1720; Serra Dominguez, S. 326.

[467] Bercovitz Rodríguez-Cano/ Peña Lopez, Art. 1.481 C.C. 1.1, S. 1720.

[468] STS 12.11.1970, RJ 1970, 5104; STS 17.01.1920, CJ, t. 149, núm. 22; Sohst, Art. 1.482 C.C, S. 257, 258.

[469] STS 13.01.1998, RJ 1998, 113; STS 05.05.1997, RJ 1997, 3673; STS 01.03.1997, RJ 1997, 1634; Albácar López/ Albácar López, Arts. 1.481 – 1.482 I 3, S. 397; Lasarte Álvarez, S. 214.

[470] Badenes Gasset, S. 591; Bercovitz Rodríguez-Cano/ Peña Lopez, Art. 1.482 C.C. 1.1, S. 1721; eine Frist von 20 Tagen gem. Art. 404 LEC, bzw. gem. Art. 440 Abs. 1 LEC eine Frist zwischen 10 und 20 Tagen, sofern noch kein konkreter Termin zur Klageerwiderung feststeht.

[471] „... en el plazo más breve posible“.

2. Die Sachmängelhaftung

Die Sachmängelgewährleistung des spanischen Rechts wird in den Art. 1.484 C.C. bis 1499 C.C. geregelt.

a) Der Sachmangel nach Art. 1.484 C.C.

Den Anknüpfungspunkt der Sachmängelgewährleistung bildet im spanischen Recht die Norm des Art. 1.484 C.C. Diese Vorschrift unterscheidet zwei Arten von Sachmängeln. Zum einen werden solche Mängel erfaßt, die die Kaufsache für den ursprünglich vorgesehenen Gebrauch unmöglich machen. Aus dieser Formulierung ist bereits ersichtlich, daß die Kaufsache nicht zwangsläufig vollständig unbrauchbar sein muß, maßgeblich für die Gewährleistung ist die Eignung zu dem beim Kauf beabsichtigten Gebrauch.[472] Sofern die Kaufsache auf verschiedene Weise in Gebrauch genommen werden kann, ist der Gebrauchszweck maßgeblich, der im Kaufvertrag festgehalten wurde oder von dem Verkäufer auf andere Weise Kenntnis erlangte. Wenn sich insoweit kein bestimmter Gebrauchszweck erkennen läßt, ist der bei der Kaufsache übliche Gebrauch, der auch dem sonstigen Nutzungsverhalten des Erwerbers gerecht wird, zugrunde zu legen.[473] Zum anderen erfaßt die Norm auch solche Mängel, die den Gebrauch der Kaufsache in einer Art einschränken, daß der Käufer bei Kenntnis des Mangels die Sache nicht gekauft hätte oder zumindest nur einen geringeren Preis gezahlt hätte.

b) Voraussetzungen der Sachmängelhaftung

Auf Grundlage der oben dargestellten groben Einteilung der verschiedenen Arten von Sachmängeln wird die Sachmängelhaftung des Verkäufers durch Art. 1.484 C.C. an vier Voraussetzungen gebunden, die im Folgenden erläutert werden.

aa) Definition des Sachmangels

Eine konkrete Definition, was unter einem Mangel zu verstehen ist, ist im spanischen Gesetz nicht enthalten. Um einen Mangel im Sinne der gesetzlichen Regelung des Art. 1.484 C.C. handelt es sich jedenfalls, wenn eine negative Abweichung am Kaufgegenstand vorliegt, aufgrund der sich die Sache von allen anderen derselben Art, Gattung und Qualität unterscheidet.[474]

Abzugrenzen ist der Sachmangel von der Lieferung eines aliud, das vorliegt, wenn die Abweichung der Kaufsache derart erheblich ist, daß eine Zuordnung zur gewünschten Gattung, der vereinbarten Art oder der bei Vertragsschluß vor-

---

[472] Albaladejo/ Garcia Cantero, Art. 1484 a 1490 I, S. 338, 339; Diez-Picazo/ Gullón, Instituciones, S. 366.

[473] Navarro Pérez, S. 550; EU-RHbW/ Schwappach, § 5 Rn. 39.

[474] Vázquez Barros, 168, 169; Navarro Pérez, S. 551; EU-RHbW/ Schwappach, § 5 Rn. 39.

ausgesetzten Qualität gar nicht mehr möglich ist. Unter diesen Voraussetzungen kann die dem Käufer übergebene Sache gar nicht mehr als die vereinbarte Kaufsache angesehen werden.[475] Ein aliud liegt auch dann vor, wenn der Mangel so schwerwiegend ist, daß die Gebrauchsfähigkeit der Kaufsache vollkommen entfallen ist.[476] Insoweit wird nach der Rechtsprechung die Quantität des Schadensumfangs an der Kaufsache zum maßgeblichen Unterscheidungsmerkmal zwischen einer mangelhaften und einer gänzlich anderen Kaufsache.[477] Für diese Fälle einer aliud-Lieferung gilt nicht das Gewährleistungsrecht, sondern die allgemeine Nichterfüllungsregelung des Art. 1124 C.C. Unter Zugrundelegung der oben dargestellten Einteilung der verschiedenen Sachmangelarten ist festzustellen, daß bei der Prüfung eines eventuellen Mangels sowohl subjektive als auch objektive Kriterien zu berücksichtigen sind. Hinsichtlich des subjektiven Elements müssen die besonderen Vereinbarungen und damit solche Motive des Käufers Berücksichtigung finden, die Niederschlag im Kaufvertrag gefunden haben.[478] Darüber hinaus richtet sich die Beurteilung des Mangels danach, welche Eigenschaften bei derselben Gattung, derselben Art und Güte der Kaufsache üblich sind, so daß auch objektive Kriterien bei der Beurteilung eine Rolle spielen.[479] Das Fehlen einer zugesicherten Eigenschaft wird dem Sachmangel nicht gleichgestellt.[480]

bb) Verdeckter Mangel, fehlende Kenntnis

Der Mangel der Kaufsache muß verdeckt gewesen sein. Dies bedeutet, daß der Mangel nicht offensichtlich und deutlich sichtbar gewesen sein darf. Ein Mangel ist dann nicht offensichtlich und deutlich sichtbar, wenn der Käufer ihn im Rahmen einer gewöhnlichen Untersuchung nicht entdecken konnte.[481] Ebensowenig darf der Käufer den Mangel weder gekannt haben, noch darf er die Möglichkeit zur Kenntnisnahme gehabt haben.[482] Die Möglichkeit der Kenntnis-

---

[475] Löber/ Peuster/ Piltz, Spanisches Kaufrecht, S. 218; Navarro Pérez, S. 551; MdJ/ Morales Moreno, Art. 1.484 VI, S. 956.

[476] STS 27.11.1999, RJ 1999, 9137; STS 28. 02.1997, RJ 1997, 1322; STS 07.06.1996, RJ 1996, 4825.

[477] Sohst, Art. 1.482 C.C, S. 258.

[478] Fuchs, S. 59; MdJ/ Morales Moreno, Art. 1.484 VII, S. 956; Piske, Rn. 227.

[479] STS 31.01.1970, RJ 1970, 370; MdJ/ Morales Moreno, Art. 1.484 VII, S. 956; Albaladejo/ Garcia Cantero, Art. 1484 a 1490, S. 365, 366.

[480] Adomeit/ Frühbeck, S. 71; Löber/ Peuster/ Piltz, Spanisches Kaufrecht, S. 219; Murad/ Kegel/ Zweigert/ IPG, S. 42.

[481] STS 20.07.1999, RJ 1999, 5722; STS 03.10.1998. RJ 1998, 8353; Vázquez Barros, S. 183; MdJ/ Morales Moreno, Art. 1.484 XI, S. 957.

[482] Albaladejo/ Garcia Cantero, Art. 1484 a 1490, S. 371; Puig Brutau, S. 193; Fuchs, S. 59.

nahme ist dabei stets abhängig von den Fähigkeiten des konkreten Käufers.[483] Je besser die Kenntnisse des Käufers bezüglich der Kaufsache sind, desto eher wird die Kenntnisnahme als möglich erachtet. Daher muß sich der Käufer auch die Kenntnis einer dritten Person zurechnen lassen, sofern er sich bei dem Kauf an deren Einschätzung und Empfehlung orientiert hat.[484] Insbesondere gilt diese Einschränkung für Sachverständige, bei denen teilweise aufgrund ihres besonderen Sachverstands stets eine gewährleistungsausschließende Kenntnis vermutet wird.[485] Ein derartiger pauschaler Ausschluß der Gewährleistung aufgrund der Sachverständigeneigenschaft ist jedoch als zu weitgehend abzulehnen, denn dies würde eine Schlechterstellung von Sachverständigen im Vertragsverhältnis und damit eine Benachteiligung gegenüber „gewöhnlichen" Käufern bedeuten. Aus diesem Grund ist mit dem Gesetzeswortlaut des Art. 1.484 C.C.[486] eine Einschränkung der Regelung vorzugswürdig, daß nicht jeder Mangel für einen Sachverständigen erkennbar ist, sondern maßgeblich für den Gewährleistungsausschluß die Möglichkeit einer leichten Erkennbarkeit aufgrund des Sachverstands ist.[487] Sofern der Käufer zum Zeitpunkt des Kaufs von der Mangelhaftigkeit der Kaufsache Kenntnis hatte, ist immer der Gewährleistungsanspruch ausgeschlossen, da eine Enttäuschung seiner Erwartungen nicht vorliegt und die konkrete Eigenschaft der Kaufsache bei Vertragschluß wohl berücksichtigt worden ist. Demgegenüber ist gemäß Art. 1.485 Abs. 1 C.C. nicht von Bedeutung, ob der Verkäufer Kenntnis von dem Mangel hatte.[488] Wie sich aus Art. 1.485 C.C. ergibt, hat die Kenntnis des Verkäufers vom Mangel auf die Verpflichtung zur Gewährleistung keinen Einfluß.

cc) Erheblichkeit des Mangels

Der Mangel der Kaufsache muß erheblich sein. Das Gesetz sieht diese Einschränkung als weitere Gewährleistungsvoraussetzung vor, da nicht jede unbe-

---

[483] MdJ/ Morales Moreno, Art. 1.484 XI, S. 957; Albaladejo/ Garcia Cantero, Art. 1484 a 1490 S. 372.

[484] Albaladejo/ Garcia Cantero, Art. 1484 a 1490 S. 371; Bercovitz Rodríguez-Cano/ Peña Lopez, Art. 1.484 C.C. 1.2, S. 1725.

[485] Fuchs, S. 59; Navarro Pérez, S. 553.

[486] „...por razón de su oficio o profesión, debía fácilmente conocerlos.", so auch Albaladejo/ Garcia Cantero, Art. 1484 a 1490 S. 372; Lete del Rio, S. 40; Albácar López/ Albácar López, Arts. 1.484 I 2, 270.

[487] STS 28.02.1997, RJ 1997, 1322; STS 20.02.1984, RJ 1984, 693; STS 11.07.1983, RJ 1983, 4205; in diesem Sinne auch Vázquez Barros, S. 197, der eine gegenstandsbezogene Sachverständigeneigenschaft vertritt.

[488] Albaladejo/ Garcia Cantero, Art. 1484 a 1490, S. 371; Lete del Rio, S. 40; Albácar López/ Albácar López, Arts. 1.484 I 2, S. 271.

deutende Abweichung der Kaufsache zu Ansprüchen des Käufers führen soll.[489] Eine derart weitgehende Verpflichtung zur uneingeschränkten Perfektion der Kaufsache würde den alltäglichen Handel mit Gütern unmöglich machen. Bei der Erheblichkeit des Mangels handelt es sich nach der Ausgestaltung des Gesetzes um ein subjektives Kriterium, denn der Mangel muß derart sein, daß „der Käufer in Kenntnis desselben die Sache nicht gekauft oder nur einen geringeren Preis dafür gezahlt hätte".[490] Die Erheblichkeit des Mangels ist offensichtlich, sofern der Mangel die Kaufsache für den aus dem Vertrag oder den Vertragsumständen vorgesehenen Verwendungszweck unbrauchbar macht.[491] Schwieriger ist die Bestimmung der Erheblichkeit des Mangels, wenn nur eine Einschränkung des Gebrauchswerts vorliegt. Da aufgrund des subjektiven Kriteriums des Gesetzeswortlauts eine Bestimmung durch Gerichte schwierig ist, wird seitens der Literatur die Hinzuziehung eines objektiven Faktors befürwortet. Danach soll bei der Abwägung als zugrundeliegender Maßstab der durchschnittliche „Ideal-" Käufer herangezogen werden, zu dessen Genauigkeitsmaßstab bezüglich der Verwendung der Kaufsache deren Eigenschaften in Relation gesetzt werden.[492] Bei der Abwägung auf dieser Grundlage sind dann wiederum Anhaltspunkte, die der Käufer zum Zeitpunkt des Vertragsschlusses hinsichtlich seiner vermutlichen Nutzungsabsicht gegeben hat, mit einzubeziehen.[493] In einer Entscheidung der obersten Rechtsprechung wurde darüber hinaus gefordert, daß der Mangel nicht nur erheblich, sondern auch dauerhaft vorhanden sein muß.[494]

dd) Vorliegen bei Vertragsschluß

Relevanter Zeitpunkt für das Vorhandensein eines Mangels an der Kaufsache ist grundsätzlich der Moment des Vertragsabschlusses. Der genaue Zeitpunkt unterscheidet sich jedoch danach, ob es sich um einen Stückkauf oder Gattungskauf handelt. Während es beim Stückkauf bei diesem Zeitpunkt bleibt, muß aufgrund der Wesensart des Gattungskaufs bei diesem der Moment der Konkretisierung als relevanter Zeitpunkt angesehen werden.[495] Denn erst nachdem sich der Verkäufer auf einen bestimmten Gegenstand als Kaufsache festgelegt hat,

---

[489] Löber/ Peuster/ Piltz, Spanisches Kaufrecht, S. 219; Murad/ Kegel/ Zweigert/ IPG, S. 43.

[490] „... de tal modo ... que, de haberlos conocido el comprador, no la habría adquirido o habría dado menos precio por ella ...".

[491] Albaladejo/ Garcia Cantero, Art. 1484 a 1490, IV C, S. 373.

[492] MdJ/ Morales Moreno, Art. 1.484 VIII, S. 956, 957; Bercovitz Rodríguez-Cano/ Peña Lopez, Art. 1.484 C.C. 1.2, S. 1725.

[493] Albácar López/ Albácar López, Arts. 1.484 I 4, S. 271.

[494] STS 10.09.1996, RJ 1996, 6556.

[495] Navarro Pérez, S. 554.

kann die Mangelhaftigkeit dieser konkreten Sache bestimmt werden. Der Mangel der Kaufsache muß bereits vor oder jedenfalls noch in dem insoweit relevanten Moment vorhanden sein. Eine ursprünglich mangelbehaftete Sache, die im Moment des Vertragsschlusses ordnungsgemäß ist, vermag keine Gewährleistungsansprüche auszulösen.[496] Es ist nicht erforderlich, daß der Mangel vollständig ausgeprägt ist, es reicht aus, wenn er zu diesem Zeitpunkt bereits im Kern vorhanden ist und sich erst nach Durchführung des Kaufvertrages voll entfaltet.[497] Die Bestimmung des relevanten Zeitpunkts ergibt sich beim Sachmangel im Gegensatz zu der insoweit eindeutigen Regelung des Art. 1.475 C.C. nicht ausdrücklich aus dem Wortlaut. Gleichwohl ist dem Regelungsabschnitt der Art. 1.484 ff C.C. aufgrund verschiedener Formulierungen der maßgebliche Zeitpunkt in oben ausgeführtem Sinn zu entnehmen. Die Formulierungen dieser Regelungen stellen aufgrund ihrer Vergangenheitsform für sämtliche Rechtsfolgen der jeweiligen Normen einen Bezug zum Vertragsabschluß als den entscheidenden Beurteilungszeitpunkt her.[498] Sofern der Mangel der Sache erst nach Vollendung des Kaufvertrags auftritt, ohne daß er bereits vorher in der Sache veranlagt war, trifft den Verkäufer keine Pflicht zur Sachmängelgewährleistung. Denn derartige Mängel gehen nach der Risikoverteilung des Código Civil allein zu Lasten des Käufers.[499]

Im Unterschied zum maßgeblichen Zeitpunkt für das Bestehen der Gewährleistungsansprüche beginnt die Frist der Geltendmachung des Mangels für den Käufer nicht bereits mit dem Vertragschluß, sondern erst mit Übergabe der Sache.[500]

C. Ausgestaltung der Gewährleistung nach dem Código Civil

Das spanische Recht sieht für den Rechts- und den Sachmangel auf Seiten des Käufers verschiedene Gewährleistungsrechte gegenüber dem Verkäufer vor.

I. Käuferrechte beim Rechtsmangel

Die Rechte des Käufers bei Vorliegen eines Rechtsmangels mit den oben dargestellten Voraussetzungen werden in den Art. 1.477 bis 1.479 C.C. geregelt. Da-

---

[496] Albácar López/ Albácar López, Arts. 1.484 I 4, S. 271.

[497] STS 31.01.1970, RJ 1970, 370; Fuchs, S. 59; Navarro Pérez, S. 554; Albaladejo/ Garcia Cantero, Art. 1484 a 1490, S. 372, 373.

[498] Albaladejo/ Garcia Cantero, Art. 1484 a 1490, S. 372; Navarro Pérez, S. 554 mit Beispielen aus Art. 1.484 C.C.: „...defectos ocultos que tuviere la cosa..." und Art. 1.486 C.C.: „...si el vendedor conocía los vivios o defectos ocultos de la cosa vendida y no los manifestó al comprador...".

[499] Bercovitz Rodríguez-Cano/ Peña Lopez, Art. 1.484 C.C. 1.2, S. 1725; MdJ/ Morales Moreno, Art. 1.484 IX, S. 957.

[500] MdJ/ Morales Moreno, Art. 1.484 IX, S. 957, s. dazu unten.

bei ist zu beachten, daß es gemäß Art. 1.475 Abs. 3 C.C. den Parteien möglich ist, die gesetzliche Haftungspflicht des Verkäufers zu erweitern, verringern oder ganz auszuschließen. Die Möglichkeit des Haftungsausschlusses ist allerdings durch Art. 1.476 C.C. derart eingeschränkt, daß im Falle bösen Glaubens beim Verkäufer die Ausschlußabrede nichtig ist. Das mögliche Rechtsfolgenspektrum zugunsten des Käufers reicht bei Rechtsmängeln von einer Mindesthaftung nach Art. 1.477 C.C, sofern der Käufer auf einen Teil seiner Rechte verzichtet hat, bis zum umfangreichen Haftungskatalog des Art. 1.478 C.C. im Falle einer gewöhnlichen Rechtsmängelgewährleistung. Man spricht daher auch von der „begrenzten" und der „normalen" Gewährleistung.[501]

1. Begrenzte Gewährleistungsrechte nach Art. 1.477 C.C.

Die Regelung der begrenzten Gewährleistung in Art. 1.477 C.C. erfaßt nach allgemeiner Meinung zwei Fälle, die sich in Voraussetzungen und Rechtsfolgen unterscheiden. Die beiden Alternativen, in denen die begrenzte Gewährleistung zur Anwendung kommt, werden in der Literatur als „einfacher Verzicht" und „qualifizierter Verzicht" bezeichnet.[502]

Der sog. einfache Verzicht des Käufers im Sinne des Art. 1.477 Alt. 1 C.C. liegt vor, wenn der Käufer den Verzicht auf seine Gewährleistungsrechte erklärt, ohne daß er Kenntnis von der Gefahr einer Eviktion hat. Dieser Kenntnisstand des Käufers ist dann anzunehmen, wenn keine Anzeichen oder Umstände darauf hindeuten, daß er die rechtliche Situation des Kaufgegenstands kannte, die schließlich zur Eviktionshaftung führt.[503] Dabei wird zugunsten des Käufers verlangt, daß sich seine Kenntnis in eindeutiger Weise offenbaren muß.[504] In diesen Fällen ist der Verkäufer bei Eintritt eines Rechtsmangels zur Erstattung des Preises, den die Kaufsache im Zeitpunkt der Entziehung hat, verpflichtet. Das Gesetz sieht in diesen Fällen also nicht lediglich eine Rückerstattung des gezahlten Kaufpreises vor, sondern bezieht die Verpflichtung des Verkäufers auf den aktuellen Zeitwert der Sache im Moment des Mangeleintritts. Dieser Wert kann höher oder niedriger als der Verkaufspreis sein. Dieser Bezug zum Zeitwert der Sache ermöglicht es, den Käufer finanziell in dieselbe Situation zu

[501] Albaladejo/ Garcia Cantero, Art. 1475 a 1482 III A, S. 296, der im Rahmen des Art. 1.487 C.C. noch die Abgrenzung zur „verschärften" Gewährleistung bei Bösgläubigkeit des Verkäufers zieht.

[502] „renuncia simple" und „renuncia cualificada": Bercovitz Rodríguez-Cano/ Peña Lopez, Art. 1.477 C.C. 1.1, S. 1715; Sierra Gil de la Cuesta/ González Poveda, Art. 1.477 I, S. 396; MdJ/ Torralba Soriano, Art. 1.478 II, S. 940.

[503] MdJ/ Torralba Soriano, Art. 1.478 II, S. 941; Sierra Gil de la Cuesta/ González Poveda, Art. 1.477 I, S. 396; Navarro Pérez, S. 519.

[504] Albácar López/ Albácar López, Arts. 1.477, S. 378; Bercovitz Rodríguez-Cano/ Peña Lopez, Art. 1.477 C.C. 1.1, S. 1715.

versetzen, in der er sich auch ohne Haftungsanlaß befinden würde, denn auch dann hätte er die Belastungen oder Wertsteigerungen im eigenen Risikobereich getragen.[505]

Ein qualifizierter Verzicht des Käufers nach Art. 1.477 Alt. 2 C.C. liegt vor, wenn der Käufer sich in Kenntnis des Risikos einer Eviktion der ihm daraus erwachsenden Rechte begibt. Die Anforderungen an die Kenntnis des Käufers sind dabei nicht eindeutig dem Gesetz zu entnehmen. Nach dem Gesetzeswortlaut reicht bereits die einfache Kenntnis von der Möglichkeit eines Rechtsmangels aus, wenn der Käufer einen entsprechenden Verzicht erklärt.[506] Diese Ansicht ist jedoch als zu weitgehend abzulehnen, da sie zu Lasten des Käufers zu leicht einen vollkommenen Rechtsverlust bewirkt und damit dem Regelungsinhalt des Art. 1.477 C.C. zuwiderläuft. Aus diesem Grund sind die Anforderungen an den Kenntnisstand des Käufers zu erhöhen. Demnach ist eine Kenntnis im Sinne der Norm zu bejahen, wenn der Käufer im Moment der Erklärung nicht nur die Gefahr eines Rechtsmangels kannte, sondern Kenntnis von den Ursachen dieser Gefahr hatte.[507] Dies bedeutet, daß er Wissen hinsichtlich der den Rechtsmangel verursachenden rechtlichen Situation der Kaufsache haben muß. Unter diesen Voraussetzungen entfaltet die Verzichtserklärung des Käufers vollständige Wirkung, im Falle eines Rechtsmangels bestehen daher für den Verkäufer keine Verpflichtungen. Nur unter diesen erhöhten Anforderungen ist damit durch vertragliche Vereinbarung der Parteien ein vollständiger Haftungsausschluß aufgrund eines Rechtsmangels möglich.

2. Normale Gewährleistungsrechte nach Art. 1.478 C.C.

Die Rechtsmängelhaftung ist im spanischen Recht als nachvertragliche Haftung ausgestaltet, die auf Rückgabe des Kaufpreises und Ersatz des Schadens ausgerichtet ist.[508] Dabei handelt es sich um ein spezielles Haftungssystem, die von dem der Nichterfüllung des Vertrages (Art. 1.106 C.C.) und dem der Aufhebung synallagmatischer Verträge wegen Nichterfüllung (Art. 1.124 C.C.) zu unterscheiden ist.[509] Diese besondere Regelung ist erforderlich, da die Entziehung der verkauften Sache unter Umständen erst einige Jahre nach dem Verkauf der Sache erfolgen kann und zudem keine besondere Haftungsfrist vorgesehen ist.

---

505 Albácar López/ Albácar López, Arts. 1.477, S. 379; Bercovitz Rodríguez-Cano/ Peña Lopez, Art. 1.477 C.C. 1.1, S. 1715.

506 So wohl auch MdJ/ Torralba Soriano, Art. 1.478 II, S. 940.

507 Albácar López/ Albácar López, Arts. 1.477, S. 379; Bercovitz Rodríguez-Cano/ Peña Lopez, Art. 1.477 C.C. 1.1, S. 1715; Díez-Picazo/ Gullón, Sistema, S. 275; Lasarte Álvarez, S. 215.

508 Fischer/ Fischer, S. 243.

509 MdJ/ Torralba Soriano, Art. 1.478 II, S. 942; Albaladejo/ Garcia Cantero, Art. 1475 a 1482, VI, S. 319.

Ferner könnte eine uneingeschränkte Anwendung der Haftungsnorm des Art. 1.106 C.C. zu erheblichen Belastungen für den Verkäufer führen, woraus die Haftungsbegrenzung des Art. 1.478 C.C. resultiert.[510] Die Gewährleistungspflicht des Verkäufers ist im Falle der Eviktionshaftung auf eine möglichst umfassende Schadensersatzzahlung gerichtet, durch die der Verlust des Käufers am Eigentum der Sache durch finanzielle Mittel ausgeglichen werden soll.[511] Diesem Grundsatz folgt auch Art. 1.478 C.C, der dem Käufer der Sache einen Katalog an möglichen Rechtsfolgen zur Verfügung stellt. Dabei geht die Regelung zunächst nur vom Fall einer vollständigen Eviktion der Kaufsache aus. Der Regelungskatalog des Art. 1.478 C.C. unterscheidet zudem zwischen der Haftungsverpflichtung des gutgläubigen Verkäufers und der verschärften Haftung des bösgläubigen Verkäufers.

a) Haftung des gutgläubigen Verkäufers

Die Haftung des gutgläubigen Verkäufers im Falle eines Rechtsmangels wird im Rahmen des Art. 1.478 C.C. in den Nummern 1 bis 4 geregelt.

aa) Erstattung des Sachwerts zum Zeitpunkt des Rechtsmangels

Der Verkäufer ist dem Käufer gegenüber verpflichtet, den Wert der Sache zu zahlen, den diese im Moment des Haftungseintritts hat. Obschon das Gesetz vom „Preis" der Kaufsache spricht, ist herrschende Meinung, daß damit der tatsächliche Sachwert gemeint ist.[512] Indem das Gesetz als maßgeblichen Zeitpunkt insoweit den des Eintritts der Eviktion bestimmt, unterwirft es die Kaufsache einer Wertaktualisierung, auf deren Grundlage der Käufer zu entschädigen ist.[513] Dieser aktuelle Wert der Sache kann höher oder niedriger sein, als der Preis den der Käufer dem Verkäufer gezahlt hat. Die Bestimmung des Zeitwertes der Sache muß durch sachkundige Schätzung anhand objektiver Kriterien erfolgen, wobei die Bestimmung an dem Marktwert entsprechender Gegenstände auszurichten ist.[514]

Von besonderer Bedeutung sind in diesem Zusammenhang außergewöhnliche Wertsteigerungen der Sache. Dabei ist umstritten, inwiefern diese bei der Bestimmung des Zeitwerts Berücksichtigung finden können. Eine Ansicht der Li-

---

[510] Albácar López/ Albácar López, Arts. 1.478 I, S. 381; Bercovitz Rodríguez-Cano/ Peña Lopez, Art. 1.478 C.C. 1., S. 1716; Albaladejo/ Garcia Cantero, Art. 1475 a 1482, VI, S. 319; MdJ/ Torralba Soriano, Art. 1.478 II, S. 942.

[511] Albaladejo/ Garcia Cantero, Art. 1475 a 1482 VI, S. 319; Albácar López/ Albácar López, Arts. 1.478, S. 382; Puig Brutau, S. 184, 185.

[512] „La restitución del precio...", Navarro Pérez, S. 522; Albaladejo/ Garcia Cantero, Art. 1475 a 1482 VI A, S. 321; Sierra Gil de la Cuesta/ González Poveda, Art. 1.478 I, S. 397.

[513] Lasarte Álvarez, S. 215.

[514] Navarro Pérez, S. 522; Sierra Gil de la Cuesta/ González Poveda, Art. 1.478 I, S. 397.

teratur lehnt in diesen Fällen die Einbeziehung der Wertsteigerungen in den Haftungsumfang des Verkäufers ab. Dies wird damit begründet, daß eine derartige Wertsteigerung den Verkäufer in unvorhersehbarer und außergewöhnlicher Weise belasten würde. Eine solche Belastung sei auch vor dem Hintergrund der Entschädigungspflicht des Verkäufers nicht gerechtfertigt.[515] Diese Ansicht vermag jedoch vor dem Hintergrund des Regelungsinhalts der Eviktionshaftung nicht zu überzeugen. Der Gesetzgeber stellt ausdrücklich auf den aktuellen Wert der Sache ab und macht darüber hinaus deutlich, daß Wertsteigerungen zu Lasten des Verkäufers gehen. Sofern sich die außergewöhnliche Wertsteigerung aufgrund tatsächlicher Umstände und nicht bloß als Folge einer Neubewertung der alten Umstände darstellt, hat sich die Eigentumslage des Käufers in diesem Umfang real verändert. Da mit der Eviktionshaftung des Verkäufers die Einbuße im Eigentum des Käufers vollumfänglich ausgeglichen werden soll, muß folglich auch ein derartiger Wertzuwachs von der Haftung erfaßt sein.[516] Andernfalls hätte der Gesetzgeber es bei der Orientierung am Kaufpreis der Sache belassen können, um unerwartete Belastungen des Verkäufers auszuschließen. Zudem stellt die Norm zwischen den Parteien insofern ein Risikogleichgewicht her, als unerwartete Wertminderungen in gleichem Umfang zu Lasten des Käufers gehen.

Unabhängig von den außergewöhnlichen Wertsteigerungen richtet sich die Erstattungspflicht des Verkäufers hinsichtlich des Wertes der Sache auch nach dem Anteil, den der Käufer bis zum Haftungseintritt an den Verkäufer gezahlt hat. Sofern beispielsweise Ratenzahlung vereinbart wurde, beschränkt sich die Haftungsverpflichtung auf den bereits geleisteten Anteil.[517]

bb) Erstattung der Früchte und Erträge aus der Kaufsache

Der Käufer kann vom Verkäufer auch die Erstattung der Früchte und Erträge aus der Kaufsache verlangen, sofern er selbst zur Herausgabe an die im Rechtsstreit obsiegende Partei verurteilt worden ist. Mit Abschluß des Kaufvertrages und der Eigentumsübertragung an der Kaufsache wird der Käufer nach Art. 1.468 Abs. 2 C.C. auch Eigentümer der daraus erwachsenden Früchte und Erträge. Sofern der Käufer in dem Rechtstreit mit dem Dritten zur Herausgabe dieser Früchte verurteilt wird, erfährt er somit Einbußen in seinem Eigentumsstand, die er vom Verkäufer ersetzt verlangen kann. Die Norm des Art. 1.478 C.C. bezieht sich dabei ausschließlich auf das Verhältnis von Käufer und Verkäufer, da sich die Herausgabeverpflichtung zwischen Käufer und Drittem nach

[515] Puig Brutau, S. 188; MdJ/ Torralba Soriano, Art. 1.478 II, S. 943.

[516] So auch Albaladejo/ Garcia Cantero, Art. 1475 a 1482, VI A., S. 322.

[517] MdJ/ Torralba Soriano, Art. 1.478 II, S. 942.

den Regelungen der Art. 451 C.C. ff richtet.[518] Die Gesetzesformulierung „Früchte und Erträge“ macht deutlich, daß der Käufer einen Anspruch auf Erstattung von Erträgen jedweder Art hat, seien dies Früchte im natürlichen Sinn, oder zivilrechtliche oder wirtschaftliche Erträge aus der Kaufsache.[519] Maßgeblich für den Erstattungsanspruch des Käufers ist jedoch, daß die geltend gemachten Früchte und Erträge solche sind, die der Käufer nach Kaufvertragsschluß bereits tatsächlich aus der Sache gezogen hat. Erträge, die der Käufer aus der Zeit vor dem Kaufvertragsabschluß, etwa aufgrund eines Mietverhältnisses an der Sache, oder aus anderen Gründen erhalten hat und herausgeben muß, können demgegenüber nicht Gegenstand der Eviktionshaftung des Verkäufers sein.[520]

cc) Erstattung der Prozeßkosten

Der Käufer kann ferner auch die ihm aufgrund der Eviktion entstandenen Prozeßkosten ersetzt verlangen. Die Norm des Art. 1.478 Nr. 3 C.C. erfaßt dabei im Regelungsumfang sowohl den Rechtstreit des Käufers mit dem Dritten, also den die Eviktion bewirkenden Prozeß, als auch den Rechtsstreit, den der Käufer unter Umständen mit dem Verkäufer aus Anlaß der Eviktionshaftung führt. Für den ersten Prozeß ist der Verkäufer dem Kläger zur Kostenerstattung verpflichtet, da die Ursachen dieses Rechtsstreits auf den Verkäufer und seine fehlerhafte Rechtsstellung bei dem Verkauf der Sache zurückgehen, folglich dessen Verantwortungsbereich entstammen und daher auch von diesem zu übernehmen sind. Die Kosten des notwendigen Folgeprozesses hat der Verkäufer zu erstatten, da er durch die außergerichtliche Verweigerung der Anerkennung einer Haftungsverpflichtung den Rechtstreit erforderlich gemacht hat. Auch diese Kosten entstammen daher aus dem Verantwortungsbereich des Verkäufers.[521] Zu beachten ist allerdings, daß es sich bei der Regelung des Art. 1.478 Nr. 3 C.C. nicht um eine Verfahrensnorm des Zivilprozesses handelt.[522] Dies bedeutet, daß sich aus der Norm im Rahmen des Rechtsstreits für das erkennende Gericht keine Verpflichtung zu einer entsprechenden Kostenverteilung ergibt. Sofern das Gericht ausdrücklich eine andere Kostenverteilung ausspricht, findet demnach die in Rede stehende Regelung keine Anwendung. Sofern jedoch der

---

[518] Lasarte Álvarez, S. 216; Bercovitz Rodríguez-Cano/ Peña Lopez, Art. 1.478 C.C. 2., S. 1716.

[519] MdJ/ Torralba Soriano, Art. 1.478 II, S. 943; Albácar López/ Albácar López, Arts. 1.478, S. 382; Albaladejo/ Garcia Cantero, Art. 1475 a 1482, VI A, S. 323.

[520] Navarro Pérez, S. 522; Albaladejo/ Garcia Cantero, Art. 1475 a 1482, VI A, S. 323; Bercovitz Rodríguez-Cano/ Peña Lopez, Art. 1.478 C.C. 2., S. 1716.

[521] MdJ/ Torralba Soriano, Art. 1.478 II, S. 944; Albácar López/ Albácar López, Arts. 1.478, S. 383; Navarro Pérez, S. 522.

[522] Serra Dominguez, S. 326.

Käufer mit den Kosten des Verfahrens belastet wird, oder eine explizite Kostenverteilung unterbleibt, kann der Käufer auf Grundlage von Art. 1.478 Nr. 3 C.C. diese durch den Verkäufer ersetzt verlangen.[523] Der Erstattungsumfang des Klägers beläuft sich grundsätzlich auf diejenigen Kosten, die ihm tatsächlich entstanden sind und die notwendig waren, um den Rechtsstreit voranzubringen.[524] Beurteilungsgrundlage für letzteres Kriterium sind die insoweit einschlägigen Verfahrensvorschriften, so daß etwa Anwaltskosten nicht ersetzt verlangt werden können, wenn eine anwaltliche Vertretung nicht verfahrensrechtlich erforderlich war.[525]

dd) Erstattung der Vertragskosten

Schließlich kann der Käufer auch die ihm entstandenen Vertragskosten vom Verkäufer ersetzt verlangen. Diese Vorschrift nimmt Bezug auf die Normen der Art. 1.455 und Art. 1.465 C.C, die eine Kostenverteilung zu Lasten des Verkäufers vorsehen, dies aber den Parteien zur Disposition stellen. Sofern der Käufer derartige Kosten tatsächlich übernommen hat, ist ihm der Verkäufer zur Erstattung verpflichtet. Dabei ist der Begriff der Vertragskosten in dieser Vorschrift weit auszulegen, so daß neben den eigentlichen Vertragskosten auch angefallene Verwaltungsgebühren und Steuern davon erfaßt werden.[526] Für den Erstattungsrahmen des Verkäufers ergibt sich darüber hinaus noch eine Besonderheit: Sofern der Käufer bei Übernahme der Kosten zuviel gezahlt hat, ist der Verkäufer ihm im Rahmen der Eviktionshaftung nur zur Erstattung der notwendigen Kosten verpflichtet; im umgekehrten Fall einer zu geringen Kostenauslage durch den Käufer hat dieser jedoch nur einen Anspruch auf Erstattung in gleicher Höhe. Da der Käufer in diesem Fall in Höhe des tatsächlich entstandenen Schadens befriedigt wird, besteht auch kein weitergehender Anspruch auf Kostenerstattung.

b) Verschärfte Haftung des bösgläubigen Verkäufers

Sofern der Verkäufer der mangelbehafteten Sache bösgläubig war, wird der Rahmen der ihm obliegenden Haftungsverpflichtung gegenüber dem Käufer zusätzlich zum oben dargestellten Inhalt entsprechend des Art. 1.478 Nr. 5 C.C. erweitert. Danach ist der Verkäufer auch zur Erstattung der sonstigen Schäden,

---

[523] Albácar López/ Albácar López, Arts. 1.478, S. 383; Albaladejo/ Garcia Cantero, Art. 1475 a 1482, VI A, S. 325; MdJ/ Torralba Soriano, Art. 1.478 II, S. 944.

[524] Lasarte Álvarez, S. 216; Albaladejo/ Garcia Cantero, Art. 1475 a 1482, VI A, S. 325; Albácar López/ Albácar López, Arts. 1.478, S. 383.

[525] In diesem Punkt anderer Meinung als die o.g.: Bercovitz Rodríguez-Cano/ Peña Lopez, Art. 1.478 C.C. 2., S. 1717.

[526] Lasarte Álvarez, S. 216; Navarro Pérez, S. 523; MdJ/ Torralba Soriano, Art. 1.478 II, S. 944; Bercovitz Rodríguez-Cano/ Peña Lopez, Art. 1.478 C.C. 2., S. 1717.

Zinsen und solcher Aufwendungen verpflichtet, die der Käufer freiwillig oder zu Liebhaber- und Verschönerungszwecken[527] getätigt hat.

Das Gesetz gibt in diesem Zusammenhang keine weiteren Informationen zu den einzelnen Anspruchsvoraussetzungen, weder hinsichtlich den Anforderungen an die Bösgläubigkeit des Verkäufers, noch bezüglich der einzelnen ersatzfähigen Positionen.

Aus dem Gesetzeskontext heraus ist jedoch erkennbar, daß Bösgläubigkeit des Verkäufers von zwei Komponenten abhängig ist: einerseits von der Kenntnis des Verkäufers von der Möglichkeit eines Rechtsmangels und andererseits von seinem Verhalten gegenüber dem Käufer bei Vertragsschluß. Nach diesen Kriterien beurteilt der Gesetzgeber in Art. 1.486 Abs. 2 C.C. die Bösgläubigkeit des Verkäufers hinsichtlich bestehender verborgener Sachmängel an der Kaufsache; aufgrund der gleichgelagerten Situation sind im Rahmen einer analogen Anwendung diese Kriterien auch vorliegend als Beurteilungsgrundlage heranzuziehen.[528] Die Beurteilung der Bösgläubigkeit des Verkäufers hat dabei stets unter Berücksichtigung des konkreten Sachverhalts zu erfolgen, wobei insbesondere auch eventuelle Kenntnisse des Käufers für eine Verneinung derselben ausschlaggebend sein können. Obschon das Gesetz in diesem Punkt zu Kenntnissen des Käufers keine Stellung nimmt, ist eine entsprechende Einbeziehung dennoch sachgerecht, da in derartigen Fällen eine Haftungsverschärfung zu Lasten des Verkäufers nicht gerechtfertigt ist.[529] Sofern sich die Bösgläubigkeit des Verkäufers nicht vollumfänglich nachweisen läßt, ist somit stets zugunsten des Verkäufers von seinem guten Glauben bei Vertragsschluß auszugehen, die Haftungsverschärfung folglich zu verneinen.[530] Im Falle einer Bösgläubigkeit des Verkäufers ist dieser nach Art. 1.478 Nr. 5 C.C. zunächst zum Ersatz der weiteren Schäden des Käufers verpflichtet. Das Gesetz selbst spricht nur von Schäden, doch können aus Gründen der Überschneidung insoweit nur Schadenspositionen gemeint sein, die beim Käufer nach Übergabe der Kaufsache eintreten und die nicht von den Nummern 1 bis 4 der Regelung erfaßt werden.[531] Demnach sind ersetzungsfähige Schadenspositionen in diesem Sinne sämtliche aufgrund des Mangels erlittenen Vermögensminderungen im Sinne von Art. 1.106 C.C. ff, die der Käufer nicht bereits bei Gutgläubigkeit des Verkäufers erhält.

---

527 „Los daños e intereses y los gastos voluntarios o de puro recreo u ornato, ...".

528 Albácar López/ Albácar López, Arts. 1.478, S. 384; Albaladejo/ Garcia Cantero, Art. 1475 a 1482, VI A, S. 326; Sierra Gil de la Cuesta/ González Poveda, Art. 1.478 I, S. 397.

529 MdJ/ Torralba Soriano, Art. 1.478 II, S. 944; Albaladejo/ Garcia Cantero, Art. 1475 a 1482, VI A, S. 327.

530 Albácar López/ Albácar López, Arts. 1.478, S. 384.

531 Bercovitz Rodríguez-Cano/ Peña Lopez, Art. 1.478 C.C. 3., S. 1717; Albácar López/ Albácar López, Arts. 1.478, S. 384.

Da die gesetzliche Regelung insgesamt auf die vollkommene Schadensfreistellung im Rahmen der Eviktionshaftung ausgerichtet ist, ist in diesem Fall auch der entgangene Gewinn des Käufers als ersatzfähig anzusehen.[532] Unter der Position der „Zinsen“ sind diejenigen finanziellen Aufwendungen des Käufers zu verstehen, die dieser jenseits der Kaufpreiserbringung zur Realisierung des Erwerbs und zur Verteidigung desselben im Prozeß auf sich genommen hat.[533] Hinsichtlich der Liebhaber- und Verschönerungsaufwendungen zugunsten der Sache sind nur solche Ausgaben des Käufers erfaßt, die nicht bereits im aktuellen Wert der Sache nach Nr. 1 der Regelung Berücksichtigung gefunden haben[534], da es ansonsten zugunsten des Käufers zu einer zweifachen Schadensfreistellung kommt. Diese Position umfaßt solche Aufwendungen, die zwar der Sache zugute kommen, deren tatsächlicher Wert sich jedoch nicht in einer Wertsteigerung der Gesamtsache widerspiegelt.[535]

3. Rechte des Käufers bei Teileviktion

Sofern die Kaufsache nicht vollständig, wie dies die Regelung von Art. 1.478 C.C. voraussetzt, sondern nur zum Teil zu Lasten des Käufers mit einem Rechtsmangel beschwert ist, sind hinsichtlich der Rechtsfolgen zwei Fälle zu unterscheiden.

a) Normale Teileviktion der Kaufsache

Der erste Fall einer Teileviktion, in dem der Käufer nur einen Teil der Kaufsache herauszugeben hat, ist durch das Gesetz in Art. 1.475 und 1.480 C.C. nicht ausdrücklich geregelt. Hinsichtlich der erforderlichen Tatbestandsvoraussetzungen ergeben sich bis auf diesen entscheidenden Punkt insoweit keine Unterschiede für einen Haftungsanspruch des Käufers.[536] In diesen Fällen einer Teilentziehung der Kaufsache ergeben sich im Grundsatz keine Unterschiede zu der oben dargestellten Regelung des Art. 1.478 C.C. Der Käufer kann folglich sämtliche Rechte aus der Eviktionshaftung in dem Umfang geltend machen, in dem

---

[532] Bercovitz Rodríguez-Cano/ Peña Lopez, Art. 1.478 C.C. 3., S. 1717; Albácar López/ Albácar López, Arts. 1.478, S. 384; a.M.: Albaladejo/ Garcia Cantero, Art. 1475 a 1482, VI A, S. 328.

[533] Lasarte Álvarez, S. 216; Bercovitz Rodríguez-Cano/ Peña Lopez, Art. 1.478 C.C, S. 1717; Albaladejo/ Garcia Cantero, Art. 1475 a 1482, VI A, S. 328.

[534] Navarro Pérez, S. 524; Albácar López/ Albácar López, Arts. 1.478, S. 385; Albaladejo/ Garcia Cantero, Art. 1475 a 1482, VI A, S. 328.

[535] Mit dem Beispiel einer Schönheitsreparatur in einem Haus, Navarro Pérez, S. 524.

[536] Bercovitz Rodríguez-Cano/ Peña Lopez, Art. 1.479 C.C. 1., S. 1717; Albácar López/ Albácar López, Arts. 1.479, S. 387.

er durch den teilweise bestehenden Rechtsmangel betroffen ist.[537] Die Verpflichtung des Verkäufers zur Haftung beläuft sich dabei auf den Teilwert der Sache, die von dem Rechtsmangel betroffen ist, dem Ersatz sämtlicher Früchte und Erträge zu deren Herausgabe der Käufer im konkreten Fall verurteilt wurde, dem Ersatz aller gegebenenfalls anfallenden Prozeßkosten, sowie eines Anteils der vom Käufer verauslagten Vertragskosten.[538] Im Falle der Bösgläubigkeit erfolgt eine Haftungserweiterung des Verkäufers in ebendiesem Maße, je nach vorliegender Teileviktion.

b) Teileviktion der Kaufsache im Sinne des Art. 1.479 C.C.

Davon zu unterscheiden ist jedoch der zweite mögliche Fall einer Teileviktion, bei dem die teilweise Beschwerung der Sache mit einem Rechtsmangel der Mangelhaftigkeit der gesamten Sache gleichzustellen ist.[539] Diese Art von Teileviktion ist in Art. 1.479 C.C. in das Gesetz aufgenommen worden. Dabei unterscheidet das Gesetz einerseits gemäß Art. 1.479 Abs. 1 C.C. den Fall, daß der Käufer einen Teil der gesamten Kaufsache aufgrund des Mangels verliert, der maßgeblich für seine Kaufentscheidung war. Andererseits regelt Art. 1.479 Abs. 2 C.C. den Fall, daß der Käufer mit einem einzigen Vertrag mehrere Sachen gekauft hat und ihm eine von diesen entzogen wird.

Im Falle des Absatzes 1 kann der Käufer, sofern der entzogene Teil im Verhältnis zur gesamten Kaufsache von solcher Bedeutung ist, daß er die Sache ohne diesen Teil nicht gekauft hätte, die Vertragsaufhebung verlangen. Damit knüpft der Gesetzeswortlaut die mögliche Rechtsfolge an ein subjektives Kriterium aus der Sphäre des Käufers. Die Überprüfung dieser Voraussetzung obliegt dabei dem entscheidenden Gericht, das sich in dieser Frage jedoch an objektiven Anhaltspunkten orientieren kann.[540] Als solche kommen neben dem Anteil des beim Käufer verbleibenden Sachteils und dessen Restwert auch die Art des Kaufgegenstands und die ursprüngliche Verwendungsabsicht in Betracht. Allerdings ist der Käufer in diesem Falle verpflichtet, die Sache nicht mit mehr Belastungen als sie beim Erwerb bereits hatte, zurückzugeben. Hat der Käufer die Sache bereits belastet, muß er diese wieder beseitigen, bevor er die Rückabwicklung verlangen kann.[541] Im Falle des Absatzes 2 kann sich der Käu-

---

[537] Castan Tobeñas, S. 130; Albaladejo/ Garcia Cantero, Art. 1475 a 1482, VI, S. 331; MdJ/ Torralba Soriano, Art. 1.478 II, S. 944.

[538] Lasarte Álvarez, S. 217; Albaladejo/ Garcia Cantero, Art. 1475 a 1482, VI, S. 350; Albácar López/ Albácar López, Arts. 1.479, S. 387.

[539] Puig Brutau, S. 189; Díez-Picazo/ Gullón, Sistema, S. 275; Navarro Pérez, S. 527

[540] Bercovitz Rodríguez-Cano/ Peña Lopez, Art. 1.479 C.C. 2., S. 1718; Albácar López/ Albácar López, Arts. 1.479, S. 388; Navarro Pérez, S. 527.

[541] Albaladejo/ Garcia Cantero, Art. 1475 a 1482, VI C, S. 331; Bercovitz Rodríguez-Cano/ Peña Lopez, Art. 1.479 C.C. 2., S. 1718.

fer ebenfalls auf Vertragsaufhebung berufen, sofern feststeht, daß er eine Sache nicht ohne die andere gekauft hätte. Dazu ist es notwendig, daß der Kauf der in Rede stehenden Sachen sich in einem einzigen Vertrag verwirklicht hat und der Wille, alle Dinge zusammen zu erwerben, nach außen deutlich geworden ist.

Die Rechtsfolge der Rückabwicklung des Vertrags stellt eine Sonderregelung zugunsten des Käufers dar. Dies bedeutet, daß der Käufer sich auch in diesen Fällen für das Behalten der ihm verbleibenden Restsache entscheiden kann und dann lediglich die einfache Teileviktionshaftung entsprechend Art. 1.478 C.C. wählt.[542]

4. Beweislast im Rahmen der Gewährleistung

Die Beweislast der jeweiligen Voraussetzungen für die Gewährleistungsansprüche bei Rechtsmängeln obliegt vollumfänglich dem Käufer. Insoweit gilt der Grundsatz, daß der Anspruchsteller sämtliche Voraussetzungen seines Anspruchs darlegen und beweisen muß. Insbesondere in den Fällen, in denen das Gesetz dem Käufer besondere Rechtsfolgen zur Verfügung stellt, muß dieser seiner Beweislast gerecht werden, um in den Genuß eines ihm günstigen Haftungsumfangs zu gelangen. Dies gilt insbesondere für den Nachweis der Bösgläubigkeit im Rahmen des Art. 1.478 C.C. und der subjektiven Kriterien im Rahmen des Art. 1.479 C.C.

5. Verjährung der Rechtsmängelhaftung

Eine Verjährungsvorschrift für die Haftung des Verkäufers für Rechtsmängel ist im spanischen Recht nicht ausdrücklich vorgesehen. Da es sich um einen persönlichen Anspruch des Käufers handelt, ist insofern für die Gewährleistungsansprüche aus Art. 1.478 C.C. die generelle Verjährungsfrist des Art. 1.964 Alt. 2 C.C. einschlägig, so daß eine Frist von 15 Jahren gilt. Hinsichtlich der Frist des Art. 1.479 C.C. wird teilweise in der Literatur eine kürzere Frist vertreten, da es sich um einen Sonderfall der Nichterfüllung handele.[543] Gegen diese Ansicht und für die Annahme einer Sonderregelung der Gewährleistung spricht jedoch bereits die dem Wortlaut des Art. 1.479 C.C. zu entnehmende Absicht des Gesetzgebers, dem Käufer ein Wahlrecht für die Rechtsfolgen einzuräumen. Ferner ist nicht überzeugend zu erklären, warum der Käufer bei einer Teileviktion über die inhaltliche Begrenzung seiner Rechte je nach Grad der Betroffenheit zusätzlich mit einer verkürzten Frist belastet wird. Somit gilt auch für die Rechtsfolgen des Art. 1.479 C.C. die allgemeine Gewährleistungsfrist des Art. 1.964 Alt. 2 C.C. von 15 Jahren.[544]

---

[542] Albaladejo/ Garcia Cantero, Art. 1475 a 1482, VI, S. 330, 331; Castan Tobeñas, S. 130; MdJ/ Torralba Soriano, Art. 1.479 II, S. 946.

[543] Díez-Picazo/ Gullón, Sistema, S. 276.

[544] MdJ/ Torralba Soriano, Art. 1.479 II, S. 946; Cecchini Rosell, S. 165.

Da es ebenfalls an einer bestimmten Regelung für den Fristbeginn fehlt, richtet sich dieser nach Art. 1.969 C.C. Als Anfangstag muß daher der Tag gelten, an dem das Urteil des Dritten gegen den Käufer in Rechtskraft erwächst, denn ab diesem Tag kann der Käufer nach Art. 1.475 und 1.971 C.C. seine Rechte geltend machen.

6. Individualvereinbarungen bezüglich der Gewährleistung

Die Möglichkeit der Vertragsparteien, hinsichtlich der Rechtsmangelhaftung anderweitige Vereinbarungen zu treffen, ergibt sich unmittelbar aus dem Gesetz, das die Haftungsvorschriften in Art. 1.475 Abs. 3 C.C. ausdrücklich zur Disposition stellt. Diese Möglichkeit ist eine direkte Folge aus dem Charakter der Gewährleistung als unmittelbares Element des Kaufvertrages.[545] Diese Dispositionsbefugnis über die Gewährleistungsrechte besteht jedoch nicht uneingeschränkt, sondern findet nach Art. 1.476 C.C. und Art. 1.477 C.C. ihre Grenzen insbesondere im bösgläubigen Handeln des Verkäufers zu Lasten des Käufers.[546]

II. Käuferrechte beim Sachmangel

Die Rechtsfolgenregelungen zugunsten des Käufers im Fall eines Sachmangels an der Kaufsache werden in den Art. 1.486 bis 1.488 C.C. geregelt. Darin wird dem Käufer ein Wahlrecht eingeräumt, das er gegenüber dem Verkäufer auszuüben hat. Aufgrund der identischen Voraussetzungen der einzelnen Rechtsfolgen, ist der Käufer in seiner Wahl vollkommen frei.[547] Dabei steht es ihm offen, entweder von dem Vertrag zurückzutreten, oder eine Minderung des Kaufpreises zu verlangen.

1. Rücktritt vom Vertrag gem. Art. 1.486 Abs. 1 Alt. 1 C.C.

Sofern sich der Käufer im Rahmen des Wahlrechts für den Rücktritt nach Art. 1.486 Abs. 1 Alt. 1 C.C. entscheidet, wird das Kaufvertragsverhältnis rückabgewickelt. Der Rücktritt vom Vertrag erfolgt dabei mit Wirkung ex tunc, so als ob zwischen den Parteien niemals eine vertragliche Beziehung bestanden hätte.[548] Im Rahmen der Durchführung des Rücktritts bestehen für beide Vertrags-

---

[545] STS 26.12.1896 –CJ; t. 80.2° núm.91-; STS 07.06.1995, RJ 1995, 4630; Lasarte Álvarez, S. 217.

[546] Albácar López/ Albácar López, Arts. 1.475 – 1.476, S. 373; Navarro Pérez, S. 513; Bercovitz Rodríguez-Cano/ Peña Lopez, Art. 1.475 C.C. 2., S. 1714.

[547] STS 25.01.1957, RJ 1957, 372; Albácar López/ Albácar López, Arts. 1.485 – 1.486 I, S. 286; Lasarte Álvarez, S. 219.

[548] Albaladejo/ Garcia Cantero, Art. 1484 a 1490, V, S. 348; Puig Brutau, S. 197.

parteien Verpflichtungen, um eine Auflösung des Vertrags zu bewirken.[549] Die Verpflichtung des Käufers besteht darin, die Kaufsache an den Verkäufer zurückgeben. Obschon dies in Art. 1.486 nicht ausdrücklich geregelt ist, muß er die Sache in demselben Zustand zurückgeben, den sie zum Zeitpunkt des Kaufs hatte. Dies ergibt sich zum einen durch einen Vergleich mit der Regelung der Viehkaufsgewährleistung, die dies ausdrücklich vorschreibt.[550] Darüber hinaus ergibt sich eine Verpflichtung des Käufers zur Rückgabe der Kaufsache im ursprünglichen Zustand aus der Intention des Gesetzes, mit dem Rücktritt des Käufers vom Vertrag den Zustand wieder herzustellen, der vor Vertragsschluß bestand. Die Befreiung des Käufers von Belastungen einer mangelhaften Kaufsache muß sinnvoller Weise in Art und Umfang so erfolgen, daß das Ergebnis auch vollumfänglich den ursprünglichen Zustand darstellt. Dies bedeutet, daß der Käufer im Falle des Rücktritts einerseits den Wertverlust zu vertreten hat, der auf Verschlechterungen aufgrund des normalen Gebrauchs und damit auf ein dem Käufer zurechenbares Verhalten zurückgeht.[551] Nicht von dieser Verpflichtung erfaßt werden jedoch solche Verschlechterungen, die auf den Mangel der Sache zurückzuführen sind.[552] Hat der Käufer die Kaufsache in irgendeiner Form belastet oder verändert, so muß er für den Fall seines Rücktrittsbegehrens die Sache wieder von diesen Lasten befreien.[553] Sofern die Kaufsache durch den Käufer nicht mehr in den ursprünglichen Zustand versetzt werden kann und der Käufer somit seiner Verpflichtung nicht mehr nachkommen kann, ist ihm der Rücktritt vom Vertrag verwehrt, sein Wahlrecht beschränkt sich in diesen Fällen auf eine Minderung des Kaufpreises.[554] Andererseits hat der Käufer auch sämtliche Früchte, die er in der Zeit seines Besitzes aus der Sache gezogen hat, herauszugeben.[555] Im Gegenzug erhält der Käufer die Kosten ersetzt, die er aufgewendet hat. Diese Formulierung der Verpflichtung des Verkäufers ist weit gefaßt und umgrenzt den inhaltlichen Rahmen der Rücktrittsverpflichtungen und damit das Gewährleistungsrisiko des Verkäufers.[556] Der Verkäufer muß dem Käufer folglich neben dem eigentlichen Kaufpreis auch sämtliche Aufwendun-

---

[549] Navarro Pérez, S. 563; Llácer Matacás, S. 122; Albácar López/ Albácar López, Arts. 1.485 – 1.486 I, S. 286.

[550] MdJ/ Morales Moreno, Art. 1.486 II, S. 960; Albácar López/ Albácar López, Arts. 1.485 – 1.486 I, S. 286; Albaladejo/ Garcia Cantero, Art. 1484 a 1490, V, S. 348.

[551] Llácer Matacás, S. 123; Albácar López/ Albácar López, Arts. 1.485 – 1.486 I, S. 286.

[552] Albaladejo/ Garcia Cantero, Art. 1484 a 1490, V, S. 348.

[553] Bercovitz Rodríguez-Cano/ Peña Lopez, Art. 1.486 C.C. 2., S. 1727.

[554] Albácar López/ Albácar López, Arts. 1.485 – 1.486 I, S. 287.

[555] Llácer Matacás, S. 123; MdJ/ Morales Moreno, Art. 1.486 II, S. 960.

[556] Bercovitz Rodríguez-Cano/ Peña Lopez, Art. 1.486 C.C. 2., S. 1727.

gen, wie z.B. Vertrags- und Transportkosten, Gebühren und Steuern, die dieser im Rahmen des Kaufgeschäfts getätigt hat, ersetzen.[557] Ein Anspruch auf Schadensersatz ist allerdings nicht davon erfaßt.[558] Umstritten ist, ob im Rahmen der Rücktrittsabwicklung eine Aufrechnung der sich gegenüberstehenden Verpflichtungen von Käufer und Verkäufer erfolgen kann. Für eine derartige Möglichkeit spricht zunächst die einfachere Rückabwicklung ohne einen wechselseitigen Austausch der einzelnen Positionen. Allerdings ist zumindest eine automatische Aufrechnung bestehender Positionen im Rahmen des Rücktritts abzulehnen, da zum einen dieses Institut im spanischen Recht nicht bekannt ist und auch in anderem Kontext nicht angewandt wird. Zum anderen darf nicht übersehen werden, daß nicht jede Investition in eine Sache für die Vertragsparteien denselben Wert hat, so daß eine zwangsläufige Aufrechnung zum Nachteil einer Partei führen könnte. Darüber hinaus kann eine derartige Aufrechung nur dann in Betracht kommen, wenn sich Verpflichtungen in vergleichbarer Art und Weise gegenüberstehen.[559]

2. Minderung gem. Art. 1.486 Abs. 1 Alt. 2 C.C.

Die zweite Möglichkeit, für die sich der Käufer in Ausübung seines Wahlrechts entscheiden kann, ist die sogenannte „acción estimatoria“ bzw. „acción quanti minoris“. Dabei handelt es sich um das Rechtsinstitut der Minderung. Bei dieser Art der Gewährleistung nach Art. 1.486 Abs. 1 Alt. 2 C.C. bleibt der Vertrag zwischen den Parteien bestehen und wird nur hinsichtlich einer wesentlichen Vertragsbestimmung an die bestehende Sachlage angepaßt.[560] Mit Ausübung dieses Wahlrechts ist es dem Käufer folglich möglich, durch ein Herabsetzen des Kaufpreises für die mangelhafte Sache die Ausgewogenheit der vertraglichen Leistungen wiederherzustellen.[561] Dazu muß der Verkäufer den Teil des Kaufpreises, in dessen Höhe er sich aufgrund der Eigenschaft der Kaufsache bereichert hat, herausgeben und damit den wirtschaftlichen Schaden des Käufers ausgleichen.[562] Maßgeblich für die vorzunehmende Preisanpassung ist dabei

---

[557] MdJ/ Morales Moreno, Art. 1.486 IV, S. 960, 961; Bercovitz Rodríguez-Cano/ Peña Lopez, Art. 1.486 C.C. 2., S. 1727; Albaladejo/ Garcia Cantero, Art. 1484 a 1490, V, S. 349 ; Löber/ Peuster/ Piltz, Spanisches Kaufrecht, S. 220.

[558] Fuchs, S. 59; Llácer Matacás, S. 123.

[559] Albaladejo/ Garcia Cantero, Art. 1484 a 1490, V, S. 349; Llácer Matacás, S. 124.

[560] STS 04.06.1992, RJ 1992, 4992; Albácar López/ Albácar López, Arts. 1.485 – 1.486 I, S. 287; Bercovitz Rodríguez-Cano/ Peña Lopez, Art. 1.486 C.C. 3., S. 1727.

[561] MdJ/ Morales Moreno, Art. 1.486 IV, S. 960; Llácer Matacás, S. 133.

[562] Llácer Matacás, S. 133.

nicht der aktuelle Wert der Sache, sondern der tatsächlich gezahlte Kaufpreis.[563] Die Minderung ist in dem Maße zu gewähren, die eine mangelbehaftete Sache auf dem Markt billiger als eine vertragsgemäße -und damit mangelfreie- Sache wäre, ohne daß eine Berücksichtigung des hypothetischen Kaufpreises, den der Käufer bei Kenntnis des Mangels für die Sache gezahlt hätte, stattfindet.[564] Obschon das Gesetz im Falle einer Minderung die Bestimmung des relevanten Betrags dem Urteil von Sachverständigen zuspricht, steht es zunächst den Parteien frei, sich auf einen konkreten Minderungsbetrag zu einigen.[565] Dies ergibt sich als direkte Folge der Vertragsfreiheit der Parteien, die es ihnen insoweit gestattet, Inhalt und Gestaltung der Verträge nach gemeinsamen Vorstellungen vorzunehmen. Sofern eine derartige Einigung über den Minderungsbetrag zwischen den Parteien nicht möglich ist, muß die Minderung auf dem Rechtsweg durchgesetzt werden. In diesen Fällen muß gemäß dem Gesetzeswortlaut des Art. 1.486 Abs.1 Alt. 2 C.C. der Minderungsbetrag auf Grundlage einer Sachverständigeneinschätzung festgesetzt werden. Der Sachverständige stellt dabei zunächst die Mängel der Kaufsache fest und ermittelt darüber den Minderungsbetrag.[566] Diese Einschaltung von Sachverständigen bildet ein objektives Element[567] im Rahmen der Gewährleistung durch Minderung und ist so besonders geeignet, den Parteien, die sich nicht auf einen Minderungsbetrag einigen konnten, den schließlich ermittelten Betrag nachvollziehbar zu machen. Jedoch ist hervorzuheben, daß die Sachverständigen zwar eine Einschätzung des Minderungsbetrags abgeben, die endgültige Festsetzung desselben jedoch allein dem entscheidenden Richter vorbehalten bleibt, der nicht zwingend an die Sachverständigeneinschätzung gebunden ist.[568]

3. Haftungsverschärfung nach Art. 1.486 Abs. 2 C.C.

Die Verpflichtung des Verkäufers zur Gewährleistungshaftung erfährt im Rahmen von Art. 1.486 Abs. 2 C.C. eine Verschärfung, sofern dieser den Mangel der Sache kannte, aber nicht dem Käufer offenbarte. Der Käufer hat in einem solchen Fall der Bösgläubigkeit des Verkäufers grundsätzlich sämtliche Rechte

---

[563] MdJ/ Morales Moreno, Art. 1.486 III, S. 960; Albácar López/ Albácar López, Arts. 1.485 – 1.486 I, S. 287.

[564] STS 28.04.1992, RJ 1992, 6197; MdJ/ Morales Moreno, Art. 1.486 III, S. 960; Bercovitz Rodríguez-Cano/ Peña Lopez, Art. 1.486 C.C. 3., S. 1727.

[565] Llácer Matacás, S. 134; Albácar López/ Albácar López, Arts. 1.485 – 1.486 I, S. 287.

[566] STS 10.06.1952, RJ 1952, 1513; Albaladejo/ Garcia Cantero, Art. 1484 a 1490, V, S. 350; MdJ/ Morales Moreno, Art. 1.486 III, S. 960.

[567] Bercovitz Rodríguez-Cano/ Peña Lopez, Art. 1.486 C.C. 3., S. 1727; Llácer Matacás, S. 134.

[568] Llácer Matacás, S. 134.

aus Art. 1.486 Abs. 1 C.C. Sofern er sich jedoch für die Rückabwicklung des Vertrags entscheidet, kann er zusätzlich zu den bereits dargestellten Rechtsfolgen einen Anspruch auf Schadensersatz geltend machen. Dieser Regelungsgehalt der Norm stellt formal betrachtet einen Fremdkörper im Regelungsbereich der Gewährleistung dar, denn es handelt sich dabei nicht um einen Gewährleistungsanspruch, sondern um eine Rechtsfolgenausgestaltung des Grundsatzes der culpa in contrahendo. Der spanische Gesetzgeber hat die Vorschrift dennoch in diesen Regelungsbereich aufgenommen, da die Problematik des Verschweigens eines Mangels stets im Zusammenhang mit einer entsprechenden Gewährleistungsverpflichtung des Verkäufers auftritt.[569] Darüber hinaus fällt an der Regelung auf, daß der Schadensersatzanspruch nur für den Fall des Rücktritts vom Vertrag bestehen soll, die Ausübung des Wahlrechts zugunsten der Minderung dem Käufer jedoch keinen derartigen Anspruch gewährt.[570] Für diese Einschränkung werden verschiedene Gründe angeführt. Einerseits wird dargelegt, daß der Käufer auch nach Minderung die Sache und den ihr innewohnenden Minderwert gleichsam als Schadensersatz weiter behalten würde, was eine darüber hinausgehende Regelung unnötig mache. Dieses Argument vermag letztlich jedoch nicht zu überzeugen, denn in der Regel wird der Restwert der beim Käufer verbleibenden Sache bereits bei der Berechnung des Minderungsbetrags umfassend berücksichtigt, so daß eine nochmalige Berücksichtigung als Schadensersatz nach dieser Ansicht den Käufer letztlich doch benachteiligen würde. Überzeugender ist demgegenüber die Annahme, daß der Käufer, der sich in Kenntnis des Mangels für eine Minderung entscheidet und am Vertrag festhält, die Sache nach Durchführung der Minderung als vertragsgemäß akzeptiert. In diesem Fall ist es jedoch nicht erforderlich, dem Käufer darüber hinaus auch einen Schadensersatzanspruch zu gewähren, da er insoweit keinen Schaden erlitten hat.[571] Dieses Argument macht zudem bereits eine wesentliche Voraussetzung des Anspruchs aus Art. 1.486 Abs. 2 C.C. deutlich: der Käufer muß bereits einen tatsächlichen Schaden erlitten haben. Der Schadensbegriff im Sinne der Norm umfaßt dabei sowohl das negative wie auch das positive Vertragsinteresse des Käufers. Dieser Schaden muß aufgrund eines Mangels an der Kaufsache entstanden sein, von dem der Verkäufer fundierte Kenntnis hatte.[572] Die Kenntnis des Verkäufers ist insoweit von besonderer Bedeutung, da im Gegensatz zur einfachen Gewährleistung in diesem Fall ein Verschulden des Verkäufers vorliegen muß. Um ausgehend vom Gesetzeswortlaut eine Verstärkung des Käuferschutzes zu erreichen, kommt Art. 1.486 Abs. 2 C.C. nicht nur zur Anwendung,

---

[569] MdJ/ Morales Moreno, Art. 1.486 VI, S. 961.

[570] Dies ausdrücklich feststellend STS 14.06.1996, RJ 1996, 4770.

[571] Navarro Pérez, S. 566 ; MdJ/ Morales Moreno, Art. 1.486 VI, S. 961.

[572] Navarro Pérez, S. 566; Albaladejo/ Garcia Cantero, Art. 1484 a 1490, V, S. 351.

wenn der Verkäufer tatsächlich den Mangel kannte, sondern auch wenn er den Mangel hätte kennen müssen. Dies wird angenommen, wenn er selbst Sachverständiger ist oder einen solchen zum Vertragsschluß herangezogen hat.[573] Der Verkäufer darf die ihm bekannten Mängel nicht dem Käufer mitgeteilt haben. Eine entsprechende Verpflichtung zur Mitteilung aller bekannten Mängel ergibt sich auch nach spanischem Recht aus dem Prinzip von Treu und Glauben beim Vertragsschluß.[574] Für dieses Verhalten des Verkäufers, daß den Schadensersatzanspruch des Käufers auslöst, lassen sich im einzelnen verschiedene Grade der Vorwerfbarkeit definieren, von der einfachen Fahrlässigkeit des Verkäufers, bis zur bewußten Verschleierung der Mängel in der Absicht, den Kaufpreis hochzuhalten.[575] Allen Abstufungen gemeinsam ist jedoch das haftungsauslösende Element im Rahmen des Art. 1.486 C.C. Darüber hinaus werden vom Gesetzgeber strenge Anforderungen an eine ordnungsgemäße Aufklärung des Käufers über den konkreten Mangel der Kaufsache gestellt. Diese muß deutlich und unmißverständlich sein, um einen Anspruch des Käufers ausschließen zu können.[576]

4. Sonderregelungen für den Untergang der Sache

Das Gesetz sieht zugunsten des Käufers weitere Regelungen für den Fall vor, daß die mangelbehaftete Sache nach Vollzug des Kaufvertrags untergeht. Dabei wird hinsichtlich des Rechtsfolgenumfangs danach unterschieden, ob die Sache aufgrund des Mangels selbst, Art. 1.487 C.C, oder durch Zufall bzw. aufgrund eines Verschuldens des Käufers, Art. 1.488 C.C, untergeht. Ziel dieser Regelungen ist es, zu verhindern, daß der Verkäufer einer mangelbehafteten Sache besser gestellt wird und faktisch in den Genuß einer Bereicherung kommt, weil der Käufer seine Gewährleistungsrechte aufgrund des Untergangs nicht mehr durchsetzen könnte.[577] Auch diese Regelungen sind folglich Ausgestaltungen des im Código Civil herrschenden Grundsatzes, daß der Verkäufer stets das Risiko verdeckter Mängel der Kaufsache zu tragen hat.[578]

---

[573] Albaladejo/ Garcia Cantero, Art. 1484 a 1490, V, S. 351; Navarro Pérez, S. 566.

[574] Sog. „buena fe contractual", Bercovitz Rodríguez-Cano/ Peña Lopez, Art. 1.486 C.C. 4., S. 1728.

[575] Mit der Darstellung der einzelnen Verschuldensgrade: MdJ/ Morales Moreno, Art. 1.486 VI, S. 961.

[576] Albaladejo/ Garcia Cantero, Art. 1484 a 1490, V, S. 351.

[577] Navarro Pérez, S. 575; Albaladejo/ Garcia Cantero, Art. 1484 a 1490, VI, S. 355.

[578] STS 13.12.1980, RJ 1980, 4748; Llácer Matacás, S. 124.

a) Regelung des Art. 1.487 C.C.

Die Regelung des Art. 1.487 C.C. betrifft die Fälle, in denen die Kaufsache aufgrund des Mangels untergeht. In diesen Fällen hat der Käufer dieselbe Möglichkeit, vom Vertrag zurückzutreten, als wenn die Sache nicht untergegangen wäre. Inhaltliche Unterschiede ergeben sich aus der Situation nur insoweit, als der Käufer nicht die Sache zurückgeben muß. Diese Einschränkung gilt jedoch nur für die Kaufsache selbst, sofern der Käufer zum Zeitpunkt des Untergangs der Sache bereits Früchte aus ihr gezogen hat, muß er diese im Rahmen des Rücktritts an den Käufer herausgeben.[579] Diesbezüglich bedarf der Käuferschutz keiner Sonderregelung, so daß insoweit wieder die Intention des Gesetzes, mit dem Rücktritt die tatsächliche Vermögenslage vor dem Kauf wiederzuspiegeln, Beachtung findet. Wenn der Verkäufer in diesen Fällen den Mangel kannte, ist er dem Käufer zum Tragen sämtlicher Folgen verpflichtet. Der Käufer kann dann neben der Erstattung des Kaufpreises und der Vertragskosten auch Schadensersatz vom Verkäufer verlangen, so daß der Verkäufer dem Käufer folglich das negative Interesse ersetzen muß.[580] Der erweiterte Haftungsumfang begründet sich mit der Bösgläubigkeit des Verkäufers.

Sofern der Verkäufer den Mangel nicht kannte, kann der Käufer nur den Kaufpreis und die von ihm getragenen Vertragskosten verlangen. In diesen Fällen fehlt es an einer verantwortlichen Täuschung des Verkäufers, so daß eine weitergehende Haftung auf Schadensersatz nicht in Betracht kommt. Insofern entspricht das Ergebnis dem aus Art. 1.486 Abs. 1 Alt. 1 C.C. Da sich die Rechte des Käufers auf dem Grundsatz des vertragsgemäßen Verhaltens nach Art. 1.258 C.C. begründen, ist in diesen Fällen der Käufer selbst dazu verpflichtet, das Risiko der Verschlechterung der Sache zu minimieren und dem Verkäufer den Zustand der Sache umgehend mitzuteilen.[581]

Der Gesetzeswortlaut behandelt in Art. 1.487 C.C. nur den Fall des vollständigen Untergangs der Kaufsache aufgrund des Mangels. Daher wird durch das Gesetz auch nur die Rechtsfolge des Rücktritts vom Vertrag behandelt, denn eine Minderung des Kaufpreises, unter Einberechnung des Sachrestwertes, macht bei einer untergegangenen Sache keinen Sinn. Für den Fall, daß die Kaufsache aufgrund des Mangels nicht vollständig untergegangen, sondern nur beeinträchtigt und verschlechtert ist, kann aber eine Minderung des Kaufpreises für den Käufer sinnvoll sein. In diesen Fällen ist davon auszugehen, daß der Wortlaut der Regelung des Art. 1.487 C.C. nicht abschließend ist, sondern dem Käufer auch die Möglichkeit der Minderung offensteht. Dafür spricht einerseits die generelle Intention des Gesetzgebers, mit der Vorschrift das Risiko der Mangel-

---

579 Bercovitz Rodríguez-Cano/ Peña Lopez, Art. 1.487 C.C. 2., S. 1728.

580 Llácer Matacás, S. 125.

581 MdJ/ Morales Moreno, Art. 1.487 V, S. 963.

folgen dem Verkäufer aufzuerlegen und so den Käufer in seinen Rechten zu stärken. Andererseits spricht für diese Möglichkeit ein Vergleich mit den Vorschriften des Viehkaufs, die in Art. 1.498 C.C. eine vergleichbare Regelung enthalten. Ein Rückschluß aus diesen Regelungen auf die generellen Vorschriften ist dem Gesetz ebenfalls nicht fremd, wie sich aus Art. 1.492 C.C. ergibt.[582] Sofern sich der Käufer in diesen Fällen für eine Minderung entscheidet, erfolgt die Minderung des Kaufpreises entsprechend der Differenz zwischen dem tatsächlich bezahlten Kaufpreis und dem reellen Marktwert in Kenntnis der Mängel und Beeinträchtigungen. Der für die Wertberechung relevante Beurteilungszeitraum ist folglich der aktuelle Berechnungszeitpunkt und nicht der des Vertragsschlusses.[583] Sofern sich der Käufer für den Rücktritt vom Vertrag entscheidet, ergeben sich keine Unterschiede zur sonstigen Regelung. Die Tatsache, daß der Käufer die Kaufsache nicht im ursprünglichen Zustand zurückgeben kann, sondern nur beeinträchtigt, fällt in den Risikobereich des Verkäufers, da es sich dabei um direkte Auswirkungen des Mangels handelt, die ebenfalls dem Risikobereich des Verkäufers entstammen.[584]

b) Regelung des Art. 1.488 C.C.

Im Zusammenhang mit der voranstehenden Regelung erfaßt Art. 1.488 C.C. die Fälle, in denen die mangelhafte Kaufsache durch Zufall oder ein Verschulden des Käufers untergeht. Der Käufer kann dann vom gutgläubigen Verkäufer nach Art. 1.488 Abs. 1 C.C. die Erstattung des Kaufpreises abzüglich des Zeitwertes der untergegangenen Sache verlangen. Dies bedeutet, daß auch in diesen Fällen der Verkäufer das Risiko eines Minderwerts der Sache aufgrund des Mangels trägt.[585] Sofern die Sache nur durch den Mangel beeinträchtigt und nicht gänzlich untergegangen ist, kann der Käufer wie im Rahmen von Art. 1.487 C.C. zwischen dem Rücktritt vom Vertrag und der Minderung des Kaufpreises wählen. Im Falle des Rücktritts ist der Verkäufer dann zu einem Austausch der Sache gegen einen die Beeinträchtigung berücksichtigenden verminderten Kaufpreis verpflichtet.[586] Der im Rahmen der Minderung zu berechnende Kaufpreis berechnet sich nach dem Sachwert zum Zeitpunkt des Kaufs, ohne Berücksichtigung der Beeinträchtigungen, die in diesem Fall zu Lasten des Käufers ge-

---

[582] MdJ/ Morales Moreno, Art. 1.487 V, S. 963.

[583] Bercovitz Rodríguez-Cano/ Peña Lopez, Art. 1.487 C.C. 3., S. 1729; MdJ/ Morales Moreno, Art. 1.487 V, S. 963.

[584] Bercovitz Rodríguez-Cano/ Peña Lopez, Art. 1.487 C.C. 3., S. 1729.

[585] MdJ/ Morales Moreno, Art. 1.488 IV, S. 965; Navarro Pérez, S. 576.

[586] Llácer Matacás, S. 127; Bercovitz Rodríguez-Cano/ Peña Lopez, Art. 1.488 C.C. 2., S. 1730.

hen.[587] Zwar trifft das Gesetz keine Aussage darüber, wie der genaue Minderbetrag im relevanten Zeitpunkt festzustellen ist, doch sprechen dieselben Gründe wie bei der Regelung des Art. 1.486 C.C. auch in diesem Fall für das Hinzuziehen eines Sachverständigen.[588]

Im Falle der Bösgläubigkeit des Verkäufers ist dieser gemäß Art. 1.488 Abs. 2 C.C. dem Käufer zum Schadensersatz und der Zinsen verpflichtet. Diese Regelung stellt keine Sachmängelhaftung im engen Sinne dar, da der Verkäufer hier für Schäden herangezogen wird, mit deren Entstehung er nichts zu tun hat. Da der Verkäufer in diesen Fällen jedoch bösgläubig gehandelt und gegen seine Mitteilungspflicht verstoßen hat, greift insoweit die Schadensersatzpflicht des Verkäufers aus dem Grundsatz der culpa in contrahendo.[589] Zudem findet die Regelung im Haftungssystem der Gewährleistung ihren Platz, da sie verhindert, daß der Verkäufer von mangelhaften Sachen durch den bloßen Zufall deren Untergangs den Haftungsforderungen des Käufers entgeht.[590]

5. Beweislast im Rahmen der Gewährleistung

Zur praktischen Durchsetzung der verschiedenen Gewährleistungsansprüche aufgrund des Bestehens eines Sachmangels an der Kaufsache ist neben dem Vorliegen der einzelnen Voraussetzung auch deren Nachweisbarkeit von Bedeutung. Die Beweislast der jeweiligen Voraussetzungen für die Gewährleistungsansprüche obliegt dabei vollumfänglich dem Käufer. Insoweit gilt der Grundsatz, daß der Anspruchsteller sämtliche Voraussetzungen seines Anspruchs darlegen und beweisen muß.[591] Dies umfaßt sowohl die Nachweispflicht für das Vorliegen des Mangels, dessen Bestehen und Beachtlichkeit zum Zeitpunkt des Kaufs, als auch die Beweislast für die Kenntnis des Verkäufers, sowie die Kausalität von Mangel und Untergang der Kaufsache.[592] Sofern aufgrund der Wesensart des Mangels oder sonstiger besonderer Umstände eine Ausnahme von diesem Grundsatz zu machen ist, ist dies dem Gesetz unmittelbar zu entnehmen.[593]

---

[587] MdJ/ Morales Moreno, Art. 1.488 IV, S. 965; Bercovitz Rodríguez-Cano/ Peña Lopez, Art. 1.488 C.C. 2., S. 1730.

[588] Albácar López/ Albácar López, Arts. 1.487 – 1.488, S. 291; Navarro Pérez, S. 576.

[589] Bercovitz Rodríguez-Cano/ Peña Lopez, Art. 1.488 C.C. 2., S. 1730.

[590] Albaladejo/ Garcia Cantero, Art. 1484 a 1490, VI B, S. 355; Fuchs, S. 61.

[591] Navarro Pérez, S. 554.

[592] Navarro Pérez, S. 554, 575; Albaladejo/ Garcia Cantero, Art. 1484 a 1490, VI B, S. 345.

[593] So etwa die Ausnahmeregelung des Art. 1.491 Abs. 2 C.C, s.u.

6. Bezugnahmeregelung des Art. 1.492 C.C. in Verbindung mit Art. 1.491 C.C.

Eine wichtige Sonderregelung für die Sachmängelgewährleistung des Käufers enthält Art. 1.492 C.C. Diese Regelung nimmt Bezug auf Art. 1.491 C.C. aus dem Bereich des Viehkaufs und erweitert dessen Regelungsbereich auf den generellen Kauf von Sachen, unabhängig davon, ob es sich um bewegliche oder unbewegliche Güter handelt.[594]

Die in Bezug genommene Norm des Art. 1.492 C.C. aus dem Viehkauf regelt die Rechte des Käufers für den Fall der Gewährleistung im Rahmen eines Kaufs mehrerer Sachen. Ein Kauf mehrerer Sachen im Sinne dieser Regelung liegt vor, wenn sämtliche Kaufsachen Gegenstand eines einzigen Vertrags sind. Dies gilt unabhängig davon, ob lediglich ein Gesamtkaufpreis vereinbart wurde oder Einzelpreise für jede der Sachen in den Kaufvertrag aufgenommen wurden.[595] Demnach kommt grundsätzlich eine Gewährleistung für eine mangelbehaftete Sache nur für die konkrete Sache selbst, nicht auch für die übrigen –gesunden bzw. ordnungsgemäßen- Kaufgegenstände in Betracht. Vor diesem Hintergrund sieht Halbsatz 2 des Absatzes 1 von Art. 1.491 C.C. eine Ausnahmeregelung des Grundsatzes vor. Der Grundsatz der Gewährleistungsbeschränkung soll nicht gelten, wenn deutlich wird, daß der Käufer die übrigen Sachen nicht ohne die mangelhafte Sache gekauft hätte. Das Gesetz formuliert damit die wesentliche Voraussetzung der Ausnahmeregelung als ausschließlich subjektives Kriterium des Käufers. Um das daher bestehende Risiko einer nicht nachprüfbaren Lösung des Käufers vom gesamten Vertrag zu Lasten des Verkäufers zu verhindern und auch in diesen Fällen ein Mindestmaß an Vertragssicherheit zu erhalten, muß dieses subjektive Kriterium in objektiven Vertragsumständen seine Entsprechung finden. Entsprechende Anhaltspunkte können sich aus den begleitenden Umständen der Vertragsverhandlungen, dem vereinbarten Vertragszweck, der Bewertung früherer Geschäfte der Vertragsparteien und auch aus der Art der Preisgestaltung ergeben.[596] Die Beweislast für diese Voraussetzung obliegt grundsätzlich in diesem Fall nach den allgemeinen Regeln dem Käufer.[597] Allerdings enthält Art. 1.491 Abs. 2 C.C. eine weitere Besonderheit. Denn diese Regelung enthält eine gesetzliche Vermutung zugunsten des Käufers, daß er die ordnungsgemäßen Kaufgegenstände nicht ohne die mangelhafte Sache gekauft

[594] Die Tatsache, daß diese Norm im Bereich des Viehkaufs ins Gesetz aufgenommen worden ist, hat historische Gründe aus der Zeit der Entstehung des C.C, als der Viehkauf von erheblicher Bedeutung war. (Albácar López/ Albácar López, Arts. 1.492, S. 300).

[595] Bercovitz Rodríguez-Cano/ Peña Lopez, Art. 1.491 C.C. 1., S. 1733; Albaladejo/ Garcia Cantero, Art. 1491 a 1499, III, S. 401.

[596] Albácar López/ Albácar López, Arts. 1.492, S. 301; Bercovitz Rodríguez-Cano/ Peña Lopez, Art. 1.491 C.C. 2., S. 1734.

[597] Albaladejo/ Garcia Cantero, Art. 1491 a 1499, III, S. 401; Navarro Pérez, S. 599.

hätte, sofern es sich um einen Wurf, ein Gespann, ein Paar oder einen Satz von Sachen[598] handelt. In diesen Fällen obliegt die Beweislast gegen eine entsprechende Kaufintention beim Verkäufer.[599] Die Aufzählung der Voraussetzungen, die das Gesetz für die gesetzliche Vermutung nennt, ist nicht abschließend, so daß auch entsprechende Sacheinheiten jenseits des Viehkaufs Berücksichtigung finden können.[600]

Hinsichtlich der Rechtsfolgen dieser Regelung ergibt sich damit für den Käufer, der die Einheit des gesamten Geschäfts nachweisen kann, die Möglichkeit, von diesem Geschäft insgesamt zurückzutreten. Insoweit greift die generelle Gewährleistungsvorschrift des Art. 1.486 C.C, so daß der Verkäufer gegen Rücknahme der Kaufgegenstände zur Erstattung des gesamten Kaufpreises sowie sonstiger Kosten des Käufers verpflichtet ist. Wenn es dem Käufer nicht gelingt, die Einheitlichkeit des Geschäfts nachzuweisen, bleiben seine Gewährleistungsrechte auf die konkrete mangelhafte Sache begrenzt. In diesem Fall erhält der Käufer gegen Rückgabe der betroffenen Sache den vertraglich festgelegten Einzelwert oder einen entsprechenden Anteil der Gesamtkosten vom Verkäufer ausgezahlt. Obschon sich die Regelung des Art. 1.491 C.C. ausschließlich auf den Rücktritt als Gewährleistungsrecht des Käufers beschränkt, ist in der Literatur anerkannt, daß dem Käufer auch die Möglichkeit der Minderung in diesen Fällen offensteht.[601] In diesen Fällen richten sich der Minderungsumfang und die Berechnung ebenfalls wieder danach, welche Kaufpreisvereinbarung zwischen den Parteien besteht. Sofern für jede Sache ein einzelner Kaufpreis vereinbart worden ist, erfolgt die Minderung im üblichen Rahmen durch Herabsetzung des Kaufpreises der betroffenen Sache.[602] Ist jedoch ein Gesamtkaufpreis vereinbart worden, soll im Rahmen der Minderung eine proportionale Herabsetzung des Kaufpreises unter Berücksichtigung des Gesamtminderwertes aller Kaufsachen aufgrund der Mangelhaftigkeit der einen Sache und nicht nur um den Minderwert der konkret betroffenen Sache erfolgen.[603]

---

[598] Zur Übersetzung der einzelnen spanischen Begriffe s. Sohst, Art. 1491 C.C, S. 259, der allerdings „Wurf" mit „Zug" wiedergibt; Scaevola, Art. 1.491 y 1.492 C.C. 4. S. 652, der auch kurze Erläuterungen zu den Begriffen „tiro, yunta, pareja, juego" anführt.

[599] MdJ/ Morales Moreno, Art. 1.491 III, S. 971; Scaevola, Art. 1.491 y 1.492 C.C. 4. S. 653.

[600] Albaladejo/ Garcia Cantero, Art. 1491 a 1499, III, S. 402; Scaevola, Art. 1.491 y 1.492 C.C. 4. S. 653.

[601] Statt aller: Bercovitz Rodríguez-Cano/ Peña Lopez, Art. 1.491 C.C. 2., S. 1734; Navarro Pérez, S. 599.

[602] Navarro Pérez, S. 599.

[603] Bercovitz Rodríguez-Cano/ Peña Lopez, Art. 1.491 C.C. 2., S. 1734; Navarro Pérez, S. 599; Albaladejo/ Garcia Cantero, Art. 1491 a 1499, III, S. 401, jeweils unter Verweis auf García Goyena, S. 755.

Mit dieser Vorgehensweise ist es möglich, auch im Rahmen der Minderung den Charakter des Kaufs als Gesamtgeschäft, bei dem die Gesamtleistung dem Käufer mehr bedeutet als die bloße Summe sonstiger Einzelkäufe, beizubehalten. Dies ist nicht zuletzt deshalb erstrebenswert, da der Käufer durch sein Minderungsbegehren gerade zeigt, daß er an dem zugrundeliegenden Geschäftsgedanken auch unter den „verschlechterten" Bedingungen festhalten möchte. Nur so wird die Wiederherstellung des Vertragsgleichgewichts unter Berücksichtigung dieser Vertragsbesonderheit der Gesetzesintention des Gewährleistungsrechts vollumfänglich gerecht.

Nicht im Gesetz geregelt ist die Frage, ob die dargelegten Regelungsfolgen auch in den Fällen gelten sollen, in denen es sich nicht um mehrere Sachen, sondern um eine teilbare Einzelsache handelt. Eine entsprechende Anwendung der Regelung auch in diesen Fällen wird in der Literatur bejaht, sofern die Sache unproblematisch teilbar ist und diese Eigenschaft auch Niederschlag im Vertrag gefunden hat oder der Sache im allgemeinen Geschäftsverkehr die Teilbarkeit zugesprochen wird.[604] Die Ansicht stützt die Anwendung auf einen Vergleich mit der Vorschrift des Art. 1.479 Abs. 1 C.C, der diesbezüglich die Parallelvorschrift im Rahmen der Eviktion darstellt. Aus dem Regelungsgehalt dieser Vorschrift läßt sich, auch in Anerkennung der Unterschiede der jeweiligen rechtlichen Situation, als argumentum e contrario die generelle Möglichkeit der Gewährleistung in Teilbereichen einer Sache herleiten. Hinzu kommt, daß auch die Regelung des Art. 1.491 C.C. den Gedanken der Teilbarkeit im Rahmen der Sachmängelgewährleistung deutlich zum Ausdruck bringt.[605]

7. Verjährung der Sachmängelhaftung, Art. 1.490 C.C.

Entgegen der Regelungen über die Rechtsmängelgewährleistung ist für die Ansprüche des Käufers aufgrund von Sachmängeln in Art. 1.490 C.C. eine Verjährungsfrist bestimmt. Diese beträgt für die Ansprüche aus Art. 1.485 bis 1.489 C.C. eine Dauer von sechs Monaten. Die Tatsache, daß die Formulierung des Geltungsbereichs für Ansprüche „aus den vorangehenden fünf Artikeln" den Art. 1.484 C.C. nicht mit erfaßt, ist zwar mißverständlich jedoch insoweit unerheblich, als sich die Ansprüche im Rahmen der Gewährleistung ohnehin aus Art. 1.486 C.C. ergeben.[606] Die Rechtsnatur der Frist ist nach wie vor umstritten, sowohl in der Rechtsprechung als auch in der Literatur wird die Ansicht, es

---

[604] Bercovitz Rodríguez-Cano/ Peña Lopez, Art. 1.492 C.C. 2., S. 1734; MdJ/ Morales Moreno, Art. 1.492 II, S. 972.

[605] MdJ/ Morales Moreno, Art. 1.492 II, S. 972; Bercovitz Rodríguez-Cano/ Peña Lopez, Art. 1.492 C.C. 2., S. 1734.

[606] STS 22. 12 1971, RJ 1971, 5399; Albaladejo/ Garcia Cantero, Art. 1484 a 1490, IX, S. 388, 389; MdJ/ Morales Moreno, Art. 1.490 II, S. 968; Bercovitz Rodríguez-Cano/ Peña Lopez, Art. 1.490 C.C. 1., S. 1732.

handele sich um eine Verjährungsfrist[607] ebenso vertreten wie die Einordnung als Verwirkungsfrist[608]. Hintergrund dieser umstrittenen Einordnung und ihrer Relevanz ist die Frage, ob die Frist eine Unterbrechung zuläßt oder nicht. Zudem ergeben sich wesentliche Unterschiede hinsichtlich der Rechtsstellung des Verkäufers aus dieser Einordnung. So bedarf es bei Vorliegen einer Verjährungsfrist nach Ablauf der sechs Monate einer Einrede des Verkäufers, um die Rechte des Käufers zu unterbinden, während bei Annahme einer Verwirkungsfrist bereits der bloße Zeitablauf die Rechtsausübung durch den Kläger unmöglich macht. Zudem kann nur die Verjährungsfrist durch Maßnahmen des Käufers unterbrochen werden. Diese Unterschiede machen bereits die Folgen der jeweiligen Entscheidung deutlich: Die Anhänger der Charakterisierung als Verjährungsfrist verfolgen eine käufergünstigere Lösung, die eine Verlängerung der Vertragsunsicherheit zu Lasten des Käufers bedeutet. Demgegenüber favorisieren die Vertreter der Charakterisierung als Verwirkungsfrist eine klar umrissene Zeitspanne der Vertragsunsicherheit aufgrund möglicher Gewährleistungsrechte. Diese Ansicht kommt eher dem Verkäufer entgegen, da die gesetzliche Frist von sechs Monaten recht kurz bemessen ist. Die Vertreter der Ansicht, es handele sich um eine Verjährungsfrist[609], begründen dies in erster Linie damit, daß eine starre Frist von nur sechs Monaten zu kurz sei, um den ihrer Ansicht nach verfolgten Regelungszweck zu erreichen. Demnach brauche der Käufer eine gewisse Zeit um eine eventuelle Mangelhaftigkeit der Kaufsache festzustellen. Für den Fall eines Mangels benötige er darüber hinaus auch Zeit, um zunächst eine Klärung zwischen den Parteien zu versuchen, bevor er den Rechtsweg beschreite.[610] Eine besondere Eile bei der endgültigen Abwicklung der Kaufverträge, wie sie etwa im Handelsverkehr bestehe, gebe es bei den in Rede stehenden Geschäften ohnehin nicht.[611] Vor diesem Hintergrund sei zumindest die Möglichkeit einer Unterbrechung des Fristablaufs notwendig, was für die Annahme einer Verjährungsfrist spreche.[612] Die Ansicht, es handele sich um eine Verjährungsfrist teilte auch die Rechtsprechung in einigen früheren Entscheidungen.[613] In den überwiegenden, insbesondere den neueren Entscheidungen spricht sich die Rechtsprechung jedoch in Übereinstimmung mit

---

[607] „plazo de prescripción", zur deutschen Übersetzung s. auch Sohst, Art. 1.490 C.C, S. 259.

[608] „plazo de caducidad", zur deutschen Übersetzung s. auch Sohst, Art. 1.490 C.C, S. 259.

[609] Bercovitz Rodríguez-Cano/ Peña Lopez, Art. 1.490 C.C. 1., S. 1732; Albaladejo/ Garcia Cantero, Art. 1484 a 1490, IX, S. 391.

[610] Bercovitz Rodríguez-Cano/ Peña Lopez, Art. 1.490 C.C. 1., S. 1732.

[611] Albaladejo/ Garcia Cantero, Art. 1484 a 1490, IX, S. 391.

[612] Bercovitz Rodríguez-Cano/ Peña Lopez, Art. 1.490 C.C. 1., S. 1732; Albaladejo/ Garcia Cantero, Art. 1484 a 1490, IX, S. 393.

[613] Z.B.: STS 07.06.1909 ; STS 08.11.1958; STS 12.02.1988, RJ 1988, 941.

der Mehrheit der Literatur für die Annahme einer Verwirkungsfrist aus.[614] Die Vertreter dieser Ansicht[615] stützen sich zunächst auf den Wortlaut des Gesetzes. Die Norm des Art. 1.490 C.C. spricht davon, daß die Gewährleistungsrechte des Käufers mit Ablauf der Frist „erlöschen“.[616] Bereits die Verwendung dieses Begriffs legt die Annahme einer Verwirkungsfrist nahe, denn aufgrund des Erlöschens bzw. Fortfalls sämtlicher Rechte bedarf es der Erhebung von Einreden durch den Verkäufer nicht. Die Ansicht vertritt ferner, daß der Gesetzgeber in seiner Wortwahl eindeutig sei, da ihm für die Schaffung einer Verjährungsfrist eine Vielzahl anderer Formulierungen zur Verfügung gestanden hätte.[617] Dieses Argument gewinnt nicht zuletzt durch einen Vergleich mit anderen Fristvorschriften im Código Civil an Überzeugungskraft. Beispielsweise ist der Gesetzeswortlaut der Norm des Art. 1.472 C.C. so ausgestaltet, daß die voranstehenden Ansprüche „verjähren“.[618] Bei ansonsten vergleichbarem Regelungsgehalt und Ausgestaltung der Norm hat der Gesetzgeber dort folglich eine eindeutig andere Formulierung zur Schaffung einer Verjährungsfrist gewählt. Zudem ist zu bemerken, daß durchaus eine Notwendigkeit nach einer kurzen Frist in diesem Regelungskontext zu begründen ist. Einerseits besteht eine Beweisschwierigkeit zu Lasten des Käufers bezüglich der Mangelhaftigkeit der Sache; die mit größer werdendem Zeitablauf ansteigenden Beweisschwierigkeiten lassen eine längere Frist bereits nicht sinnvoll erscheinen.[619] Zum anderen bewirkt die Kürze der Frist auch eine Sicherheit der Vertragsverhältnisse und kommt damit der Sicherheit im Rechtsverkehr generell zugute. Folgt man damit dieser letztlich überzeugenderen Ansicht, so ergibt sich aus dem Charakter der Verwirkungsfrist auch, daß diese nicht durch Handlungen des Käufers unterbrochen werden kann.[620]

Unabhängig von der Charakterisierung der Frist besteht hinsichtlich des sonstigen Regelungsgehalts der Norm Einigkeit. Danach ist der maßgebliche

---

614 Z.B.: STS 22.05.1965, RJ 1965, 3013; STS 06.11.1995, RJ 1995, 8077; STS 07.06.1996, RJ 1996, 4825; STS 29.11.1999, RJ 1999, 9137.

615 Navarro Pérez, S. 590; Díez-Picazo/ Gullón, Sistema, S. 280; MdJ/ Morales Moreno, Art. 1.490 II, S. 968; Sánchez Jáurequi, Art. 1.490 C.C, S. 693; Albácar López/ Albácar López, Arts. 1.492, S. 293; auch Brüggemann, S. 116; Sohst, Art. 1.490 C.C, S. 259.

616 „Las acciones ... se extinguierán...“, zur Übersetzung des Ausdrucks vgl. auch Sohst, Art. 1.490 C.C, S. 259.

617 Navarro Pérez, S. 590; Sánchez Jáurequi, Art. 1.490 C.C, S. 693.

618 „Las acciones ... prescribirán ...“, zur Übersetzung des Ausdrucks vgl. auch Sohst, Art. 1.472 C.C, S. 256.

619 Albácar López/ Albácar López, Arts. 1.492, S. 293.

620 Albácar López/ Albácar López, Arts. 1.492, S. 294; Albaladejo/ Garcia Cantero, Art. 1484 a 1490, IX, S. 393.

Zeitpunkt des Fristbeginns der Moment der tatsächlichen Übergabe der Kaufsache. Der Fristablauf wird zu Recht an diesen Tag geknüpft, da der Käufer mit der Übergabe der Kaufsache erstmalig die Möglichkeit hat, diese auf Mängel zu untersuchen. Die Bestimmung der Fristdauer richtet sich ebenfalls nach den allgemeinen Vorschriften, so daß mit einer Monatsdauer von 30 Tagen, ohne Einberechnung des Ausgangstags und mit Ablauf am Ende des letzten Fristtages zu rechnen ist.[621]

8. Individualvereinbarungen bezüglich der Gewährleistung

Die zuvor besprochenen Rechtsfolgen im Rahmen der Gewährleistung, zu der der Verkäufer dem Käufer unabhängig von seiner eigenen (Un-) Kenntnis der Mängel wie dargestellt verpflichtet ist, können durch die Vertragsparteien geändert werden. Dies stellt der spanische Gesetzestext in Art. 1.485 Abs. 2 C.C. mit Deutlichkeit klar, indem er im Falle der Unkenntnis des Verkäufers von der Mangelhaftigkeit der Sache Individualvereinbarungen der Parteien als möglichen Ausschlußgrund der gesetzlichen Verpflichtung anerkennt.[622] Die Vorschrift des Art. 1.485 Abs. 2 C.C. ist insoweit als Parallelvorschrift der Sachmängelgewährleistung zu Art. 1.476 C.C. anzusehen. Die erforderliche Unkenntnis des Käufers besteht dann nicht, wenn er positive Kenntnis von dem Mangel der Sache hat, oder seine Unkenntnis durch sein nachlässiges Verhalten begründet ist, er den Mangel also eigentlich kennen müßte.[623] Die Vereinbarung zwischen den Vertragsparteien kann ausdrücklich oder konkludent erfolgen.[624] In letzterem Fall kann sich auch aus einer Auslegung des Vertrags ein Gewährleistungsausschluß ergeben. Sofern der Verkäufer bei Abschluß der Vereinbarung des Haftungsausschlusses nicht in gutem Glauben war, ist die vereinbarte Klausel vollumfänglich nichtig.[625]

D. Garantien im spanischen Kaufrecht

Ebenso wie im deutschen Recht, ist es auch nach spanischem Recht möglich, für eine Kaufsache Garantien zu geben. Ferner gibt es im spanischen Recht verschiedene Arten von Garantien, die sich in Ausgestaltung und Rechtsfolgen unterscheiden.

---

[621] Albaladejo/ Garcia Cantero, Art. 1484 a 1490, IX, S. 393; Albácar López/ Albácar López, Arts. 1.492, S. 294.

[622] STS 11.02.1991, RJ 1991, 1192; Lasarte Álvarez, S. 219; Díez-Picazo/ Gullón, Sistema, S. 279.

[623] Navarro Pérez, S. 561.

[624] Badenes Gasset, S. 657; Bercovitz Rodríguez-Cano/ Peña Lopez, Art. 1.485 C.C. 2., S. 1726.

[625] Navarro Pérez, S. 561; Sohst, Art. 1.485 C.C, S. 258.

I. Garantiebegriff im spanischen Kaufrecht

Das Gesetz selbst sieht keine Definition des Begriffes „Garantie“ vor. Das spanische Recht nutzt den insoweit nicht eindeutig umrissenen Begriff aus diesem Grund in unterschiedlichen Verwendungsweisen. Gemeinsam ist allen Verwendungsarten des Begriffes jedoch, daß der Verkäufer bei Abgabe einer Garantie dem Käufer Rechte für den Fall einräumt, daß die Kaufsache nicht den vereinbarten Anforderungen entspricht.

1. Garantie im Sinne von Gewährleistung

Eine Art der Verwendung des Begriffes setzt die Garantie mit der allgemeinen kaufrechtlichen Gewährleistung gleich. Dies beruht darauf, daß der Código Civil die Verpflichtungen des Verkäufers, die ihm durch Art. 1.461 C.C. auferlegt werden, als „saneamiento“, also Gewährleistung bezeichnet, während die Literatur in diesem Kontext häufig von einer „garantía“, also einer Garantie spricht.[626] Insofern deckt sich die Garantie folglich mit der allgemeinen gesetzlichen Sach- und Rechtsmängelgewährleistung. Demnach bedeutet Garantie in diesem Sinne das gesetzlich angeordnete Eintreten für ein bestimmtes Risiko der Unzufriedenheit eines Vertragspartners.[627] Eine Unterscheidung zwischen selbständigen und unselbständigen Garantien im Rahmen des Código Civil wird dabei nicht gemacht.

2. Selbständige Garantien des Verkäufers

Davon zu unterscheiden sind die selbständigen Garantien des Verkäufers, die dieser bei Vertragsschluß dem Käufer gegenüber eingeht. Dabei handelt es sich um die freiwillige Übernahme des Risikos der Unzufriedenheit des Vertragspartners.[628] Die Wirkung dieser Garantien beschränkt sich daher auf die Vertragsparteien, sofern eine Bezugnahme der Haftung auf die Sache, unabhängig von der besitzenden Person nicht ausdrücklich aus der Erklärung zu erkennen ist.[629] Diese Arten der Garantien können in ihrer Ausgestaltung und ihrem Inhalt von verschiedener Art sein und ebenso spezielle Rechtsfolgeregelungen beinhalten. Identisch ist bei allen Ausgestaltungen dieser Garantien, daß sie stets aus zwei Teilen bestehen: einerseits dem Versprechen des Verkäufers, daß sich die Sache zumindest für einen bestimmten Zeitraum in perfektem (Normal) Zustand befindet und andererseits seine Erklärung zur Übernahme der Verantwortung,

---

[626] Castan Tobeñas, S. 121.

[627] „...atribución *(ex lege)* de un determinado riesgo...“, MdJ/ Morales Moreno, Art. 1.485 IV, S. 958.

[628] „...asunción *(ex voluntate)* o atribución *(ex voluntate)* de un determinado riesgo...“, MdJ/ Morales Moreno, Art. 1.485 IV, S. 958.

[629] Carlón, RDM 1973 (127), S. 63.

wenn die Sache in der betreffenden Zeit einen Schaden erleidet.[630] Die für die Rechtsfolgen maßgebliche Ausgestaltung dieser Garantievereinbarungen richtet sich in der Regel nach den Handelsgebräuchen innerhalb der einschlägigen Branche.[631] In ihrer Wirkung sind sie häufig besser als Versprechen der Übernahme eines bestimmten Risikos, etwa der Funktionstüchtigkeit oder der Funktionsdauer zu verstehen, ohne daß jedoch eine Begrenzung des Versprechens auf ein ordnungsgemäßes Funktionieren zwingend ist.[632] Ihre Rechtsfolgen greifen unabhängig von einer Verantwortlichkeit.[633] Dennoch stellt eine Garantieklausel eine Kompromißlösung der Parteien dar, die den Interessen beider Seiten gerecht wird. Denn selbst im Falle einer Haftung des Verkäufers kann sich dieser, etwa bei einer Verpflichtung zur Reparatur, zumindest den Anspruch auf vollständige Kaufpreiszahlung erhalten. Eine Garantie kann durch den Verkäufer mittels Aufnahme einer speziellen Garantieklausel in den Kaufvertrag oder durch Abschluß eines eigenen Garantievertrages übernommen werden. Die Übernahme dieser Garantien bedeutet nicht den Ausschluß der gesetzlichen Verpflichtung zur Gewährleistung, auch dann nicht, wenn sie einen anderen oder weitergehenden Inhalt als die gesetzlichen Regelungen haben.[634] Bei Auftreten eines Garantiefalles ist in diesen Fällen jedoch zunächst die Garantie in Anspruch zu nehmen, da sie als spezielles vertragliches Recht den allgemeinen gesetzlichen Regelungen vorgeht.[635] Ein Ausschluß der gesetzlichen Regelungen muß sich zweifelsfrei aus dem Vertrag erkennen lassen und ist nur wirksam, wo die Willensfreiheit der Parteien die Gewährleistung ausschließen kann. Die Möglichkeit, derartige Garantien abzuschließen, besteht bei neuen Sachen gleichermaßen wie bei gebrauchten Gütern.[636] Aufgrund der jüngsten Entwicklungen auf dem Gebiet des Verbraucherschutzes und die in diesem Rahmen erfolgte gesetzliche Ausgestaltung von Garantien wird der Anwendungsbereich solcher, nur aufgrund des Parteiwillens frei vereinbarter Garantien eingeschränkt. Insoweit hat sich die gesetzliche Ausgestaltung der Vereinbarungsmöglichkeiten im Geschäftsverkehr angepaßt.

---

[630] Carlón, RDM 1973 (127), S. 40, 42.

[631] Carlón, RDM 1973 (127), S. 39, 63.

[632] Die Begrenzung auf eine sog. „garantía de buen funcionamiento" ist zwar in der Praxis weit verbreitet, greift hinsichtlich des möglichen Spektrums allerdings zu kurz, s. dazu auch Carlón, RDM 1973 (127), S. 43.

[633] MdJ/ Morales Moreno, Art. 1.485 IV, S. 958.

[634] Carlón, RDM 1973 (127), S. 39, 57.

[635] MdJ/ Morales Moreno, Art. 1.485 IV, S. 958.

[636] Carlón, RDM 1973 (127), S. 66.

II. Sonderregelungen für Garantien im Verbrauchsgüterkauf

Der spanische Gesetzgeber hat in der Vergangenheit damit begonnen, die Regelungen der Vertragsverhältnisse, insbesondere auf dem Gebiet des Verbrauchsgüterkaufs, den aktuellen Verhältnissen in der Wirtschaft und dem Verbraucherverhalten anzupassen. Dies betrifft auch den Bereich des Verbraucherschutzes, für den die Regelungen des Código Civil alleine als nicht ausreichend erkannt wurden. Aus diesem Anlaß hat der spanische Gesetzgeber in verschiedenen Einzelgesetzen Regelungen bezüglich Garantien zugunsten des Käufers vorgenommen.[637] Derartige Garantien kommen folglich nicht nur aufgrund eines Willensentschlusses des Verkäufers zustande, sie können sich vielmehr auch aufgrund eines dieser Gesetze ergeben. Im Rahmen der vorliegenden Untersuchung werden die drei wesentlichen Sonderregelungen für Garantien im Verbrauchsgüterkauf in der zeitlichen Reihenfolge ihres Inkrafttretens dargestellt. Dabei handelt es sich um das spanische Verbraucherschutzgesetz (LGDCU)[638] von 1984, das Einzelhandelskaufgesetz (LOCM)[639] aus dem Jahr 1996, sowie das Garantiegesetz vom 10. Juli 2003 (LGVBC), das zur Umsetzung der europäischen Verbrauchsgüterkaufrichtlinie verabschiedet wurde.

1. Garantie nach dem Verbraucherschutzgesetz

Die Übernahme einer derartigen Garantie sieht das spanische Verbraucherschutzgesetz von 1984 in Art. 11 LGDCU vor. Bei diesem Gesetz handelt es sich um eine Haftungssystematik, die sowohl vertragliche wie außervertragliche Ansprüche für das Produkthaftungsrecht konkretisiert. Davon werden auch Ansprüche auf Gewährleistung erfaßt, die ebenfalls dem allgemeinen Vertragsrecht zuzuordnen sind. Die relevanten Vorschriften sind in Kapitel III des Gesetzes zusammengefaßt, das den Schutz der wirtschaftlichen Interessen der Verbraucher zum Regelungsgegenstand hat und in dem Art. 11 LGDCU eine wesentliche Stellung einnimmt.[640] Die Normen des LGDCU sind ergänzend zu denen des Código Civil auf die Vertragsverhältnisse anzuwenden.[641]

---

[637] Rubido de la Torre, S. 13.

[638] Ley General para la Defensa de los Consumidores y Usuarios (LGDCU), Ley 26/1984 vom 19.07.1984, BOE Nr. 176 vom 24.07.1984.

[639] Ley 7/1996 de Ordenación del Comercio Minorista (LOCM), vom 15.01.1996, BOE 17.01.1996, geändert durch Ley 47/2000 vom 19.12.2002, BOE 20.12.2002.

[640] Kapitel III, Art. 7 – 11 LGDCU, „Protección de los intereses económicos y sociales".

[641] Löber/ Peuster/ Odenbach, Spanisches Produkthaftungsrecht, S. 199; Fischer, KC, S. 60; Torres Lana, S. 791, 804.

a) Anwendungsbereich des LGDCU

Da es sich bei dem Gesetz um eine Sonderregelung handelt, gelten die Normen nicht uneingeschränkt für alle Typen von Kaufverträgen. Der Gesetzgeber hat den Anwendungsbereich des Gesetzes in Art. 1 Abs. 1 LGDCU auf Verbraucher begrenzt.[642] Das Gesetz selbst definiert in den Absätzen 2 und 3 des Art. 1 LGDCU den für die Anwendung der Regelungen relevanten Verbraucherbegriff. Danach gilt als Verbraucher in diesem Sinne jede natürliche oder juristische Person, die Abnehmer eines Produktes ist.[643] Diese grundlegende Bestimmung des Verbrauchers erfährt eine weitere Konkretisierung, indem das Gesetz eine Beziehung zum Markt des Verbrauchsguts herstellt.[644] In Art. 1 Abs. 2 LGDCU wird klargestellt, daß nur die privaten Endverbraucher einer Sache als Verbraucher im Sinne des Gesetzes gelten und damit von seinem Regelungsbereich erfaßt werden. Ausdrücklich ausgeschlossen werden in Art. 1 Abs. 3 LGDCU diejenigen Personen, die Produkte erwerben, um sie zu verarbeiten bzw. weiter zu verkaufen. Geschützt werden durch das Gesetz soll damit nur derjenige, der am Ende der Herstellungskette die Sache verbraucht, ohne daß er an der Herstellung, dem Vertrieb oder dem Verkauf dieser Sache teilgenommen hat.[645]

b) Gegenstand der Garantie im Sinne des LGDCU

Der Regelungsgegenstand des Art. 11 LGDCU ist in seiner Ausgestaltung dem Wortlaut nach nicht ganz eindeutig. Während Art. 11 Abs. 1 LGDCU von „producto o servicio“ spricht, also allgemein von Gebrauchsgütern und Dienstleistungen, wird der Gegenstand der Garantien im Sinne von Art. 11 Abs. 2 a LGDCU auf Güter dauerhafter Art, also langlebige Güter, begrenzt.[646] Die Regelung des Art. 11 Abs. 1 LGDCU fungiert somit als grundlegende Regelung des Verbraucherschutzes und bezieht sich auf sämtliche Vertragsbeziehungen innerhalb des Geltungsbereichs des Gesetzes. Die Regelung stellt gleichsam den unaufhebbaren Mindestregelungsbereich für Verbraucherverträge dar, auf den

---

642 „... la defensa de los consumidores y usuarios...“; das spanische Gesetz spricht insoweit von „Verbrauchern und Benutzern“, eine Unterscheidung, die in der deutschen Darstellung aufgrund fehlender relevanter Unterschiede nicht aufrechterhalten wird; in diesem Sinn zur Verwendung im Spanischen: Gomez Calero, S. 41.

643 Fischer/ Fischer, S. 224; Löber/ Peuster/ Odenbach, Spanisches Produkthaftungsrecht, S. 199.

644 de León Acre/ Moreno Luque/ Aza Conejo, S. 75; Bercovitz, EC 1984 (3), 11, 19.

645 García Amigo, RDP 1985, (69), 395, 407; de León Acre/ Moreno Luque/ Aza Conejo, S. 75; De la Rosa, S. 51.

646 „... los bienes de naturaleza duradera ...“.

die Garantie des Abs. 2 konkretisierend aufbaut.[647] Vor diesem Hintergrund bedarf der Gegenstand einer Garantie im Sinne des LGDCU der Auslegung. Ausgehend von der zunächst vertretenen Ansicht, daß von einer derartigen Garantie nur Industriegüter und Maschinenanlagen erfaßt werden sollten[648], ist mittlerweile allgemeine Ansicht, daß der Bereich möglicher Garantiegegenstände wesentlich weiter zu fassen ist. Aus der Abgrenzung, die sich aufgrund der unterschiedlichen oben genannten Formulierungen im Gesetzestext ergibt, ist es jedoch allgemeine Ansicht in der Literatur, daß der Gesetzgeber zumindest Dienstleistungen nicht als Gegenstand einer Garantie anerkennen wollte.[649] Für diese Ansicht spricht zudem, daß Art. 11 LGDCU in seinem gesamten Regelungscharakter auf die Erfüllungsverpflichtung einer körperlichen Sache, also eines Kaufgegenstands, ausgerichtet ist. Die Pflicht zur Erfüllung einer Dienstleistung und die sich dabei ergebenden Probleme sind im Rahmen der allgemeinen Regelungen der Vertragspflichten zu lösen, ohne daß es insoweit der Garantie des Art. 11 Abs. 2 LGDCU bedarf.[650]

Das Gesetz sieht keine nähere Definition des Begriffes der langlebigen Güter vor. Begriffsnotwendig ergibt sich bereits, daß zumindest solche Güter, die bei ihrer Benutzung aufgebraucht werden, eindeutig nicht erfaßt werden. Ausgeschlossen sind damit etwa Güter wie Nahrungsmittel oder Medikamente. Ein maßgebliches Kriterium der erfaßten Güter ist folglich in Übereinstimmung mit Art. 337 und 481 C.C, daß sie entsprechend ihres Nutzungszwecks eingesetzt werden können, ohne daß sie sich aufbrauchen oder in erheblichem Maße abnutzen.[651] Auf Grundlage dieser allgemeinen Charakterisierung der erfaßten Güter hat der spanische Gesetzgeber in einer Annexregelung eine Liste mit langlebigen Gütern im Sinne des Art. 11 Abs. 2 LGDCU aufgestellt.[652] Diese Aufstellung verdeutlicht mit aufgezählten Gegenständen wie Kraftfahrzeugen oder Haushaltselektrogeräten den Bereich der erfaßten Güter.[653] Obschon es in der Literatur teilweise umstritten ist, ob es sich bei dieser Auflistung um eine offene oder abschließende Aufzählung handelt, läßt sich daraus eine allgemeine Definition des Begriffes ermitteln. Danach handelt es sich um langlebige Güter,

---

[647] Bercovitz/ Rodrigo Bercovitz, S. 217; Duque, EC 1984 (3), 51, 77.

[648] Carlón, RDM 1973 (127), S. 39, 65/ 66.

[649] Rubio Garrido, ADC 1990 (43), S. 867, 893; Bercovitz/ Salas/ Garcia Cantero, Art. 11 LGDCU, S. 377; a.A: Duque, EC 1984 (3), 51, 77, der insoweit auf den Gesamtcharakter der Norm abstellt, ohne dies im einzelnen zu begründen.

[650] Rubio Garrido, ADC 1990 (43), S. 867, 893.

[651] Curso/ de la Haza, S. 180; de León Arce/ Avilés García, S. 598.

[652] Real Decreto 287/1991 vom 08.03.1991, abgedruckt bei Bercovitz/ Salas/ Garcia Cantero, Art. 11 LGDCU, S. 376.

[653] Reyes López, Noticias C.E.E. 1992 (93), S. 83, 91.

wenn sie für einen gewissen Nutzungszeitraum geschaffen sind, in dem der Verbraucher die uneingeschränkte Nutzungsmöglichkeit der Sache hat, ohne in ihren Substanzbereich einzugreifen.[654] Innerhalb dieses Regelungsumfangs stellt Art. 11 Abs. 2 LGDCU eine weite einheitliche Regelung für alle Güter dar, unabhängig etwa ob beweglich/ unbeweglich oder neu/ gebraucht.[655]

c) Regelungscharakter des Art. 11 LGDCU

Auf Grundlage des oben dargelegten Regelungsgegenstands der Garantie in Art. 11 LGDCU ist festzuhalten, daß die gesamte Norm vom Gesetzgeber mit einem wechselnden Regelungsbereich versehen ist. Die einzelnen Absätze der Norm betreffen unterschiedliche Regelungsgegenstände, so beziehen sich die Abs. 1, 3 und 4 ganz allgemein auf „Güter“, während die Regelungsabsätze 2 und 5 ausschließlich bei „langlebigen Gütern“ in oben dargelegtem Sinn Anwendung finden sollen. Die konkreten Auswirkungen dieser gesetzlichen Ausgestaltung sind in der Literatur umstritten. Eine Ansicht wendet sich gegen eine strikte Trennung mittels verschiedener Arten von Gütern innerhalb der Garantierregelung des Art. 11 LGDCU. Gegen eine derartige Anwendung der Norm spricht nach dieser Ansicht, daß der Gesetzgeber mit Art. 11 LGDCU eine grundlegend einheitliche Verbraucherschutzregelung entwickeln wollte. Folglich muß nach dieser Ansicht auch Absatz 1, der sich als einziger Regelungsabsatz nicht ausdrücklich auf langlebige Güter bezieht, in den Regelungsbereich integriert werden, so daß sich faktisch ein Regelungsinhalt für Güter allgemein ergibt. Die Ansicht führt weiter aus, daß sämtliche Regelungsinhalte, die sich nach dem Wortlaut nur auf langlebige Güter beziehen, mit den zweckmäßigen Anpassungen sinnvoll auf sonstige Güter anwenden lassen.[656] In dieselbe Richtung geht eine weitere Ansicht der Literatur, die bereits einer genauen Aufklärung, was unter langlebigen Gütern zu verstehen ist, nur geringe Bedeutung zuspricht. In der tatsächlichen Anwendung seien die Auswirkungen einer solchen Unterscheidung von geringer Relevanz, da sich der Regelungsinhalt von Art. 11 LGDCU auf sämtliche Vertragsinhalte innerhalb des Regelungsbereichs des Verbraucherschutzgesetzes beziehen sollte.[657] Diese Ausführungen ablehnend vertritt eine dritte Meinung der Literatur, daß die Regelungen der Garantie in den Abs. 2 und 5 ausschließlich auf die langlebigen Güter begrenzt seien. Überzeugend verweist diese Ansicht zur Begründung neben dem Wortlaut der Norm auf die Tatsache, daß die maßgeblichen Probleme bei der Gewährung einer Ga-

---

[654] Bercovitz/ Salas/ Garcia Cantero, Art. 11 LGDCU, S. 377; Fenoy Picón, S. 352.

[655] Bercovitz/ Rodrigo Bercovitz, S. 221; Bercovitz/ Salas/ Garcia Cantero, Art. 11 LGDCU, S. 357; gegen die Einbeziehung von immobilen Gütern, da dies mit dem Wortlaut und dem Regelungsgehalt unvereinbar sei, AMSP 1993, 7, 23.

[656] Duque, EC 1984 (3), 51, 77; de León Arce/ Avilés García, S. 585.

[657] Rubio Garrido, ADC 1990 (43), S. 867, 893.

rantie im Zusammenhang mit derartigen langlebigen Gütern auftreten.[658] Vor diesem Hintergrund macht die ausdrückliche Unterscheidung des Gesetzgebers durchaus Sinn und kann nicht einfach durch die Anwendung eines einheitlichen „Gütersystems" aufgehoben werden. Nicht zuletzt die Annexregelung mit der Auflistung langlebiger Güter wäre unnötig gewesen, wenn der Gesetzgeber tatsächlich eine einheitliche Anwendung der Regelung des Art. 11 LGDCU beabsichtigt hätte.

Auch in ihrer weiteren Ausgestaltung ist die Norm des Art. 11 LGDCU nicht einheitlich. Der Gesetzeswortlaut der einzelnen Absätze läßt nicht eindeutig erkennen, ob es sich um eine Regelung zwingender oder dispositiver Natur handelt. Absatz 1 der Regelung mit Formulierungen, die an die vertraglichen Vereinbarungen und damit an den Willen der Vertragsparteien anknüpfen[659], spricht zunächst für den dispositiven Charakter der Vorschrift. Ebenso dispositiven Charakter hat die Norm, soweit sie hinsichtlich der Garantiefrist, dem Zeitraum des Nachweises und der Reparatur des Mangels den Parteien einen Ermessensspielraum einräumt und keine Mindestvorschriften trifft.[660] Demgegenüber handelt es sich bei den Vorschriften der Absätze 2, 3 und 5 bezüglich der Garantievoraussetzungen und der zu gewährenden Mindestrechte um eindeutig zwingende Vorschriften.[661] Diese Ausgestaltung der Norm des Art. 11 LGDCU mit dargestelltem Mischcharakter[662] des Regelungsinhalts schlägt sich auch in der Ausgestaltung der Garantie selbst nieder. Neben den zwingenden Garantieinhalten finden sich darin stets auch solche dispositiven Garantieelemente wieder, die durch das im Einzelfall erkennende Gericht im Rahmen der Gesamtausgestaltung der Garantie bezüglich ihrer Regelkonformität gewertet werden müssen.[663] Dabei ist insbesondere zu beachten, daß bei der Auslegung zutage tretende Zweifel an der gesetzlichen Regelung immer zugunsten des Verbrauchers[664] auszulegen sind, um dem vom Gesetzgeber beabsichtigten Schutzcharakter des Gesetzes gerecht zu werden.

d) Grundlegende Regelung des Art. 11 Abs. 1 LGDCU

Die Regelung des Art. 11 Abs. 1 LGDCU beschreibt insgesamt vier Regelungssysteme zugunsten des Verbrauchers. Ziel sämtlicher Regelungsaspekte dieses

---

658 Bercovitz/ Rodrigo Bercovitz, S. 156; Curso/ de la Haza, S. 179.

659 „El régimen ... que se establezca en los contratos ...".

660 de León Arce/ Avilés García, S. 591; Duque, EC 1984 (3), 51, 75.

661 Parra Lucán, ADC 1988 (41), S. 523, 524 ; Bercovitz/ Salas/ Garcia Cantero, Art. 11 LGDCU, S. 357.

662 de León Arce/ Avilés García, S. 591; Duque, EC 1984 (3), 51, 75.

663 Duque, EC 1984 (3), 51, 75; de León Arce/ Avilés García, S. 591.

664 Parra Lucán, ADC 1988 (41), S. 523, 525.

breit gefächerten Spektrums an Möglichkeiten, Rechte im Falle einer mangelhaften Sache zu gewährleisten, ist dabei die Befriedigung des Verbraucherinteresses in dreifacher Hinsicht[665]: Es muß dem Verbraucher möglich sein, im Falle von Mängeln oder Verschlechterungen der Kaufsache wirksam zu reklamieren und die bestehenden Garantien für Qualität und Leistungsniveau geltend zu machen, zudem muß die Möglichkeit zur Rückzahlung eines entsprechenden Kaufpreisanteils im Falle der Nichterfüllung bestehen. Die Regelung bezüglich der Überprüfungsmöglichkeit der Kaufsache dient dabei als Stärkung der Informationsrechte des Verbrauchers, die ihm ein besseres Vorgehen im Falle eines Mangels ermöglichen.[666] Diese Vorschrift kommt dem Verbraucher zugute, da sich die allgemeinen gesetzlichen Regelungen immer nur an dem Minimum an Rechtsfolgen orientieren. Insoweit kann die vorgesehene Regelung auch im Falle der Auslegung der Vereinbarung durch einen Richter Anwendung zugunsten des Verbrauchers finden.[667] Die Ausgestaltung der Vorschrift stellt nach Ansicht der Literatur eine klarstellende Wiederholung des grundlegenden kumulativen Charakters der Rechte des Verbrauchers zu denen aus dem C.C. dar, wie er sich im übrigen bereits aus Art. 7 LGDCU ergibt.[668] Die Regelung der Garantie zugunsten des Verbrauchers bildet die zentrale Norm des Art. 11 LGDCU, die ein eigenständiges Haftungssystem zugunsten des Verbrauchers ermöglicht. Auf die Einzelheiten der Garantie wird im folgenden noch ausführlich eingegangen. Die letzte Möglichkeit des Verbrauchers aus dem Spektrum des Art. 11 Abs. 1 LGDCU, die Herabsetzung des Kaufpreises, orientiert sich an den Regelungen des Art. 1.448 C.C, ohne daß im Einzelnen klar wird, auf welche Nichterfüllung sich die Möglichkeit bezieht. Wegen dieser Unklarheit, ob es sich um einen Bezug auf die eigentliche Vertragserfüllung oder die der gesetzlichen Regelungen des Art. 11 Abs. 1 LGDCU handelt, wird die Regelungsausgestaltung in der Literatur für unbrauchbar gehalten.[669] Insgesamt ist damit zu Art. 11 Abs. 1 LGDCU festzustellen, daß aufgrund der aufgezeigten Wiederholungen und Unklarheiten in den Details der Vorschrift abgesehen von

---

[665] Duque, EC 1984 (3), 51, 76.

[666] Bercovitz/ Rodrigo Bercovitz, S. 215; Prada Alonso, S. 93.

[667] Bercovitz/ Salas/ Garcia Cantero, Art. 11 LGDCU, S. 370, der der Regelung hauptsächlich Bedeutung im schiedsgerichtlichen Verfahren zumißt.

[668] Bercovitz/ Salas/ Garcia Cantero, Art. 11 LGDCU, S. 370; a.A: Duque, EC 1984 (3), 51, 73 der von einer Ausweitung der Rechte zum Rücktritt und der Minderung ausgeht, ohne allerdings die entsprechenden Veränderungen klarzustellen.

[669] Bercovitz/ Rodrigo Bercovitz, S. 217; Bercovitz/ Salas/ Garcia Cantero, Art. 11 LGDCU, S. 370.

der Garantie nur schwerlich ein wirksamer eigenständiger Regelungsbereich zugesprochen werden kann.[670]

e) Voraussetzungen der Garantie nach Art. 11 Abs. 2 LGDCU

Die maßgebliche Norm für die Erweiterung des Gewährleistungsschutzes von Verbrauchern ist Art. 11 Abs. 2 LGDCU, der detaillierte Vorgaben über die Art und Ausgestaltung von Garantien, die auf langlebige Güter gewährt werden, enthält. Zwar geht aus dem Gesetzestext nicht eindeutig hervor, auf welche Art von Verträgen der Gesetzgeber diese Regelungsvorschrift für Garantien bezieht, doch wird der Kaufvertrag als typische Geschäftsart zwischen Hersteller bzw. Lieferant und dem schützenswerten Verbraucher zweifelsfrei von der Vorschrift erfaßt. Darüber hinaus spricht die Gesetzesintention, die umfassende Besserstellung des schützenswerten Verbrauchers, für eine weitergehende Anwendung der Vorschrift auf alle Vertragsverhältnisse, in denen einem Verbraucher das Eigentum oder die Nutzungsmöglichkeit einer Sache eingeräumt wird.[671]

aa) Schriftliche Garantieurkunde

Die Garantieurkunde muß dem Verbraucher gemäß Art. 11 Abs. 2 Satz 1 LGDCU dem Verbraucher in Schriftform ausgehändigt werden. Dieses Schriftformerfordernis ist weit zu verstehen. Es reicht jede Form der Schriftlichkeit aus, so daß die Garantieurkunde sowohl handschriftlich erstellt werden oder als Teil der generellen Vertragsbedingungen in einem Formular enthalten sein kann. Maßgeblich ist für den Gesetzeszweck lediglich, daß der Garantiegeber mit seiner Unterschrift oder mittels Firmenstempel das Garantiedokument abschließt.[672] Darin müssen sämtliche im Folgenden näher dargelegten Garantiepunkte aufgeführt sein, so daß dem Verbraucher eine umfassende Information über seine Garantie zur Verfügung steht. Diese schriftliche Garantieausfertigung muß dem Erwerber bei der Übergabe der Kaufsache ausgehändigt werden.[673] Mit dieser Vorgehensweise wird der Verbraucher gleich mehrfach geschützt: Er hat die Möglichkeit, sich über die ihm aus dem konkreten Vertrag erwachsenden Rechte zu informieren, was der ansonsten häufig vorherrschenden Unkenntnis über das Bestehen einer Garantie, bzw. das Verhältnis von Garantierechten zu den übrigen Rechten des Käufers, entgegenwirkt. Gleichzeitig wird durch das Erfordernis der schriftlichen Ausfertigung die Möglichkeit des Mißbrauchs der Garantien, insbesondere durch Ausnutzung von Unklarheiten

---

[670] So auch Torres Lana, S. 791, 798, der den Regelungsinhalt daher mit der rechtlichen Wirkung reiner Zielbestimmungen („declaraciones programáticas“) vergleicht.

[671] de León Arce/ Avilés García, S. 593; Bercovitz/ Salas/ Garcia Cantero, Art. 11 LGDCU, S. 378.

[672] Bercovitz/ Salas/ Garcia Cantero, Art. 11 LGDCU, S. 380.

[673] Curso/ de la Haza, S. 181; García Cruces, 321, 334.

seitens der Hersteller und Lieferanten eingeschränkt. Des weiteren dient die Schriftlichkeit der Garantie dem Verbraucher auch als Beweismittel, auf das er seine Ansprüche gegebenenfalls stützen kann.[674] Zum möglichst umfassenden Schutz des Verbrauchers sollen, wenn Hersteller und Lieferant verschiedene Personen sind und keine eindeutige Garantie übernommen wurde, im Zweifel beide als Gesamtschuldner haften.[675]

bb) Garantieobjekt

Zunächst muß aus der dem Verbraucher gewährten Garantie hervorgehen, auf welche Sache sie sich bezieht. Die grundsätzlich als Garantieobjekt in Frage kommenden langlebigen Güter wurden oben bereits dargelegt. Im Einzelfall muß das taugliche Garantieobjekt in der schriftlichen Ausfertigung derart beschrieben werden, daß es unproblematisch als die dem Verbraucher übergebene Sache zu identifizieren ist.[676] Bei Gütern der Massenproduktion ist insoweit für eine mögliche Identifizierung die Nennung der Seriennummer oder eine andere Kennzeichnung erforderlich, mit der sich die Sache zumindest unter Zuhilfenahme der Produktionsunterlagen des Herstellers individualisieren läßt. Im Übrigen kann die Sache auch mit sämtlichen anderen Mitteln beschrieben werden, die dem Identifizierungszweck dienen.

cc) Garantiegeber

Die Garantie muß weiterhin den Garantiegeber benennen, Art. 11 Abs. 2 b LGDCU. Das Gesetz selbst sieht als mögliche Garantiegeber den Hersteller und den Lieferanten der Kaufsache vor, abhängig davon, wer die Garantieurkunde unterzeichnet.[677] In der Regel wird die Garantie durch den Hersteller der Sache gewährt, da dieser auch das größte Interesse an der Kundenzufriedenheit und damit dem Ruf seiner Produkte hat. Zudem verfügt der Hersteller in der Regel über die technischen Möglichkeiten und das erforderliche Know-how, um einen umfassenden Garantieservice zu gewähren.[678] Die Gewährung einer eigenen Garantie durch den Lieferanten ist in der Praxis eher selten, derartige Fälle treten nur bei großen Zwischenhändlern oder Handelsketten auf, die ebenfalls über die erforderlichen Garantievoraussetzungen verfügen. In den übrigen Fällen tritt der Lieferant gegenüber dem Verbraucher als Vertreter des Herstellers auf, dessen Garantie er mit der Sache übergibt, d.h. er wird dadurch nicht selbst ver-

[674] Duque, EC 1984 (3), 51, 76; Bercovitz/ Salas/ Garcia Cantero, Art. 11 LGDCU, S. 380.

[675] Bercovitz/ Rodrigo Bercovitz, S. 221; Fuchs, S. 137.

[676] Curso/ de la Haza, S. 181; Bercovitz/ Salas/ Garcia Cantero, Art. 11 LGDCU, S. 379.

[677] Prada Alonso, S. 93; García Cruces, 321, 335.

[678] de León Arce/ Avilés García, S. 595; Bercovitz/ Salas/ Garcia Cantero, Art. 11 LGDCU, S. 379.

pflichtet.[679] Nicht im Gesetz geregelt ist der Fall, daß die Sache vom Hersteller über mehrere verschiedene Zwischenhändler und Lieferanten zu dem Verbraucher gelangt. In diesen Fällen ist in erster Linie der Garantieinhalt maßgeblich, um den Garantenkreis zu bestimmen. Sofern sich daraus auch eine Haftung des Lieferanten ergibt, wird von der Literatur die Möglichkeit des Verkäufers bejaht, neben dem Hersteller auch alle Lieferanten der Kette in Anspruch zu nehmen.[680] Diese Ansicht überzeugt vor dem Hintergrund, daß der Gesetzgeber offensichtlich selbst von mehreren Garantieverpflichteten ausgeht, da er zunächst vom Hersteller und Lieferant als möglichen Garantiegebern spricht, dann jedoch die unbestimmte Bezeichnung „Garant" bei der Konkretisierung dieses Erfordernisses in Absatz 2 b) der Vorschrift wählt. Zudem wird eine weite Öffnung des Kreises möglicher Garantiegeber der gesetzgeberischen Intention des Verbraucherschutzes gerade in diesen Fällen gerecht. Ansonsten besteht die Gefahr einer Benachteiligung des Verbrauchers durch die Ablehnung der Garantiepflicht unter Verweis auf den jeweils vorangehenden Lieferanten. Besteht zugunsten des Verbrauchers mit einem Dritten ein eigener Garantievertrag, so bestimmt sich die Person des Garantiegebers nach den vertraglichen Vereinbarungen.

dd) Garantieinhaber

Nach Art. 11. Abs. 2 c LGDCU muß auch der Inhaber der Garantie, also der Anspruchsberechtigte in der Garantie bezeichnet werden. Nicht erforderlich ist dafür, daß der Garantieberechtigte namentlich genannt ist. Vielmehr reichen andere Nachweismöglichkeiten der Stellung als Erwerber des Garantieobjekts aus, etwa durch einen Zahlungsbeleg, auf dem die Sache hinreichend konkretisiert ist.[681] Zunächst ist folglich der Käufer der Sache der Garantieinhaber. Nicht ausdrücklich geklärt ist, wer im Falle eines Weiterverkaufs der Sache in der Garantiezeit Anspruchsberechtigter ist. Insoweit ist jedoch aus dem Charakter der Garantie Aufschluß über deren Fortbestand zu erhalten. Die Garantie des Verbraucherschutzgesetzes ist in ihrer Ausgestaltung hinsichtlich des Begünstigten nicht an eine bestimmte Person gebunden sondern vielmehr an der Kaufsache selbst orientiert. Aufgrund dieses rein sachorientierten Charakters treten in die ursprüngliche Vertragsbeziehung nachfolgende Verbraucher als Besitzer der Sache in die Position des Garantieinhabers ein.[682] Garantieinhaber ist in die-

[679] Bercovitz/ Salas/ Garcia Cantero, Art. 11 LGDCU, S. 379; Duque, EC 1984 (3), 51, 78.

[680] Curso/ de la Haza, S. 181; Duque, EC 1984 (3), 51, 78.

[681] Bercovitz/ Salas/ Garcia Cantero, Art. 11 LGDCU, S. 379; de León Arce/ Avilés García, S. 596.

[682] Fuchs, S. 137; Menéndez Menéndez/ Diez-Picazo/ Fenoy Picón, Disp. Ad. Prim. S. 1123; Bercovitz/ Rodrigo Bercovitz, S. 221.

sen Fällen also derjenige, der zum Zeitpunkt des Eintritts eines Garantiefalles der Inhaber der betroffenen Sache ist.

ee) Rechte des Garantieinhabers und Garantiefrist

Darüber hinaus verlangt das Gesetz in Art. 11 Abs. 2 d) und e) LGDCU, daß die Garantieurkunde auch die dem Verbraucher zustehenden Rechte bei Eintritt eines Garantiefalls verständlich macht. Ebenso ist erforderlich, daß sich aus der Urkunde ergibt, für welchen Zeitraum die Garantie an der Kaufsache gewährt wird. Auf diese Punkte wird im folgenden noch eingegangen.

f) Käuferrechte aus der Garantie nach Art. 11 LGDCU

Durch Abschluß einer Garantie nach dem Verbraucherschutzgesetz wird somit der Verbraucher in seinen Rechten geschützt, da er seinen Anspruch mittels der schriftlichen Ausfertigung genau ermitteln und gegenüber dem Garantiegeber nachweisen kann. Das Leistungsspektrum der Ansprüche aus der gewährten Garantie kann dabei durch die Vertragsparteien individuell bestimmt werden, allerdings werden durch das Gesetz Mindestrechte zugunsten des Verbrauchers festgeschrieben. Darüber hinaus trifft das Gesetz weitergehende Regelungen, die dem Verbraucher im Falle einer Mangelhaftigkeit der von ihm erworbenen Sache zugute kommen. Im Rahmen des Vertragsabschlusses mit einem Verbraucher wird damit der Schutz des Käufers durch die Sicherstellung der Informationsgewährung bezüglich der Kaufsache und der ihm zustehenden Rechte erreicht.[683]

aa) Mindesthaftungsinhalt der Garantie nach Art. 11 Abs. 3 LGDCU

Der gesetzliche Garantieanspruch, der sich gemäß Art. 11 Abs. 2 d) LGDCU aus der Urkunde ergeben muß, wird in seinem Minimalinhalt in Absatz 3 der Regelung konkretisiert. Dieser Anspruch ist durch den Gesetzgeber in zwei Stufen ausgebildet worden.

(1) Nachbesserungsanspruch des Verbrauchers nach Abs. 3 a)

Der Verbraucher hat zunächst nach Absatz 3 a) einen Anspruch auf Beseitigung aller anfänglichen Mängel an der Sache. Das Gesetz definiert in diesem Zusammenhang den Begriff des Mangels nicht. Während eine Ansicht in der Literatur[684] von einem mit dem in der allgemeinen kaufrechtlichen Gewährleistung des Art. 1.484 C.C. identischen Mangelbegriff des Verbraucherschutzgesetzes ausgeht, ist der Begriff nach einer anderen Meinung der Literatur vorliegend nicht mit dem im allgemeinen Zivilrecht verwendeten gleichzusetzen. Nach dieser Ansicht liegt auch dann ein die Garantierechte des Verbrauchers begründender Mangel der Sache vor, wenn diese zwar einwandfrei in der beabsichtigten

683 Fischer/ Fischer, S. 225.

684 Rubio Garrido, ADC 1990 (43), S. 867, 896; Duque, EC 1984 (3), 51, 76.

Weise eingesetzt werden kann, aber in sonstiger Weise von der Vereinbarung negativ abweicht.[685] Der Mangelbegriff des LGDCU bestimmt sich folglich nach dieser Ansicht nicht ausschließlich nach der Gebrauchstauglichkeit der Kaufsache, vielmehr geht der Inhalt der Garantie des Art. 11 LGDCU über den Inhalt einer „Garantie der vollen Funktionsfähigkeit" hinaus.[686] Beide Ansichten überzeugen jedoch nicht, da sie dem Zweck der Regelung nicht gerecht werden. Die erste Ansicht mit ihrer strikten Ausrichtung am allgemeinen Mangelbegriff wird dem besonderen Schutzinteresse des Verbrauchers, das dem gesamten Gesetz zugrunde liegt, nicht gerecht. Der Aufbau des Verbraucherschutzgesetzes und seine Anknüpfung an die Besonderheiten der beteiligten Personen sowie die eingeschränkte Erfassung bestimmter Güter, die überhaupt dem Regelungsbereich des Gesetzes unterfallen, müssen bei der Mangelbestimmung berücksichtigt werden, um eine den Besonderheiten angemessene Haftungsgrundlage zu erhalten. Die zweite Ansicht geht dagegen mit ihrer Intention, den absolut perfekten Zustand der Kaufsache als Regelungsgrundlage festzusetzen, über das Ziel des Verbraucherschutzes hinaus. Eine derartige Erwartungshaltung an Verbrauchsgüter würde den Verkäufer mit dem daraus resultierenden Haftungsrisiko über die Maßen beanspruchen, was in der Praxis zu einer weitgehenden Begrenzung der Haftung auf das absolute Mindestmaß führen würde. Diese Tendenz würde jedoch der eigentlichen Absicht des LGDCU zuwider laufen. Überzeugend ist vielmehr eine dritte Ansicht der Literatur, die den Beurteilungsmaßstab des Mangels an der Art und Qualität der Kaufsache ausrichtet. Nach dieser Ansicht muß sich die Kaufsache für den Zeitraum der gewährten Garantie in einem derart perfekten Zustand befinden, der eine uneingeschränkte Nutzung für den vorgesehenen Vertragszweck ermöglicht. Die Mangelhaftigkeit einer Sache bestimmt sich demnach immer im Einzelfall und unterscheidet sich nach der Art der Sache.[687] Ein Umstand, der bei einer Uhr oder einem komplizierten technischen Gerät einen Mangel darstellt, kann somit bei einer anderen Kaufsache, wie etwa einem Möbelstück, mangels Beeinflussung der vollständigen Nutzungsmöglichkeit hinsichtlich der Garantieansprüche unerheblich sein. Je höher der Anspruch an den Kaufgegenstand und seine Bestandteile ist, desto anspruchsvoller muß auch die Garantie des Verkäufers ausgestaltet sein. Diese Ansicht überzeugt nicht zuletzt deshalb, da sie durch die

---

[685] Parra Lucán, ADC 1988 (41), S. 523, 527; Bercovitz/ Salas/ Garcia Cantero, Art. 11 LGDCU, S. 382.

[686] Parra Lucán, ADC 1988 (41), S. 523, 527, die in Fußnote 14 auf eine nicht veröffentlichte Arbeit von López Uriel verweist, der sich zur Begründung seiner Ansicht auf strukturelle Unterschiede zwischen der „clausula de garantía" und der „garantía de buen funcionamiento" beruft und im Übrigen auf die Regelungen des italienischen Zivilrechts Bezug nimmt.

[687] Parra Lucán, ADC 1988 (41), S. 523, 530; Bercovitz/ Salas/ Garcia Cantero, Art. 11 LGDCU, S. 382, 383.

Beurteilung der konkreten Kaufsache und deren charakterlichen Besonderheiten bei gleichzeitiger Ausrichtung an dem vereinbarten Vertragszweck eine individuelle Anpassung des Schutzbereichs des Verbrauchers ermöglicht. Diese Ausrichtung wird dem Anliegen des Gesetzgebers, den Verbraucherschutz zu stärken, in diesem wesentlichen Punkt in besonderem Maße gerecht. Das Gesetz sieht weiterhin vor, daß der Mangel bereits von Anfang an vorhanden sein muß. Nach allgemeiner Ansicht ist von einem derartigen „vicio originario" auszugehen, wenn zumindest die Umstände, die später zur Mangelhaftigkeit führen, bei Abschluß des Vertrages vorhanden waren.[688] Ebenso besteht Übereinstimmung, daß ein Mangel, der sich innerhalb der Garantiezeit zeigt, als anfänglich gelten soll, um dem Verbraucherschutzzweck gerecht zu werden.[689] Der Mangel der Kaufsache muß im Gegensatz zu der Regelung im C.C. nicht verdeckt gewesen sein. Der Gesetzeswortlaut trifft diesbezüglich keine Aussagen. Durch die Regelung werden demnach alle Mängel erfaßt, die der Käufer bei Vertragsschluß nicht kannte, ohne daß dabei auf eine Sorgfaltspflicht zur Kontrolle durch den Verbraucher oder dessen Kenntnisse abzustellen ist.[690] Nur offensichtlich dem Käufer bekannte Mängel sind demnach Vertragsinhalt geworden und bewirken aus diesem Grund keinen Garantieanspruch des Käufers.

Der Anspruch des Käufers geht bei Vorliegen eines Mangels auf die vollständige Beseitigung desselben. Der Verkäufer ist verpflichtet, die Kaufsache in den perfekten, d.h. dem Vertragszweck nach optimalen Zustand zu versetzen.[691] Der Verbraucher muß sich in dieser Situation folglich nicht mit Teillösungen zufrieden geben. Diese Zielrichtung der Mängelbeseitigung ergibt sich durch die Konkretisierung des Absatzes 3 b), der Folgerechte an den Fall einer „unbefriedigenden" Beseitigung knüpft. Die Mängelbeseitigung muß nach dem Gesetzeswortlaut vollständig kostenfrei erfolgen. Der Verbraucher darf insoweit aus der notwendigen Reparatur keinerlei wirtschaftlichen Schaden erleiden.[692] Demnach hat der Garantiegeber sämtliche Kosten für Material, Arbeit, Transport, u.ä. selbst zu tragen.[693] Diese absolute Kostenfreistellung muß aus Gründen der Vertragsgerechtigkeit jedoch in einigen Fällen Einschränkungen erfah-

---

688 de León Arce/ Avilés García, S. 608; Parra Lucán, ADC 1988 (41), S. 523, 531; Bercovitz/ Salas/ Garcia Cantero, Art. 11 LGDCU, S. 383.

689 Duque, EC 1984 (3), 51, 78; de León Arce/ Avilés García, S. 608.

690 Fenoy Picón, S. 352; Bercovitz/ Salas/ Garcia Cantero, Art. 11 LGDCU, S. 383; Parra Lucán, ADC 1988 (41), S. 523, 535.

691 Parra Lucán, ADC 1988 (41), S. 523, 535; Bercovitz/ Salas/ Garcia Cantero, Art. 11 LGDCU, S. 384.

692 Curso/ de la Haza, S. 183; García Cruces, S. 321, 358.

693 Bercovitz/ Rodrigo Bercovitz, S. 220; de León Arce/ Avilés García, S. 611; Duque, EC 1984 (3), 51, 78.

ren. So können unter dem Gesichtspunkt der Gutgläubigkeit der Vertragsparteien etwa dann Transportkosten dem Verbraucher auferlegt werden, wenn dieser die mangelhafte Sache unproblematisch zur Reparatur hätte bringen können, ohne daß dadurch die angefallenen Zusatzkosten entstanden wären.[694] In sonstigen Fällen kann der Verbraucher darüber hinaus auch Ersatz des erlittenen Schadens verlangen.

(2) Wahlrecht bzgl. der Folgeansprüche des Verbrauchers nach Abs. 3 b)

Sofern die Nachbesserung nicht zufriedenstellend verlaufen und die Kaufsache folglich nicht in den optimalen Zustand zur Vertragserfüllung versetzt worden ist, kann der Verbraucher gemäß Absatz 3 b) wählen, ob er die Kaufsache gegen eine andere umtauschen möchte oder die Rückzahlung des entrichteten Kaufpreises verlangt.

Nach dem Gesetzeswortlaut ist damit das Wahlrecht des Käufers subsidiär zu der zunächst durchzuführenden Mängelbeseitigung. Dieser kann folglich nicht von sich aus gleich die Rechte des Absatzes 3 b) geltend machen.[695] Allerdings ist in der Literatur anerkannt, daß von diesem Grundsatz Ausnahmen zu machen sind, etwa wenn der Verkäufer von sich aus sofort den Austausch der Sache anbietet, um dem Käufer die Wartezeit der Reparatur zu ersparen, oder weil ihm selbst der Austausch gegenüber einer Reparatur entgegen kommt.[696] In diesen Fällen kann auf den subsidiären Charakter der Ansprüche aus Absatz 3 b) verzichtet werden, da sich der Verkäufer aus eigenem Entschluß der Möglichkeit, die geschuldete Vertragsleistung gleichsam im Wege einer zweiten Andienung zu erbringen, begibt. Stets ist jedoch zu beachten, daß der Käufer das Wahlrecht des Absatzes 3 b) allein nach seinen Motiven ausüben kann, ohne daß der Garantiegeber ihm eine der Alternativen aufdrängen darf.[697] Aus diesem Grund sind auch alle Klauseln in den Vertragswerken, die das Wahlrecht des Käufers in irgendeiner Form beschneiden, für nichtig zu erachten.[698] Die Gewährung eines Wahlrechts zugunsten des Käufers bedeutet andererseits gleichzeitig, daß der Garantiegeber nur zu einer Alternative verpflichtet werden kann, so daß die Regelung auch für den Verkäufer Klarheit über das mögliche Leistungsspektrum bringt. Im Falle, daß Hersteller und Lieferant verschiedene Personen sind,

[694] de León Arce/ Avilés García, S. 611; Bercovitz/ Salas/ Garcia Cantero, Art. 11 LGDCU, S. 384.

[695] Parra Lucán, ADC 1988 (41), S. 523, 539; AMSP 1993, S. 7, 17.

[696] Bercovitz/ Salas/ Garcia Cantero, Art. 11 LGDCU, S. 385; de León Arce/ Avilés García, S. 615.

[697] Bercovitz/ Rodrigo Bercovitz, S. 220.

[698] de León Arce/ Avilés García, S. 615; Bercovitz/ Salas/ Garcia Cantero, Art. 11 LGDCU, S. 385.

müssen bei einer Rückabwicklung die jeweiligen Vertragsbeziehungen berücksichtigt werden.[699]

Die Möglichkeit, die mangelhafte Sache nach Absatz 3 b) Alt. 1 gegen eine neue auszutauschen, kommt dem ursprünglichen Vertragszweck nach einem fehlgeschlagenen Reparaturversuch am nächsten. Der Austausch setzt voraus, daß der Verkäufer die mangelhafte Sache vollständig vom Käufer zurückerlangt und diesem dafür eine Sache mit den geschuldeten Eigenschaften aushändigt. Mit diesen Voraussetzungen kommt die Alternative nur bei Sachen aus der Serien- oder Massenproduktion in Betracht, bei denen der Garant überhaupt zu einem Ersetzen der Kaufsache in der Lage ist. Auch in diesen Fällen können jedoch kleine Abweichungen in der Produktion zu Problemen bei der Ersetzung führen, etwa wenn zwischenzeitlich die Farben oder Bestandteile der Ausstattung der Kaufsache geändert wurden. In diesen Fällen muß unter Berücksichtigung des Gutglaubensgrundsatzes eine Einigung zwischen den Parteien gesucht werden, im Zweifelsfall obliegt die Entscheidung über die erforderliche Identität dem Richter.[700] Die bei Abschluß des Kaufvertrages gewährte Garantie setzt sich nach dem Austausch für die Geltungszeit an der nun beim Verbraucher befindlichen Kaufsache fort, so daß der Käufer keine Einbuße seiner Schutzrechte erleidet. Obschon das Gesetz in dieser Frage keine Aussage trifft, kann der Käufer nach allgemeiner Meinung der Literatur auch bei Ausübung dieser Alternative seine sonstigen erlittenen Schäden ersetzt verlangen.[701]

Die zweite Alternative des Absatzes 3 b) ermöglicht dem Käufer, vom Vertrag zurückzutreten. Die Ausgestaltung dieser Regelung ist in der Literatur umstritten, denn während in Absatz 3 als Gegenleistung des Verkäufers von „dem gezahlten Kaufpreis" die Rede ist, gesteht die allgemeine Regelung des Absatzes 1 die Rückzahlung des aktuellen Marktpreises zu.[702] Vor diesem Hintergrund ist unklar, welche Verpflichtung dem Garantiegeber in derartigen Fällen obliegt. Für eine Gewährung des Marktpreises würde sprechen, daß die Verpflichtung zur Rückzahlung des gezahlten Preises bereits in Art. 1.124 C.C. als allgemeine Regelung vorgesehen ist. Insoweit würde die Vorschrift des LGDCU lediglich eine Wiederholung darstellen. Dennoch ist der Lösung, daß nur der tatsächlich gezahlt Preis zurück zu erstatten ist, den Vorzug zu geben, denn die Ausrichtung am aktuellen Marktpreis würde bei strikter Anwendung

[699] Bercovitz/ Rodrigo Bercovitz, S. 221.

[700] de León Arce/ Avilés García, S. 616; Bercovitz/ Salas/ Garcia Cantero, Art. 11 LGDCU, S. 386.

[701] Bercovitz/ Rodrigo Bercovitz, S. 221; Rubio Garrido, ADC 1990 (43), S. 867, 911; Duque, EC 1984 (3), 51, 77.

[702] Abs. 3: „... devolución del precio pagado ...", Abs. 1: „... devolución equitativa del precio de mercato ...".

zu Benachteiligungen bei beiden Parteien führen können.[703] Die möglichen Preisschwankungen der Sache sind keine direkten Auswirkungen des Mangels, so daß es nicht überzeugend ist, diese im Rahmen der Rückgabe der Kaufsache mit einzubeziehen. Zudem würde diese Lösung zu Problemen führen, wenn der Käufer bisher erst einen Teil des vereinbarten Kaufpreises gezahlt hat. Nach allgemeiner Ansicht soll in diesen Fällen der Rückzahlungsanspruch auf den tatsächlich geleisteten Teil beschränkt sein.[704] In diesen Fällen könnten Preisschwankungen, die eigentlich zu Lasten des Verbrauchers gehen würden, aufgrund der Teilzahlung zu Lasten des Verkäufers gehen, ohne daß es dafür einen Grund gäbe. Die Aufnahme einer Regelung über die Rückzahlung des geleisteten Kaufpreises ist auch insofern sinnvoll, als die allgemeine Regelung des Art. 1.124 C.C. aus der Verkäufersicht gefaßt ist und damit einem anderen Blickwinkel folgt.[705] Unstrittig ist jedenfalls, daß die Kaufsache bei ihrer Rückgabe weder zerstört sein darf, noch über andere Beeinträchtigungen verfügen darf, als sie durch den gewöhnlichen Gebrauch verursacht werden.[706] Zudem kann der Käufer auch sonstige Schäden ersetzt verlangen, obwohl das Gesetz hierzu keine Angaben macht.[707] Diese Tatsache spricht ebenfalls für eine Begrenzung der Rückzahlungspflicht auf den tatsächlich gezahlten Kaufpreis, da der Käufer weitere Verluste als Schaden ersetzt verlangen kann, eine Einbeziehung in den „Marktwert" folglich nicht erforderlich ist.

bb) Zusätzliche Haftungsregelungen nach Art. 11 Abs. 4 und 5 LGDCU

Während insbesondere Absatz 2 und 3 des Art. 11 LGDCU die zentralen Vorschriften über die Garantie des Verbraucherschutzgesetzes darstellen, sieht das Gesetz in den Absätzen 4 und 5 derselben Norm weitergehende Regelungen vor, die dem Verbraucher im Fall eines Mangels an der Kaufsache zugute kommen. Beide Regelungen betreffen den Bereich des „Vertragsservice", wobei sich jedoch der Anwendungsbereich beider Normen unterscheidet. Während die Regelung des Absatzes 4 für sämtliche Güter als Kaufsache gilt, ist der Regelungsbereich des Absatzes 5 auf langlebige Güter beschränkt.

(1) Regelung des Art. 11 Abs. 4 LGDCU

Die Regelung des Absatzes 4 formt den Verbraucherschutz für die Fälle einer notwendigen Reparatur der Kaufsache aus. Um den Verbraucher vor ungerecht-

---

[703] de León Arce/ Avilés García, S. 616.

[704] Bercovitz/ Salas/ Garcia Cantero, Art. 11 LGDCU, S. 387; de León Arce/ Avilés García, S. 616.

[705] Bercovitz/ Salas/ Garcia Cantero, Art. 11 LGDCU, S. 387.

[706] Bercovitz/ Salas/ Garcia Cantero, Art. 11 LGDCU, S. 387.

[707] Duque, EC 1984 (3), 51, 77; de León Arce/ Avilés García, S. 617.

fertigten einschneidenden wirtschaftlichen Schäden aufgrund solcher Reparaturen zu schützen, verbietet es die Regelung, die Preise für Arbeitskraft, Verbringung der Kaufsache und Reparaturaufwand über das durchschnittliche Maß anzuheben. Vergleichsgrundlage sind dabei die Durchschnittspreise der jeweils einschlägigen Branche. Ferner müssen in der dem Verbraucher auszustellenden Rechung die verschiedenen Rechnungspositionen im Einzelnen aufgeschlüsselt werden. Darüber hinaus muß die Preisliste für bei der Reparatur verwandte Ersatzteile öffentlich ausgelegt sein, ohne daß diese erhöht werden dürfen. Obschon die Norm den Adressaten nicht nennt, ist davon auszugehen, daß die Vorschrift gegenüber jedem gelten soll, der eine entsprechende Reparatur durchführt. Dies muß unabhängig davon gelten, ob es sich um den Hersteller der Sache, einen Händler oder eine Reparaturwerkstatt handelt.[708] Nur mit diesem weiten Anwendungsbereich kann der Verbraucher vor Benachteiligungen aufgrund vorenthaltener Informationen oder überteuerter Rechnungen geschützt werden, ohne daß man ihm seine Entscheidungsfreiheit nimmt, wo er die Reparatur durchführt. Unklar bleibt bei dieser Ausgestaltung der Vorschrift, auf welche Arten von Reparaturen sie sich bezieht. Da sich aus der Regelung des Absatzes 3 ergibt, daß der Verbraucher einen Anspruch auf eine vollkommen kostenfreie Reparatur hat, sofern die Sache nicht den für den vorgesehenen Verwendungszweck optimalen Zustand aufweist, muß sich der Regelungsbereich des Absatzes 4 davon unterscheiden. Eine Möglichkeit, den Geltungsbereich der Vorschrift zu konkretisieren bietet die zeitliche Komponente. Danach greift der Schutz des Absatzes 4 zugunsten des Verbrauchers, wenn die Garantiezeit des Vertrages bereits abgelaufen ist.[709] Gegen ein solches Verständnis der Norm spricht jedoch, daß dann die Geltungsdauer dieses Nach-Garantie-Schutzes vollkommen unklar ist. Zudem führt diese Ansicht dazu, daß die Vertragspartner oder ein mit der Reparatur betrauter Dritter zugunsten des Verbrauchers in ihrer Vertragsabschlußfreiheit beeinträchtigt werden, obwohl auch nach Ansicht des Gesetzgebers dessen wesentliche Schutzbedürftigkeit mit Ablauf der Garantiezeit entfallen ist. Anzeichen für eine derartige Ausweitung des Schutzbereichs über den Zeitraum der Garantiezeit hinaus sind dem Gesetz nicht zu entnehmen. Überzeugender ist daher die Annahme, daß die Regelung des Absatzes 4 derartige Reparaturen erfaßt, die innerhalb des Garantiezeitraums erforderlich werden, da die Kaufsache über einen Mangel verfügt, der jedoch nicht unter die Regelung des Absatzes 3 zu fassen ist. Dabei kann es sich um Mängel handeln, die durch fehlerhaften Gebrauch des Käufers oder durch einen Unfall entstehen, oder solche Mängel, die zwar nicht den Optimalzustand hinsichtlich des Verwendungszwecks beeinträchtigen, jedoch vom Verbraucher als störend empfun-

[708] Bercovitz/ Salas/ Garcia Cantero, Art. 11 LGDCU, S. 390, 391; Duque, EC 1984 (3), 51, 81.

[709] Duque, EC 1984 (3), 51, 81.

den werden.[710] Die Regelung stellt nach dieser Ansicht sicher, daß bei solchen Reparaturen, deren Kosten der schützenswerte Verbraucher zu tragen hat, diese Kosten nicht höher sind, als sie seitens des Verbrauchers zum Zeitpunkt des Erwerbs der Sache ermittelt werden konnten.[711] Damit wird auch in diesen Fällen die Informationsmöglichkeit als wesentlicher Bestandteil des Verbraucherschutzes deutlich. Dieses Verständnis des Absatzes 4 überzeugt, da in derartigen Situationen der Verbraucher nach der Gesetzesintention tatsächlich noch schutzwürdig ist. Vor dem Hintergrund der Regelungen des Art. 11 LGDCU ist es nicht nachvollziehbar, wieso der ansonsten als schutzwürdig eingestufte Verbraucher noch während der Garantiezeit völlig schutzlos gestellt sein soll, nur weil der von ihm beanstandete Mangel nicht bereits die vollen Garantierechte auslöst. Ein derartiges Alles-oder-Nichts-Prinzip ist Art. 11 LGDCU nicht zu entnehmen.

(2) Regelung des Art. 11 Abs. 5 LGDCU

Die Regelung des Absatzes 5 spricht dem Verbraucher, der ein langlebiges Gut erworben hat, die Möglichkeit zu, für die Kaufsache einen Kundenservice in Anspruch zu nehmen und Ersatzteile erwerben zu können. Damit gewährt das Gesetz dem Verbraucher zwei grundlegende Erfordernisse, um für die gesamte Zeit der Haltbarkeit der Kaufsache in den Genuß derselben kommen zu können.[712]

Das Gesetz verlangt, daß der Kundenservice angemessen sein muß, ohne dies näher zu erläutern. Unter Praxisgesichtspunkten ist davon auszugehen, daß ein angemessener Kundenservice dann gegeben ist, wenn Fachhändler in der Lage sind, den geltend gemachten Mangel in einer angemessenen Zeit mit Originalteilen oder zulässigen anderen Ersatzteilen zu beheben.[713] Für den erforderlichen Zeitraum, in dem der Service aufrecht erhalten werden muß, knüpft der Gesetzeswortlaut an die Lebensdauer der Kaufsache an. Daraus ergibt sich, daß zumindest die durchschnittliche Haltbarkeit der Sache beim Ersterwerber als Mindestzeitraum des Services erfaßt sein muß.[714]

Die Verpflichtung, Ersatzteile vorrätig zu halten, dient ebenfalls dazu, dem Verbraucher den andauernden Erhalt der Sache zu ermöglichen. Das Gesetz

---

[710] Curso/ de la Haza, S. 184.

[711] AMSP 1993, 7, 18; Curso/ de la Haza, S. 184.

[712] Curso/ de la Haza, S. 184; Duque, EC 1984 (3), 51, 80; Sánchez Miguel, EDM 1998, S. 1125, 1128.

[713] In diesem Sinne Bercovitz/ Salas/ Garcia Cantero, Art. 11 LGDCU, S. 392, der bzgl. Haushaltsgeräten auf die Ausführungen in der Präambel des Real Decreto von 1988 verweist.

[714] A.A. Duque, EC 1984 (3), 51, 80, der auch den Gebrauchtwarenmarkt erfaßt sieht.

stellt nicht klar, wem die Pflicht hinsichtlich der Ersatzteile obliegt, in Betracht kommen insoweit der Hersteller und der Händler. In der Praxis ist es als ausreichend anzusehen, wenn der Hersteller der Sache auch die Ersatzteile vorrätig hält und den Händlern im Falle einer Reparatur die Verwendung von diesen Teilen ermöglicht.[715] Ebensowenig trifft das Gesetz eine Aussage über den konkreten Zeitraum, in dem dieser Ersatzteilservice bestehen muß. Eine verbindliche Frist läßt sich in diesem Fall nicht genau gesetzlich festlegen, da diese stets an den einzelnen Kaufgegenständen zu orientieren ist. Dabei sind die Zeiträume für die einzelnen Güter an dem Zweck der Regelung zu bemessen, daß der Käufer mittels der Ersatzteile auch bei einem Schaden der Sache diese noch in wirtschaftlich sinnvoller Weise weiter nutzen kann.[716] Die Vorschrift will folglich verhindern, daß der Verbraucher aufgrund der fortschreitenden Entwicklung bei technischen Gebrauchsgütern während einer der Sache angemessenen Frist nicht zu wirtschaftlichen Belastungen durch Neukäufe gezwungen wird, die mittels einer sinnvollen Reparatur zu vermeiden sind.

cc) Verjährung des Anspruchs

Hinsichtlich des Zeitraums der Garantie, d.h. dem Zeitraum, in dem der Verbraucher seine Haftungsansprüche gegen den Verkäufer geltend machen kann, trifft das Gesetz keine Aussage. Die Regelung in Art. 11 Abs. 2 sieht zwar vor, daß in der Garantieurkunde auch die Dauer der Garantie festgelegt sein muß, schreibt aber keine Mindestfrist für diese Fälle vor. Auch wird durch das Gesetz der Fall, daß zwischen den Parteien gar keine Garantiefrist vereinbart wird, nicht erfaßt. Um den Verbraucherschutzgesichtspunkten des Gesetzes gerecht zu werden, muß die völlige Vertragsfreiheit der Parteien in diesem Punkt abgelehnt werden. Eine Durchsetzung von sehr kurzen Fristen seitens des professionellen Verkäufers würde faktisch die Schutzwirkung des Gesetzes außer Kraft setzen. Dennoch spricht die Tatsache, daß der Gesetzgeber keine Details zur Frist verabschiedet hat dafür, daß in dieser Frage der Parteiwille relevant sein sollte.[717] Vor diesem Hintergrund ist folglich eine Mindestfrist zu finden, an der die vereinbarte Frist der Parteien auf ihre Gutgläubigkeit und Angemessenheit überprüft werden kann. Maßgeblich zur Bestimmung dieser Mindestfrist ist nach herrschender Meinung der Literatur die Art der Kaufsache, so daß nicht eine bestimmte Frist als absoluter Maßstab angewendet werden kann.[718] Die Frist muß stets so bemessen sein, daß der Käufer seine zur Verfügung stehenden

---

715 Bercovitz/ Salas/ Garcia Cantero, Art. 11 LGDCU, S. 392.

716 AMSP 1993, 7, 18; Bercovitz/ Salas/ Garcia Cantero, Art. 11 LGDCU, S. 392.

717 Curso/ de la Haza, S. 182; Rubio Garrido, ADC 1990 (43), S. 867, 914; Bercovitz/ Salas/ Garcia Cantero, Art. 11 LGDCU, S. 380.

718 de León Arce/ Avilés García, S. 600; Rubio Garrido, ADC 1990 (43), S. 867, 914.

Rechte sinnvoll ausüben kann, daher muß als absolute Untergrenze die sechsmonatige Frist des Art. 1.490 C.C. gelten.[719] Sofern die gewährte Garantiezeit zu kurz bemessen ist, ist folglich statt dessen zumindest die gesetzliche Mindestfrist des C.C. anzuwenden.[720] Für den Fall, daß gar keine Garantiezeit vereinbart worden ist, muß diese für den konkreten Fall durch einen Richter festgesetzt werden. Als Anhaltspunkte sind dabei die durch den Garantiegeber sonst verwendeten Fristen zu beachten, sowie die Natur der Kaufsache zu berücksichtigen.[721] Zu bemerken ist insoweit, daß der Garantiezeitraum durch den Verkäufer nicht lediglich mittels einer Zeitangabe vereinbart werden kann, sondern auch indirekt eine Garantiebemessung mittels einer Leistungsbestimmung erfolgen kann.[722]

Ebenso nicht im Gesetz geregelt ist die Frage, wann die Frist der Garantierechte zu laufen beginnt. Auch dies ist im Regelfall dem Verhandlungswillen der Parteien unterworfen und wird in der Garantieurkunde festgehalten. Sofern eine derartige Festlegung fehlt, geht eine Ansicht der Literatur von einem automatischen Fristbeginn zum Zeitpunkt der Übergabe der Kaufsache aus.[723] Diese Ansicht ist als zu starr abzulehnen, da sie dem Verkäufer einen schnellstmöglichen Fristablauf ermöglichen würde, ohne daß dies vom Verbraucher beeinflußt werden könnte. Dies würde eine Bevorzugung des Verkäufers, der keine detaillierten Garantieurkunden ausstellt, bedeuten. Unter dem Gesichtspunkt des Verbraucherschutzes ist daher der Ansicht zu folgen, die den Fristbeginn in diesen Fällen auf den Zeitpunkt legt, in dem der Verbraucher in der Lage war, die Kaufsache zu überprüfen.[724] Dieser Zeitpunkt ist im Zweifel je nach Art der Kaufsache wieder individuell durch einen Richter zu bestimmen.

dd) Beweislast

Auch hinsichtlich der Beweislastverteilung trifft die Norm des Art. 11 LGDCU keine Regelung. Insoweit gilt in diesen Fällen der allgemeine Grundsatz, wonach jeder das ihm Günstige beweisen muß. Dies bedeutet, daß wie im Rahmen der Gewährleistung nach dem C.C. der Verbraucher beweisen muß, daß der Mangel im Zeitraum der Garantie aufgetreten ist und bereits von Anfang an

---

[719] Bercovitz/ Salas/ Garcia Cantero, Art. 11 LGDCU, S. 380; Curso/ de la Haza, S. 182.

[720] Fuchs, S. 139; Bercovitz/ Rodrigo Bercovitz, S. 219.

[721] Parra Lucán, ADC 1988 (41), S. 523, 537; de León Arce/ Avilés García, S. 601; Rubio Garrido, ADC 1990 (43), S. 867, 915.

[722] Duque, EC 1984 (3), 51, 78, mit dem Beispiel der km-Leistung eines KfZ.

[723] Carlón, S. 68, allerdings zur selbständigen Garantie vor Inkrafttreten des LGDCU.

[724] Menéndez Menéndez/ Diez-Picazo/ Fenoy Picon, Disp. Ad. Prim. S. 1128 ; Bercovitz/ Salas/ Garcia Cantero, Art. 11 LGDCU, S. 380; Rubio Garrido, ADC 1990 (43), S. 867, 915.

veranlagt war.[725] Da dann der Mangel als anfänglich und damit garantieauslösend gilt, muß der Garantiegeber zu seiner Entlastung das Gegenteil beweisen.[726] Sofern die Garantieurkunde nicht den gesetzlich vorgeschriebenen Inhalt aufweist, der Verbraucher sich aber auf Konditionen beruft, die über das oben dargestellte Mindestmaß hinausgehen, ist er nach den allgemeinen Regeln auch hinsichtlich dieser Punkte vollumfänglich beweispflichtig.[727]

ee) Unvollständigkeit der Garantie, Fehlen einer Garantie

Im Gesetz nicht behandelt wird der Fall, daß entgegen der Vorschriften des LGDCU durch den Verkäufer keine oder keine ordnungsgemäße Garantie gewährt wird. Der überwiegende Anteil der Lehre orientiert sich in diesen Fällen am generellen Schutzcharakter des Gesetzes und bestimmt danach die Auswirkungen im Einzelfall. Sofern die der gewährten Garantie vorgesehenen Rechte nicht den gesetzlichen Mindeststandard des Art 11 Abs. 3 LGDCU erreichen, werden demnach die dort vorgesehenen Rechte unabhängig von der Garantie angewandt. Für den Fall, daß die Garantieurkunde nicht ausgehändigt worden ist, werden die darin enthaltenen Regelungen während des Garantiezeitraums als geltend unterstellt. Sofern keine Frist in der Garantie vorgesehen ist, muß diese durch den Richter in angemessener Weise festgesetzt werden.[728] Der Fall, daß gar keine Garantie gewährt wurde, ist in seinen Rechtsfolgen nicht ohne weiteres zu klären. Eine automatische Anwendung der gesetzlichen Vorschriften des LGDCU ist nach einer Ansicht nicht ohne weiteres möglich, da im Gesetz keinerlei Sanktionsnorm vorgesehen ist und damit auch für eine entsprechende Verurteilung durch einen Richter eine Grundlage fehlen würde.[729] Dem kann jedoch entgegengehalten werden, daß die gesamte Struktur des Art. 11 LGDCU und auch die Intention des Gesetzgebers eine unbedingte Pflicht zur Garantiegewährung deutlich machen. Die ansonsten greifende Rechtsfolge, daß der Verlust der Garantie eintrete, würde das gesamte Regelungswerk und den beabsichtigten Verbraucherschutz ad absurdum führen.[730] Der Pflicht zur Garantiegewährung muß daher auch im Rahmen eines Prozesses zugunsten des

---

[725] Parra Lucán, ADC 1988 (41), S. 523, 537; Bercovitz/ Salas/ Garcia Cantero, Art. 11 LGDCU, S. 383; Menéndez Menéndez/ Diez-Picazo/ Fenoy Picon, Disp. Ad. Prim. S. 1131.

[726] Bercovitz/ Rodrigo Bercovitz, S. 220; Fuchs, S. 139; Sánchez Miguel, EDM 1998, S. 1125, 1131.

[727] Curso/ de la Haza, S. 182.

[728] Bercovitz/ Rodrigo Bercovitz, S. 221; Fuchs, S. 137; Duque, EC 1984 (3), 51, 76; de León Arce/ Avilés García, S. 617.

[729] Bercovitz/ Salas/ Garcia Cantero, Art. 11 LGDCU, S. 389.

[730] Reyes López, S. 330.

Verbrauchers entsprochen werden können. Als Grundlage einer zwangsweise erfolgenden Durchsetzung der Verbraucherschutzrechte muß insoweit auf den zugrunde liegenden Gedanken des Gesetzgebers zurückgegriffen werden.

2. Garantie aus dem Einzelhandelsgesetz

Eine weitere Regelung bezüglich der Übernahme einer Garantie hat der spanische Gesetzgeber in das Einzelhandelsgesetz von 1996 aufgenommen. Mit diesem Gesetz wurden Aspekte des spanischen Einzelhandels, dem Verkauf einer Ware an einen Endverbraucher durch einen hauptberuflichen Verkäufer jedweder Art, den modernen Verhältnissen angepaßt. Im Rahmen dieser Neuausrichtung der Regelungen an den bestehenden Marktverhältnissen und ihren Auswirkungen auf die Vertragsbeziehungen von Einzelhändler und Endverbraucher wurde vom Gesetzgeber in Art. 12 LOCM auch eine Regelung über die Gewährung von Garantien in diesen Kontext aufgenommen, um den Schutz der wirtschaftlichen Interessen der Verbraucher auch in dieser Hinsicht auszubauen. Das Gesetz wurde durch Umsetzung des Änderungsgesetzes Ley 47/2002 ein weiteres Mal den veränderten Verhältnissen innerhalb der betreffenden Vertragsbeziehungen angepaßt. Auf Verträge mit Endverbrauchern, in denen der Einzelhandelsverkäufer eine Garantie gewährt, sind die Normen des LOCM ergänzend zu denen des Código Civil anzuwenden.[731]

a) Anwendungsbereich und Regelungscharakter des Art. 12 LOCM

Der Anwendungsbereich der Regelung des Art. 12 LOCM ist nach Ansicht der Literatur aufgrund der Ausgestaltung des Gesetzes mißverständlich. Die Regelung ist vom Gesetzgeber in das Kapitel „Handelsangebot“ innerhalb des Gesetzes aufgenommen worden und sieht in Art. 12 Abs. 1 LOCM einen allgemeinen Verweis auf die geltende Gesetzeslage vor.[732] Dadurch entsteht der Eindruck, es handele sich um eine Regelung mit direktem Bezug zum Handelsrecht, d.h. dem Regelungsbereich der Vertragsverhältnisse zweier hauptberuflicher Kaufleute. Vor der Änderung des Gesetzes im Jahr 2002 wurde diese Unklarheit noch weiter verstärkt, da das Gesetz in seiner damaligen Ausgestaltung unter anderem ausdrücklich Bezug auf das Handelsgesetzbuch nahm.[733] Eine derartige Ausrichtung des Gesetzes am Handelsrecht ist nach Ansicht der Literatur jedoch nicht gegeben, denn das Gesetz betrifft nicht den Geschäftsverkehr zwischen Kaufleuten, sondern vielmehr die Regelung verschiedener Kaufarten zwischen Einzelhändler und Endverbraucher. Bei solchen Verbrauchskäufen fehlt es aber

---

[731] Arimany/ Manubens/ Marín López, Art. 12 LOCM, S. 112; de León Arce/ Avilés García, S. 595.

[732] „Capitulo II: Oferta Comercial“, Art. 12 Abs. 1: „... por la legislación vigente.“.

[733] Der damalige Wortlaut des Art. 12 Abs. 1 LOCM war: „... la forma determinada en los codigos Civil y Mercantil ...“.

gemäß Art. 326 Abs. 1 C.Com. an dem nach Art. 325 C.Com. erforderlichen handelsrechtlichen Charakter. Der Anwendungsbereich der Regelung beschränkt sich daher nach Ansicht der Literatur allein auf den zivilrechtlichen Kauf von Gütern durch einen Endverbraucher[734], auf den allerdings die geltenden Sonderregelungen ebenfalls Anwendung finden.[735]

Die insoweit geltenden Sonderregelungen des zivilrechtlichen Kaufs von Gütern sind insbesondere die des Verbraucherschutzgesetzes. Denn die Norm des Art. 12 LOCM stellt nach allgemeiner Ansicht keine eigenständige Regelung einer Garantie dar, sondern ist vielmehr die gesetzliche Nachbesserung der vom Gesetzgeber in Einzelbereichen ebenfalls unklar gefaßten Garantie des Art. 11 LGDCU.[736] Eine weitere, neue Garantie zum Schutze des Verbrauchers wird durch die Regelung im Einzelhandelsgesetz folglich nicht begründet. Durch ihren direkten Bezug auf die Norm des Art. 11 LGDCU wird lediglich die genaue Ausgestaltung der Regelung auf zwei verschiedene Gesetze verteilt. Neben den sich aus Art. 12 LOCM für die Regelung der Garantie in Art. 11 LGDCU ergebenden Ergänzungen, die zudem sehr punktuell sind, bleiben die Vorschrift des Art. 11 LGDCU und die grundlegenden Vorschriften des C.C. in ihrer Regelungsreichweite unbegrenzt.[737]

b) Verantwortungsbereich des Verkäufers, Art. 12 Abs. 1 LOCM

Wie bereits angesprochen, wurde die Norm des Art. 12 Abs. 1 LOCM von den Änderungen im Rahmen der Reform des Handelsgesetzes durch Ley 47/2002 erfaßt. Diese Änderung wurde durch den Gesetzgeber vorgenommen, um die Vorschrift dem Regelungsstand der EU-Richtlinie 44/1999 anzupassen.[738] Dabei ging der Gesetzgeber selbst von einem Fortbestand der bisher in Spanien

---

[734] Alonso Espinosa, RDM 1999 (231), S. 17; kritisch dazu Avilés García, NUE 1999 (173), 115, 117, der in der Praxis in erster Linie den Einzelhändler und nicht den Verbraucher gegenüber den Großhändlern geschützt sieht.

[735] Arimany/ Manubens/ Marín López, Art. 12 LOCM, S. 112; Bercovitz/ Leguina/ Parra Lucan, Art. 12 LOCM, S. 208; Miguez Macho, RAAP 1997 (11), S. 110.

[736] Alonso/ Gonzáles Pacanowska, Art. 12 LOCM, S. 193; Piñar/ Beltrán/ Díaz Alabart, Art. 12 LOCM, S. 115; Arimany/ Manubens/ Marín López, Art. 12 LOCM, S. 112; Bercovitz/ Leguina/ Parra Lucan, Art. 12 LOCM, S. 200, die diese Vorgehensweise des Gesetzgebers sehr kritisch beurteilen, bzw. ablehnen.

[737] Arimany/ Manubens/ Marín López, Art. 12 LOCM, S. 111, 112; Piñar/ Beltrán/ Díaz Alabart, Art. 12 LOCM, S. 115.

[738] Exposición de motivos, Abs. 5 bis 7, zu Ley 47/2002.

geltenden Regelungen aus, bis eine vollständige Umsetzung der Richtlinie in nationales Recht durch ein eigenes Gesetz erfolgt.[739]

Nach der neuen Ausgestaltung ist der Verkäufer von Gütern für deren Übereinstimmung mit den Vertragsvereinbarungen verantwortlich, wobei sich seine Verantwortlichkeit nach dem Rahmen der geltenden Gesetzeslage richtet. Insoweit hat die Änderung des Absatzes 1 nichts daran geändert, daß es sich um eine Vorschrift handelt, die lediglich die ohnehin bestehende Rechtslage aufgreift, ohne einen darüber hinausgehenden Regelungsgehalt zu entwickeln. Die Regelung wurde daher bereits vor ihrer Neufassung von der Literatur als überflüssig und nutzlos bezeichnet.[740] Allerdings ergibt sich im Rahmen der Änderung insoweit eine Neuausrichtung, als die Regelung nun als Bemessungsgrundlage der Verantwortlichkeit das Fehlen der Übereinstimmung mit den Vertragsvereinbarungen[741] vorsieht. Der Haftungsrahmen des Verkäufers hat sich damit erweitert, denn eine fehlende Übereinstimmung mit den Vertragsvereinbarungen liegt im Gegensatz zu den vorher als Maßstab dienenden Mängeln in der Qualität der Sache bei jedweder Abweichung in der vereinbarten und nach objektiven und subjektiven Kriterien zu ermittelnden Qualität der Sache vor. Dies bedeutet, daß nicht nur der objektive Nutzen oder die ausdrücklich vereinbarten Eigenschaften der Kaufsache entscheidend für eine entsprechende Beurteilung sind, sondern sämtliche Eigenschaften, die sich aus der Beschreibung der Sache ergeben, bzw. aus ihrer Natur, sowie ihres qualitativen Niveaus, insbesondere im Verhältnis zu dem vereinbarten Kaufpreis.[742]

c) „Handelsgarantie" nach Art. 12 Abs. 2 LOCM

Die Regelung des Art. 12 Abs. 2 LOCM greift die Gewährung einer Garantie, wie sie in Art. 11 LGDCU ausgestaltet ist, auf und sieht Änderungen zur Erweiterung der Schutzrechte des Käufers vor. Nach dieser Vorschrift kann zu den verkauften Gütern eine sog. Handelsgarantie gewährt werden, die den Garanten in dem Umfange verpflichtet, der sich aus dem Garantiedokument und der Werbung zu der Kaufsache ergibt. Zugleich schreibt die Regelung als Mindeststandard der zu gewährenden Käuferrechte diejenigen Verkäuferverpflichtungen vor, die durch die übrigen Gesetze vorgeschrieben werden.

---

[739] Exposición de motivos, Abs. 6, zu Ley 47/2002 mit dem ausdrücklichen Verweis auf die entsprechende Klarstellung in der disposición final primera zu diesem Gesetz, zu dem betreffenden Gesetz s. weiter unten.

[740] Arimany/ Manubens/ Marín López, Art. 12 LOCM, S. 111; Piñar/ Beltrán/ Díaz Alabart, Art. 12 LOCM, S. 115.

[741] Art. 12 Abs. 1 LOCM: „... la falta de conformidad de los mismos con el contrato de compraventa ...".

[742] Alonso/ Gonzáles Pacanowska, Art. 12 LOCM, S. 195.

aa) Gegenstand der Garantie im Sinne des Art. 12 LOCM

Im Gegensatz zu der ursprünglichen Regelung, die sich lediglich auf Güter dauerhafter Art bezog, sieht die Norm nach ihrer Änderung grundsätzlich keine Einschränkung hinsichtlich der von der Garantie erfaßten Güter vor. Es werden aufgrund des Fehlens einer Einschränkung folglich sämtliche Güter, die ein Endverbraucher von einem Einzelhändler kauft, erfaßt. Wie bereits die Regelung des Art. 11 LGDCU unterscheidet aber auch Art. 12 LOCM zwischen verschiedenen Regelungsbereichen, denn während sich die allgemeinen Normen der Absätze 1 und 2 auf Güter jeglicher Art beziehen, ist die Geltung der Absätze 3 und 4 ausschließlich auf langlebige Güter begrenzt.

bb) Garant im Sinne des Art. 12 Abs. 2 LOCM

Die Regelung des Art. 12 Abs. 2 LOCM bezieht sich ausdrücklich auf die Gewährung einer Garantie durch den Verkäufer. Damit knüpft das Gesetz zur Stärkung der Garantieregelung an das dem Kauf der Sache zugrundeliegende Vertragsverhältnis an. Der Verkäufer der Sache übernimmt damit als Garant im Sinne des Art. 12 Abs. 2 LOCM eine über die reine vertragliche Leistungspflicht hinausgehende Verpflichtung gegenüber dem Käufer. Allerdings ergibt sich aus der Regelung des Absatzes 3 der Norm, daß der Gesetzgeber auch solche Garantien in den Geltungsbereich einbeziehen wollte, die nicht durch den Verkäufer, sondern durch den Hersteller gewährt werden. In dieser Konstellation ist von Bedeutung, inwiefern der Käufer in den Besitz des relevanten Garantiedokuments gelangt. Sofern er dies durch den Verkäufer ausgehändigt bekommt, ist entscheidend für die Personalisierung des Garanten, ob der Verkäufer dabei als Vertreter des Herstellers oder in eigenem Namen gehandelt hat. Jedenfalls bleibt der Verkäufer dem Käufer auch im Falle einer Herstellergarantie zur Durchführung oder zumindest Mithilfe bei den Garantiemaßnahmen verpflichtet. Dies kann etwa die Durchführung einer Reparatur oder auch die Abwicklung der Einschickung der Kaufsache bedeuten.[743]

cc) Käuferrechte aus der Garantie des Art. 12 Abs. 2 LOCM

Die Käuferrechte aus der Garantie unterliegen der Gestaltungsfreiheit des Garanten. Dieser kann bestimmen, inwieweit er eine derartige Verpflichtung übernehmen möchte. Diese Gestaltungsfreiheit ergibt sich aus der Tatsache, daß die Garantie stets in Ergänzung zu den grundlegenden Gewährleistungsrechten aus dem C.C. übernommen wird. Insoweit ist der Wortlaut von Art. 12 Abs. 2 Satz 2 LOCM eindeutig, der von einer zusätzlichen Handelsgarantie spricht.[744] Der Garantierahmen, der vom Garanten einzuhalten ist, wird allerdings durch Art. 12 Abs. 2 LOCM in zwei Richtungen begrenzt. Hinsichtlich der garantieauslö-

---

[743] Alonso/ Gonzáles Pacanowska, Art. 12 LOCM, S. 212.

[744] Art. 12 Abs. 2 Satz 2 LOCM: „La garantía comercial adicional ...“.

senden Eigenschaften der Kaufsache wird demnach der Garantiegeber durch die in dem Garantiedokument festgelegten Eigenschaften der Sache ebenso wie durch die Angaben in der öffentlichen Werbung für die Kaufsache gebunden. Dabei ist hinsichtlich der Angaben in der Werbung davon auszugehen, daß der Garantiegeber nur dann gebunden wird, wenn er die Möglichkeit hatte, die entsprechende Werbung zur Kenntnis zu nehmen. Dies ist erforderlich, da der Garantiegeber seine Haftungserweiterung freiwillig eingeht und daher auch die Möglichkeit zur Kenntnisnahme aller die Garantie betreffenden Angaben haben muß. Andernfalls fehlt es dem Garanten bei Abgabe der Garantieerklärung am entsprechenden Erklärungswillen, ohne den eine wirksame Garantie nicht eingegangen werden kann. In der Praxis stellt sich dieses Problem, wenn Garantiegeber und Werbender für die Kaufsache nicht identisch sind. Sofern allerdings die Sache durch den Hersteller in der Öffentlichkeit beworben wird und ein Händler des Herstellers die Sache verkauft und dafür eine Garantie gewährt, ist von einer Einbeziehung der Werbeangaben in die Garantie auszugehen. In dieser Konstellation hat der Verkäufer in der Regel Kenntnis von der Werbung des Herstellers, zumindest aber die Möglichkeit der Kenntnisnahme derselben, und kann darauf seine Garantie abstimmen. Im umgekehrten Fall, daß ein Händler der Sache besondere Werbung betreibt und dabei Angaben über die Sache macht, die auch die Garantie betreffen, wird im Einzelfall zu untersuchen sein, ob der Hersteller diese Werbemaßnahmen kannte oder zumindest kennen mußte. In diesen Fällen kann eine entsprechende Kenntnis nicht unterstellt werden, da Hersteller, die landesweit oder sogar international ihre Produkte vertreiben, nicht jede individuelle Werbemaßnahme von Einzelhändlern kennen müssen.

Die Regelung des Art. 12 Abs. 2 Satz 2 LOCM greift noch einmal den zusätzlichen Charakter der garantía comercial auf und definiert die Untergrenze der Verbraucherrechte, die durch eine Garantie gewährt werden müssen. Demnach müssen durch den Schutzbereich der Garantie zumindest sämtliche Verpflichtungen abgedeckt werden, die durch die bestehende Gesetzeslage hinsichtlich der Garantien für Verbrauchsgüter vorgeschrieben sind. Auch bei dieser Regelung handelt es sich lediglich um einen wiederholenden Verweis auf die bestehende Rechtslage, ohne daß sich daraus eine Veränderung der Haftungsposition des Garanten ergibt.

d) Zusätzliche Haftungsregelungen nach Art. 12 Abs. 3 und 4 LOCM

Die Regelungen der Absätze 3 und 4 des Art. 12 LOCM gehen über den Haftungsumfang der Garantie hinaus und betreffen die Möglichkeit des Verbrauchers, für seine Sache einen Kundendienst in Anspruch nehmen zu können. Damit unterscheidet sich der Bezugspunkt des Regelungsbereichs der Absätze 1 und 2 von dem der Absätze 3 und 4, denn die Verpflichtungen aus dem Kundendienst betreffen ausschließlich nachvertragliche Veränderungen an der Sache. Auch hinsichtlich der jeweiligen Anspruchsvoraussetzungen kann sich aufgrund dieser unterschiedlichen Ausrichtung keine Überschneidung ergeben.

aa) Regelung des Art. 12 Abs. 3 LOCM

Nach Art. 12 Abs. 3 LOCM ist der Produzent, oder statt dessen der Importeur der Sache verpflichtet, gegenüber den Käufern der von ihnen hergestellten oder importierten langlebigen Güter in jedem Fall einen angemessenen technischen Kundendienst sowie die Nachlieferung von Ersatzteilen zu garantieren. Diese Verpflichtung besteht für einen Zeitraum von mindestens fünf Jahren ab dem Ende der Produktion der Sache.

Zunächst fällt an der Regelung auf, daß sie einen anderen Kreis der Haftungsverpflichteten benennt, als dies in den ersten beiden Absätzen der Norm der Fall ist. Die Verpflichtung zum nachvertraglichen Kundenservice und der Bereitstellung von Ersatzteilen trifft den Hersteller und den Importeur der Kaufsache. Dabei besteht hinsichtlich der potentiellen Verpflichteten aufgrund des Wortlauts der Norm eine eindeutige Subsidiarität des Importeurs zu Lasten des Herstellers. Demnach ist der Produzent der Sache immer dann Verpflichteter im Sinne der Regelung, wenn die Sache in Spanien hergestellt wird. Sofern die Sache allerdings im Ausland produziert wird, obliegt die entsprechende Verpflichtung dem Importeur.[745] Der Verkäufer wird folglich nicht mit dieser Haftungsverpflichtung belastet. Dies ist in dem technischen Aufwand und den Lagerkapazitäten, die der nachvertragliche Service erfordert, begründet. Diese Voraussetzungen können nicht von jedem Einzelhändler erwartet werden. Zudem ist es unter Umständen auch nicht im Interesse des Herstellers, das für den Kundenservice erforderliche Know-how den Einzelhändlern zu offenbaren. In diesen Fällen könnten die Verkäufer einer derartigen Verpflichtung gar nicht nachkommen. Ein freiwilliges Eintreten in den Kreis der Haftungsverpflichteten ist dagegen sowohl dem Importeur als auch den Verkäufern jederzeit möglich.

Die Regelung des Art. 12 Abs. 3 LOCM bezieht sich ausschließlich auf langlebige Güter. Das Gesetz sieht keine eigene Definition der von seinem Regelungsbereich erfaßten Güter vor. Vor dem Hintergrund, daß die Vorschrift die Regelung des Art. 11 LGDCU ausbauen und klarstellen soll, ist eine eigenständige Definition nicht erforderlich, die Norm erfaßt vielmehr die Gegenstände, die auch Art. 11 LGDCU unterstehen. In der Literatur wird teilweise die Ansicht vertreten, es sei eine Eingrenzung der erfaßten Güter vorzunehmen. Unter den langlebigen Gütern im Sinne des Art. 11 LGDCU gebe es auch zahlreiche, die einen nachvertraglichen Kundenservice und Ersatzteilvorrat nicht benötigten. Die Verpflichtung aus Art. 12 LOCM beziehe sich daher nur auf solche Güter, deren technische Komplexität das Einschalten eines Spezialisten erforder-

[745] Arimany/ Manubens/ Marín López, Art. 12 LOCM, S. 111; Bercovitz/ Leguina/ Parra Lucan, Art. 12 LOCM, S. 221.

lich mache.[746] Für eine derartige Einengung des Geltungsbereichs ergeben sich jedoch keine Anzeichen aus dem Gesetzestext. Vielmehr soll durch den weiten Geltungsbereich der Norm gerade ein besonderer Käuferschutz erreicht werden. Auch führt eine solche Auslegung zu Abgrenzungsschwierigkeiten in der Praxis, denn unter Umständen kann auch die Reparatur eines einfachen Gegenstands derart kompliziert sein, daß sie durch einen Fachmann erfolgen muß.[747] Eine Eingrenzung der erfaßten Güter aufgrund des Zwecks der Regelung ist daher abzulehnen.

Sofern an der Kaufsache ein entsprechender Service erforderlich wird, hat der Käufer damit einen Anspruch auf Durchführung eines fachgerechten Kundendiensts. Dieser muß nicht zwangsläufig durch den Verpflichteten selbst erfolgen, dem Schutz des Käuferinteresses wird auch genüge getan, wenn der Service durch einen qualifizierten und autorisierten Dritten erbracht wird.[748] Insofern kann sich die konkrete Verpflichtung des Herstellers im Einzelfall auf die Nennung der in Betracht kommenden Servicestellen und damit eine reine Informationspflicht begrenzen. Die Pflicht zur Ersatzteilbeschaffung für die Kaufsache erfordert die Beschaffung von Originalteilen oder zumindest Originalersatzteilen, die, ohne zu einem Wertverlust zu führen, in die Sache eingebaut werden können. Aus dieser Verpflichtung wird die vom Gesetzgeber mit der Norm verfolgte Intention besonders deutlich, den Verbraucher nach dem Kauf eines langlebigen Gutes möglichst lange die vertragsgemäße Nutzung derselben zu ermöglichen. Ein vertragsgemäßer Zustand der Sache erfordert im Falle einer Reparatur der Sache die Verwendung spezieller Ersatzteile, da andernfalls trotz Beseitigung des konkreten Mangels eine Wertbeeinträchtigung der Sache verbleibt.

Das Gesetz sieht für diese Verpflichtungen einen Zeitraum von mindestens fünf Jahren vor. Diese Frist gilt für alle langlebigen Güter gleichermaßen, unabhängig von der Durchschnittslebensdauer des jeweiligen Gutes.[749] Die Fristdauer von fünf Jahren ist dabei derart bemessen, daß eine ausreichende Zeitspanne des Verbraucherschutzes besteht, in der dieser die Aufrechterhaltung der Vertragsentsprechung seiner Sache durchsetzen kann. Im Falle einer schnell voranschreitenden technischen Entwicklung kann eine Fristdauer von fünf Jahren zwar im Einzelfall kurz bemessen sein[750], doch stellt gerade bei diesen Gütern

---

[746] Piñar/ Beltrán/ Díaz Alabart, Art. 12 LOCM, S. 116; Bercovitz/ Leguina/ Parra Lucan, Art. 12 LOCM, S. 218.

[747] Etwa die Reparatur eines Möbelstücks; im Ggs. zu Bercovitz/ Leguina/ Parra Lucan, Art. 12 LOCM, S. 218, die „bestimmte Möbelstücke" ausschließen möchte.

[748] Bercovitz/ Leguina/ Parra Lucan, Art. 12 LOCM, S. 221.

[749] Arimany/ Manubens/ Marín López, Art. 12 LOCM, S. 118; Bercovitz/ Leguina/ Parra Lucan, Art. 12 LOCM, S. 222.

[750] Arimany/ Manubens/ Marín López, Art. 12 LOCM, S. 118.

eine Vorratshaltung von Ersatzteilen für den Hersteller eine besondere Belastung dar. Eine Begrenzung der Frist auf fünf Jahre ist deshalb unter Berücksichtigung der Interessen beider Vertragsparteien angemessen. Dabei ist zu berücksichtigen, daß der Fristzeitlauf nicht wie sonst üblich mit dem Erwerb der Sache durch den Verbraucher beginnt, sondern ab dem Zeitpunkt, in dem der Hersteller die Produktion der Sache einstellt. Der Gesetzgeber hat die Fristdauer des Art. 12 Abs. 3 LOCM ausdrücklich als Mindestfrist ausgestaltet. Sofern der Verbraucher auf eine längere Frist Wert legt, kann er dies im Rahmen der Vertragsvereinbarungen individuell festlegen.[751] Eine derartige Fristverlängerung durch die Vertragsparteien ist jederzeit möglich.

bb) Regelung des Art. 12 Abs. 4 LOCM

Die Vorschrift des Art. 12 Abs. 4 LOCM bestimmt, daß die Maßnahme der Wiederbeschaffung der durch den Verbraucher oder Nutzer zur Reparatur abgegebenen Sache innerhalb von drei Jahren ab dem Moment der Übergabe verjährt. Nach Satz 2 der Vorschrift werden im Verordnungswege sowohl diejenigen Daten festgelegt, die der Händler im Moment des Erhalts der Sache zum Zwecke der Reparatur bekunden muß, als auch die Formen, in denen diese Übergabe bestätigt werden kann.

Die Frist des Art. 12 Abs. 4 LOCM dient dem Schutz des Leistungserbringers im Rahmen des nachvertraglichen Services. Ohne eine entsprechende Regelung in der Norm würde auch für diese Fälle die generelle Verjährungsfrist des Art. 1.964 C.C. gelten, mit einer Dauer von 15 Jahren. Während dieser Zeit hätte der Verbraucher, der seine Sache zum Kundendienst gegeben hat, einen Anspruch auf Rückgabe der Sache in ordnungsgemäßem Zustand.[752] Der Leistungserbringer des Kundendienstes wäre demnach unabhängig davon, ob es sich um den Hersteller oder einen Dritten handeln würde, bei sämtlichen Gütern nach Durchführung des Kundendienstes zu einer ordnungsgemäßen Lagerung von bis zu 15 Jahren verpflichtet. Ein Lagerungsaufwand über einen derart langen Zeitraum ist dem Kundendienstverpflichteten sowohl aufgrund des tatsächlichen Lagerungsaufwands als auch aufgrund der daraus erwachsenden Kosten nicht zumutbar.[753] Anderweitige Vereinbarungen, die eine kürzere Frist der Wiederabnahme durch den Verbraucher vorsahen, gingen zu dessen Lasten und waren daher zumindest nach Art. 10 LGDCU nichtig. Zwar ist es möglich, für die reine Lagerungszeit der Sache eine „Lagergebühr" in Rechnung zu stellen, doch würde dies den Kundendiensterbringer vor weiteren organisatorischen Aufwand stellen. Denn dazu müßte nach Durchführung der Reparatur der Verkäufer über

---

[751] de León Arce/ Avilés García, S. 625.

[752] Bercovitz/ Leguina/ Parra Lucan, Art. 12 LOCM, S. 227.

[753] Alonso/ Gonzáles Pacanowska, Art. 12 LOCM, S. 221; Bercovitz/ Leguina/ Parra Lucan, Art. 12 LOCM, S. 227.

die Beendigung informiert werden und die Sache einmal erfolglos zur Übergabe bereitgehalten werden. Erst danach wäre eine Inrechnungstellung möglich. Darüber hinaus würde auch dieses Vorgehen den Betroffenen nicht von der mit dem Kundendienst verbundenen Hauptbelastung befreien, die Sache ordnungsgemäß lagern zu müssen.[754] Vor diesem Hintergrund bildet die Frist von drei Jahren einen Interessenausgleich zwischen den Parteien des Kundendienstes, ohne unangemessen zu Lasten des Käufers zu gehen. Die Frist beginnt nach dem Wortlaut der Vorschrift im Moment der Übergabe zu laufen. Dies bedeutet, daß die Fristdauer generell für alle Fälle einer Inanspruchnahme des Kundendienstes durch den Käufer gleich lang ist. Der dem Käufer tatsächlich zur Wiedererlangung seiner reparierten Sache zur Verfügung stehende Zeitraum ist damit jedoch abhängig von dem für die Durchführung des Services erforderlichen Zeitaufwand. Dies bedeutet, daß in der Praxis erhebliche Unterschiede hinsichtlich der tatsächlichen Wiederbeschaffungsfrist bestehen werden, je nach Umfang der Servicemaßnahmen und der Schnelligkeit ihrer Durchführung.[755] Da die Frist durch den Gesetzgeber als Verjährungsfrist ausgestaltet worden ist, kann sie unter den üblichen Voraussetzungen unterbrochen werden.

Die Regelung des Art. 12 Abs. 4 Satz 2 LOCM sieht zum Schutz des Verbrauchers eine Verpflichtung zur schriftlichen Bestätigung der relevanten Umstände bei der Inanspruchnahme des Kundendienstes vor. Dabei enthält die Vorschrift selbst keine Details, welche Daten von dem Schriftlichkeitserfordernis erfaßt werden, sondern verweist auf eine weitergehende Regelung durch Verordnung.[756] Als wesentliche Daten im Sinne der Vorschrift müssen zumindest das Datum der Übergabe der mangelhaften Sache in den Kundendienst, eine Mangelbeschreibung, die Rückschlüsse über den Serviceumfang ermöglicht, und eine Auftragsbestätigung Inhalt der schriftlichen Ausfertigung werden. Mit diesen Kerndaten lassen sich alle für die Parteien wichtigen Voraussetzungen für weitere Ansprüche aus dem Kundendienstverhältnis belegen. Von besonderer Bedeutung ist das Datum der Übergabe der Sache, da sich danach der Fristzeitraum richtet, in dem die Sache fertiggestellt und durch den Serviceerbringer aufbewahrt werden muß.

e) Garantiefrist, Verjährung des Anspruchs

Das Gesetz sieht keine Fristregelung hinsichtlich des Garantieanspruchs aus Art. 12 LOCM vor. Dies gilt sowohl für die Bestimmung des Garantiezeitraums als auch für die Frage einer eventuell sich davon unterscheidenden Verjährungsfrist eines Garantieanspruchs.

---

[754] Alonso/ Gonzáles Pacanowska, Art. 12 LOCM, S. 222.

[755] Alonso/ Gonzáles Pacanowska, Art. 12 LOCM, S. 221.

[756] Für die Automobilbranche z.B. durch Art. 14.7 des Real Decreto 1457/1986, s. Bercovitz/ Leguina/ Parra Lucan, Art. 12 LOCM, S. 228; de León Arce/ Avilés García, S. 617.

Vor der Änderung des Art. 12 LOCM im Rahmen der Anpassung an die EU-Richtlinie war in Absatz 2 der Vorschrift eine Mindestgarantiezeit von sechs Monaten für langlebige Güter vorgesehen. Diese Regelung hat der Gesetzgeber bei der Änderung des Gesetzes nicht wieder in die Norm aufgenommen. Eine anderweitige Fristregelung ist in dem Gesetz ebenfalls nicht enthalten, so daß sich die Frage stellt, ob die Garantieregelung des Art. 12 LOCM keiner Mindestfrist unterliegt. Dies ist jedoch aufgrund des Regelungskontextes zu verneinen. Aufgrund der Funktion des Art. 12 LOCM als Ergänzungsvorschrift der Garantieregelung aus dem LGDCU und den sich daraus ergebenden Entsprechungen im Regelungsinhalt[757] ist eine Ausgestaltung der Garantie ohne Mindestfrist zu verneinen. Zwar ist grundsätzlich bei der Garantie des Art. 12 LOCM von der Möglichkeit auszugehen, daß die konkrete Garantiefrist aufgrund Parteivereinbarung festgelegt werden kann, doch muß nach wie vor entsprechend Art. 11 LGDCU von einer absoluten Fristuntergrenze von sechs Monaten ausgegangen werden. Mangels speziellerer Regelungen kommt damit nach der Gesetzesänderung die sechsmonatige Frist des Art. 1.490 C.C. zur Anwendung, ohne das sich insoweit in der Praxis allerdings Auswirkungen ergeben. Die Anwendung dieser allgemeinen Fristregelung beschränkt sich jedoch auf die reine Garantiezeit, ohne daß darüber hinaus Regelungen der Vorschrift, etwa bezüglich des maßgeblichen Zeitpunkts des Mangeleintritts, Geltung erlangen würden. Auch eine Verlängerung der Fristen zugunsten des Verbrauchers durch entsprechende Parteivereinbarungen bleibt damit jederzeit möglich.[758] Da zudem keine Anzeichen für Abweichungen von der Ausgestaltung der bisherigen Garantiefrist erkennbar sind, bleibt auch die Wirkung dieser Norm wie bisher. Dies bedeutet, daß binnen dieses Zeitraums nicht nur der Mangel an der Sache aufgetreten sein muß, sondern durch den Käufer auch geltend gemacht werden muß. Andernfalls kann er seine Garantieansprüche nicht mehr durchsetzen. Die Frist behält damit ihren Charakter einer Verwirkungsfrist.[759] Eine weitere Frist hinsichtlich eines Verjährungszeitraums des Garantieanspruchs ist im Rahmen des LOCM nicht vorgesehen.

f) Beweislast

Die Beweislastverteilung im Rahmen des LOCM entspricht dem Regelfall, wonach jede Partei das ihr Günstige nachweisen muß. Allerdings kommen die Normen des LOCM dem Käufer insoweit entgegen, als die Vorschrift des Art.

---

[757] Marín Lopez/Marín Lopez, Art. 12 LOCM, S. 428; Bercovitz/ Leguina/ Parra Lucan, Art. 12 LOCM, S. 216.

[758] Piñar/ Beltrán/ Díaz Alabart, Art. 12 LOCM, S. 117; Alonso/ Gonzáles Pacanowska, Art. 12 LOCM, S. 215.

[759] Bercovitz/ Leguina/ Parra Lucan, Art. 12 LOCM, S. 217; Piñar/ Beltrán/ Díaz Alabart, Art. 12 LOCM, S. 117.

12 LOCM hinsichtlich der schriftlichen Ausgestaltung der Garantieurkunde in wesentlichen Punkten die Beweisführung erleichtert. Dies betrifft die Garantievoraussetzungen in gleichem Maße wie die sich aus der Garantie für den Käufer ergebenden Ansprüche.

III. Verbraucherschutz nach dem Garantiegesetz, Ley 23/2003

Die jüngste Entwicklung auf dem Gebiet des Verbraucherschutzes im spanischen Recht stellt die Verabschiedung des Garantiegesetzes (LGVBC)[760] dar, mit dem die europäische Richtlinie zum Verbrauchsgüterkauf in nationales Recht umgesetzt wird. Der spanische Gesetzgeber hat sich mit Verabschiedung dieses Gesetzes dafür entschieden, die Vorschriften der Richtlinie in einem einzelnen Spezialgesetz in nationales Recht umzuwandeln und nicht mittels einer Modifikation der bereits bestehenden Regelungen des Verbraucherschutzes im Sinne der Richtlinie die Umsetzung vorzunehmen. Aufgrund dieser Vorgehensweise hat der spanische Gesetzgeber mit dem Spezialgesetz eine Regelung geschaffen, die in ihrem Anwendungsbereich eine vollständige Regelungsgrundlage des Verbrauchsgüterkaufs darstellt. Aus diesem Grund kommt es in einigen Punkten zu einem Gleichlauf solcher Regelungen, die das neue Spezialgesetz ebenso wie bereits bestehende Gesetze vorsieht.[761] Dies gilt etwa für die im Gesetz vorgesehenen Gewährleistungsrechte des Verbrauchers, die sich zum Teil mit den allgemeinen kaufrechtlichen Regelungen des C.C. decken. Um insoweit einen unangemessenen Vorteil des Verbrauchers auszuschließen, stellt das Gesetz in Absatz 1 seiner Zusatzvorschrift „disposición adicional“ klar, daß eine gleichzeitige Geltendmachung der Gewährleistungsrechte aus beiden Gesetzen nicht möglich ist.[762] Der Verbraucher hat darüber hinaus bei Vorliegen der jeweiligen Voraussetzungen kein Wahlrecht, welche Rechte er auf Grundlage welchen Gesetzes geltend machen möchte. Vielmehr sind aufgrund des Charakters als Spezialgesetz die Vorschriften des LGVBC für diejenigen Geschäfte von Verbrauchern verbindlich, bei denen sämtliche erforderlichen Voraussetzungen gegeben sind. Im Gegensatz dazu stellt die disposición adicional in Absatz 2 klar, daß der Verbraucher Schadensersatzansprüche parallel zu seinen sonstigen Rechten geltend machen kann. Da das Sondergesetz derartige Schadensersatzansprüche selbst nicht umfaßt, besteht insoweit keine Unvereinbarkeit der gleichzeitigen Geltendmachung von nach dem Zivil- oder Handelsrecht

[760] Ley 23/2003 de Garantías en la Venta de Bienes de Consumo (LGVBC), vom 10.07.2003, BOE 11.07.2003, S. 27160 ff.

[761] Diese Tatsache ist ein wesentlicher Anknüpfungspunkt für die Kritik der spanischen Literatur am Vorgehen des Gesetzgebers, da dies zu einer Verkomplizierung und Unübersichtlichkeit der Regelungslage führe; Bercovitz, AC 2003 (14), S. 11, 12; Carrasco Perrera, AJA 2003 (591), S. 2; Rubio Torrano, AC 2003 II, S. 1883, 1885.

[762] Mansel, AcP 2004, 396, 437; Morgenroth, S. 138.

bestehenden Schadensersatzansprüchen, da eine doppelte Gewährung insoweit nicht in Betracht kommt.

1. Anwendungsbereich des Gesetzes nach Art. 1 und 2 LGVBC

Der Anwendungsbereich des Gesetzes ergibt sich sowohl aus subjektiven wie objektiven Kriterien, denn der Gesetzgeber hat den Geltungsbereich des Gesetzes einerseits über die Beteiligten des zugrundeliegenden Geschäfts und andererseits den Charakter des Geschäftsgegenstands bestimmt. Bereits in Art. 1 Satz 1 LGVBC stellt der Gesetzgeber klar, daß der Verkäufer verpflichtet ist, dem Verbraucher eine den getroffenen Vertragsvereinbarungen gemäße Sache zu übergeben. Die Definition der jeweiligen Kriterien zur Bestimmung des Anwendungsbereichs des Gesetzes hat der Gesetzgeber in den Art. 1 und 2 LGVBC vorgenommen.

a) Verkäuferbegriff im Sinne des Gesetzes

Der damit nach Art. 1 Satz 1 LGVBC zur ordnungsgemäßen Leistung Verpflichtete und andernfalls die Gewährleistung Verantwortende ist der Verkäufer. In Art. 1 Satz 2 LGVBC wird die Person des Verkäufers legaldefiniert. Demnach ist Verkäufer im Sinne der Regelung jede natürliche oder juristische Person, die im Rahmen ihrer beruflichen Tätigkeit Verbrauchsgüter verkauft. Erfaßt werden durch das Gesetz also Geschäfte, die von einzelnen Unternehmern oder Unternehmensgesellschaften vorgenommen werden.[763] Maßgebliches Kriterium ist demnach die „actividad profesional“ des Verkäufers, wodurch eine Anwendung des Verbraucherschutzgesetzes auf Geschäfte zwischen Privatleuten ausgeschlossen wird.[764] Die berufliche Tätigkeit des Verkäufers ist dabei immer in Bezug auf das konkrete Geschäft zu beurteilen, so daß auch solche Verkäufe ausgeschlossen werden, bei denen der eigentlich professionelle Verkäufer außerhalb seiner beruflichen Tätigkeit handelt.[765] Hintergrund dieser Regelungsgestaltung ist die Gesetzesintention, das bei einem Geschäft mit einem professionellen Verkäufer bestehende Ungleichgewicht zwischen den Vertragsparteien auszugleichen. Sofern ein eigentlich professioneller Verkäufer das konkrete Geschäft jedoch nicht im Rahmen seiner beruflichen Tätigkeit vornimmt, besteht ein derartiges Ungleichgewicht zwischen den Vertragsparteien nicht, weswegen eine Unterstellung des Geschäfts unter den Schutzbereich des Gesetzes nicht erforderlich ist.

---

763 Méndez/Vilalta, S. 10; Costas Rodal, BIB 2004/ 253, S. 2; Vilata Menadas, RJCV 2003 (8), S. 5, 9; Cillero de Cabo, EC 2001 (57), 147, 149.

764 Sanz Valentín, AC 1999 (35), 1073, 1076; Cillero de Cabo, EC 2001 (57), 147, 149.

765 Plaza Penadés, RDPatr. 1999 (3), 515, 516; Méndez/Vilalta, S. 10; Morgenroth, RIW 2003, 837, 839.

b) Verbraucherbegriff im Sinne des Gesetzes

Im Gegensatz zur Legaldefinition des Verkäufers enthält das Gesetz keine eigene Bestimmung des anderen Vertragspartners. Das Gesetz beschränkt sich darauf, die Anwendung des Gesetzes auf Verbraucher zu begrenzen und diesbezüglich in Art. 1 Satz 5 LGDCU auf den Verbraucherbegriff des Art. 1 Abs. 2 LGDCU zu verweisen. Aufgrund dieses Verweises ist vorliegend als Verbraucher zumindest jede natürliche Person, die Abnehmer und privater Endverbraucher des betreffenden Produktes ist, anzusehen.[766] Die Einbeziehung auch juristischer Personen in den Kreis der geschützten Verbraucher ist demgegenüber umstritten. Eine Ansicht lehnt dies vor dem Hintergrund des nicht ganz eindeutigen Wortlauts ab. Nach dieser Ansicht läßt sich aus dem Gesamtregelungswerk erkennen, daß juristische Personen nicht als Verbraucher erfaßt werden sollten, da insbesondere die vom Gesetz geforderte private Verwendungsabsicht des Kaufgegenstandes bei juristischen Personen bei derartigen „Verbrauchern" nicht in dem erforderlichen Maße gegeben sei.[767] Eine Einbeziehung ist letztlich jedoch unter Hinweis auf die gesetzliche Bezugnahme auf den Verbraucherbegriff des LGDCU zu bejahen.[768] Denn für einen privaten Gebrauch der Sache in diesem Sinne reicht es bereits aus, wenn der Kaufgegenstand erworben wird, ohne ihn in einen Produktionsprozeß einzubinden oder in sonstiger Weise wieder im Markt zu kommerzialisieren. Aus dieser Definition des Verbrauchers ergibt sich gleichzeitig, daß zwischen die somit am Vertrag beteiligten Personen kein weiterer Beteiligter, etwa ein Zwischenhändler, treten darf. Zwischen Verkäufer und Verbraucher muß nach Art. 1 LGVBC eine direkte Beziehung bestehen, innerhalb der auch der gesamte Vertrag abgewickelt wird.

c) Verbrauchsgüter im Sinne des LGVBC

Das Gesetz begrenzt in Art. 1 Satz 3 und Art. 2 LGVBC zudem objektiv den Anwendungsbereich des Gesetzes und bestimmt näher, was unter Verbrauchsgütern zu verstehen ist. Nach Art. 1 Satz 3 LGVBC werden unter Verbrauchsgütern alle beweglichen körperlichen Sachen erfaßt, die zum privaten Gebrauch bestimmt sind. An dieser sehr weiten Definition des Verbrauchsgüterbegriffs fällt zunächst auf, daß mit der Voraussetzung, die Kaufsache müsse zum privaten Verbrauch bestimmt sein, noch einmal ein wesentliches Element der Definition des Verbrauchers im Sinne des Gesetzes aufgegriffen wird. Damit wird ein weiteres Mal die Intention des Gesetzgebers deutlich, den „Privatmann" im Ge-

---

[766] Sanz Valentín, AC 1999 (35), 1073, 1076; Cillero de Cabo, EC 2001 (57), 147, 149, 150.

[767] Zu dieser Anforderung s. im Folgenden; Vilalta Menadas, RJCV 2003 (8), S. 6, 9; Vérgez, S. 33.

[768] Morgenroth, S. 268; Sanz Valentín, AC 1999 (35), 1073, 1076; Costas Rodal, BIB 2004/253, S. 2.

gensatz zum beruflichen oder industriellen Abnehmer von Waren besonders zu schützen. Des weiteren ist zu beachten, daß das Gesetz darauf abstellt, daß es sich um bewegliche und körperliche Sachen handelt. Ausgeschlossen aus dem Schutzbereich des Gesetzes sind damit Immobilien und andere unbewegliche Sachen, sowie der Kauf von Rechten oder sonstigen unkörperlichen Vertragsgegenständen, auch dann, wenn der Vertrag zwischen einem professionellen Verkäufer und einem Verbraucher abgeschlossen wird.[769] Im Gegensatz zu den bisherigen Gesetzen zum Schutz des Verbrauchers stellt der Gesetzeswortlaut damit nicht darauf ab, daß es sich um langlebige Güter handelt.[770] Dennoch ist bei den erfaßten Gebrauchsgütern eine gewisse Dauerhaftigkeit vorauszusetzen, da anderenfalls das dem Verbraucher durch das Gesetz gewährte Spektrum an Gewährleistungsrechten nicht auszunutzen wäre. Denn bei Gütern nicht dauerhafter Art ist die Durchführung einer Reparatur entweder nicht sinnvoll oder gar nicht möglich.[771] Bei der Reparatur der mangelbehafteten Sache handelt es sich jedoch um ein wesentliches Gewährleistungsrecht, das dem Verbraucher durch das Gesetz gewährt wird[772], so daß aufgrund des Gesetzeszwecks über den Wortlaut der Norm hinaus das Kriterium der Dauerhaftigkeit nicht völlig außer Acht gelassen werden darf. Jenseits dieser ungeschriebenen Einschränkung werden jedoch durch die Regelung des Art. 1 Satz 3 LGVBC sämtliche körperlichen Güter zum privaten Gebrauch erfaßt. Dies gilt auch für die Geschäfte mit Tieren, da es sich bei diesen nach spanischem Recht um bewegliche körperliche Güter handelt, die auch nicht ausdrücklich durch das Gesetz ausgeschlossen werden.[773]

Diese weite Definition der vom Schutzbereich des Gesetzes erfaßten Gebrauchsgüter wird durch Art. 2 LGVBC eingeschränkt. Dabei grenzt die Norm den Schutzbereich einerseits für konkrete Güter aufgrund ihres Charakters ein, andererseits wird eine Begrenzung des Geltungsbereichs aufgrund der Art des Geschäfts unabhängig vom Geschäftsgegenstand vorgenommen. Nach Art. 2 Satz 1 LGVBC ist das Gesetz nicht anwendbar auf solche Güter, die im Rahmen eines Verkaufs aufgrund gerichtlicher Versteigerung erworben werden. Mit dieser Einschränkung geht das Gesetz einen anderen Weg als das allgemeine Kaufrecht, daß in Art. 1.489 C.C. die allgemeine Gewährleistung für Mängel bei solchen Geschäften aufrechterhält und lediglich Schadensersatzansprüche ausschließt. Der Ausschluß dieser Geschäfte begründet sich mit der Besonderheit derartiger Versteigerungen. Denn der Vertragsschluß kommt in diesen Fäl-

---

[769] Lete Achirica, AC 1999 (42), 1365, 1371; Avilés García, NUE 2002 (207), 99, 104.

[770] S. dazu die Ausführungen zu Art. 11 Abs. 2 LGDCU und Art. 12 Abs. 2 LOCM.

[771] So auch Jordá Capitán, CDC 2000 (31), 127, 137.

[772] Siehe dazu im Einzelnen weiter unten.

[773] Carrasco/ Cordero/ Martínez, EC 2000 (52), 125, 126; Vérgez, S. 36, 37.

len nicht zwischen gleichgestellten Vertragsparteien zustande, sondern vielmehr mittels Zuschlags durch den Staat, der die Versteigerung nach feststehenden Regelungen betreibt.[774] Ein weiterer Grund für diesen vollständigen Ausschluß der Anwendbarkeit der spezialgesetzlichen Regelungen ist ferner wohl darin zu sehen, daß derjenige, der zum Verkauf seiner Ware gezwungen ist, nicht auch noch zu einer besonderen Gewährleistungsverpflichtung gezwungen werden soll. Die Gewährung solchermaßen besonderen Schutzes wird damit durch den Gesetzgeber an das Kriterium der Freiwilligkeit der Vertragsparteien, dem wesentlichen Element der geltenden Vertragsfreiheit, geknüpft. Eine Erfassung dieses Sonderbereichs der Kaufgeschäfte würde das dabei ohnehin bestehende Ungleichgewicht zwischen den Vertragsparteien in diesen Vertragsverhältnissen noch weiter zu Gunsten des Verbrauchers verschieben. Eine derartige Beeinträchtigung des Vertragsgleichgewichts ist jedoch nicht die Intention der Regelungen des Gesetzes, so daß ein Ausschluß dieser Geschäfte sachgerecht ist.[775] Ebenso vom Schutzbereich des Gesetzes nicht erfaßt wird der Verkauf von Wasser, Gas und Elektrizität, wobei auch dieser Ausschluß wieder eingeschränkt wird. Denn der Verkauf von Wasser und Gas fällt wiederum dann in den Anwendungsbereich des Gesetzes, wenn der Verkauf in bestimmten und begrenzten (Verpackungs-) Mengen[776] erfolgt. Diese Regelung ist nicht gänzlich überzeugend, da es sich im Falle des Erwerbs von Versorgungsgütern wie Gas und Wasser stets um Verbrauchsgüter im Sinne des Gesetzes handelt, ohne daß es dabei auf die Art des Verkaufs in bestimmten Mengen ankommt. Gleiches gilt auch für Elektrizität, die aus denselben Gründen stets ausgeschlossen sein soll.[777] Nach Art. 2 Satz 3 LGVBC werden ferner vom Geltungsbereich des Gesetzes auch gebrauchte Güter ausgeschlossen, die im Rahmen einer öffentlichen Versteigerung, an der der Verbraucher selbst teilnehmen konnte, erworben wurden. Hintergrund dieser Regelung ist, daß der Verbraucher, der in Anwesenheit und mit der Möglichkeit der Kontrolle des erworbenen Gebrauchtgegenstands diesen ersteigert, bereits im Gebot die eventuelle Mangelhaftigkeit desselben einbezieht und damit keines besonderen Schutzes mehr bedarf. Zudem wäre auch in diesen Fällen eine vollständige Gewährung des Haftungsspektrums zugunsten des Verbrauchers nicht möglich, da ein Austausch mit einer gleichartigen Sache nicht in Betracht kommt.[778] Zu beachten ist zudem, daß Gebrauchtwarengeschäfte ohnehin in den meisten

[774] Costas Rodal, BIB 2004/ 253, S. 3; Vérgez, S. 40.

[775] Die Verkäufe von Waren aufgrund gerichtlicher Anordnung stellen im Übrigen nur einen sehr geringen Prozentteil der Verbrauchsgüterkaufgeschäfte in Spanien dar.

[776] Etwa in Wasserkanistern oder mittels der in Spanien verbreiteten Gasflaschen.

[777] So auch Cillero de Cabo, EC 2001 (57), 147, 149, 152; Carrasco/ Cordero/ Martínez, EC 2000 (52), 125, 126.

[778] Vérgez, S. 42; Cillero de Cabo, EC 2001 (57), 147, 149, 152.

Gebrauchtwarengeschäfte ohnehin in den meisten Fällen zwischen zwei Verbrauchern erfolgen, so daß bereits aus diesem Grund eine Anwendung des Gesetzes ausscheidet.[779]

Ausdrücklich in den Regelungsbereich des Gesetzes aufgenommen werden durch Art. 2 Satz 4 LGVBC solche Verträge über die Lieferung von Verbrauchsgütern, die erst noch hergestellt werden müssen. Diese Regelung ist insoweit von Bedeutung, als sie ausdrücklich Verträge in den Schutzbereich der Geltung des Gesetzes aufnimmt, bei denen der Charakter eines Kaufvertrags nicht eindeutig zutage tritt. Insoweit beugt die Regelung Abgrenzungsschwierigkeiten vor, wie sie nicht selten bei Verträgen mit Mischcharakter aufgrund bestimmter Nebenpflichten sind. Dies gilt etwa bei der Abgrenzung von Werk- und Kaufvertrag, bei denen ohne diese Aufnahmeregelung bei ähnlich gelagerten Fällen aufgrund unterschiedlicher Wertung zwei verschiedene Gewährleistungssysteme Wirkung entfalten würden. Durch die Formulierung „Verträge über die Lieferung“[780] hat der Gesetzgeber bewußt einen unbestimmten Begriff gewählt, der eine klare Zuordnung des Vertragscharakters entbehrlich macht. Erfaßt werden damit in der Praxis vor allem solche Fälle, in denen Sachen, die auch gekauft werden können, individuell für den Verbraucher angefertigt werden.[781]

2. Übereinstimmung der Kaufsache mit dem Vertrag, Art. 3 LGVBC

Das Gesetz verpflichtet in Art. 1 Satz 1 LGVBC den Verkäufer, dem Verbraucher die Sache entsprechend des zugrundeliegenden Vertrags zu übergeben. Damit wird die Übereinstimmung der Kaufsache mit dem Vertrag zum zentralen Anknüpfungspunkt sämtlicher Verbraucherschutzrechte im Rahmen des Gesetzes. Als Bezugselement der ordnungsgemäßen Vertragserfüllung tritt die Übereinstimmung der Kaufsache mit dem Vertrag somit an die Stelle des Mangels im allgemeinen Kaufrecht und ist maßgeblich für die Beurteilung, ob der Verbraucher Haftungsrechte aus dem Geschäft gegen den Verkäufer geltend machen kann. Diese Anknüpfung der Gewährleistungsrechtsfolgen durch das Gesetz wird im spanischen Recht als eine wesentliche Änderung der Vertragsausrichtung angesehen, die sich auch aufgrund ihrer Bewertungsfolgen von

---

[779] So auch García Rubio, La Ley 2003 (5747), 1, 2.

[780] Art. 2 Satz 4 LGVBC: „... los contratos de suministro de bienes de consumo ...“; zum Einfluß aus dem deutschen Recht auf diesen Begriff, Vilata Menadas, RJCV 2003 (8), 5, 10; kritisch zur Einbeziehung und für ein Verständnis als direkte Anwendungsnorm der Regelungen für diesen Sonderfall außerhalb des Kaufrechts, Costas Rodal BIB 2004/253, S. 4.

[781] Z.B. Anzüge, Schuhe und sonstige Gegenstände, die individuell und nach Maß gefertigt werden.

dem bisherigen System des Mangels der Kaufsache aus dem C.C. und anderen Gesetzen unterscheidet.[782]

Das System der Übereinstimmung mit dem Vertrag geht dabei deutlich weiter als die bisherige Ausrichtung der Verbraucheransprüche an Mängeln der Kaufsache. Zur Bejahung der Übereinstimmung mit dem Vertrag ist es erforderlich, daß sich die vertraglichen Vereinbarungen der Parteien und die schließlich von beiden Seiten tatsächlich erbrachten Leistungen entsprechen.[783] Damit orientiert sich das Gesetz in der Frage der Gewährleistungsrechte zugunsten des Verbraucherschutzes deutlich mehr an subjektiven Kriterien als dies bei dem Sachmangel nach dem C.C. der Fall ist. Mit der Bezugnahme auf die Vertragsvereinbarungen greift das Gesetz in vollem Umfang die bestehende Vertragsfreiheit der Parteien auf, die durch konkrete Absprachen den Leistungsumfang und damit auch die Gewährleistungspflicht des Verkäufers festlegen können.[784]

Auf dieser Grundlage umfaßt die Übereinstimmung mit dem Vertrag neben dem Sachmangel nach dem C.C. auch die Abweichung in der Menge oder der Art der Kaufsache.[785] Nach bisherigem spanischem Recht wurde in diesen Fällen zwischen der Schlechterfüllung, die Gewährleistungsansprüche auslöste, und der Nichterfüllung, die nicht vom Gewährleistungssystem erfaßt wurde, unterschieden. Diese Unterscheidung wurde in erster Linie durch die oberste Rechtsprechung ausgeformt, um die kurze Gewährleistungsfrist von sechs Monaten zu umgehen. Aufgrund dieser Unterscheidung wurden so die Käuferansprüche bei Lieferung eines aliuds der allgemeinen Verjährung von 15 Jahren unterstellt. Mit der Neuausrichtung der Gewährleistungsansprüche an der Übereinstimmung der Kaufsache mit dem Vertrag ist bisher umstritten, ob die aufgezeigte Unterscheidung noch weiter aufrechtzuerhalten ist. Nach einer Ansicht der Literatur soll die bisherige Unterscheidung aufrechterhalten werden, denn da eine Lieferung einer anderen Sache mit dem vereinbarten Vertrag zwangsläufig nichts zu tun habe, ginge die Regelung ansonsten zu weit. Nach dieser Ansicht sind folglich allenfalls Mengenabweichungen der geschuldeten Sache

---

[782] Sanz Valentín, AC 1999 (35), 1073, 1080; de Verda y Beamonte, NUE 2002 (211-212), 135, 144; kritisch dazu und insoweit einen Systemwechsel bei der Haftungsgrundlage ablehnend aber Bercovitz, AC 2003 (14), S. 11, 12.

[783] Vilata Menadas, RJCV 2003 (8), 5, 11; Corral García, RDPatr. 2000 (5), 521, 522; Castilla Barea, AC 2002 (3), 2595, 2602; Sanz Valentín, AC 1999 (35), 1073, 1078.

[784] García Rubio, La Ley 2003 (5747), 1, 3; Castilla Barea, AC 2002 (3), 2595, 2617; Orti Vallejo, RPJ 2002 (66), 593, 598.

[785] Vilata Menadas, RJCV 2003 (8), 5, 12; Costas Rodal, BIB 2004/ 253, S. 4; Evangelio Llorca, RCDI 2002 (672), 1301, 1351; Jordá Capitán, CDC 2000 (31), 127, 146; Sanz Valentín, AC 1999 (35), 1073, 1080.

vom Haftungssystem der Gewährleistungsansprüche erfaßt.[786] Neben dem Argument, daß ansonsten nur dann eine Nichterfüllung des Vertrages in Betracht käme, wenn die Abweichungen derart gravierend sind, daß ein Zusammenhang zu dem Vertrag praktisch nicht mehr zu erkennen wäre, verweist diese Ansicht darauf, daß der Entwicklung der zugrundeliegenden Richtlinie eine derartige umfassende Neuregelung nicht zu entnehmen sei. Diese Ansicht vermag jedoch nicht zu überzeugen, denn einerseits läßt sie außer Acht, daß derartige Abweichungen nur deshalb von der Rechtsprechung als Nichterfüllung behandelt wurden, um die Fristproblematik zu umgehen. Zum anderen spricht die Ausgestaltung des Art. 3 LGVBC gegen das Argument, eine Neuausrichtung würde die Nichterfüllung zum praktisch nicht mehr auftretenden Randproblem werden lassen. Die Regelung liefert konkrete Anhaltspunkte hinsichtlich der Übereinstimmung und findet damit durchaus Grenzen in seiner Anwendung. Letztlich ist mit der überwiegenden Ansicht der Literatur daher eine Einbeziehung der früher als Nichterfüllung erfaßten Abweichungen vom Vertrag in das neue Gewährleistungssystem zu bejahen.[787] Denn einerseits ergibt sich aus der Umsetzung der Norm in nationales Recht und der auch mit der Richtlinie verbundenen Absicht, das Gewährleistungssystem zu ändern, der Wille des Gesetzgebers zu einer Neuregelung. Anhaltspunkte dafür, daß das dargestellte Abgrenzungsproblem davon nicht betroffen werden sollte, finden sich in diesem Zusammenhang nicht. Vielmehr spricht die Festlegung einer Frist von drei Jahren gerade für eine Erfassung dieser Fälle. Denn dieser Zeitraum läßt die ursprüngliche Problematik des zu kurzen Zeitraums von sechs Monaten entfallen, ohne in das Extrem der zu langen Frist von 15 Jahren zu verfallen. Dies bedeutet, daß auch die Lieferung eines aliuds, die nach spanischem Recht bisher als Nichterfüllung angesehen wurde und daher keine Gewährleistungsrechte auslöste, nun in dem Rahmen der Schlechtleistung enthalten ist.[788]

a) Regelung des Art. 3 Abs. 1 LGVBC

Das Gesetz selbst sieht keine Legaldefinition vor, was unter der zugrundezulegenden Übereinstimmung der Kaufsache mit dem Vertrag zu verstehen ist. Anstatt eine abschließende Positivformulierung dieses maßgeblichen Kriteriums des Verbrauchsgüterkaufs in das Gesetz aufzunehmen, hat der Gesetzgeber in Art. 3 Abs. 1 Satz 1 LGVBC ein Konzept entwickelt, anhand dessen die Über-

---

[786] Marco Molina, RCDI 2002 (674), 2275, 2301; Sanz Valentín, AC 1999 (35), 1073, 1080; de Verda y Beamonte, NUE 2002 (211-212), 135, 139.

[787] Carrasco/ Cordero/ Martínez, EC 2000 (52), 125, 127; García Rubio, La Ley 2003 (5747), 1, 3; Corral García, RDPatr. 2000 (5), 521, 523; Vilata Menadas, RJCV 2003 (8), 5, 12; Costas Rodal, BIB 2004/ 253, S. 4.

[788] Vérgez, S. 48, 49; García Rubio, La Ley 2003 (5747), 1, 3; Morgenroth, RIW 2003, 837, 840.

einstimmung der Kaufsache zu überprüfen ist. Dabei geht die Regelung von einer ordnungsgemäßen Sache aus, wenn die Kaufsache die in der Norm aufgelisteten vier Merkmale erfüllt, es sei denn, daß im konkreten Einzelfall einzelne Merkmale nicht auf die Kaufsache anwendbar sind. Die Abweichungen von der angestrebten Beschaffenheit der Kaufsache müssen sich als materielle Auswirkungen auf körperliche Bestandteile der Sache beziehen.[789] Der maßgebliche Zeitpunkt zur Beurteilung der Kaufsache ist dabei der Moment der Übergabe. Dies ergibt sich daraus, daß das Gesetz einen Haftungsausschluß vorsieht, wenn der Käufer den Mangel bereits bei Vertragserfüllung kannte oder zumindest nicht vollkommen übersehen konnte.[790] Eine derartige Regelung setzt die Mangelhaftigkeit zum Zeitpunkt der Vertragserfüllung als grundlegenden Ausgangspunkt der Haftung voraus. Zudem hebt Art. 4 Satz 1 LGVBC ausdrücklich hervor, daß sich die Haftungsverpflichtung auf alle Mängel bezieht, die im Moment der Übergabe der Sache bestanden.[791] Sofern die Sache nicht im Moment der Übergabe nach dem Überprüfungsrahmen des Art. 3 Abs. 1 mit dem Vertrag übereinstimmt, stehen dem Käufer Gewährleistungsansprüche zu.[792]

aa) Kauf mit Mustervorlage nach Art. 3 Abs. 1 a) LGVBC

Nach Art. 3 Abs. 1 a) der Regelung muß die Kaufsache der Beschreibung des Verkäufers entsprechen und die Eigenschaften aufweisen, die der Verkäufer zuvor dem Käufer anhand eines Musters oder Modells aufgezeigt hat. Insoweit knüpft der Gesetzgeber die Überprüfung an zwei sich einander ergänzende Elemente. Der Wortlaut der Vorschrift bezieht sich insoweit nur auf die Fälle eines Geschäftes, bei dem seitens des Verkäufers ein Muster vor Vertragsschluß vorgelegt wurde. Demnach müssen beide Elemente zusammen betrachtet werden; die Beschreibungen des Verkäufers müssen sich also stets auf das Modell des Kaufgegenstands beziehen und dürfen nicht lösgelöst davon abgegeben worden sein. Im Falle einer unabhängigen Beschreibung der Sache würde ansonsten das vorgelegte Modell aufgrund der individuellen Vereinbarungen nutzlos für die Vertragsgestaltung werden, es läge folglich kein Kauf nach Muster im eigentlichen Sinne mehr vor.[793] Die Parteien würden die Eigenschaften der Kaufsache bereits mit der Beschreibung konkretisieren.[794] Dem Modell oder Muster der Kaufsache kommt insoweit eine doppelte Bedeutung bei der Überprüfung zu.

[789] De la Iglesia Monje, 55, 56.

[790] Zu dieser Regelung im Einzelnen weiter unten.

[791] „... que exista en el momento de la entrega del bien.“, Vérgez, S. 76.

[792] Méndez/ Vilalta, S. 14; Cillero de Cabo, EC 2001 (57), 147, 149, 154; Avilés García, NUE 2002 (207), 99, 108; Tamayo Carmona, NUE 2002 (211-212), 121, 122.

[793] Vérgez Sanchez, 457, 461; Orti Vallejo, RPJ 2002 (66), 593, 606 .

[794] Castilla Barea, AC 2002 (3), 2595, 2616.

Einerseits hat es als Bezugspunkt der Beschreibungen des Verkäufers eine ergänzende Funktion, andererseits wird ihm auch ein ausschließender Charakter zuteil, denn aufgrund der Vorlage eines Modells muß sich der Käufer so behandeln lassen, als läge ihm die Kaufsache selbst im Moment des Kaufes vor.[795] Damit sind alle negativen Abweichungen der Kaufsache, die auch dem Modell zu Eigen sind, nicht mehr als fehlende Übereinstimmung im Sinne des Art. 3 Abs. 1 a) zu beurteilen. Die Beschreibungen des Verkäufers unter Bezugnahme auf ein Muster werden insbesondere dann eine gewichtige Rolle spielen, wenn es sich bei dem Gegenstand des Vertrags um eine Sache handelt, die auch im Rahmen der industriellen Produktion Fertigungsschwankungen unterliegt. In diesen Fällen kann der Verkäufer mittels seiner Beschreibungen seinen Haftungsrahmen konkretisieren.[796]

bb) Übliche Beschaffenheit gemäß Art. 3 Abs. 1 b) LGVBC

Nach Art. 3 Abs. 1 b) LGVBC muß die Sache zu einer Nutzung geeignet sein, zu der üblicherweise Güter der gleichen Art geeignet sind. Dieses Kriterium legt einen objektiven Beurteilungsmaßstab zugrunde, anhand dessen die Kaufsache abstrakt auf ihre Übereinstimmung untersucht werden kann.[797] Damit bildet diese Regelung einen Auffangtatbestand, der in allen Fällen greift, in denen die Parteien keine besonderen Absprachen über den Geschäftsgegenstand getroffen haben. Dieser Vergleichsmaßstab ist insbesondere im alltäglichen Geschäft mit industrieller Massenware das maßgebliche Beurteilungskriterium, da die Parteien in diesen Fällen regelmäßig keine Absprachen treffen und der Verkäufer dennoch von bestimmten Eigenschaften der Kaufsache ausgehen können muß.

cc) Individuelle Eignungsanforderungen nach Art. 3 Abs. 1 c) LGVBC

Die Übereinstimmung der Kaufsache mit dem Vertrag bezieht sich gemäß Art. 3 Abs. 1 c) LGVBC auch auf besondere Verwendungsmöglichkeiten der Sache, sofern die entsprechende Verwendungsabsicht dem Verkäufer durch den Käufer im Zeitpunkt des Vertragsschlusses offengelegt wurde und dieser die Eignung des Vertragsgegenstands zur gewünschten Verwendung zugesagt hat. Diese Vorschrift dient dazu, den Besonderheiten des Vertragsverhältnisses Ausdruck

---

[795] Vérgez, S. 55; de León Arce/ Avilés García, S. 645; Vérgez Sanchez, 457, 463; Orti Vallejo, RPJ 2002 (66), 593, 606.

[796] Castilla Barea, AC 2002 (3), 2595, 2616, die als Beispiel Fußbodenparkett anführt, dessen unterschiedliche Maserung in Einzelfällen zu deutlichen Abweichungen vom Muster führen kann.

[797] Castilla Barea, AC 2002 (3), 2595, 2624; Avilés García, NUE 2002 (207), 99, 109

zu verleihen.[798] Insoweit nimmt die Regelung keinen Einfluß auf die im Rahmen der Vertragsfreiheit zu schließenden Vereinbarungen, sondern legt ein besonderes Gewicht auf Vertragspunkte, die ansonsten übergangen oder gar durch widersprechende Angaben ausgeschlossen werden würden. In diesen Fällen würde sonst der gewöhnliche Gebrauch der Sache zugrunde gelegt, wodurch Käuferinteressen ausgeschlossen werden könnten. Denn es ist durchaus möglich, daß eine Kaufsache zwar nicht der besonderen Verwendungsabsicht des Käufers entspricht, aber dennoch tauglich für den durchschnittlichen Gebrauch ist.[799]

dd) Relevanz der Werbeangaben nach Art. 3 Abs. 1 d) LGVBC

Schließlich schreibt Art. 3 Abs. 1 d) LGVBC vor, daß die Kaufsache über sämtliche Eigenschaften verfügen muß, die gewöhnlich Gegenständen dieser Art zu Eigen sind und die der Käufer berechtigterweise aufgrund der Natur der Sache und gegebenenfalls aufgrund öffentlicher Äußerungen bezüglich der konkreten Eigenschaften der Kaufsache seitens des Verkäufers, des Herstellers oder dessen Handelsvertreters, insbesondere in der Werbung oder auf der Verpackung, erwarten konnte. Diese Regelung greift damit wiederum auf zwei verschiedene Elemente zurück, die Einfluß auf die erforderliche Übereinstimmung der Kaufsache nehmen. Einerseits greift die Regelung noch einmal das Erfordernis auf, daß die Sache über sämtliche Eigenschaften verfügen muß, die bei entsprechenden Sachen üblich sind. Es handelt sich dabei um eine klarstellende Wiederholung, denn der Regelungsinhalt dieses Elements der Vorschrift deckt sich insoweit mit dem des Art. 3 Abs. 1 b) LGVBC, ohne darüber hinauszugehen. Von wesentlicher Bedeutung ist demgegenüber jedoch das zweite Element der Vorschrift des Art. 3 Abs. 1 d) LGVBC, das in dieser Form auf Grundlage der Richtlinienumsetzung eine Neuheit im nationalen spanischen Recht darstellt[800], nicht zuletzt, da es über die unmittelbare Vertragsbeziehung der Parteien hinausgeht.[801] Die öffentlichen Äußerungen über Eigenschaften der Sache, insbesondere durch Werbung und Etikettierung müssen in dem Überprüfungsmaßstab notwendigerweise Berücksichtigung bei der Beurteilung der Übereinstimmung finden, da es sich dabei um Angaben handelt, die darauf ausgerichtet sind, auf Seiten des Käufers Erwartungen bezüglich des Gegenstands hervorzurufen. Nicht zuletzt mittels der Angaben in der Werbung wird häufig der entscheidende Anreiz beim Käufer zum Erwerb der Sache geweckt. Derartige Kaufanreize

---

[798] Tamayo Carmona, NUE 2002 (211-212), 121, 124; Castilla Barea, AC 2002 (3), 2595, 2627.

[799] Orti Vallejo, S. 64; Castilla Barea, AC 2002 (3), 2595, 2627.

[800] Avilés García, NUE 2002 (207), 99, 109; Castilla Barea, AC 2002 (3), 2595, 2629.

[801] Vilata Menadas, RJCV 2003 (8), 5, 13.

dürfen daher bei der Frage der ordnungsgemäßen Erfüllung des Vertrages nicht unberücksichtigt bleiben. In der heutigen Zeit wird die Kenntnis einer Sache und damit die Erwartungen des Käufers hinsichtlich dieses Gegenstandes, nicht mehr durch unmittelbare Erfahrungen mit demselben hervorgerufen, sondern vielmehr bereits vor dem Kauf einer Sache über deren Eigenschaften ein Kenntnisstand beim Käufer erreicht, der diesem im Wege der Werbung angetragen wird. Um das Hervorrufen und Ausnutzen von Fehlvorstellungen bei dem Käufer zu vermeiden, ist aus Gründen des Verbraucherschutzes eine Berücksichtigung dieser Angaben von besonderer Bedeutung.[802]

Um dieser Schutzfunktion gerecht zu werden, ist die Norm in ihrer Formulierung „öffentliche Äußerungen" sehr weit gefaßt. Der Schutzbereich geht damit über die als Beispiel genannten Äußerungen in der Werbung und Etikettierung hinaus. Es werden alle Äußerungen erfaßt, die öffentlich über eine Sache getätigt werden, unabhängig davon, auf welchem Kommunikationsweg sie erfolgen und welcher Mittel sie sich im Einzelnen bedienen.[803] Demnach sind der Regelung zunächst sämtliche Äußerungen zu unterstellen, die durch eine natürliche oder juristische Person unabhängig davon, ob öffentlich oder privat, mit dem Ziel, einen Vertragsschluß über eine Sache oder Dienstleistung zu fördern, getätigt worden sind.[804] Innerhalb dieses generellen Geltungsrahmens muß diese Regelung allerdings eine zweckorientierte Eingrenzung erfahren. Als öffentliche Äußerungen über eine Sache werden nur solche relevant für die Schutzfunktion der Norm, die hinreichend konkrete Eigenschaften der Sache betreffen. Es geht damit nur um solche Äußerungen, deren Inhalt in seiner Ausgestaltung tatsächlich geeignet ist, den Käufer von den Eigenschaften einer Sache zu überzeugen. Dazu müssen die Angaben einen unmittelbaren Sachbezug haben und hinreichend konkret die Sache beschreiben. Nur sofern sich auf Grundlage der Äußerungen seitens des Käufers berechtigte Erwartungen bezüglich der Sache einstellen konnten, tritt die Bindungswirkung der Regelung ein.[805] Denn nur in diesen Fällen ist nach dem Grundsatz des guten Glaubens, der auch in dieser Frage einschlägig ist, eine Vertrauensgrundlage beim Käufer gegeben, die seinen Schutz rechtfertigt. Dementsprechend entfallen solche Äußerungen aus dem

[802] Morales Moreno, ADC 1999 (52), 265, 269.

[803] Castilla Barea, AC 2002 (3), 2595, 2629; Morales Moreno, ADC 1999 (52), 265, 269; Corral García, RDPatr. 2000 (5), 521, 532.

[804] Aviles García, NUE 2002 (207), 99, 110; Castilla Barea, AC 2002 (3), 2595, 2629 mit Verweis auf Art. 2 des Werbungsgesetzes, Ley 34/1988 General de Publicidad vom 11. November 1988.

[805] Vérgez, S. 62, 63; Lete Achirica, AC 1999 (42), 1365, 1371; Morales Moreno, ADC 1999 (52), 265, 269.

Regelungsbereich, die lediglich aufgrund ihres Anpreisungscharakters einen Kaufanreiz bewirken sollen, ohne dazu konkrete Fakten zugrunde zu legen.[806]

Gleiches gilt auch für das zweite Beispiel des Gesetzgebers, der Etikettierung von Waren. Zwar kommt dieser Art der Produktbeschreibung nicht die gleiche offensive öffentliche Wirkung zu wie der Werbung, doch sind Angaben auf der Etikettierung nicht weniger geeignet, den Käufer von einer Sache zu überzeugen. In dieser Frage ist die unterschiedliche Zweckrichtung der Werbung und der Etikettierung zu beachten, denn während erstere in der Regel einen grundsätzlichen Kaufanreiz schüren soll und damit Interesse für die Sache allgemein wecken muß, dient das Etikett regelmäßig als „letztes" Überzeugungsmittel, das beim Verbraucher zum unmittelbaren Kaufentschluß führt, und dessen Inhalt so Gegenstand des Vertragsschlusses wird.[807] Daher sind hohe Anforderungen an die Objektivität der Angaben auf dem Etikett zu stellen. Diese können zum einen anpreisende Eigenschaften der Sache, etwa Qualität, Menge, Herkunft oder Herstellungsart, hervorheben, zum anderen aber auch Warnhinweise, etwa hinsichtlich gesundheitsschädlicher Inhaltsstoffe, enthalten. Bereits aufgrund dieses Informationsspektrums wird deutlich, wie wichtig diese Angaben für den Käufer sein können. Aus diesem Grund ist auch für derartige Angaben eine Bindungsverpflichtung erforderlich. Hinsichtlich der Ausgestaltung der Regelung für derartige Angaben, insbesondere der erforderlichen Konkretisierung der Angaben, als Voraussetzung der Schutzwirkung zugunsten des Käufers kann auf die Angaben zur Werbung verwiesen werden.[808]

Der Gesetzgeber hat darüber hinaus den Kreis der Personen bestimmt, deren öffentliche Äußerungen maßgeblich für die Beurteilung der Eigenschaftsbeurteilung der Kaufsache sind. Eine entsprechende Verpflichtung zu Lasten des Verkäufers kommt aufgrund derartiger Äußerungen nur dann in Betracht, wenn sie von dem Verkäufer selbst erfolgten, seitens des Produzenten der Sache oder durch dessen Handelsvertreter.[809] Hinsichtlich des relevanten Personenkreises kann das Gesetz zur Bestimmung des Verkäufers auf die Legaldefinition des Art. 1 Satz 2 LGVBC zurückgreifen, wonach Verkäufer im Sinne der Regelung jede natürliche oder juristische Person ist, die im Rahmen ihrer beruflichen Tätigkeit Verbrauchsgüter verkauft. Auch die Person des Produzenten wird durch das Gesetz bestimmt. In Art. 10 Satz 3 LGVBC wird der Produzent einer Sache definiert als Hersteller eines Gebrauchsguts oder Importeur desselben auf dem Gebiet der Europäischen Union oder jede andere Person, die sich durch Angabe

---

[806] Vérgez, S. 62, 63; Costas Rodal, BIB 2004/ 253, S. 11.

[807] So auch Orti Vallejo, RPJ 2002 (66), 593, 602, 603.

[808] Castilla Barea, AC 2002 (3), 2595, 2643.

[809] „... las declaraciones públicas ... hechas por el vendedor, el productor o su representante ...".

ihres Namens, ihrer Marke oder eines sonstigen individuellen Zeichens auf dem Gegenstand als solche ausgibt. Diese Definition des Produzenten ist durch den Gesetzgeber sehr weit gefaßt.[810] Maßgeblich ist jedoch der Hintergrund des Verbraucherschutzes, so daß sämtliche Personen, die sich aus Sicht des Käufers in der Öffentlichkeit als Produzent einer Sache ausgeben und Äußerungen bezüglich der Sache treffen, als relevant im Sinne der Regelung anzusehen sind. Auch in dieser Frage ist demnach entscheidend, inwieweit der Käufer auf die öffentlichen Äußerungen vertrauen durfte, der Schutz des Verbrauchers beginnt damit bereits beim Vertrauen auf die Richtigkeit der Quelle der Angaben.[811] Anderenfalls würde der Schutzrahmen des Verbrauchers, der ihm bezüglich der Äußerungen zur Sache gewährt wird, über eine enge Auslegung des relevanten Personenkreises wieder eingegrenzt, ohne daß sich in diesen Punkten Unterschiede hinsichtlich des Käufervertrauens feststellen lassen. Sofern der Verbraucher auf die Richtigkeit von Angaben zur Sache vertrauen darf, setzt dies konsequenter Weise einen Schutz des Vertrauens auf die sich äußernde Person voraus. Nicht gesetzlich definiert ist allerdings die Person des Handelsvertreters. Eine Definition dieser Person wurde bei Fassung der zugrundeliegenden Richtlinie nicht von einem vorangehenden Entwurf übernommen. Danach war unter einem Handelsvertreter im Sinne der Regelung jede natürliche oder juristische Person die als Element des offiziellen Vertriebs oder als offizieller Dienstleister des Produzenten tätig wird, sofern sie nicht ein unabhängiger Verkäufer ist, der ausschließlich als Einzelhändler auftritt.[812] Aufgrund der Tatsache, daß diese Definition nicht ins Gesetz übernommen wurde, besteht zwar eine gewisse Unklarheit hinsichtlich der als Handelsvertreter in Betracht kommenden Personen und ihres Verhältnisses zu dem Produzenten, doch muß auch in diesem Punkt von einem weit gefaßten Kreis relevanter Personen ausgegangen werden. Auch insoweit erfordert es der Verbraucherschutz, daß Angaben zur Kaufsache, die das Vertrauen des Käufers wecken, nicht dadurch unbeachtlich werden, daß sie von nicht relevanten Personen erfolgen. Dies muß insbesondere gelten, weil sich der Verkäufer gerade bei Handelsvertretern häufig nicht über deren rechtliche Stellung zum Produzenten und der Sache klar sein wird und auch nicht Einblick in den Vertriebshintergrund der Sache erhalten kann. Da aus Sicht des Käufers der Handelsvertreter, der Angaben zur Sache macht, als „zuständige" Person erscheint, muß zu seinem Schutz von einer Bindungswirkung dieser Angaben ausgegangen werden.

---

[810] S. im Einzelnen zu Art. 10 LGVBC weiter unten.

[811] Morales Moreno, ADC 1999 (52), 265, 273; Castilla Barea, AC 2002 (3), 2595, 2644.

[812] Morales Moreno, ADC 1999 (52), 265, 273 verweist in seiner Fn. 22 auf diese Definition aus dem Entwurf der Regelung.

Die Verpflichtung des Verkäufers aufgrund der dargestellten Angaben ist allerdings nicht unbeschränkt. Die Regelung sieht in Art. 3 Abs. 1 d) Satz 2 LGVBC drei Konstellationen vor, in denen ein Ausschluß der Bindungswirkung gegeben ist. Der Verkäufer ist dann nicht zur Haftung verpflichtet, wenn er nachweislich die öffentlichen Äußerungen nicht kannte und auch nicht begründeterweise von seiner Kenntnis ausgegangen werden konnte. Diese Regelung hat bereits in der Literatur viel Kritik hervorgerufen. Diese bezieht sich auf die Vorgehensweise des Gesetzgebers, der durch die Gleichbehandlung der öffentlichen Äußerung in der Werbung und im Wege der Etikettierung, eine Regelung mit mißverständlichem Inhalt geschaffen hat. Zunächst erfordert es der Sinn der Regelung, daß ein Haftungsausschluß dann nicht in Betracht kommt, wenn der Verkäufer selbst die in Rede stehenden Äußerungen vorgenommen hat.[813] Ein derartiger Haftungsausschluß kann nur dann in Betracht kommen, wenn die Äußerung durch einen Dritten verbreitet wurde, ansonsten droht der Schutzzweck der Vorschrift vollständig außer Kraft gesetzt zu werden. Darüber hinaus bleibt unklar, wie im Falle der Etikettierung zu verfahren ist. Die mit Angaben versehenen Etiketten werden entweder durch den Produzenten oder dessen Handelsvertreter auf den Sachen angebracht, so daß in diesem Fall Urheber der Äußerungen ein Dritter ist. Dennoch stellt sich die Frage, ob nicht ein Verkäufer von Gegenständen, die mit Etiketten versehen sind, sich die Information auf diesen zurechnen lassen muß. Denn Konstellationen, in denen er von diesen Informationen berechtigterweise keine Kenntnis erhalten konnte, obschon er sie verkauft, sind schwerlich vorstellbar.[814] Eine Kenntnisnahme ist unter diesen Umständen unproblematisch möglich und dem Verkäufer auch zuzumuten, denn Gründe, warum der Verkäufer von einer derart einfach zu erfüllenden Verpflichtung pauschal befreit sein soll, sind nicht ersichtlich. Der Kritik der Literatur ist daher in diesem Punkt zuzustimmen und eine einschränkende Auslegung dieser Ausnahme vorzunehmen. Demnach kommt im Falle einer Etikettierung ein Haftungsausschluß aufgrund Nichtwissens des Verkäufers nicht in Betracht. Angaben auf den Etiketten der Sachen müssen im Wege der Wissenszurechnung als dem Verkäufer bekannt vorausgesetzt werden. In der Literatur wird eine darüber hinausgehende Ansicht vertreten, daß der Verkäufer auch dann haften müsse, wenn er die Äußerungen Dritter über die Eigenschaften der Sache nicht kannte. Diese vollständige Ablehnung der ersten Haftungsausnahme zugunsten des Verkäufers wird aus dem Gesamtzusammenhang der Regelungen begründet. Vor dem Hintergrund, daß der Verkäufer nach der allgemeinen Regelung für Fehler der Sache einzustehen hat, ohne daß es dabei auf seine

[813] de León Arce/ Avilés García, S. 653; Vérgez, S. 65.

[814] Orti Vallejo, RDPJ 2002 (66), 593, 603; Costas Rodal, BIB 2004/ 253, S. 12; Jordá Capitán, CDC 2000 (31), 127, 140; Corral García, RDPatr. 2000 (5), 521, 533; Castilla Barea, AC 2002 (3), 2595, 2647.

vorherige Kenntnis oder Unkenntnis des Mangels ankommt, argumentiert diese Ansicht, es könne auch in einem Fall der öffentlichen Äußerung nicht auf eine Kenntnis des Verkäufers ankommen.[815] Die überwiegende Ansicht der Literatur[816] nimmt hingegen die Ausnahmeregelung an und verweist dabei auf die Tatsache, daß der Käufer auch in diesen Fällen nicht schutzlos gestellt ist. Denn im Regelungskonzept des neuen Gesetzes ist für den Käufer auch eine Durchgriffsmöglichkeit direkt gegen den Produzenten[817] vorgesehen, von der er in derartigen Fällen Gebrauch machen kann. Zudem kommt ein Haftungsausschluß in dieser Frage für den Verkäufer nur dann in Betracht, wenn er seine Unkenntnis der Äußerung beweisen kann. Es ist damit Sache des Verkäufers, sich gegen einen Haftungsanspruch des Käufers wirksam zur Wehr zu setzen, was in der Praxis unter Umständen problematisch sein kann. Damit ist der Mehrheit der Literatur in diesem Punkt zu folgen und die Ausnahmemöglichkeit zu bejahen, obschon festzustellen ist, daß der Käufer in diesen Fällen gleich schutzwürdig ist, wie in den Fällen der allgemeinen Mängelhaftung.

Die zweite Ausnahmeregelung sieht einen Haftungsausschluß zugunsten des Verkäufers vor, wenn die Äußerung der Vertragserfüllung berichtigt worden ist. Die Berichtigung muß durch den Verkäufer erfolgen, der insoweit seinen eingeschränkten Haftungsrahmen eindeutig klarstellen muß. Maßgeblich ist dabei, daß der Verkäufer das Vertrauen, das die Äußerungen zuvor beim Käufer hervorgerufen haben, vollständig zerstört.[818] Nur unter dieser Voraussetzung ist davon auszugehen, daß auf Seiten des Käufers in diesem Punkt keine Schutzbedürftigkeit mehr besteht. Dabei kann der Verkäufer nicht nur solche Berichtigungen der Äußerungen vornehmen, die offensichtlich falsche oder mißverständliche Angaben zur Sache betreffen. Der Verkäufer kann auch im Rahmen der Richtigstellung gegenüber dem Käufer eine Haftung für eine Angabe ausschließen, von deren Erfüllung er bei der Kaufsache aus sonstigen Gründen nicht überzeugt ist, oder ihm das Haftungsrisiko zumindest zu groß ist.[819] Insoweit sind die Berichtigungen des Verkäufers durch die geltende Vertragsfreiheit gedeckt, nach der das zwischen den Vertragsparteien bestehende Verhältnis auf Grundlage der getroffenen Übereinkunft geregelt wird. Die Art der Berichtigung hängt dabei von der Art der Äußerung ab; denn die verschiedenen Wir-

---

[815] Cillero de Cabo, EC 2001 (57), 147, 153; kritisch zur überwiegenden Ansicht auch Jordá Capitán, CDC 2000 (31), 127, 140; Marco Molina, RCDI 2002 (674), 2275, 2315.

[816] Castilla Barea, AC 2002 (3), 2595, 2648; Sanz Valentín, AC 1999 (35), 1073, 1082; Lete Achirica, AC 1999 (42), 1365, 1373; Corral García, RDPatr. 2000 (5), 521, 533; Orti Vallejo, S. 69.

[817] Art. 10 LGVBC, zu dieser Regelung im Einzelnen weiter unten.

[818] Morales Moreno, ADC 1999 (52), 265, 278; Corral García, RDPatr. 2000 (5), 521, 533.

[819] Castilla Barea, AC 2002 (3), 2595, 2648.

kungsweisen der Äußerungen sind auch in dieser Frage zu berücksichtigen.[820] Die in der Werbung getroffenen Aussagen können vom einzelnen Verkäufer nur mündlich gegenüber dem Käufer richtig gestellt werden, die Änderung der Werbung ist zwar ebenfalls erforderlich, in der Regel jedoch Sache des Produzenten und kann insoweit nicht zu Lasten des Verkäufers berücksichtigt werden.[821] Im Gegensatz dazu muß der Verkäufer eine Änderung in der Etikettierung des von ihm verkauften Gutes an diesem selbst vornehmen. Denn während die Werbung als Überzeugungsmittel vor dem Kaufentschluß Wirkung entfaltet und den Käufer somit eine Änderung der Werbekampagne nicht mehr erreichen würde, überzeugen die Angaben auf dem Etikett einer Sache in unmittelbarem Zusammenhang mit dem Kauf derselben. Der Schutz der Position des Verbrauchers verlangt daher eine schriftliche Änderung der Etikettangaben.

Die dritte Möglichkeit einer Haftungsbeschränkung durch den Verkäufer besteht nach dem Gesetz dann, wenn die Äußerung nicht die Kaufentscheidung des Käufers beeinflussen konnte. Diese Regelung erfährt von der Literatur Kritik, denn sie führt in der Praxis zu erheblichen Problemen. Die Vorschrift verlangt von dem Verkäufer zur Begrenzung der Haftung, daß dieser einen Nachweis über die Kaufmotive des Käufers erbringt. Ein Nachweis derartiger innerer Vorgänge von Abwägungen und Gedanken des Käufers wird in der Praxis bis auf absolute Ausnahmefälle regelmäßig unmöglich nachzuweisen sein. Insofern läuft der Regelungsinhalt in der praktischen Anwendung mangels Nachweisbarkeit ins Leere, weswegen diese Vorschrift auch als überflüssig bezeichnet wird.[822]

b) Regelung des Art. 3 Abs. 2 LGVBC

Die Regelung des Art. 3 Abs. 1 LGVBC sieht in zwei Alternativen eine Ausdehnung der fehlerhaften Übereinstimmung der Kaufsache auf das Problem einer fehlerhaften Montage derselben vor. Nach Art. 3 Abs. 2 Alt. 1 LGVBC liegt auch dann ein Fehler in der Übereinstimmung der Sache mit der Vertragsvereinbarung vor, wenn die Sache fehlerhaft montiert wurde, der Aufbau der Sache ebenfalls Vertragsinhalt war und durch den Verkäufer oder unter dessen Verantwortung erfolgte. Diese Regelung stellt eine Besonderheit im Zusammenhang mit den Gewährleistungsrechten des Verbrauchers dar, denn genaugenommen liegt der Mangel in dieser Konstellation nicht in der Sache selbst, sondern in der darüber hinausgehenden Leistungspflicht des Verkäufers. Dabei

---

820 Corral García, RDPatr. 2000 (5), 521, 533; Castilla Barea, AC 2002 (3), 2595, 2648.

821 Costas Rodal, BIB 2004/ 253, S. 12; Marco Molina, RCDI 2002 (674), 2275, 2315, die in dieser Frage jedoch einen strengeren Maßstab bezüglich der Haftungsbeschränkung verlangen, um damit die Position des Verbrauchers zu stärken.

822 Corral García, RDPatr. 2000 (5), 521, 533; Castilla Barea, AC 2002 (3), 2595, 2648; Costas Rodal, BIB 2004/ 253, S. 12.

handelt es sich aber um eine Dienstleistung, die strenggenommen nicht zum Kaufvertrag der Parteien gehört, sondern eine zusätzliche eigenständige vertragliche Grundlage in der Vereinbarung der Parteien hat.[823] Aus diesem Grund muß die Verpflichtung zur Montage auch zwingend Bestandteil des Kaufvertrags sein, um die Regelungsfolgen auslösen zu können.[824] Obschon der Gesetzgeber die Verbraucherschutzrechte im Allgemeinen nicht auch auf Dienstleistungen ausdehnen wollte, erscheint die Gleichstellung im konkreten Fall durchaus angemessen. Denn in dieser Konstellation sind der Kauf der Sache und die vom Verkäufer zu erbringende Dienstleistung derart eng miteinander verknüpft, daß das Vertragsinteresse des Käufers ohne das zweite Vertragselement nicht erfüllt werden kann.[825] Der Verkäufer kann daher seine vertragliche Leistungspflicht nur dann erfüllen, wenn er beiden Teilen des Vertrags gerecht wird. Die Hervorhebung dieser Verpflichtung stellt insoweit den Haftungsumfang des Verkäufers heraus, wenn auch in der Praxis in den Fällen einer fehlerhaften Montage die Sache regelmäßig bereits nicht zu einem gewöhnlichen Gebrauch im Sinne von Art. 3 Abs. 1 b) LGVBC geeignet sein wird.[826]

Die zweite Alternative des Art. 3 Abs. 2 LGVBC stellt klar, daß eine Haftungsverpflichtung des Verkäufers auch dann besteht, wenn der Verbraucher selbst die Montage durchführt und deren Fehlschlag auf einem Fehler in der Aufbauanleitung beruht. Diese Vorschrift erscheint zunächst im Regelungszusammenhang widersprüchlich. Aufgrund der Tatsache, daß die Montageanleitungen im Regelfall durch den Hersteller der Sache entwickelt und gestaltet werden, ist eine uneingeschränkte Haftungsverantwortung des Verkäufers aufgrund fehlerhafter Montageanleitungen überraschend. Denn obwohl der Verkäufer seine Haftungsverpflichtung im Falle einer ihm nicht bekannten Äußerung des Produzenten nach Art. 3 Abs. 1 d) LGVBC begrenzen kann, hat der Gesetzgeber eine entsprechende Begrenzung für den Fall einer fehlerhaften Montageanleitung nicht vorgesehen. Auch eine solche Anleitung ist im Grunde nur eine Äußerung des Produzenten, die den Gebrauchswert der Sache selbst betrifft. Auch im Falle einer fehlerhaften Montageanleitung handelt es sich damit um einen Mangel in der Information des Käufers.[827] Letztlich ergibt sich der die abweichende Behandlung rechtfertigende Unterschied wohl daraus, daß eine Montageanleitung vom Verkäufer der betreffenden Sache jederzeit zur Kenntnis genommen werden kann, ohne daß es dazu besonderer Maßnahmen bedarf. Da die Montageanleitung stets der Kaufsache beiliegt, entspricht sie wertungsmä-

[823] García Rubio, La Ley 2003 (5747), 1, 3.

[824] Vérgez, S. 69; Orti Vallejo, S. 71.

[825] Lete Achirica, AC 1999 (42), 1365, 1374; Jordá Capitán, CDC 2000 (31), 127, 142.

[826] Castilla Barea, AC 2002 (3), 2595, 2651.

[827] García Rubio, La Ley 2003 (5747), 1, 3.

ßig den Angaben auf dem Etikett der Sache, für die ebenfalls eine Haftung des Verkäufers zu bejahen ist.[828] Der Verkäufer hat daher eine umfassende Kontrollmöglichkeit, ob die der Sache beiliegende Anleitung einen ordnungsgemäßen Aufbau und damit eine vertragsgemäße Nutzung ermöglicht. Aus diesem Grund ist es nicht angemessen, dem Verkäufer eine Haftungsbegrenzung zu gewähren und damit den Verbraucherschutz zu begrenzen.[829] Denn die Auswirkungen einer fehlerhaften Anleitung und damit fehlschlagenden Montage sind unter Umständen besonders schwerwiegend für den Verbraucher und können bis zur vollständigen Unbrauchbarkeit der Sache führen. Das Gesetz macht keine Angaben, wann eine Montageanleitung fehlerhaft im Sinne der Regelung ist. Unproblematisch sind darunter zunächst sachliche Fehler in der Anleitung zu fassen; dem gleichgestellt werden muß aber auch der Fall, daß eine ansonsten ordnungsgemäße Anleitung nicht vollständig ist.[830] Auch in diesem Fall kann der Verbraucher unter Umständen die Sache nicht in den gebrauchsfähigen Zustand versetzen. Bei technischen Anlagen oder Geräten stellt sich darüber hinaus die Frage, wie kompliziert eine Anleitung abgefaßt sein darf, ohne bereits als fehlerhaft zu gelten. Hier kommt letztlich nur eine Einzelfallbeurteilung in Betracht. Einerseits ist zu berücksichtigen, daß die Anleitung in einfach verständlicher Sprache oder Bildern, sowie logisch nachvollziehbaren Schritten die Montage auch einem Verbraucher ohne Fachwissen ermöglichen muß.[831] Andererseits darf zugunsten des Verkäufers nicht übersehen werden, daß insbesondere hochtechnische Geräte immer einen gewissen Sachverstand voraussetzen, der auch im Rahmen einer Anleitung zugrundegelegt werden muß. Die Abgrenzung ist dort zu ziehen, wo eine Anleitung unnötig unverständlich aufgebaut ist oder übermäßig kompliziert formuliert ist. Ebenfalls ist hervorzuheben, daß aus Gründen des Verbraucherschutzes auch diejenigen Fälle von der Regelung erfaßt werden, in denen der Käufer eine dritte Person damit beauftragt, die Sache nach der beiliegenden Anleitung zu montieren.[832] In derartigen Fällen unterscheidet sich die Schutzwürdigkeit des Käufers aufgrund der gleichen Folgen aus dem Fehlschlag der Montage in der Regel nicht von dem Fall, daß er selbst den Aufbau durchführen wollte. Sofern die Sache trotz fehlerhafter Anleitung durch den Verbraucher ordnungsgemäß aufgebaut worden ist, besteht für diesen

---

[828] S. zur Begründung der Haftung des Verkäufers die Ausführungen zu den Angaben auf dem Etikett, die Wertungen in der Frage der Kontrollmöglichkeit sind insoweit identisch.

[829] So auch Cillero de Cabo, EC 2001 (57), 147, 154; Vérgez, S. 71.

[830] Castilla Barea, AC 2002 (3), 2595, 2651.

[831] Costas Rodal, BIB 2004/ 253, S. 13.

[832] Castilla Barea, AC 2002 (3), 2595, 2651; Vérgez, S. 71, die aber zu Recht eine Haftung des Verkäufers bei fehlerhafter Montage durch einen professionellen Dritten ausschließt. In diesen Fällen fehlt es an einer Kausalität zwischen Fehlschlagen des Aufbaus trotz Sachkunde und den Angaben des Verkäufers bei Vertragsschluß.

kein Haftungsanspruch, da sein Vertragsinteresse trotz des Fehlers in der Anleitung erfüllt worden ist. Dies ergibt sich auch ohne nochmalige Klarstellung aus dem Wortlaut der Vorschrift, die insoweit von einem fehlerhaften Aufbau der Sache ausgeht.[833]

c) Haftungsausschluß nach Art. 3 Abs. 3 LGVBC

Das Gesetz sieht in Art. 3 Abs. 3 LGVBC einen vollständigen Haftungsausschluß zugunsten des Verkäufers hinsichtlich solcher Fehler in der Übereinstimmung mit den Vertragsvereinbarungen vor, die der Käufer kannte, die er nicht übersehen konnte oder die auf vom Käufer der Sache zugefügten Teilen beruhen.

Der erste Ausschlußgrund, die positive Kenntnis des Käufers von dem Mangel der Sache, ist in seinen Voraussetzungen und Rechtsfolgen eindeutig. Sofern der Käufer trotz Kenntnis der tatsächlichen Beschaffenheit die Sache erwirbt, konkretisiert sich seine Kaufabsicht auf diese bestimmte Sache und eine Abweichung von den Vertragsvereinbarungen ist folglich nicht mehr festzustellen. Auch besteht in diesem Fall keine Schutzwürdigkeit des Käufers, da dessen Erwartungen durch die Kaufsache nicht enttäuscht werden. Ein Schutzbedürfnis, an das das Gesetz die Haftungsrechtsfolgen knüpft, besteht beim Käufer nur dann, wenn dieser durch eine ihm unbekannte Abweichung der Sache zur vertraglichen Vereinbarung negativ überrascht wird.

Der Ausschluß der Haftung des Verkäufers für einen Mangel, den der Käufer im Moment der Vertragsabwicklung nicht vollständig übersehen konnte, hat dieselben Gründe wie die positive Kenntnis des Käufers vom Mangel. Es fehlt auch in diesem Fall an einer Schutzwürdigkeit des Käufers, weil bei diesem keine berechtigten Erwartungen enttäuscht werden. Allerdings ist diese Regelung insoweit von Bedeutung, als sie auf Seiten des Käufers eine Überprüfungspflicht bezüglich der Kaufsache begründet.[834] Denn nur wenn der Käufer verpflichtet ist, eine derartige Überprüfung vorzunehmen, kann von einem selbstverschuldeten Übersehen des Mangels durch den Käufer ausgegangen werden. Die Verpflichtung des Käufers muß dabei nach dem konkreten Geschäft beurteilt werden, wobei die zu berücksichtigenden Faktoren einerseits die Art des Kaufgegenstands, andererseits die Sachkenntnis des Käufers sind.[835] So kann bereits die Tatsache, ob die Sache zum relevanten Zeitpunkt verpackt war oder nicht, entscheidenden Einfluß auf die Überprüfungspflicht des Verbrauchers haben. Denn auch die Umstände, die den Überprüfungsaufwand einer

---

[833] „... cuando la instalación defectuosa se deba a un error en las instrucciones de instalación.“.

[834] Lete Achirica, AC 1999 (42), 1365, 1374; Orti Vallejo, RPJ 2002 (66), 593, 613; García Rubio, La Ley 2003 (5747), 1, 3.

[835] De la Iglesia Monje, 55, 69/ 70; Orti Vallejo, S. 94, 95.

Kontrolle durch den Verbraucher beeinflussen, wirken sich auf den Verschuldensvorwurf und damit den bestehenden Haftungsrahmen aus.

Diese beiden Gründe der Haftungsbeschränkung sind insbesondere im Falle des Kaufs einer gebrauchten Sache von Bedeutung, wo ein niedriger Preis häufig Rückschlüsse auf den Zustand und die Mangelhaftigkeit der Sache zuläßt. Allerdings ist hervorzuheben, daß die erforderliche Kenntnis oder das Kennenmüssen des Käufers tatsächlich vorliegen muß, die Regelung schafft insoweit eindeutig keine gesetzliche Vermutung zugunsten des Verkäufers. Eine derartige Vermutungswirkung kann auch nicht durch Aufnahme einer entsprechenden Klausel in das Vertragswerk der Parteien herbeigeführt werden, denn derartige Vereinbarungen zum Nachteil des Verbrauchers unterfallen der Nichtigkeitsregelung des Art. 4 Satz 3 LGVBC.[836]

Der dritte Grund einer Haftungsbegrenzung zugunsten des Verkäufers ist eine zwingende Folge der Begrenzung der Verantwortung auf das Vertragsverhältnis der Parteien. Sofern der Verkäufer die Sache entsprechend der vertraglichen Vereinbarung geliefert hat und der Käufer diese Sache später verändert und dadurch einen Mangel der Sache bewirkt, so liegt dies nicht mehr im Verantwortungsbereich des Verkäufers. Eine Haftung kommt aus diesem Grund nicht in Betracht. Der Käufer, der die Sache nach seinem Willen verändert, ist für die sich daraus ergebenden Folgen selbst verantwortlich, eine Schutzbedürftigkeit im Sinne des Verbraucherschutzes ist daher nicht gegeben.

3. Verbraucherrechte bei fehlender Übereinstimmung

Das neue Gesetz sieht auf Grundlage der fehlenden Übereinstimmung der Sache mit der Vertragsvereinbarung verschiedene Verbraucherrechte vor. Diese Rechtsfolgen im Falle eines Mangels sind in den Art. 4 bis 8 LGVBC geregelt. Die Regelung des Art. 4 LGVBC dient dabei zunächst als grundlegende Ausgangsnorm, mit der die in den folgenden Artikeln im Einzelnen geregelten Rechtsfolgemöglichkeiten aufgezählt und der Haftungsrahmen des Verkäufers definiert werden.

Ausgangspunkt ist dabei Art. 4 Satz 1 LGVBC, der den Haftungsrahmen des Verkäufers offenlegt. Demnach ist der Verkäufer gegenüber dem Verbraucher für jedweden Mangel im Sinne des Art. 3 LGVBC verantwortlich, der zur Zeit der Übergabe der Kaufsache bestand. Art. 4 Satz 2 LGVBC stellt die möglichen Rechtsmittel zugunsten des Verbrauchers im Falle einer mangelhaften Kaufsache vor. Das Spektrum ist gegenüber den Rechten aus dem C.C. erweitert worden, denn dem Käufer stehen neben den bereits aus dem C.C. bekannten Möglichkeiten der Minderung und der Vertragslösung auch ein Recht auf Wiederherstellung des vertragsgemäßen Zustand der Kaufsache und die Ersetzung der

---

[836] García Rubio, La Ley 2003 (5747), 1, 3; zur Regelung des Art. 4 LGVBC im Einzelnen unten.

mangelhaften Sache durch eine vertragsgemäße Sache zu. Diese vier verschiedenen Rechtsmittel werden im spanischen Recht auch als „garantía legal“ bezeichnet, obwohl es sich dabei nicht um eine Garantie im eigentlichen Sinne handelt, sondern um die gesetzlich zwingende Anordnung von Verbraucherrechten.[837] Die Regelung trifft keine Aussage über das Verhältnis der gewährten Rechtsmittel zu denen des C.C. Da allerdings das gesamte Gesetz zum Schutze des Verbrauchers mit dem Charakter eines Spezialgesetzes ausgestaltet ist, ist in Übereinstimmung mit dem lex specialis-Grundsatz von einer vorrangigen Geltung der Rechtsmittel aus dem LGVBC auszugehen.[838] Im Gegensatz dazu hat das Gesetz innerhalb der möglichen Rechtsmittel eine Hierarchie entwickelt, die für die Vertragsparteien bindend ist.[839] Danach kann der Verbraucher zwar das von ihm bevorzugte Rechtsmittel frei wählen, jedoch geht die Tendenz des Gesetzes dahin, den ursprünglichen Vertrag zu erhalten und dessen ordnungsgemäße Erfüllung zu erreichen. Daher sind die Rechte des Verbrauchers nur gestuft anzuwenden. Der Käufer kann sich zunächst nur zwischen der Reparatur der Sache oder dem Austausch derselben entscheiden, erst bei Fehlschlag dieser Rechtsmittel stehen ihm als zweite Stufe die übrigen Rechte zur Verfügung.[840]

Eine Regelung von besonderer Bedeutung für den Verbraucherschutz enthält Art. 4 Satz 3 LGVBC, der einen Verzicht auf die Käuferrechte ebenso ausschließt wie dem Regelungsgehalt des Gesetzes zuwiderlaufende Klauseln. Die Vorschrift ordnet für beide Alternativen die absolute Nichtigkeit der darauf abzielenden Vereinbarung an.

a) Primärrechte des Verbrauchers, Art. 5 in Verbindung mit 6 LGVBC

Die Rechtsmittel der ersten Stufe hat der Gesetzgeber in den Art. 5 und 6 LGVBC geregelt. Dabei enthält Art. 5 LGVBC die einzelnen Regelungen dieser Primärrechte, während in Art. 6 LGVBC die Vorschriften zu einer ordnungsgemäßen Durchführung dieser Rechtsmittel aufgeführt sind. Dabei wird aus dem Gesamtbild der Normen deutlich, daß der Gesetzgeber eine ausgewogene Regelung beabsichtigt hat, die zwar einerseits einen möglichst umfassenden Verbraucherschutz gewährleisten soll, andererseits aber den Verkäufer in seiner Haftungsverpflichtung nicht über die Maßen belasten darf.

---

[837] García Rubio, La Ley 2003 (5747), 1, 3.

[838] Das Gesetz stellt in Absatz 1 seiner Zusatzvorschrift „disposición adicional“ lediglich klar, daß eine parallele, also doppelte Anwendung der Käuferrechte nicht in Betracht kommt; s. dazu oben.

[839] Marco Molina, RCDI 2002 (674), 2275, 2325; Lete Achirica, AC 1999 (42), 1365, 1376.

[840] Vérgez, S. 82; Sanz Valentín, AC 1999 (35), 1073, 1084; Cillero de Cabo, EC 2001 (57), 147, 155; Plaza Penadés, RDPatr. 1999 (3), 515, 516.

aa) Wiederherstellung der Sache, Austausch der Sache gem. Art. 5 LGVBC

Sofern die Kaufsache im Moment der Übergabe nicht vertragsgemäß war, hat der Verbraucher gemäß Art. 5 Abs. 1 Satz 1 LGVBC das Wahlrecht, entweder die Wiederherstellung des vertragsgemäßen Zustands zu verlangen, oder einen Austausch der mangelhaften gegen eine vertragsgemäße Sache vorzunehmen. Die Begrenzung des Wahlrechts auf diese beiden Möglichkeiten des Verbrauchers läßt die Absicht des Gesetzgebers erkennen, das bestehende Vertragsverhältnis der Parteien trotz Vorliegen eines Mangels nach Möglichkeit zu erhalten.[841] Diese Absicht hat nicht zuletzt wirtschaftliche Motive, denn ein weitgehendes Festhalten am Vertrag bewirkt gleichzeitig eine Stärkung der Sicherheit des Geschäftsverkehrs. Den Verkäufern und auch den Herstellern der Güter wird damit das Risiko genommen, wegen jedes Mangels eine Rückabwicklung des Vertrags oder eine im Voraus nur schwer zu kalkulierende Minderung des Kaufpreises durchführen zu müssen. Vor diesem Hintergrund hat die Regelung in der Literatur Kritik erfahren, da sie zu sehr an wirtschaftlichen Interessen orientiert sei und damit dem eigentlichen Verbraucherschutz nicht ausreichend gerecht werde.[842] Denn aufgrund dieser Regelung werde der Käufer gezwungen, die Reparatur oder den Austausch einer Sache zu wählen, in die er aufgrund des Mangels vielleicht bereits das Vertrauen verloren habe. Diese Kritik vermag jedoch nicht gänzlich zu überzeugen, da sie außer acht läßt, daß es in vielen Fällen gerade den Interessen des Verbrauchers entspricht, die Sache trotz des Mangels zu behalten, da mit einer Reparatur seine Interessen vollumfänglich befriedigt werden. Dies kann etwa bei technischen Geräten, an denen persönliche Einstellungen vorzunehmen sind, der Fall sein oder einfach, weil sich der Verbraucher bereits an diese konkrete Sache gewöhnt hat. Sofern der Mangel der Sache zu einem Vertrauensverlust des Verbrauchers geführt haben sollte, besteht im Übrigen kein Anlaß, auch dann pauschal von einem dauerhaften Mißtrauen gegen die Sache auszugehen, wenn der Verbraucher durch Austausch eine vollkommen mangelfreie Sache erhalten kann. Dieses Wahlrecht des Verbrauchers besteht jedoch nur, sofern nicht eine dieser Optionen unmöglich oder unverhältnismäßig ist. Gemäß Art. 5 Abs. 1 Satz 2 LGVBC sind beide Vertragsparteien von dem Moment, in dem der Verbraucher dem Verkäufer die von ihm gewählte Option mitteilt, an diese Entscheidung gebunden. Art. 5 Abs. 1 Satz 3 LGVBC stellt jedoch klar, daß die Bindungswirkung der Entscheidung nicht zum Nachteil der Fälle einer anderen Regelung durch Art. 6 LGVBC gilt, wenn die Erfüllung der Primärrechte durch den Verkäufer fehlgeschlagen ist.

Die Regelung des Art. 5 Abs. 2 LGVBC greift die Einschränkung des Wahlrechts aus Absatz 1 auf und führt aus, wann die Wahl eines Rechtsmittels unan-

[841] Costas Rodal, BIB 2004/ 253, S. 19; Vérgez, S. 83.

[842] Marco Molina, RCDI 2002 (674), 2275, 2325.

gemessen im Sinne von Absatz 1 Satz 2 der Vorschrift ist. Entscheidendes Kriterium bei der Abwägung der Unangemessenheit sind danach die Kosten, die das gewählte Rechtsmittel bei dem Verkäufer im Gegensatz zu der anderen Option verursacht. Sofern die bei diesem Vergleich zu Tage tretenden Mehrkosten nicht sinnvoll erscheinen, ist von der Unangemessenheit der Wahl auszugehen. Bei dieser Abwägung sind der Wert der Sache im Zustand der Mangellosigkeit und die Erheblichkeit der fehlenden Übereinstimmung der Sache mit dem Vertrag ebenso mit einzubeziehen, wie die Frage, ob die alternative Gewährleistungsmöglichkeit ohne größere Nachteile für den Verbraucher verwirklicht werden kann. Nicht maßgeblich für die Entscheidung ist allerdings, die grundsätzliche Frage, ob die vom Verbraucher gewählte Alternative kostenintensiver ist. Der Verbraucher ist trotz der dargestellten Einschränkung nicht verpflichtet, die günstigere Variante zu wählen.[843] Auch diese Ausgestaltung wird kritisiert, da sie das eigentlich dem Verbraucher zustehende Wahlrecht derart von Kriterien abhängig mache, daß faktisch der Verkäufer die Gewährleistungsart bestimme.[844] Dieser Kritik aus der Literatur kann ebenfalls nicht gefolgt werden. Die Ausgestaltung der Regelung ist erforderlich, um den notwendigen Interessenausgleich zwischen Verbraucher und Verkäufer auch im Falle der Gewährleistung zu erhalten. Die der Abwägung zugrundeliegenden Kriterien mit ihrer Ausrichtung an drohenden Mehrkosten sind sinnvoll und angemessen, zumal der Gesetzgeber in der Formulierung der Norm durchaus die Möglichkeit zur Berücksichtigung der Belange des Verbrauchers bezüglich der Sache gelassen hat. Aufgrund dieser Orientierung der Abwägung an den Interessen des Käufers ist eine Aushöhlung des Wahlrechts und damit der Rechtsmittelmöglichkeiten des Verbrauchers nicht zu erwarten.

bb) Durchführung der Primärrechte gem. Art. 6 LGVBC

Die Vorschrift des Art. 6 LGVBC führt die Einzelheiten im Zusammenhang mit der Durchführung eines Gewährleistungsrechts der ersten Stufe aus.

Nach Art. 6 a) Satz 1 LGVBC muß sowohl die Reparatur der Sache als auch deren Austausch für den Verbraucher kostenfrei erfolgen. Satz 2 der Norm stellt dazu klar, daß diese Kostenfreiheit sämtliche zur Behebung der fehlenden Übereinstimmung der Sache mit den Vertragsvereinbarungen erforderlichen Ausgaben erfaßt. Zu derartigen Ausgaben zählen nach der Vorschrift insbesondere die Versandkosten, sowie die Kosten für Arbeitsaufwand und Material. Der Verbraucher soll im Rahmen der Gewährleistung über die bloße Tatsache der Mangelhaftigkeit des Kaufgegenstands hinaus nicht noch finanziell belastet werden. Aus diesem Grund sieht die Regelung eine vollständige Kostenfreistellung zugunsten des Verbrauchers vor. Damit gleicht diese Regelung inhaltlich

---

[843] Vérgez, S. 88; Rubio Torrano, AC 1999 III, S. 2177, 2178.

[844] Vilata Menadas, RJCV 2003 (8), 5, 15; Marco Molina, RCDI 2002 (674), 2275, 2324.

der Vorschrift des Art. 11 Abs. 3 LGDCU, die ebenfalls eine finanzielle Belastung des Verbrauchers bei Geltendmachung seiner Gewährleistung ausschließt. Aufgrund der gleichen Voraussetzungen und der identischen Interessenlage sind die bei dieser Vorschrift zu beachtenden Einschränkungen auch im Geltungsbereich des neuen Gesetzes von Belang. Insoweit kommt eine Freistellung von den Transportkosten nur insoweit in Betracht, als dies auf Grundlage der Vertragsgerechtigkeit angemessen ist. Sofern die Sache durch den Verbraucher auch unproblematisch ohne Kostenverursachung den Gewährleistungsmaßnahmen des Verkäufers hätte zugeführt werden können, muß er die Kosten folglich selbst tragen.

Die Regelungen des Art. 6 b) bis d) betreffen die Auswirkungen der Durchführung eines Rechtsmittels der ersten Stufe auf die Gewährleistungsfrist.[845]

Darüber hinaus stellt Art. 6 LGVBC klar, daß der Verbraucher, sofern die Geltendmachung eines ersten Rechtsmittels nicht zur Übereinstimmung der Sache mit den Vertragsvereinbarungen geführt hat, auch die übrigen Rechtsmittel gegen den Verkäufer in Anspruch nehmen kann. Dies gilt nach Art. 6 e) LGVBC sowohl, wenn der Verbraucher zunächst die Reparatur gewählt hat, als auch gemäß Art. 6 f) LGVBC für den Fall, daß zunächst ein Austausch der Sache vorgenommen wurde.[846] Dabei ist für das Rechtsmittel der ersten Stufe die Verhältnismäßigkeitsgrenze des Art. 5 Abs. 2 LGVBC zu beachten, für die Rechtsmittel der zweiten Stufe verweist die Norm auf die Regelungen der Art. 7 und 8 LGVBC. Aus dieser Regelung ergibt sich für den Verbraucher zudem, daß er dem Verkäufer im Falle einer fehlgeschlagenen Reparatur keine zweite Chance einräumen muß.[847] Die Begrenzung des Wahlrechts gilt nur bezüglich der ersten Inanspruchnahme von Gewährleistungsrechten. Nur insoweit ist der Verkäufer im bestehenden Vertragsverhältnis schützenswert. Sofern er auch nach dieser Inanspruchnahme keine vertragsgemäße Sache liefern kann besteht kein Anlaß, den Verbraucher weiter hinsichtlich der übrigen Rechtsmittel zu begrenzen.

Durch Art. 6 g) LGVBC wird das Wahlrecht des Verbrauchers für zwei Sonderfälle beschränkt. Demnach kann der Verbraucher dann nicht den Austausch der Sache verlangen, wenn es sich dabei um eine nicht vertretbare Sache handelt oder es sich um den Kauf einer gebrauchten Sache handelt. Dieser Regelung kommt nur klarstellender Charakter zu, denn in beiden Fällen ist eine Ersetzung der Sache dem Verkäufer unmöglich. Die Wahl dieses Rechtsmittels scheidet daher bereits nach Art. 5 Abs. 1 Satz 1 LGVBC aus. Während dies auf-

---

[845] Diese Regelungen werden im Einzelnen weiter unten im Zusammenhang mit der generellen Fristenregelung des Art. 9 LGVBC besprochen.

[846] Costas Rodal, BIB 2004/ 253, S. 20; Vérgez, S. 98.

[847] Carrasco/ Cordero/ Martínez, EC 2000 (52), 125, 128; Costas Rodal, BIB 2004/ 253, S. 20.

grund der Unvertretbarkeit im ersten Fall offensichtlich ist, wird bei dem Kauf einer gebrauchten Sache der Gegenstand durch seine gebrauchsabhängigen Eigenheiten derart konkretisiert, daß dem Verkäufer eine Ersetzung mit einer gleichartigen, doch zudem vertragsgemäßen Sache in der Regel unmöglich ist oder zumindest nur unter unzumutbarem Aufwand gelingen kann.[848]

b) Sekundärrechte des Verbrauchers, Art. 7 in Verbindung mit 8 LGVBC

Sofern der Verkäufer bei der Verschaffung einer vertragsgemäßen Sache im Rahmen der Ausführung eines Rechtsmittels der ersten Stufe keinen Erfolg gehabt hat, kann der Verbraucher umgehend auch die Rechtsmittel der zweiten Stufe geltend machen. Gemäß Art. 7 LGVBC kann der Verbraucher insoweit zwischen der Minderung und der Lösung vom Vertrag wählen. Damit sind die Sekundär-Gewährleistungsrechte des LGVBC identisch mit den Gewährleistungsrechten aus dem allgemeinen C.C. Allerdings bestehen in der Ausgestaltung der Rechtsmittel in einigen Details Abweichungen.

aa) Minderung, Vertragsauflösung gem. Art. 7 LGVBC

Die in Art. 7 LGVBC vorgesehene Möglichkeit der Minderung des Kaufpreises ermöglicht es dem Verbraucher, der sich mit der mangelbehafteten Sache zufrieden gibt, das ursprüngliche Vertragsgleichgewicht wieder herzustellen. Dies bedeutet, daß die Vertragsbedingungen dem neuen Vertragsinhalt angepaßt werden, indem das Hauptinteresse des Verbrauchers, für die Sache einen angemessenen Kaufpreis zu zahlen, neu bewertet wird. Insoweit identisch zu der Minderung nach dem C.C. führt die Einbeziehung der Mangelhaftigkeit der Sache in die Vertragsbedingungen zu einer Herabsetzung des vereinbarten Kaufpreises. Die genaue Berechnung der Minderung hat der Gesetzgeber für den Fall der Anwendbarkeit des neuen Gesetzes in Art. 8 LGVBC geregelt.

Die zweite Variante der Sekundärrechtsmittel, die Lösung vom Vertrag, entspricht ebenfalls dem Rechtsmittel aus dem C.C. Bei Ausübung dieses Rechtsmittels muß der Verbraucher die Sache vollumfänglich zurückgeben und erhält dafür den gezahlten Kaufpreis zurück. Hervorzuheben ist in diesem Zusammenhang, daß innerhalb der Regelung des Art. 7 LGVBC durch den Gesetzgeber keine Rangfolge vorgesehen ist. Dies bedeutet, daß der Verbraucher sich frei zwischen beiden Möglichkeiten entscheiden kann. Eine weitere Stufenregelung für die Sekundärrechtsmittel ist durch das Gesetz nicht vorgesehen. Eine Ansicht der Literatur fordert dennoch die Subsidiarität der Lösung vom Vertrag, um auch in diesen Fällen trotz Gewährleistungsanspruch ein Minimum an Vertragsgerechtigkeit zugunsten des Verkäufers aufrecht zu erhalten.[849] Allerdings

---

[848] Costas Rodal, BIB 2004/ 253, S. 20; Marco Molina, RCDI 2002 (674), 2275, 2328.

[849] Marco Molina, RCDI 2002 (674), 2275, 2329; Carrasco/ Cordero/ Martínez, EC 2000 (52), 125, 129.

hat die spanische Rechtsprechung in der Vergangenheit bereits klargestellt, daß eine derartige Vorrangstellung der Minderung nicht erforderlich ist.[850] Gegen die Notwendigkeit einer weiteren Stufung der Verbraucherrechte spricht, daß der Verkäufer zu diesem Zeitpunkt nicht mehr auf ein Aufrechterhalten des Vertragsverhältnisses vertrauen darf. Der Verbraucher hat zu diesem Zeitpunkt seine Unzufriedenheit mit der Sache deutlich gemacht und dem Verkäufer bereits die Möglichkeit gegeben, den Vertrag zu „retten", indem er dem Käufer eine ordnungsgemäße Sache liefert. Sofern es dem Verkäufer auch bei dieser Möglichkeit nicht gelingt, die Vertragsentsprechung herzustellen, ist eine Reglementierung der Schutzrechte des Verbrauchers zugunsten des Verkäufers weder angemessen noch regelungskonform zu begründen. Eine Grenze dieser freien Entscheidungsmöglichkeit besteht allerdings, wenn es sich bei dem Mangel um eine Lappalie handelt, denn dann würde eine Vertragslösung über den Schutzzweck des Gesetzes hinaus zu Lasten des Verkäufers den Verbraucher bevorzugen.

bb) Berechnung der Minderung nach Art. 8 LGVBC

Die Berechnung der Minderung wird in Art. 8 LGVBC durch den Gesetzgeber geregelt. Nach dieser Vorschrift ist der Kaufpreis entsprechend der Differenz zwischen dem Wert, den die Sache tatsächlich im Moment der Übergabe hatte und dem Wert, den die Sache bei der Übergabe in einem ordnungsgemäßen Zustand gehabt hätte, herabzusetzen. Somit hat sich der Gesetzgeber im Gegensatz zur Ausgestaltung der Minderungsregelung im C.C. bei der Minderung im Geltungsbereich des LGVBC für die sogenannte relative Berechnungsmethode entschieden.[851] Hängt nach der Ausgestaltung des C.C. die Minderungssumme, die der Käufer verlangen kann, von der Einschätzung eines Sachverständigen und des erkennenden Gerichts ab, wird nach der hier anzuwendenden Methode der relevante Differenzbetrag nach einer festgelegten Art und Weise berechnet. Innerhalb dieser Berechnungsweise hat sich der Gesetzgeber für eine relative Berechnung entschieden, die den tatsächlichen Wert der Sachen mit dem Wert im Idealzustand ins Verhältnis setzt.[852] Diese Berechnungsweise kommt der ursprünglichen Vertragsabsicht in besonderer Weise entgegen, da sie soweit wie möglich den Willen der Vertragsparteien hinsichtlich des Kaufpreises berücksichtigt.[853] Deren Einigung über die Vertragsbedingungen bekommt damit auch im Rahmen der Minderung das entscheidende Gewicht. Zudem macht sie die

---

[850] STS 11.04.1995, RJ 1995, 3387.

[851] „método relativo", Carrasco/ Cordero/ Martínez, EC 2000 (52), 125, 129; die zur Abgrenzung auch eine Darstellung der Möglichkeiten bei Anwendung der sog. „método absoluto" vornehmen.

[852] Carrasco/ Cordero/ Martínez, EC 2000 (52), 125, 129; Morgenroth, RIW 2003, 837, 841.

[853] Vérgez, S. 103; Méndes/ Vilalta, S. 26.

Berechnung von objektiven Kriterien abhängig und ist damit für beide Vertragsparteien nachvollziehbar. Dies gilt insbesondere, als ein subjektives Interesse an der Sache bei der Berechnung des Minderungsbetrages nach dieser Methode außen vor bleiben muß.

4. Fristenregelung nach Art. 9 LGVBC

Der Gesetzgeber hat in Art. 9 LGVBC eine ausführliche Fristenregelung in das Gesetz aufgenommen. Diese Regelung gilt für alle Arten von Mängeln gleichermaßen und sieht hinsichtlich der Gewährleistungsansprüche des Verbrauchers drei verschiedene Fristläufe vor.[854] Einerseits wird in Art. 9 LGVBC die Garantiefrist bestimmt, also der Zeitraum, in dem der Verbraucher aufgrund eines Mangels eine Gewährleistung verlangen kann. Darüber hinaus regelt Art. 9 LGVBC auch die Frist, in der der Verbraucher nach Auftreten eines Mangels seine Rechte gegenüber dem Verkäufer geltend machen kann. Eine derartige Zweiteilung der Fristregelung kannte das spanische Recht bislang noch nicht.[855] Zudem regelt Art. 9 LGVBC den Zeitraum, in dem der Verbraucher den Verkäufer vom Auftreten des Mangels an der Sache informieren muß.

a) Regelung des Gewährleistungszeitraums gemäß Art. 9 Abs. 1 LGVBC

Nach Art. 9 Abs. 1 Satz LGVBC besteht für alle Sachen grundsätzlich ein Gewährleistungszeitraum von zwei Jahren ab Übergabe der Sache. Der Verkäufer haftet demnach für jegliches Fehlen einer Übereinstimmung mit dem Vertrag, das innerhalb dieser Zweijahresfrist zu Tage tritt. Nach Satz 2 dieser Regelung können die Vertragsparteien, sofern es sich um gebrauchte Güter handelt, auch eine geringere Frist vereinbaren. Diese darf jedoch nicht kürzer als ein Jahr ab der Übergabe sein. Damit wird die Haftungsverpflichtung des Verkäufers von Anfang an auf einen bestimmten Gewährleistungszeitraum begrenzt. Für Fehler an der Kaufsache, die nach dem Ablauf der geltenden Gewährleistungsfrist auftreten, ist der Verkäufer, unabhängig von der Fehlerursache, in keinem Fall mehr zur Haftung verpflichtet. Insoweit entspricht diese Festlegung eines Zeitraums in dem der Verkäufer zur Haftung verpflichtet werden kann, in ihren Auswirkungen den Verwirkungsfristen, obschon sich diese nicht auf das Auftreten des Mangels sondern auf die Ausübung der daraus folgenden Rechte beziehen.[856] Die Regelung enthält keine Bestimmung einer besonderen Frist für die Haltbarkeit eines Produktes, denn das Gesetz sieht generell eine Haftung des Herstellers für eine bestimmte Haltbarkeit nicht vor. Diese zeitliche Beschrän-

---

[854] Costas Rodal, BIB 2004/ 253, S. 21; Méndes/ Vilalta, S. 23; Mansel, AcP 2004, 396, 438.

[855] Vilata Menadas, RJCV 2003(8), 5, 16; Corral García, RDPatr. 2000 (5), 521, 528; Lete Achirica, AC 1999 (42), 1365, 1378.

[856] Bercovitz, AC 2003 (14), 11, 12; Marco Molina, RCDI 2002 (674), 2275, 2335; Bercovitz/ Leguina/ Parra Lucán; S. 217; Vilata Menadas, RJCV 2003(8), 5, 16.

kung der Einstandspflicht des Verkäufers stimmt mit der Tatsache überein, daß das Gesetz keine Unterscheidung zwischen Verbrauchsgütern und langlebigen Gütern vornimmt.[857] Aus diesem Grund hat die Fristenregelung die Kritik erfahren, sie orientiere sich an der Einstellung einer „Wegwerfgesellschaft", die auf eine möglichst dauerhafte Qualität der Sache keinen Wert lege.[858] Diese Kritik greift allerdings zu kurz, denn einerseits ist die Regelung an der heute vorherrschenden industriellen Massenproduktion ausgerichtet, in der bei der absoluten Mehrzahl der Verbrauchsgüter eine besonders langlebige Haltbarkeit für den Verbraucher nicht von vorrangiger Bedeutung ist. Zum anderen stellt die gesetzliche Regelung des LGVBC nur die Mindestregelung zum Schutz des Verbrauchers dar. Sofern dem Käufer eine Haftung für die Langlebigkeit der Güter wichtig ist, kann er diese mit dem Verkäufer individuell vereinbaren. Der Charakter einer Mindestregelung ergibt sich in besonderer Deutlichkeit aus der Vorschrift des Art. 9 Abs. 1 Satz 2 LGVBC, die hervorhebt, daß die Parteien individuell andere Vereinbarungen treffen können, dabei aber den vorgegebenen Zeitrahmen als Untergrenze zu beachten haben. Entsprechende Vereinbarungen, die für den Verbraucher günstiger sind als die gesetzliche Mindestregelung, sind damit stets möglich.

Innerhalb dieses Gewährleistungszeitrahmens hat der Gesetzgeber noch eine weitere zeitliche Unterteilung vorgenommen. Nach Art. 9 Abs. 1 Satz 3 LGVBC gilt zugunsten des Käufers die gesetzliche Vermutung, daß Mängel, die innerhalb der ersten sechs Monate nach Übergabe der Kaufsache an der Sache zu Tage treten, bereits zum Zeitpunkt der Übergabe vorhanden waren. Dies gilt allerdings nicht, wenn diese gesetzliche Vermutung unvereinbar mit der Natur der Kaufsache oder der Art des Mangels ist. Unter letztere Einschränkung fallen insbesondere solche Mängel, die durch eine unsachgemäße Beanspruchung der Kaufsache in der Anfangszeit hervorgerufen werden.[859] Diese Regelung kommt dem Verbraucher zugute, dem insoweit die Beweislast für diese wesentliche Voraussetzung eines Gewährleistungsanspruchs abgenommen wird.

b) Bestimmung des Übergabezeitpunkts gemäß Art. 9 Abs. 2 LGVBC

Die Vorschrift des Art. 9 Abs. 2 LGVBC bestimmt den Übergabezeitpunkt und greift damit den Anknüpfungspunkt des Fristlaufs auf. Danach besteht die gesetzliche Vermutung, daß der Übergabezeitpunkt der auf der Rechnung bzw. dem Kaufbeleg ausgewiesene Tag oder, sofern dieser später ist, der auf dem Lieferschein angegebene Tag war. Davon abweichende Anknüpfungspunkte des

[857] García Rubio, La Ley 2003 (5747), 1, 4; Marco Molina, RCDI 2002 (674), 2275, 2335.

[858] Marco Molina, RCDI 2002 (674), 2275, 2335, die insoweit eine Ausrichtung an der „sociedad de usar y tirar" feststellt.

[859] Etwa das fehlerhafte Einfahren eines Neuwagens oder die Überbeanspruchung neuer elektrischer Geräte.

Fristlaufs sind damit möglich, müssen aber von demjenigen, der sich auf sie beruft, vollumfänglich bewiesen werden.[860] Der insoweit in zweifacher Hinsicht, sowohl zur Bestimmung des Gewährleistungszeitraums als auch hinsichtlich der Beweislastverteilung für die Voraussetzung der anfänglichen Mangelhaftigkeit der Kaufsache relevante Übergabezeitpunkt der Sache, wird damit in eindeutiger Weise durch das Gesetz geregelt. Eine derartige Regelung kommt dem Verbraucher insbesondere aufgrund der gesetzlichen Vermutung zugute, da ohne die Bestimmung dieses Zeitpunkts eine Geltendmachung seiner Rechte ausgeschlossen wäre. Eine Erschwerung der Durchsetzung von Verbraucherrechten durch Unklarheiten bezüglich des Übergabezeitpunkts ist mit der Regelung des Absatzes 2 nicht mehr zu befürchten. Gleichzeitig stellt diese Regelung sicher, daß der Gewährleistungszeitraum nicht abzulaufen beginnen kann, ohne daß der Verbraucher die Sache zu seiner Verfügung hat und damit das Auftreten eines Mangels tatsächlich bemerken kann.

c) Geltendmachungsfrist des Art. 9 Abs. 3 LGVBC

Gemäß Art. 9 Abs. 3 LGVBC steht dem Verbraucher zur Geltendmachung der Erfüllung der in den Artikeln 1 bis 8 des Gesetzes vorgesehenen Rechte eine Frist von drei Jahren zur Verfügung. Diese Verjährung beginnt im Moment der Übergabe der Sache. Diese Frist bestimmt den Zeitraum, der dem Verbraucher insgesamt zur Durchsetzung seiner Gewährleistungsansprüche zur Verfügung steht. Innerhalb dieses Zeitraums muß der Verbraucher folglich den Verkäufer zur Erfüllung seiner Gewährleistungspflicht bewegen und im Falle einer Leistungsverweigerung des Verkäufers die Durchsetzung der Ansprüche vor Gericht betreiben. Nach Ablauf dieser Frist ist eine Geltendmachung bestehender Ansprüche ausgeschlossen. Dies bedeutet, daß der Verkäufer einer mangelhaften Sache trotz Vorliegen sämtlicher Haftungsvoraussetzungen nach Fristablauf nicht mehr zur Gewährleistung verpflichtet ist. Bei dieser Frist handelt es sich im Gegensatz zu den oben erwähnten übrigen Fristen des Art. 9 LGVBC nicht um eine Verwirkungsfrist, sondern um eine Verjährungsfrist.[861]

Mit Bestimmung der Fristdauer von drei Jahren hat der Gesetzgeber die Frist derart ausgestaltet, daß der Zeitraum der Durchsetzung der Ansprüche durch den Verbraucher über den eigentlichen Gewährleistungszeitraum von zwei Jahren nach Art. 9 Abs. 1 LGVBC hinausgeht. Mit dieser Ausgestaltung der Fristen wird verhindert, daß das Ende des Garantiezeitraums mit dem Untergang bestehender Gewährleistungsansprüche zusammenfällt. Denn aufgrund des identischen Fristbeginns würde eine Übereinstimmung der Dauer beider Fristen dazu führen, daß der Verbraucher in bestimmten Fällen um seine Rechte gebracht würde. Denn bei Mängeln, die erst kurz vor Ende des Garantiezeitraums auftre-

[860] Costas Rodal, BIB 2004/ 253, S. 22; Vérgez, S. 108.

[861] Vilata Menadas, RJCV 2003 (8), 5,16; Vérgez, S. 111.

ten würden, bliebe dem Verbraucher nicht ausreichend oder gar keine Zeit, die sich daraus ergebenden Rechte zu beanspruchen. Der Verkäufer könnte sich dann immer auf den Fristablauf berufen und die Haftung verweigern. Mit der Regelung des Art. 9 Abs. 3 LGVBC bleibt dem Verbraucher zumindest eine Frist von mindestens einem Jahr, um seine Gewährleistungsrechte einzufordern. Insoweit bewirkt auch diese Regelung eine Ausweitung des Verbraucherschutzes.[862]

d) Mitteilungsfrist des Verbrauchers nach Art. 9 Abs. 4 LGVBC

Der Verbraucher muß den Verkäufer über das Auftreten des Mangels an seiner Sache informieren, um einen Anspruch auf Gewährleistung geltend machen zu können. Nach Art. 9 Abs. 4 LGVBC muß diese Mitteilung innerhalb von zwei Monaten nach Kenntniserlangung der Mangelhaftigkeit der Sache durch den Verbraucher erfolgen. Die Aufnahme dieser Regelung ist eine Neuheit im spanischen Gewährleistungssystem, das bisher bei Geschäften zwischen Verbrauchern oder Händlern mit Verbrauchern keine derartige Rügepflicht kannte. Vor diesem Hintergrund wurde im Rahmen der Richtlinienumsetzung in der Literatur vertreten, daß eine derartige Verpflichtungsregelung nicht in das spanische System passe. Denn der Verbraucher werde dadurch schlechter gestellt, als er nach dem bisherigen Recht stehe, das ihm eine sofortige Geltendmachung der Rechte erlaube.[863] Allerdings verkennt diese Kritik, daß die Verpflichtung, den Mangel an den Verkäufer mitzuteilen, dem Verbraucher bei der Frage des Eintritts der Mangelhaftigkeit innerhalb des Garantiezeitpunkts zugute kommt. Die dabei häufig schwierige Beweiserbringung wird dem Verbraucher durch eine fristgerechte Mitteilung des Mangels erheblich erleichtert.[864] Zudem bestehen insoweit auch sachgerechte und schützenswerte Interessen des Verkäufers, möglichst umgehend von der Mangelhaftigkeit der Sache Kenntnis zu erhalten, da nur dann das Geschäft für den Verkäufer kalkulierbar bleibt.[865] Bei der bisher geltenden deutlich kürzeren Verjährungsfrist stellte sich dieses Problem nicht in gleichem Maße, denn die Probleme der Beweisführung werden erst mit fortschreitendem Zeitablauf erheblich. Damit kommt die neue Regelung dem Verbraucher bei der Durchsetzung seiner Rechte im Ergebnis entgegen. Die Ausgestaltung der Norm macht deutlich, daß der Verbraucher, der nicht binnen der Zweimonatsfrist die Mangelmitteilung macht, seine Gewährleistungsrechte

---

[862] Costas Rodal, BIB 2004/ 253, S. 22; a.A. García Rubio, La Ley 2003 (5747), 1, 4, die feststellt, daß sich die Bestimmung der Frist auf drei Jahre von den vorangegangenen Umsetzungsvorschlägen unterscheidet, ohne daß dafür Gründe offensichtlich sind.

[863] Carrasco/ Cordero/ Martínez, EC 2000 (52), 125, 135; Orti Vallejo, S. 121.

[864] Corral García, RDPatr. 2000 (5), 521, 528; Vérgez, S. 109; García Rubio, La Ley 2003 (5747), 1, 4.

[865] Im Ergebnis Vilalta Menadas, RJCV 2003 (8), 5, 16; Costas Rodal, BIB 2004/ 253, S. 23.

nicht mehr geltend machen kann. Die Regelung greift folglich nicht das Bestehen der Ansprüche des Verbrauchers als solche an, sondern lediglich deren Durchsetzbarkeit. Der Verkäufer kann daher unter Berufung auf das Versäumnis der Mitteilung des Mangels die Forderung des Verbrauchers als verspätet zurückweisen. Die Vorschrift verhindert damit, daß Ansprüche des Verbrauchers treuwidrig hinausgezögert werden, wobei die Ausgestaltung im Ergebnis den Effekt einer Verwirkungsvorschrift hat.[866] Das Gesetz trifft keine Anordnung, in welcher Form die Mitteilung gegenüber dem Verkäufer zu erfolgen hat. Aus diesem Grund ist davon auszugehen, daß eine mündliche Mitteilung des Mangels gegenüber dem Verkäufer ausreichend ist.

Um den Verbraucher innerhalb dieser Verpflichtung nicht völlig schutzlos zu stellen, unterliegt die Regelung des Art. 9 Abs. 4 LGVBC Einschränkungen. Zunächst ergibt sich aus dem Grundsatz von Treu und Glauben, daß ein Verkäufer, der die Mangelhaftigkeit der Sache kennt, oder auf andere Weise als durch den Verbraucher von ihr erfährt, sich nicht gegenüber diesem auf das Versäumnis der Mitteilung berufen kann.[867] Darüber hinaus sieht Art. 9 Abs. 4 Satz 2 LGVBC eine gesetzliche Vermutung dahingehend vor, daß grundsätzlich von einer fristgerechten Mitteilung an den Verkäufer auszugehen ist. Dies bedeutet, daß der Verkäufer, der sich auf das Versäumnis des Verbrauchers berufen möchte, dies auch nachweisen muß. Der Verbraucher ist insoweit von einer Nachweispflicht befreit.

e) Auswirkungen des Art. 6 c) und d) LGVBC auf den Fristenlauf

Der Gesetzgeber hat mit Art. 6 c) und d) LGVBC zwei Vorschriften, die ebenfalls den Gewährleistungszeitraum betreffen, außerhalb von Art. 9 LGVBC geregelt. Diese Regelungen betreffen die Frage, welche Auswirkungen die Durchführung von Gewährleistungsrechten auf den Lauf der Gewährleistungsfrist haben. Naturgemäß wird diese Frage nur bei den Gewährleistungsrechten der ersten Stufe, der Nachbesserung und dem Austausch der mangelhaften Sache, relevant. Denn nur bei diesen beiden Gewährleistungsrechten kommt es unter Umständen zu nicht unerheblichen zeitlichen Verzögerungen, bis der Verbraucher eine von dem beanstandeten Mangel befreite Sache erhält. In diesem Zusammenhang wird daher die Frage nach den Auswirkungen der Durchführung dieser Rechte auf den Fristablauf und damit auf die Durchsetzbarkeit der Verbraucherrechte im Falle eines weiteren Mangels an der Sache von Bedeutung.

Die Vorschrift des Art. 6 c) LGVBC betrifft den Fall der Mangelbeseitigung an der Sache des Verbrauchers. Nach Art. 6 c) Satz 1 LGVBC bewirkt die Re-

---

[866] Plaza Penadés, RDPatr. 1999 (3), 515, 517; Marco Molina, RCDI 2002 (674), 2275, 2340, die für die Wirkungsweise der Vorschrift den Begriff des „retraso desleal" als passender hervorhebt.

[867] Marco Molina, RCDI 2002 (674), 2275, 2340; Vérgez, S. 110.

paratur einer mangelhaften Sache die Aussetzung der Fristen, die in Art. 9 LGVBC geregelt werden. Der Aussetzungszeitraum beginnt dabei nach Satz 2 der Regelung in dem Moment, in dem der Verbraucher dem Verkäufer die Sache zur Beseitigung des Mangels zur Verfügung stellt. Mit Rückerhalt der reparierten Sache durch den Verbraucher endet der Aussetzungszeitraum, die Restfrist der Gewährleistung läuft ab diesem Zeitpunkt weiter ab. Es handelt sich damit im Fall des Art. 6 c) Satz 1 LGVBC um den Fall einer Fristhemmung. Aufgrund dieser Regelung erleidet der Verbraucher nicht dadurch einen Nachteil, daß die Beseitigung eines Mangels eine längere Zeit dauert. Anderenfalls wäre der Verbraucher, an dessen Sache nacheinander Mängel auftreten, im Rahmen einer wiederholten Inanspruchnahme seiner Gewährleistungsrechte einem fortschreitenden Fristablauf ausgesetzt, ohne daß er tatsächlich in der Lage wäre, die Sache in dem eigentlich vorgesehenen Gewährleistungszeitraum zu nutzen. Die Möglichkeit, weitere Mängel an der Sache zu bemerken, würde dabei zusehends geringer werden und damit dem Verbraucher ansonsten bestehende Gewährleistungsansprüche nehmen. In Art. 6 c) Satz 3 LGVBC ist ferner vorgesehen, daß während der ersten sechs Monate nach Übergabe der reparierten Sache der Verkäufer wiederum für das erneute Auftreten solcher Mängel zu haften hat, die bereits zur vorangehenden Reparatur geführt haben. Diese Regelung begründet somit eine Garantie der Garantiereparatur zugunsten des Verbrauchers.[868] Dabei gilt die gesetzliche Vermutung, daß es sich um dieselbe Abweichung von der Vertragsvereinbarung handelt, wenn erneut an der Kaufsache Mängel solcher Art auftreten, die bereits zu Anfang festgestellt worden sind. Aufgrund dieser Regelung ist es dem Verbraucher möglich, im Falle einer schlechten Mängelbeseitigung oder bei einem erneuten Auftreten weiterhin seine Gewährleistungsrechte durchzusetzen. Ohne diese gesetzliche Vermutung würde ein Nachweis, daß der Mangel von Beginn an vorlag, für den Verbraucher sehr schwierig, wenn nicht ganz unmöglich. Zudem soll sich der Verkäufer, der die Sache bereits nachträglich in einen vertragsgemäßen Zustand versetzen mußte, nicht bei gleichgelagerten Mängeln, die in der Folgezeit an der Sache auftreten, seine Haftung dadurch ausschließen können, daß er vom Verbraucher verlangt, dieser habe den Nachweis des anfänglichen Vorliegens der Mängel darzulegen.

Eine entsprechende Regelung sieht Art. 6 d) Satz 1 LGVBC für den Fall vor, daß der Verbraucher sich für die Nachlieferung einer mangelfreien Sache entschieden hat. In diesem Fall werden die Fristen des Art. 9 LGVBC bis zum Erhalt der neuen Sache unterbrochen. Damit wird die Regelung beiden Vertragparteien gerecht, einerseits muß der Verbraucher keine Verkürzung der Gewährleistungszeit durch den Austausch der Sache hinnehmen, andererseits geht der Verkäufer trotz Lieferung einer neuen Sache nicht eine neue, d.h. volle zwei

---

[868] Costas Rodal, BIB 2004/ 253, S. 24.

Jahre laufende Gewährleistungszeit ein.[869] Seitens der Literatur wurde ein Neubeginn des Fristlaufs gefordert, was damit begründet wurde, daß es sich nach dem Austausch um eine vollkommen neue Sache handele.[870] Daher müßte dem Verbraucher auch wie bei dem Erhalt einer neuen Sache in anderen Fällen, die übliche Frist in vollem Umfang gewährt werden.[871] Eine derartige Regelung des Fristlaufs wäre allerdings nicht sachgerecht, denn ein Neubeginn der Frist würde den Verbraucher besserstellen, ohne daß dies gegenüber dem Verkäufer gerechtfertigt wäre. Dieser hat mit der Lieferung einer neuen Sache den Verkäufer in einen Zustand versetzt, der auch bestünde, wenn der Mangel nicht aufgetreten wäre. Dieser Zustand muß sich auch im Stadium des Fristablaufs widerspiegeln. Die Schutzbedürftigkeit des Verbrauchers hinsichtlich etwaiger Folgemängel wird durch die Aussetzung des Fristlaufs ausreichend berücksichtigt. Um den Schutz des Verbrauchers auch in diesem Fall zu sichern, sieht Satz 2 der Norm einen Verweis auf Art. 9 Abs. 1 Satz 3 LGVBC vor. Indem die Vorschrift diese Regelung in jedem Fall für anwendbar erklärt, gelten die in den ersten sechs Monaten nach Austausch an der Sache auftretenden Fehler als anfängliche Mängel, die Gewährleistungsansprüche des Verbrauchers auslösen. Wie bereits festgestellt, handelt es sich dabei ebenfalls um eine gesetzliche Vermutung, die den Verbraucher in bedeutender Weise von seiner Beweislast befreit. Im vorliegenden Zusammenhang kommt dem Verbraucher diese Ausnahmeregelung aus den gleichen Gründen, die auch für die Regelung in Art. 6 c) LGVBC ausschlaggebend waren, entgegen. Allerdings ist zu beachten, daß auch im Falle des Art. 6 d) LGVBC die Vermutungswirkung nicht eingreift, wenn sie mit der Natur der Sache oder dem Wesen des Mangels unvereinbar ist.

5. „Garantía comercial" nach Art. 11 LGVBC

Neben der Ausgestaltung der Verbraucherrechte durch die sogenannte „garantía legal", also der oben dargestellten gesetzlich zwingenden Anordnung von Verbraucherrechten im Falle einer fehlenden Übereinstimmung der Kaufsache mit den vertraglichen Vereinbarungen, hat der Gesetzgeber in Art. 11 LGVBC eine Regelung aufgenommen, die die sogenannte „garantía comercial" zum Gegenstand hat.[872] Dabei handelt es sich um eine Garantie im eigentlichen Wortsinn, d.h. eine Vereinbarung aufgrund eines freien Willensentschlusses, mit der

---

[869] Costas Rodal, BIB 2004/ 253, S. 24.

[870] Morgenroth, RIW 2003, 837, 841.

[871] Moreno-Torres Herrera, La Ley 2002 (5655), 1962, 1965; Carrasco/ Cordero/ Martínez, EC 2000 (52), 125, 135; der Text des Art. 6 d) Gesetzesentwurfs sah ursprünglich den Neubeginn der Fristen in diesen Fällen ausdrücklich vor: „la sustitución interrumpe los plazos a que se refiere el artículo 9, abriéndose unos nuevos desde la entrega del segundo bien.", BOCG, Congreso, núm 117-1, 31 de octubre 2002.

[872] Diese Art der Garantie wird auch als „garantía convencional" bezeichnet.

dem Käufer einer Sache Rechte für den Fall zugesprochen werden, daß die Sache nicht die vereinbarten Eigenschaften aufweist.[873] Die Regelung des Art. 11 LGVBC ist damit eine Ausgestaltung auf Grundlage der allgemeinen Garantiedefinition in Art. 1 Abs. 2 e) der Verbrauchsgüterkaufrichtlinie, wonach eine Garantie jede vom Verkäufer oder Hersteller gegenüber dem Verbraucher ohne Aufpreis eingegangene Verpflichtung, den Kaufpreis zu erstatten, das Verbrauchsgut zu ersetzen oder nachzubessern oder in sonstiger Weise Abhilfe zu schaffen, wenn das Verbrauchsgut nicht den in der Garantieerklärung oder in der einschlägigen Werbung genannten Eigenschaften entspricht.

a) Charakterisierung der garantía comercial durch Art. 11 Abs. 1 LGVBC

Die Vorschrift des Art. 11 Abs. 1 LGVBC stellt klar, daß mit einer garantía comercial derjenige, der als Garant auftritt, zusätzlich zu den gesetzlichen Regelungen hinsichtlich der Bestimmungen, die in dem Garantiedokument oder in der Werbung enthalten sind, zur Haftung verpflichtet wird. Damit wird auch die garantía comercial nicht im Einzelnen definiert, die Norm beschränkt sich darauf, die entscheidenden Kriterien anzuführen.

Im Gegensatz zu den Gewährleistungsrechten im Rahmen der garantía legal ist der Kreis der möglichen Garanten nach Absatz 1 der Vorschrift nicht auf den Verkäufer der Sache begrenzt. Garant einer garantía comercial kann neben dem Verkäufer auch jeder Dritte sein, der eine entsprechende Vereinbarung mit dem Käufer trifft. In der Regel wird diese Art der Garantie durch den Hersteller oder seinen Handelsvertreter gewährt.[874] Für diesen Personenkreis ist das Gewähren einer solchen Garantie von besonderem Interesse, denn neben dem Preis und der allgemeinen Qualität der Sache stellt die Garantie aus Sicht des Verbrauchers ein wichtiges Kaufargument dar.[875] Mit einer entsprechenden Garantie kann der Garant den Verbraucher von der besonderen Qualität der Sache selbst und des dazu gebotenen Services überzeugen und dauerhaft an das Produkt binden. Die Vorschrift stellt darüber hinaus klar, daß die Gewährung einer derartigen Garantie immer nur zusätzlich erfolgen kann. Dies bedeutet, daß der Verbraucher durch das Eingehen einer Garantievereinbarung in keinem Fall einen Nachteil erleiden kann. Der konkrete Inhalt der Garantie bestimmt sich dabei ausschließlich nach der zwischen den Vertragsparteien getroffenen Vereinbarung, da diese Garantie auf Grundlage des Grundsatzes der Vertragsfreiheit zustande kommt. Dazu stellt Art. 11 Abs. 1 LGVBC jedoch klar, daß in den Umfang dieser Vereinbarung auch solche Aussagen aufzunehmen sind, die in der Werbung bezüg-

---

[873] Vérgez, S. 124; Méndez/ Vilalta, S. 27; Jordá Capitán, CDC 2000 (31), 127, 142; Marco Molina, RCDI 2002 (674), 2275, 2296; de León Arce/ Avilés García, S. 659.

[874] Gómez, Indret, S. 23; Lete Achirica, AC 1999 (42), 1365, 1382; Vérgez, S. 134.

[875] Jordá Capitán, CDC 2000 (31), 127, 156; de Verda y Beamonte, NUE 2002 (211-212), 135, 147.

lich der Sache gemacht wurden. Dies ist erforderlich, da der Verbraucher in der Regel Kenntnis von der Werbung haben wird und die Angaben daher Einfluß auf seine Kaufentscheidung gehabt haben.[876] Die dabei geweckten Erwartungen dürfen bei der Gewährung einer Garantie deshalb nicht unberücksichtigt bleiben.

b) Formelle Voraussetzungen der Garantie nach Art. 11 Abs. 2 LGVBC

Der Gesetzgeber hat an die Wirksamkeit einer Garantie nach Art. 11 LGVBC besondere formelle Voraussetzungen geknüpft, die zum Schutze des Verbrauchers bei der Gewährung erfüllt sein müssen.

Nach Art. 11 Abs. 2 LGVBC muß der Garantiegeber dem Verbraucher auf dessen Ersuchen die Garantie schriftlich oder in einer anderen dauerhaften Form gewähren. Damit wird der Verbraucher davor geschützt, daß er im Falle einer Inanspruchnahme der Garantie nicht mehr deren einzelne Bedingungen nachweisen kann.[877] Dabei sind neben der in herkömmlicher Weise schriftlich abgefaßten Garantie auch die neuen Medien in den Regelungsumfang miteinbezogen. In Betracht kommen folglich auch Garantiebedingungen, die dem Verbraucher per E-Mail zugesandt werden. Im Gegensatz zur Richtlinie wird von der spanischen Umsetzung in Art. 11 LGVBC auch eine Speicherung auf Diskette oder CD-Rom erfaßt.[878] Während die Richtlinie diese Vorgehensweise ausschließt, da die Bedingungen dem Verbraucher nur mittels technischer Geräte zugänglich sind, läßt die Norm ausdrücklich auch „jedes andere, dem Verbraucher dauerhaft und unmittelbar zur Verfügung stehende Medium, das ihm zugänglich ist und der gebräuchlichen Kommunikationstechnik entspricht“ zu.[879] Damit ist nach spanischem Recht lediglich erforderlich, daß der Verbraucher nicht selbst die Beschaffung der Garantiebedingungen besorgen muß, indem er etwa selbst die relevanten Daten für sich aus dem Internet herunterzuladen hat. Datenträger, die ihm dauerhaft zur Verfügung stehen und mittels der üblichen Kommunikationstechnik jederzeit eingesehen werden können, entsprechen somit dieser Regelungsanforderung. Von ebenfalls besonderer Bedeutung ist die Tatsache, daß der Verbraucher vom Verkäufer verlangen kann, daß die Garantiebedingen zumindest auch auf Castellano abgefaßt sind. Auch diese Regelung dient erkennbar dazu, sicherzustellen, daß der Verbraucher in angemessener Weise über seine Rechte aus der Garantie informiert wird. Dabei ist auffällig, daß der Gesetzgeber diese Verpflichtung auf Castellano begrenzt hat.

---

[876] García Rubio, La Ley 2003 (5747), 1, 4; Vérgez, S. 132; Rubio Torrano, AC 1999 III, S. 2177, 2179.

[877] So auch Costas Rodal, BIB 2004/ 253, S. 26.

[878] Lete Achirica, AC 1999 (42), 1365, 1383; Costas Rodal, BIB 2004/ 253, S. 26.

[879] „... cualquier otro soporte duradero y directamente disponible para el consumidor, que sea disponible a éste y acorde con la técnica de comunicación empleada“.

Zwar handelt es sich insoweit um die Sprache Spaniens, die als offizielle Sprache der EU anerkannt ist und zudem die allgemeine Verständlichkeit grundsätzlich sicher stellt, doch läßt diese Regelung die bestehende Sprachenvielfalt in den einzelnen Provinzen und eine entsprechende Orientierung in anderen gesetzlichen Kontexten außer Acht.[880] Die Beschränkung auf nur eine Sprache hat seine Gründe in der Wirtschaftlichkeit und praktischen Umsetzbarkeit im täglichen Handel. Die Garantie bezieht sich in erster Linie auf Güter der Massenproduktion, die häufig international hergestellt und vertrieben werden. Dabei ist eine Vorab-Bestimmung, welches Gut in welcher Provinz Spaniens vertrieben wird, nicht möglich, eine umfassende Garantie in allen in Betracht kommenden Sprachen hingegen zu aufwendig und zu teuer. Eine weitergehende Verpflichtung durch den Gesetzgeber war aus diesen Gründen nicht geboten, denn wie aus Art. 11 Abs. 2 LGVBC hervorgeht, regelt die Norm nur die Minimalverpflichtungen des Garanten.

c) Notwendiger Garantieinhalt nach Art. 11 Abs. 3 LGVBC

Von den Kriterien des Absatzes 2 der Vorschrift, die abhängig vom Verhalten des Verbrauchers die Voraussetzung für eine verständliche und nachweisbare Garantiegewährung darstellen, sind die zwingend notwendigen Inhaltsvorschriften des Absatzes 3 der Norm zu unterscheiden. Art. 11 Abs. 3 LGVBC betrifft den Inhalt der Garantie und nennt diejenigen Angaben, die notwendiger Weise in der Garantieurkunde enthalten sein müssen. Ziel dieser Regelung ist es, die Garantie zugunsten des Verbrauchers transparent zu gestalten. Auch bei dieser Ausgestaltung handelt es sich nur um eine Mindestaufzählung, die zugunsten des Verbrauchers durch den Garanten erweitert werden kann. Bei der Ausgestaltung der Norm fällt auf, daß die wesentlichen Punkte des notwendigen Garantieinhalts denen aus der Garantie des Art. 11 LGDCU und der des Art. 12 LOCM gleichen.[881] Wie bereits dargestellt, ist auch in diesen Regelwerken zum Schutze des Verbrauchers ein verpflichtendes Mindestmaß an inhaltlicher Ausgestaltung der Garantieurkunde vorgesehen. Die Regelung für die garantía comercial geht jedoch in einigen Punkten darüber hinaus und verstärkt damit den Schutz des Verbrauchers.

aa) Bezeichnung des Garantieobjekts nach Art. 11 Abs. 3 a) LGVBC

Aus den Garantieunterlagen muß zweifelsfrei hervorgehen, auf welches Objekt sich die Garantie bezieht. Dabei ist zu beachten, daß die einfache Bezeichnung der Kaufsache dazu in der Regel nicht ausreichen wird. Denn aufgrund der heute vorherrschenden Massenfertigung ist danach eine Zuordnung der einzelnen Güter zu einer Garantie nicht immer möglich. Wie auch bei der Garantie nach

---

[880] Lete Achirica, AC 1999 (42), 1365, 1383; Costas Rodal, BIB 2004/ 253, S. 27.

[881] Vérgez, S. 137; Bercovitz, AC 2003 (14), 11, 13.

Art. 11 LGDCU ist daher die individuelle Kennzeichnung der Sache oder die Nennung der Seriennummer der Kaufsache in der Garantieurkunde erforderlich, um eine hinreichende Bezugnahme auf das Garantieobjekt bejahen zu können. Dies gilt insbesondere in den Fällen, in denen der Produzent der Sache der Garant ist. Denn mangels des persönlichen Kontakts zum Verbraucher im Rahmen des Kaufs hat dieser im Gegensatz zu den Fällen, in denen der Verkäufer die Garantie gibt, auch keine sonstigen Anhaltspunkte, die Sache als das Garantieobjekt zu individualisieren.

bb) Nennung des Garanten, Art. 11 Abs. 3 b) LGVBC

Die Garantieurkunde muß den Garanten benennen. Dazu sieht die Norm die Nennung des Namens und der Adresse vor. Mit diesen Daten ist es dem Verbraucher zumindest möglich, den Garantiegeber zu ermitteln und gegenüber diesem seine Rechte geltend zu machen. Dadurch ist der Verbraucher nicht darauf angewiesen, zunächst zeitaufwendig nach der richtigen Anlaufstelle zur Geltendmachung seiner Rechte zu suchen, was ihn neben den damit verbundenen Umständen auch hinsichtlich der ablaufenden Garantiefrist ungebührlich belasten würde. Die Nennung der Adresse ist insbesondere in den Fällen von Bedeutung, in denen die Garantie durch den Hersteller gewährt wird. Zur Durchsetzung seiner Garantierechte muß der Verbraucher in diesen Fällen die defekte Sache einschicken, da sich der Hersteller in der Regel nicht vor Ort befinden wird. Um den Verbraucher auch dabei vor einer ungebührlichen Belastung und dem unnötigen Verstreichen der Garantiezeit zu schützen, ist die Angabe der Adresse des Garanten erforderlich. Nicht ausreichend ist demnach die Angabe einer Telefonnummer, durch die der Verbraucher die notwendigen Informationen erfragen kann.[882] Denn neben den mit derartigen Hotlines verbundenen Gebührenbelastungen ermöglichen diese Nummern dem Verbraucher keine unmittelbare und wirksame Durchsetzung seiner Garantieansprüche. Ein derartiger Schutz war bisher im spanischen Recht nicht vorgesehen.

cc) Garantie als zusätzlicher Rechtsschutz, Art. 11 Abs. 3 c) LGVBC

Die Regelung schreibt darüber hinaus vor, daß aus der Garantieurkunde hervorgehen muß, daß die Garantierechte keinerlei Einfluß auf die sonstigen Verbraucherschutzrechte des LGVBC haben. Diese Vorschrift ist aus Verbraucherschutzgesichtspunkten besonders wichtig, denn in der Praxis wird aufgrund bestehender Unklarheiten durch die Verbraucher häufig die allgemeine vertragliche Gewährleistung mit den Rechten aus einer Garantie verwechselt bzw. gleichgesetzt.[883] Dadurch werden bestehende Rechte von den Verbrauchern nicht geltend gemacht und die Garantie bewirkt statt einer Ausweitung der

---

[882] Carrasco/ Cordero/ Martínez, EC 2000 (52), 125, 137; Vérgez, S. 141.

[883] Sanz Valentín, AC 1999 (35), 1073, 1088; Vilata Menadas, RJCV 2003 (8), 5, 17.

Rechte faktisch eine Schlechterstellung des Verbrauchers. Um den Charakter eines zusätzlichen Schutzes hervorzuheben, muß das Zusammenspiel von Garantie und gesetzlichen Gewährleistungsrechten Inhalt der Garantieurkunde werden. Dies kann entweder durch eine umfassende Aufzählung aller aus dem Geschäft bestehender Ansprüche, also der gesetzlichen und der Garantieansprüche, erfolgen oder eine Klarstellung und Abgrenzung auf andere Weise.[884]

dd) Pflichtinhalt der Garantie nach Art. 11 Abs. 3 d) LGVBC

Die Garantieurkunde muß sämtliche Rechte des Verbrauchers aufzählen, die diesem als Garantienehmer daraus zustehen. Der Gesetzgeber hat keine weitere Ausgestaltung dieser Verpflichtung vorgenommen, insbesondere gibt es keine Begrenzung hinsichtlich verschiedener Rechtsmittelmöglichkeiten. Eine derartige Vorschrift durch den Gesetzgeber ist nicht notwendig, da die sich aus der Garantie ergebenden Regelungen immer nur das Rechtsmittelspektrum des Verbrauchers erweitern. Dies kann auf verschiedene Weise geschehen, entweder durch eine zeitliche Ausdehnung des Gewährleistungszeitraums, einer Erweiterung der möglichen Rechtsmittel oder einer Erleichterung der Geltendmachung bestehender Ansprüche.[885] Aufgrund der Klarstellung in der Regelung des Absatzes 3 c), daß die Rechte der Garantie nicht die allgemeinen Vorschriften des Verbraucherschutzgesetzes begrenzen oder verringern können, ist der Verbraucher ausreichend gegen eine ihn benachteiligende Garantie geschützt. Der konkrete Inhalt der Vereinbarung kann damit vollkommen den Parteien überlassen werden, da belastende Vereinbarungen keine Wirkung entfalten. Dieser Schutz besteht auch dann, wenn der Verbraucher eine Garantie, die sowohl negative wie vorteilhafte Vereinbarungen enthält, absichtlich eingeht, um später die ihm günstigen Bestimmungen unter Berufung auf die Unwirksamkeit der nachteiligen Vereinbarungen geltend zu machen.[886]

ee) Garantiefrist und Geltungsbereich, Art. 11 Abs. 3 e) LGVBC

Aus der Garantie müssen sich ferner die Garantiefrist und der räumliche Geltungsbereich der Garantie ergeben. Auch in diesen Punkten geht die Regelung nicht weiter ins Detail, es werden keine Mindestgrenzen durch das Gesetz vorgeschrieben. Insoweit soll sich eine verbraucherfreundliche Regelung auf dem Warenmarkt herausbilden. Denn sofern die Hersteller mit der Gewährung einer Garantie Kunden gewinnen wollen, erreichen sie dieses Ziel nur mit einer möglichst langen und weitverbreiteten Geltung der Garantie für ihre Produkte. Insofern konnte der Gesetzgeber auf die Festsetzung einer Mindestfrist verzichten, die als Orientierungsmaßstab eine freie, verbraucherfreundliche Entwicklung

---

884 Carrasco/ Cordero/ Martínez, EC 2000 (52), 125, 137.

885 Sanz Valentín, AC 1999 (35), 1073, 1088; Gómez, Indret, S. 23.

886 Gómez, Indret, S. 23.

der Frist verhindert hätte. Da für den Verbraucher jedenfalls immer die Frist der gesetzlichen Gewährleistung gilt, bedurfte es auch aus diesem Grund keiner Festsetzung einer Mindestfrist. In der Praxis hat sich in Spanien üblicherweise eine Fristdauer zwischen einem und bis zu drei Jahren herausgebildet, wobei letztere Fristdauer überwiegend eingegangen wird. Abhängig von der Art und Beschaffenheit der Sache werden auch deutlich längere Garantiefristen gewährt.[887] Der Fristbeginn ist dabei in der Regel der Zeitpunkt des Kaufs, sofern allerdings eine Installation der Sache zum Vertragsinhalt gehört, kommt als Beginn des Fristlaufs auch der Zeitpunkt der Fertigstellung der Installation in Betracht.

Die Darstellung des räumlichen Geltungsbereichs der Garantie kann ebenfalls durch den Garanten individuell gestaltet werden, ohne daß das Gesetz dazu eine bestimmte Regelung vorschreibt. Dies gilt sowohl für den Regelungsbereich selbst als auch für die Darstellung desselben. Auch in diesem Punkt wird aber eine Kaufanreizwirkung der Garantie nur mit einem verbraucherfreundlichen, d.h. möglichst flächendeckenden Geltungsbereich zu erreichen sein. Je nach Art der Sache betrifft dies nicht nur eine landesweite Geltung der Garantie, sondern eine grenzübergreifende Ausweitung auf den Raum der Europäischen Union. Die konkrete Festlegung des Geltungsbereichs in der Garantie kann dabei etwa über eine detaillierte Auflistung aller erfaßten Gebiete, bzw. Länder erfolgen. Eine andere Möglichkeit ist eine Ausrichtung des Geltungsbereichs an dem offiziellen Vertriebsnetz des Herstellers der Sache und dem Hinweis, daß überall im Rahmen dieses Vertriebsgebietes die Garantie Wirkung entfalten soll.[888]

ff) Reklamationswege des Verbrauchers, Art. 11 Abs. 3 f) LGVBC

Der spanische Gesetzgeber hat zudem vorgesehen, daß die Angabe der Reklamationsmöglichkeiten, die dem Verbraucher bei der Geltendmachung seiner Ansprüche offenstehen, ebenfalls Pflichtinhalt der Garantieurkunde ist. Der Verbraucher soll auch diesbezüglich Klarheit haben, welche Möglichkeiten für ihn bestehen und wie er diese umsetzen kann. Die Vorschrift rundet den Verbraucherschutz insofern ab, als durch diese Regelung auch für den Fall, daß die Garantieleistung fehlschlägt, der Verbraucher vor Belastungen durch aufwendige Reklamationsmaßnahmen geschützt wird. Diese Regelung kommt vor allem dann dem Verbraucher zugute, wenn die Garantieleistungen nicht durch den Hersteller der Sache, sondern durch einen Vertragshändler aus dem offiziellen Vertriebsnetz erbracht werden. Denn dann unterscheidet sich der Adressat der Reklamation, der Hersteller, vom Ausführenden der Garantieleistung. In diesen Fällen ist dem Verbraucher bis dahin die Adresse des Herstellers unbe-

---

[887] Jordá Capitán, CDC 2000 (31), 127, 155, die bezüglich dieser Angaben auf eine Untersuchung der Marktgewohnheiten verweist.

[888] Jordá Capitán, CDC 2000 (31), 127, 156.

kannt, so daß eine Reklamation zunächst Nachforschungen des Käufers erfordern würde. Aus den gleichen Motiven, die eine umfassende Bezeichnung des Garanten nach Absatz 3 b) erforderlich machen, kommt die Darlegung der Reklamationsmaßnahmen dem Verbraucher zugute. Diese Regelung ist zudem sachgerecht, denn bei Fehlschlag einer Garantieleistung gehört die Durchführung einer Reklamation noch unmittelbar zu den Garantieleistungen aus dem zugrundeliegenden Geschäft.

d) Besondere Formvorschrift nach Art. 11 Abs. 5 LGVBC

Das Gesetz sieht in Ergänzung zu den oben genannten Verpflichtungen des Garantiegebers in Absatz 5 der Regelung noch eine zwingende Sondervorschrift für langlebige Güter vor. Danach müssen, sofern es sich um langlebige Güter handelt, die Garantie und auch die Gewährleistungsrechte des LGVBC für den Fall einer fehlenden Übereinstimmung mit den Vertragsvereinbarungen immer schriftlich oder auf sonstigem dauerhaften Medium festgehalten werden. Gerade bei diesen Gütern kann es naturgemäß erst spät zum Eintritt eines Garantiefalles kommen. Dabei besteht das Problem, daß das Risiko eines Mangels, je länger eine Sache in Gebrauch ist, einerseits immer größer wird, andererseits jedoch für den Verbraucher der Nachweis eines für diesen Mangel bestehenden Garantieanspruchs immer schwieriger wird. Insofern dient die Regelung dem Schutz des Verbrauchers, der in diesen Fällen nicht aufgrund von Beweisschwierigkeiten um seinen Garantieanspruch gebracht werden soll.[889] Zudem wird damit einem Mißbrauch durch Garantiegeber vorgebeugt, die zunächst als Werbemaßnahme für ihr Produkt besonders günstige Garantien zusagen und später im Garantiefall einen Anspruch gänzlich oder in bestimmtem Umfang abstreiten. Die Norm stellt somit in ihren Auswirkungen eine Beweiserleichterung zugunsten des Verbrauchers dar.

Inhaltlich fällt an der Regelung des Art. 11 Abs. 5 LGVBC auf, daß im Falle langlebiger Güter die besonderen Schrifterfordernisse nicht auf die Garantiebedingungen begrenzt sind, sondern ausdrücklich auch die allgemeinen Gewährleistungsrechte aus dem LGVBC mit einbezieht. Dies wirft die Frage auf, ob es sich tatsächlich nur um eine Sonderregelung im Rahmen der garantía comercial handelt, oder ob dadurch nicht vielmehr eine generelle Sondernorm für langlebige Güter geschaffen wurde. Für eine Begrenzung des Anwendungsbereichs der Regelung auf Fälle einer Garantiegewährung spricht die Ausgestaltung der Regelung als Teil der Garantievorschrift des Art. 11 LGVBC. Eine derartige Begrenzung würde aber in der Praxis dazu führen, daß ein Verbraucher, dem eine Garantie gewährt wurde, eine schriftliche Aufklärung auch über seine allgemeinen Gewährleistungsrechte erhalten würde, da er insoweit als besonders schutzbedürftig angesehen würde. Einem Verbraucher, der zwar ebenfalls eine

---

[889] Vérgez, S. 143; Costas Rodal, BIB 2004/ 253, S. 26.

langlebige Sache kaufen würde, dem jedoch keine Garantie gewährt werden würde, müßte demgegenüber keine schriftliche Ausfertigung seiner gesetzlichen Gewährleistungsrechte übergegeben werden. Die unterschiedliche Behandlung dieser Fälle läßt sich nicht überzeugend begründen. Denn einerseits werden die Verbraucher hinsichtlich der gesetzlichen Gewährleistungsrechte in allen sonstigen Punkten gleich behandelt, zum anderen sind sie diesbezüglich auch in identischer Weise schutzbedürftig. Die Schutzgesichtspunkte, die zu dem besonderen Schriftlichkeitserfordernis führen, sind nicht in der Gewährung einer Garantie, sondern in der Langlebigkeit der betreffenden Güter begründet, die Beweislastschwierigkeiten mit sich bringen kann. Aus diesen Gründen ist eine weite Auslegung der Vorschrift des Art. 11 Abs. 5 LGVBC vorzunehmen, die eine generelle Anwendung der Sonderregelung auf alle Geschäfte mit langlebigen Gütern ermöglicht. Somit ist dem Verbraucher beim Kauf langlebiger Güter immer eine schriftliche Ausfertigung seiner gesetzlichen Gewährleistungsrechte auszuhändigen.

Zu bemerken ist, daß der Gesetzgeber bei der Umsetzung der zugrundeliegenden Richtlinie keinerlei Regelung getroffen hat, welche Folgen sich im Falle eines Verstoßes gegen die Form- und Inhaltsvorschriften ergeben.[890] Dies gilt sowohl für die Vorschriften des Art. 11 Abs. 2 und 3 LGVBC als auch für die Ausnahmevorschrift des Art. 11 Abs. 5 LGVBC. Aus dem Sinn der Regelung, die Verbraucherrechte durch die Gewährung einer Garantie zu stärken, läßt sich jedoch der Schluß ziehen, daß eine vollständige Unwirksamkeit der Garantie nicht in Betracht kommen kann.[891] Diese Rechtsfolge würde ausschließlich zu Lasten des Verbrauchers gehen und dem Regelungskonzept des LGVBC vollkommen widersprechen. Die zugrundeliegende Richtlinie sieht für den Fall, daß die Formvorschriften nicht eingehalten werden, ausdrücklich vor, daß der Verbraucher dennoch die ihm gewährten Garantieansprüche geltend machen kann. Gegen eine unmittelbare Anwendung dieser Regelung spricht jedoch, daß der spanische Gesetzgeber bei der Richtlinienumsetzung auf eine Übernahme der Vorschrift verzichtet hat. Eine Ansicht der Literatur fordert in diesen Fällen eine umfassende Haftung des Garanten, der danach unabhängig von einer etwaigen Schuld dem Verbraucher zu Garantieleistungen jeglicher Art verpflichtet sein soll.[892] Eine derartige Ausdehnung der Haftungsfolgen geht aber wohl zu weit, da sich danach auch Rechtsfolgen ergeben können, die von keiner Vertragspartei beabsichtigt waren, so daß die Regelung unverhältnismäßig zu Lasten des Garanten gehen würde. Vor diesem Hintergrund wird dem Regelungszweck der Vorschrift am besten gedient, wenn im Wege der geltungserhalten-

[890] Méndez/ Vilalta, S. 29; Vilata Menadas, RJCV 2003 (8), 5, 18.

[891] García Rubio, La Ley 2003 (5747), 1, 5; Méndez/ Vilalta, S. 29.

[892] García Rubio, La Ley 2003 (5747), 1, 5.

den Reduktion der beabsichtigte Garantieinhalt ermittelt und zugunsten des Verbrauchers umgesetzt wird.[893] Dazu können auch die im übrigen Geschäftsverkehr durch den Garanten gewährten Bedingungen herangezogen werden.

e) Durchsetzbarkeit des Garantieanspruchs nach Art. 11 Abs. 4 LGVBC

Zusätzlich zur Garantiefrist hat der Gesetzgeber eine Frist in die Regelung aufgenommen, wie lange Ansprüche aus der Garantie durch den Verbraucher durchgesetzt werden können. Nach Art. 11 Abs. 4 LGVBC beträgt diese Frist sechs Monate ab dem Ende des Garantiezeitraums. Eine derartige zusätzliche Verjährungsfrist für Garantieansprüche des Verbrauchers ist in der Richtlinie nicht vorgesehen. Mit dieser Regelung hat der spanische Gesetzgeber eine Parallelvorschrift zu der garantía legal geschaffen, die nach Art. 9 Abs. 3 LGVBC ebenfalls eine solche Frist vorsieht.[894] Auch die Gründe für die Schaffung einer derartigen Durchsetzungsfrist für die Garantierechte sind insoweit identisch. Die Regelung verhindert, daß mit Ablauf des Garantiezeitraums auch gleichzeitig die Durchsetzbarkeit der sich ergebenden Ansprüche endet. Denn dies würde zu einer Außerkraftsetzung der Garantiewirkung zum Ende der Garantiezeit führen. Die von dem Verkäufer als zusätzlichen Schutz gewährten Garantierechte liefen andernfalls leer, da der Verbraucher keine Ansprüche daraus durchsetzen könnte.[895] Diese Regelung wird in der Literatur kritisiert, da sie eine weitere zeitliche Ausdehnung der Garantiewirkung bewirke und zu einer unangemessenen Phase der Unsicherheit des Garanten bezüglich eventueller Ansprüche aus der Garantie führen würde.[896] Die Kritik überzeugt jedoch nicht in Anbetracht der sich andernfalls ergebenden Folgen zu Lasten der Verbraucher. Die Norm dient auch nicht der zeitlichen Ausdehnung der Garantie, sondern lediglich der Sicherstellung ihrer Wirksamkeit bis zum Ende ihres Fristzeitraums. Eine Belastung des Verkäufers mit zusätzlichen Ansprüchen ist durch diese Frist nicht möglich, da sie ausschließlich die Durchsetzung von Ansprüchen aus dem Garantiezeitraum betrifft. Die zeitliche Ausdehnung von sechs Monaten ist im Übrigen nicht übermäßig lange, sondern ermöglicht es dem Verkäufer, eventuell aus Garantien entstehende Ansprüche gegen ihn zu kalkulieren ohne ihn damit übermäßig zu benachteiligen.

6. Haftungsdurchgriff gegen Hersteller, Art. 10 LGVBC

Die Vorschrift des Art. 10 LGVBC regelt die Möglichkeit des Verbrauchers, direkt den Hersteller der Sache aufgrund eines Mangels in Gewährleistungshaf-

[893] In diesem Sinne auch Vérgez, S. 144; Vilata Menadas RJCV 2003 (8), 5, 18.

[894] Méndez/ Vilalta, S. 29, 45.

[895] Vérgez, S. 145; Costas Rodal, BIB 2004/ 253, S. 27

[896] García Rubio, La Ley 2003 (5747), 1, 5.

tung zu nehmen.[897] Mit dieser Durchgriffsregelung hat der spanische Gesetzgeber eine Vorschrift in das Gesetz aufgenommen, die in gleicher Form nicht in der Richtlinie enthalten ist.[898] Allerdings sieht die Richtlinie die Möglichkeit einer freiwilligen Umsetzung einer Haftungserweiterung auch gegen den Hersteller vor, von der der spanische Gesetzgeber in vorliegender Weise Gebrauch gemacht hat.

a) Voraussetzung des Haftungsdurchgriffs, Art. 10 Satz 1 LGVBC

Die Norm schreibt in Art. 10 Satz 1 LGVBC vor, daß der Verbraucher unmittelbar vom Hersteller eine Ersatzlieferung oder die Nachbesserung der Sache verlangen kann, wenn es ihm entweder unmöglich ist oder aber eine außerordentliche Belastung darstellen würde, sich aufgrund der fehlenden Übereinstimmung mit der Vertragsvereinbarung an den Verkäufer zu wenden. Die Regelung der außervertraglichen Haftung des Herstellers wird damit in den Fällen für den Verbraucher interessant, in dem ihm ein Vorgehen gegen den Hersteller leichter fällt als gegen seinen unmittelbaren Vertragspartner, den Verkäufer. Diese Voraussetzung macht den Ausnahmecharakter der Norm besonders deutlich, denn ansonsten ist das gesamte Regelungswerk des LGVBC darauf ausgerichtet, daß eine Gewährleistungsabwicklung im Vertragsverhältnis für den Verbraucher am günstigsten ist.[899] Aus diesem Grund wird der Verkäufer durch das Gesetz gegenüber dem Verbraucher grundsätzlich uneingeschränkt zur Haftung für Mängel an der Sache verpflichtet. Die Ausnahmeregelung dient dazu, in komplizierten Fällen unter besonderer Berücksichtigung des Schutzinteresses des Verbrauchers die rechtlichen Beziehungen bezüglich der Gewährleistungshaftung zu vereinfachen.[900]

Hinsichtlich der Ausnahmeregelung macht das Gesetz jedoch keine weiteren Ausführungen, wann die beiden Alternativen, die zum Haftungsdurchgriff berechtigen, erfüllt sind. Die Durchsetzung seiner Gewährleistungsansprüche gegen den Verkäufer ist dem Verbraucher zumindest dann gemäß Alt. 1 der Norm unmöglich, wenn es den Verkäufer gar nicht mehr gibt.[901] Mit dem Verschwinden des Verkäufers vom Markt würde der Verbraucher ansonsten um jegliche Möglichkeit gebracht, die durch das Gesetz zu seinem Schutz gewährten Rechte tatsächlich geltend machen zu können. Damit würde man ihm das Risiko für die Marktentwicklung auferlegen, obschon er auf die dafür relevanten Umstände keinerlei Einfluß nehmen könnte. Ebenso liegt ein Fall der Unmöglichkeit im

---

[897] Sog. „acción directa", Costas Rodal, BIB 2004/ 253, S. 16; Méndez/ Vilalta, S. 15.

[898] Vérgez, S. 113, 114; Rubio Torrano, AC 2003 II, 1883, 1885.

[899] García Rubio, La Ley 2003 (5747), 1, 4.

[900] Méndez/ Vilalta, S. 15; Mansel, AcP 2004, 396, 439.

[901] Himmelskamp/ Jürgens, INF 2003 (1), 20, 23; García Rubio, La Ley 2003 (5747), 1, 4.

Sinne der Regelung vor, wenn der Verkäufer zwar noch am Markt existent ist, sich aber in der Insolvenz befindet. Zwar stellt sich in diesen Fällen die Frage, ob die Insolvenz des Verkäufers zu Lasten des Herstellers einer Sache gehen kann. Dies wird jedoch zu bejahen sein, denn als Auslöser maßgeblich für den Durchgriffsanspruch des Verbrauchers ist auch in dieser Konstellation der Mangel der Sache. Diesen wird häufig der Hersteller zu vertreten haben, so daß eine Haftungsbeziehung zum Verbraucher durchaus zu begründen ist. Zudem würde ansonsten in diesen Fällen wiederum der Verbraucher durch einen Umstand, auf den er keinerlei Einfluß hat, mit einem Mangel belastet, für den er keine Gewährleistungsrechte durchsetzen kann. Eine derartige Doppelbelastung des Verbrauchers mit einem Mangel und einem nicht durchsetzbaren Anspruch will die Regelung des Art. 10 Abs.1 Alt. 1 LGVBC gerade verhindern. Schwieriger ist die Abgrenzung der Alt. 2 der Norm, wann eine Geltendmachung des Anspruchs gegen den Verkäufer für den Verbraucher eine außerordentliche Belastung darstellt. Grundsätzlich wird diese Voraussetzung zu bejahen sein, wenn der Verkäufer für den Verbraucher schwieriger zu erreichen ist, als der Hersteller. Dies ist bei Geschäften vorstellbar, die der Verbraucher aus der Distanz abwickelt, d.h. mit einem Verkäufer, der nicht unmittelbar für ihn erreichbar ist.[902] Ebenso vorstellbar ist eine derartige Situation, wenn der Verbraucher etwa auf einer Reise eine Sache erworben hat, die bei ihm zuhause produziert wird. In derartigen Fällen ist es für den Verbraucher einfacher, seine Rechte unter Auslassung des Verkäufers direkt gegenüber dem Produzenten geltend zu machen. Unter welchen Bedingungen jedoch die gesetzliche Grenze der außerordentlichen Belastung erreicht ist, muß im Einzelfall entschieden werden. Die Rechtsprechung wird dazu Erheblichkeitskriterien entwickeln müssen, die eine Überprüfbarkeit ermöglichen. In Betracht kommen dafür die erforderlichen Maßnahmen für eine Abwicklung der Gewährleistung innerhalb des Vertragsverhältnisses, sowie die Erleichterungen, die sich demgegenüber bei einer Haftung des Produzenten ergeben. Als Gewichtungsmaßstab werden der Wert der Sache, also der Kaufpreis und ein eventuelles ideelles Interesse des Verbrauchers an der Sache heranzuziehen sein. Bei der Abwägung darf jedoch nicht übersehen werden, daß es sich bei Art. 10 LGVBC um eine Ausnahmevorschrift handelt. Demnach darf die Norm nicht durch Anwendung einer zu geringen Belastungsgrenze in den Regelfall der Praxis verkehrt werden. Dies würde der dem Gesetz zugrundeliegenden Intention, die Gewährleistung auf das direkte Vertragsverhältnis zu fokussieren, widersprechen.

Sofern die Voraussetzungen, die zum Haftungsdurchgriff berechtigen, allerdings erfüllt sind, ist der Gewährleistungsanspruch des Verbrauchers auf die Nachlieferung einer neuen Sache oder die Reparatur der mangelhaften Sache

---

902 Vérgez, S. 118; Costas Rodal, BIB 2004/ 253, S. 16; Himmelskamp/ Jürgens, INF 2003 (1), 20, 23 mit dem Beispiel eines Internetkaufs.

begrenzt. Nur diese Rechtsinstitute verlangen nicht zwangsläufig eine Abwicklung innerhalb des bestehenden Vertragsverhältnisses. Eine Minderung des Kaufpreises oder die Lösung vom Vertrag kann der Verbraucher daher nicht vom Hersteller verlangen, denn das dafür erforderliche Vertragsverhältnis besteht zwischen diesen Parteien nicht.[903] Damit fehlt einer Minderung des Kaufpreises als dem wesentlichen Ergebnis der Vertragsverhandlungen ebenfalls die Grundlage. Indem der Hersteller die mangelhafte Sache austauscht oder den Mangel beseitigt, beschränkt er seine Maßnahmen auf die Herbeiführung des Vertragserfolges, ohne weiter in die Vertragsbeziehung der Parteien einzugreifen. Innerhalb dieser Grenzen kann der Verbraucher damit seine Rechte durchsetzen, ohne daß das eigentliche Vertragsverhältnis durch den Eingriff eines Dritten gestört wird.

b) Bedingungen der Gewährleistung gemäß Art. 10 Satz 2 LGVBC

In Art. 10 Satz 2 LGVBC ordnet der Gesetzgeber an, daß der Produzent generell und vorbehaltlich des expliziten Fehlens seiner Verantwortung, mit denselben Rechtsfolgen, Fristen und sonstigen Umständen, die das Gesetz auch für den Verkäufer vorschreibt, im Falle eines Mangels bezüglich der Art, der Eigenschaft oder der Geeignetheit des Verbrauchsguts zu haften hat, sofern dies mit der Natur der Sache, dem Gebrauchszweck und den relevanten Regelungen vereinbar ist. Mit dieser Vorschrift wird der Verbraucherschutz noch weiter gestärkt, da der Gesetzgeber für die in der Norm umschriebenen Fälle eine grundsätzliche Haftungsverantwortung des Produzenten anordnet. Insofern stellt die Vorschrift des Art. 10 Satz 2 LGVBC eine Ausnahme von der Ausnahmevorschrift des Satz 1 dar. Eine grundsätzliche Haftung entfällt nach dem Wortlaut nur, sofern der Produzent das Fehlen seiner Verantwortung im Einzelfall nachweisen kann. Das durch die Norm umschriebene Spektrum der Produzentenhaftung umfaßt diejenigen negativen Abweichungen der Sache, die etwa durch Mängel in der technischen Sicherheit der Sache, die Nichteinhaltung industrieller Normen oder von sonstigen festgelegten Qualitätsstufen hervorgerufen werden.[904] Da diese Mängel in der Regel aus der Sphäre des Produzenten stammen, kann der Verbraucher in solchen Fällen unmittelbar gegen den Hersteller der Sache vorgehen, der insoweit offensichtlich der Verantwortliche ist.[905] Für den Fall einer derartigen Produzentenverantwortung ordnet das Gesetz den Gleichlauf der Haftung mit allen Vorschriften an, die das Gesetz für die Gewährleistung durch den Verkäufer vorsieht. Die Voraussetzungen eines Gewährleistungsanspruchs des Verbrauchers gegen den Hersteller unterscheiden sich

---

[903] García Rubio, La Ley 2003 (5747), 1, 4; Méndez/ Vilalta, S. 14; Vérgez, S. 116.

[904] z.B. die fehlende Isolierung technischer Geräte, die Nichterfüllung der genormten Reißfestigkeit oder Undurchlässigkeit von Materialien.

[905] Costas Rodal, BIB 2004/ 253, S. 16; Méndez/ Vilalta, S. 15; Vérgez, S. 116.

folglich bis auf die oben angeführten Abweichungen, die erst die unmittelbare Haftung des Herstellers ermöglichen, nicht von den grundsätzlichen Voraussetzungen der Verkäuferhaftung. In Art und Umfang unterscheidet sich die Gewährleistung des Herstellers bezüglich der möglichen Gewährleistungsvarianten ebenfalls nicht von der Gewährleistung durch den Verkäufer. Dies gilt mangels einer gegensätzlichen Regelung auch für die Fristen.

c) Begriff des Produzenten, Art. 10 Satz 3 LGVBC

Mit der Regelung des Art. 10 Satz 3 LGVBC definiert das Gesetz den Begriff des Produzenten. Danach ist Produzent im Sinne des Gesetzes jeder Hersteller eines Gebrauchsguts oder Importeur desselben auf dem Gebiet der Europäischen Union oder jede andere Person, die sich durch Angabe ihres Namens, ihrer Marke oder eines sonstigen individuellen Zeichens auf dem Gegenstand als solche ausgibt. Damit ist der Kreis der im Rahmen von Art. 10 LGVBC als Produzent geltenden Personen sehr weit gefaßt. Neben dem tatsächlichen Hersteller der Sache werden auch alle anderen Personen, die entweder den Erwerb der Sache durch den Verbraucher ermöglicht haben oder dabei das Vertrauen des Verbrauchers in die Sache beeinflußt haben, in den Kreis der möglichen Haftungsverpflichteten aufgenommen. Damit hat der Verbraucher, der seinen Gewährleistungsanspruch nicht gegen den Verkäufer geltend machen kann, unter Umständen mehrere andere Personen, die ihm für die fehlende Übereinstimmung der Sache haften. Von besonderer Bedeutung ist dabei, daß der „Produzent" im Sinne des Art. 10 Abs. 3 LGVBC gegenüber dem Verbraucher haftet, auch wenn er im Verhältnis zu den mit ihm in der Absatzkette in Verbindung stehenden Verkäufern seine Haftung vertraglich ausgeschlossen hat.[906] Derartige Klauseln, sind nur zwischen den einzelnen Verkäufern im Rahmen der geltenden Regelungen wirksam, gegenüber dem Verbraucher können sie aufgrund der Schutzvorschrift des Art. 4 Satz 3 LGVBC keine Wirkung entfalten. Das Gesetz trifft des Weiteren keine Bestimmung hinsichtlich einer Reihenfolge, in der der Verbraucher die Personen aus dem Kreis des Art. 10 LGVBC in Anspruch nehmen kann. Daher ist grundsätzlich davon auszugehen, daß alle als Produzent geltenden Personen in gleicher Weise in Betracht kommen. In der Praxis wird sich allerdings eine Reihenfolge dadurch herausbilden, daß der Verbraucher die einzelnen Voraussetzungen der Gewährleistungshaftung darlegen und beweisen muß. Der insoweit notwendige Nachweis wird dem Verbraucher umso leichter fallen, je relevanter die Rolle der betreffenden Person für das der mangelhaften Sache zugrundeliegende Geschäft war. Daher ist in der Praxis eine Fokussierung des Produzentenbegriffs auf die Personen des Herstellers und des Importeurs der Sache zu erwarten.

[906] Vérgez, S. 115

d) Regreßanspruch aufgrund der Gewährleistung, Art. 10 Satz 4 LGVBC

Gemäß Art. 10 Satz 4 LGVBC kann derjenige, der gegenüber dem Verbraucher gehaftet hat, binnen eines Jahres den für den Mangel Verantwortlichen in Regreß nehmen. Die Frist für diesen Regreßanspruch beginnt im Moment der Vollendung der Gewährleistung zu laufen. Diese Vorschrift ist in ihrer Ausgestaltung derart knapp gefaßt, daß in einigen Punkten der Regelungsumfang nicht eindeutig umgrenzt ist. Die erste Unklarheit besteht bereits hinsichtlich der Frage, auf wen sich die Vorschrift bezieht, d.h. wer aufgrund der Vorschrift zur Regreßnahme berechtigt ist. Der Wortlaut der Vorschrift stellt lediglich darauf ab, wer gegenüber dem Verbraucher die Gewährleistung übernommen hat. Dies spricht zunächst für eine umfassende Regelung der Regreßmöglichkeit, die sämtliche Haftungsverpflichteten, also auch den Verkäufer, mit einbezieht. Allerdings handelt es sich bei der Regelung um eine Norm aus dem Gesamtzusammenhang der Produzentenhaftung. Da in deren Rahmen, wie oben festgestellt, ebenfalls mehrere verschiedene Personen als Haftungsverpflichtete in Betracht kommen, ist nach dem Wortlaut der Vorschrift auch eine Begrenzung der Regreßmöglichkeit auf den „Produzenten" denkbar. Eine derart enge Auslegung der Vorschrift würde nur solche Fälle erfassen, in denen der Produzent die Gewährleistung für einen Mangel übernimmt, den allerdings nicht er, sondern etwa der Verkäufer zu vertreten hat.[907] Dieses Regelungsverständnis würde damit den Anwendungsbereich der Regelung in der Praxis stark einengen, denn die Fälle, in denen ein Mangel durch einen Verkäufer zu vertreten ist, aber die Gewährleistung durch den Hersteller der Sache erbracht wird, werden eine Ausnahme darstellen. Dies ist bereits deshalb zu erwarten, weil im Rahmen der industriellen Massenproduktion die Mehrzahl der Mängel auf Produktionsfehlern beruht, die aus der Sphäre des Produzenten stammen. Vor diesem Hintergrund erfordert eine praxisgerechte Regreßregelung die weite Auslegung des Gesetzeswortlauts und damit eine Einbeziehung des Verkäufers in den Kreis der potentiellen Regreßnehmer. Denn die Regreßvorschrift macht in erster Linie Sinn, wenn ihre Anwendung dazu führt, kleine und mittelständische Betriebe im Kontakt zu den Verbrauchern vor Belastungen solcher Mängel zu schützen, für die sie keine Verantwortung tragen. Damit werden von der Regelung auch die Fälle erfaßt, bei denen der Verbraucher einen Verkäufer die Gewährleistung für einen Mangel aus der Sphäre des Produzenten erbringen läßt und dieser daraufhin Regreß nehmen möchte.[908] Für ein derartiges Verständnis der Norm spricht im Übrigen auch die Regelungsweise der zugrundeliegenden Richtlinie. Die Vorschrift des Art. 4 der Richtlinie betrifft ausdrücklich die Möglichkeit der Regreßnahme

[907] So wohl Himmelskamp/ Jürgens, INF 2003 (1), 20, 23.

[908] García Rubio, La Ley 2003 (5747), 1, 4; Costas Rodal, BIB 2004/ 253, S. 16; Vilata Menadas, RJCV 2003 (8), 5, 14.

durch den Letztverkäufer, also demjenigen mit Vertragsbeziehung zum Verbraucher. Nur durch eine weite Auslegung des Art. 10 Satz 4 LGVBC kann eine Umsetzung dieser Regelung durch den spanischen Gesetzgeber erreicht werden. Andernfalls würde das spanische Gesetz eine Regelung enthalten, die in der Richtlinie nicht vorgesehen ist, gleichzeitig aber eine Vorschrift der Richtlinie mit teilweise entsprechendem Regelungsinhalt bei der Umsetzung nicht berücksichtigt haben. Da aus der Regelung des Art. 10 Satz 4 LGVBC nicht eindeutig erkennbar ist, ob diese „Teilumsetzung" der Richtlinienregelung bewußt vorgenommen wurde[909], sprechen die dargestellten Gründe und der Gesamtkontext der Regelung für die weite Auslegung der Norm.

Ebenfalls nicht weiter durch das Gesetz geregelt werden die Details der Regreßnahme. Dies betrifft in erster Linie die Frage, inwieweit eine sogenannte Rückgriffskette besteht oder ob der Gewährleistungserbringer unmittelbar den Mangelverursacher in Regreß nehmen kann. Beide Varianten sind dem Wortlaut nach möglich und werden in den einzelnen Ländern, die die Richtlinie umgesetzt haben, in das jeweilige System integriert. Ein Regreß innerhalb einer Rückgriffskette[910] hat den Vorteil, daß immer nur in den jeweils bestehenden Vertragsverhältnissen das Bestehen eines Regreßanspruchs zu klären ist. Damit bleibt die Struktur der einzelnen Vertragsverhältnisse auch beim Regreß erhalten. Sofern man die Regreßnahme ohne Einhaltung der Lieferkette zuläßt[911], kann der Gewährleistungserbringer direkt gegen den für den Mangel Verantwortlichen vorgehen. Der Wortlaut der Regelung in Art. 10 Satz 4 LGVBC spricht für diese Art der Regreßnahme[912], womit derselbe Ablauf angeordnet wird, der bereits in Art. 1 des Produkthaftungsgesetzes für den Regreß vorgesehen ist.[913] Bei dieser Art der Regreßnahme stellt sich unter Umständen das Problem der Verursacherbestimmung. Diese Bestimmung muß nach objektiven Kriterien erfolgen und auch eine eventuelle Verursachung durch mehrere Beteiligte in der Lieferkette berücksichtigen. Zu diesen Problemfeldern trifft das Gesetz keine Aussage. Die Praxis muß hierzu eine Regelung herausbilden, die eine Gewährleistung zum Schutz des Verbrauchers ermöglicht und gleichzeitig dem Leistenden eine hinreichend sichere Position im Rahmen der Regreßnahme bie-

---

909 So auch García Rubio, La Ley 2003 (5747), 1, 4.

910 So die Umsetzung in Deutschland und Österreich.

911 So die Regelung in Italien.

912 „... dispondrá ... para repetir del responable de la falta...", García Rubio, La Ley 2003 (5747), 1, 4.

913 „Los fabricantes y los importadores seran responsables ... de los daños causados por los defectos de los productos que, respectivamente, fabriquen o importen.", Ley 22/1994, de 6 de julio, de Responsabilidad Civil por los Daños causados por Productos defectuosos (BOE Nr. 161, de 7 de julio 1994).

tet. Dies kann etwa durch Bildung von Gewichtungskriterien bezüglich des aufgetretenen Mangels geschehen, oder durch Einführung einer zeitlichen Komponente, d.h. daß etwa nur die Primärverursachung des Mangels für den Regreß relevant ist, ohne daß eine spätere Verschlimmerung des Mangels durch Maßnahmen eines Dritten Berücksichtigung findet. Sofern die genaue Ursache des Mangels und die sich daraus ergebende Verantwortlichkeit nicht eindeutig feststellbar sind, stellt sich die Frage, wie das Haftungsrisiko zu verteilen ist. In der Literatur wird in diesem Fall eine gleichmäßige Risikoaufteilung zu Lasten aller Beteiligten der Regreßkette für sinnvoll erachtet.[914] Gegen diese Lösung spricht allerdings, daß sie in der Praxis zu erheblichen Schwierigkeiten bei der Durchsetzung führen wird. Mit steigender Anzahl der Beteiligten an der Regreßkette wird dabei immer auch die Zuordnung und Durchsetzung des anfallenden Teilbetrags komplizierter werden. Praktischer wird es daher sein, im Zweifel ein überwiegendes Verschulden des Herstellers anzunehmen und daher diesen im Rahmen der Regreßnahme haften zu lassen.

Unklar bleibt bei der Ausgestaltung der Vorschrift zudem die Frage der Bindungswirkung einer derartigen Regreßpflicht. Denn unabhängig von der Art der Regreßnahme kann es insoweit zu Problemen kommen, als der Regreß zwischen Kaufleuten stattfindet, für die die Spezialregelungen des LGVBC nicht verpflichtend sind. Daher ist fraglich, inwieweit es zu einem Ausschluß der Verpflichtung kommen kann, sofern die betroffenen Vertragspartner individuell abweichende Sonderregelungen vereinbart haben. Dies ist den Parteien auf Grund der bestehenden Vertragsfreiheit unzweifelhaft möglich.[915] Um zu verhindern, daß die individuellen Vereinbarungen der Regreßparteien letztlich auch zu Lasten des Verbrauchers gehen, wird in der Praxis ein System zu entwickeln sein, das unter Berücksichtigung der grundsätzlich geltenden Vertragsfreiheit eine Bindungswirkung der Regreßmöglichkeit ermöglicht.

Nicht durch das Gesetz geregelt wird darüber hinaus der Umfang des Regreßanspruchs, der gegen den Verantwortlichen geltend gemacht werden kann.[916] So geht aus der Norm nicht hervor, ob neben den im Rahmen der Gewährleistung erbrachten Aufwendungen auch solche Positionen verlangt werden können, die der Gewährleistende als Schadensersatz an den Verbraucher zahlen mußte. Die Regreßfähigkeit der Aufwendungen aus der Mangelbeseitigung ist unproblematisch zu bejahen. Dies gilt auch für die Materialkosten und den Arbeitsaufwand, denn für sämtliche Kosten muß der Gewährleistende in Vorlage treten, da er den Verbraucher aufgrund der gesetzlichen Regelung damit nicht belasten darf. Als Kernpositionen des Gewährleistungsaufwands muß insoweit

---

[914] Carrasco/ Cordero/ Martinez, EC 2000 (52), 125, 132; Costas Rodal, BIB 2004/ 253, S. 16.

[915] Marco Molina, RCDI 2002 (674), 2275, 2323.

[916] Costas Rodal, BIB 2004/ 253, S. 16; Marco Molina, RCDI 2002 (674), 2275, 2322.

eine Regreßfähigkeit bejaht werden. Für eine Einbeziehung der Schadensersatzleistungen in den Regreßumfang des Art. 10 Abs. 4 LGVBC spricht, daß nur durch die Einbeziehung dieser Leistungen eine vollständige Haftungsfreistellung des Gewährleistenden durch den Verantwortlichen zu erreichen ist. Allerdings ist eine Schadensersatzregelung selbst im LGVBC nicht enthalten, die Grundlage eines entsprechenden Anspruchs gegen den Gewährleistenden ist vielmehr außerhalb der spezialgesetzlichen Regelung zu suchen. Dies spricht letztlich gegen eine Regreßfähigkeit nach dem LGVBC, denn es sind keine Gründe dafür ersichtlich, zwar den Anspruch auf Schadensersatz selbst nicht zu regeln, den Regreßanspruch desselben jedoch im Schutzbereich des Gesetzes zu erfassen.

7. Beweislastverteilung im LGVBC

Grundsätzlich gilt auch bei Ansprüchen des Verbrauchers der Grundsatz der Beweislastverteilung, wonach jede Partei das ihr Günstige darlegen und beweisen muß. Damit obliegt dem Verbraucher die vollständige Beweislast für sämtliche Anspruchsvoraussetzungen.[917] Dies bedeutet, daß der Verbraucher beweisen muß, daß der Mangel im Gewährleistungszeitraum aufgetreten ist, bereits im Zeitpunkt der Vertragsabwicklung vorhanden war und die für den Anspruch maßgeblichen Fristen eingehalten sind. Sofern der Verbraucher einen Anspruch aus einer Garantie geltend machen möchte, trifft ihn auch hinsichtlich deren Voraussetzung die Beweislast. Der Gesetzgeber hat jedoch aus Gründen des Verbraucherschutzes und der Tatsache, daß ein Nachweis der einzelnen Voraussetzungen dem Verbraucher oft nicht möglich ist, an relevanten Regelungspunkten des Gesetzes eine Beweislastumkehr vorgesehen.[918]

E. Garantien und Gewährleistung im Unternehmenskauf

Ebenso wie im Kauf von Verbrauchsgütern kommen im spanischen Recht Garantien auch im Rahmen von Kaufverträgen von Unternehmen zur Anwendung. Vergleichbar mit ihrer Anwendung beim Verbrauchsgüterkauf werden diese Garantien beim Erwerb eines Unternehmens in erster Linie dann in das Vertragswerk aufgenommen, wenn die Parteien über die rechtlich ausgestaltete Gewährleistung hinaus im Rahmen des Geschäfts für den Verkaufsgegenstand insgesamt oder für bestimmte Teile desselben einstehen wollen. Ferner kann die Vereinbarung einer Garantie von den Parteien dazu verwandt werden, Problemfelder des Geschäfts, der die gesetzliche Gewährleistungsregelung nicht im Sinne der Parteien gerecht wird, individuell zu klären. Insofern baut die Gewäh-

---

[917] Castilla Barea, AC 2002 (3), 2595, 2619; Diez-Picazo/ Morales Moreno, CV, Art. 35 S. 311; Vérgez, S. 78, 79.

[918] Zur Beweislastumkehr vgl. die Darstellung im jeweiligen Regelungszusammenhang.

rung von Garantien auch auf dem Gebiet des Unternehmenskaufs auf die gesetzliche Ausgestaltung der Gewährleistung auf.

I. Rechtliche Einordnung des Unternehmenskaufs

Der Unternehmenskauf ist im spanischen Recht nicht gesondert geregelt. Aus diesem Grund ist die rechtliche Einordnung des Unternehmenskaufs nach spanischem Recht umstritten. Dabei geht es um die Frage, ob das zugrundeliegende Kaufgeschäft handelsrechtlichen Charakter hat und folglich nach dem Código Comercial (C.Com.) zu beurteilen ist, oder ob es sich um ein Kaufgeschäft mit allgemein zivilrechtlichem Charakter handelt, das sich daher nach den Regelungen des Código Civil richtet. Nicht nur die spanische Rechtslehre ist dabei in ihrer Ansicht gespalten, auch die Rechtsprechung hat bisher diesbezüglich in verschiedenen Entscheidungen beide Ansichten vertreten.[919]

Als Grundlage der Zuordnung des Unternehmenskaufs zu einem der Rechtsgebiete wird in erster Linie die Bestimmung des Unternehmens im rechtlichen Sinne herangezogen.[920] Nach den dabei vertretenen Ansichten handelt es sich bei einem Unternehmen aus handelsrechtlicher Sicht um die berufsmäßige Ausübung einer wirtschaftlich geplanten Tätigkeit mit dem Ziel, am Handel mit Waren oder Dienstleistungen teilzunehmen.[921] Die Mehrheit der spanischen Lehre charakterisiert vor diesem Hintergrund den Unternehmenskauf als ein Geschäft des Handelsrechts. Dabei stützt sich diese Ansicht auf den Standpunkt, daß die gesamte Kaufoperation eines Unternehmenserwerbs handelsrechtlichen Charakter habe.[922] Zudem führt diese Ansicht an, daß aus der Tatsache des Unternehmenskaufs bereits hervorgehe, daß der Erwerber mit dem Unternehmen am Markt teilnehmen wolle und daher ein handelsrechtlicher Bezug zu berücksichtigen sei.[923] Damit wird auch durch diese Ansicht auf die grundlegende Abgrenzungstheorie Bezug genommen, wonach die handelsrechtlichen Regelungen immer dann anzuwenden sind, wenn eine Sache gekauft wird, um sie später in Gewinnerzielungsabsicht wieder weiterzuveräußern.[924] An diesen Punkt knüpft auch die Kritik an den Vertretern der handelsrechtlichen Zuordnung des Unternehmenskaufs an, die darauf hinweist, daß maßgeblich für die Beurteilung stets der konkrete Geschäftsgegenstand ist. Dies ist im Unternehmenskauf das Unternehmen, das aber in der Regel selbst nicht weiterveräußert werden soll.

---

[919] STS 13.10.1987, RJ 1987, 6937; STS 02.11.1987, RJ 1987, 8128.

[920] Uría, S. 656; Moxica Román, S. 339.

[921] Sánchez Calero, Instituciones, S. 46 ff.; Moxica Román, S. 339.

[922] Uría, S. 656.

[923] Moxica Román, S. 339; Jiménez Sanchez, S. 79.

[924] Mit dem Hinweis auf Art. 325 C.Com. als Abgrenzungsgrundlage Ruiz Muñoz, AC 2003 (29), S. 785, 791.

Die Berücksichtigung des Unternehmenszwecks zur Begründung des handelsrechtlichen Charakters dieses Geschäfts stellt damit eine Ausweitung der Abgrenzungsregelung dar. Diese Ausweitung wird von der Gegenmeinung abgelehnt und unter strikter Zugrundelegung des genannten Abgrenzungskriteriums der Unternehmenskauf dem allgemeinen Zivilrecht zugeordnet.[925] Diese Ansicht verweist darauf, daß es sich bei dem Unternehmenskauf wie auch bei der Pacht eines Unternehmens um ein Geschäft handele, mit dem primär keine handelsrechtlichen Bezüge zu verbinden seien. Die mittelbaren Folgen eines derartigen Geschäfts müßten jedoch ebenso wie bei anderen Kaufverträgen zur rechtlichen Charakterisierung außer Betracht bleiben. Zudem wird darauf hingewiesen, daß nicht zwangsläufig jeder Erwerb eines Unternehmens zur Fortsetzung dessen wirtschaftlicher Nutzung führen müsse. Sofern das Unternehmen entweder in das Erwerberunternehmen integriert wird oder gar als ehemaliger Konkurrent „vom Markt gekauft" wird, besteht bei strenger Anwendung des Abgrenzungskriteriums keine Rechtfertigung für eine Behandlung des Geschäfts nach dem Handelsrecht. Des weiteren wird von den Vertretern dieser Ansicht angeführt, daß die rechtlichen Konzepte des Handelsrechts den im Rahmen des Unternehmenskaufs auftretenden Problemen vielfach nicht gerecht werden. Dies ist auch der Grund, warum eine endgültige Entscheidung der rechtlichen Zuordnung des Unternehmenserwerbs vorliegend nicht zu erfolgen braucht. Denn auch die Vertreter der Ansicht, der Kauf sei nach Handelsrecht zu beurteilen, greifen im Rahmen der Vertragsabwicklung und insbesondere bei der Gewährleistung auf die Normen des allgemeinen Zivilrechts zurück.[926] Insoweit läßt sich jedenfalls für diesen hier relevanten Aspekt des Unternehmenskaufs die Einschlägigkeit der Gewährleistungsregelungen des allgemeinen Zivilrechts feststellen.

II. Ausgestaltung des Unternehmenskaufs

Die konkrete Ausgestaltung der Gewährleistung richtet sich vor diesem Hintergrund nach dem Umfang, in dem das Unternehmen im Rahmen des Kaufvertrages auf den Erwerber übergeht. Denn nach Art und Umfang des Vertragsgegenstands bestimmt sich auch der Umfang der gesetzlichen Gewährleistung. Nach spanischem Recht kann ein Unternehmen auf verschiedene Arten veräußert werden. Dies ist einerseits im Wege des Rechtskaufs über den Erwerb von Anteilen möglich, andererseits auf Basis des allgemeinen Kaufrechts durch den Erwerb des Unternehmens als Sache. Dabei ist zu unterscheiden, ob das Unter-

[925] De la Camara Alvarez, AAMN 1981 (24), 283, 288; Azpiazu Monteys, S. 58; Laguna Ibañez, ADC 1962 (15), 657, 661.

[926] Uría, S. 657; Álvarez/ Carrasco/ Carrasco Perrera, S. 253, 254; Hernando Cebriá, RDM 2001 (242), 1871, 1933.

nehmen als solches, folglich als Sachgesamtheit, oder vielmehr durch den Verkauf einzelner zum Unternehmen gehörender Sachen veräußert wird.

1. Verkauf des Unternehmens als Sachgesamtheit

Eine Möglichkeit der Unternehmensveräußerung nach spanischem Recht ist der Verkauf des Unternehmens insgesamt, d.h. als funktionierende Einheit mit seinen integrierenden Elementen. Dies erfolgt mit einem einzigen Vertrag, in dem sämtliche Aspekte des Unternehmenskaufs zu regeln sind. Diese Praxis hat sich durchgesetzt, obschon das spanische Recht das Unternehmen als rechtliche Einheit nicht kennt. Vielmehr handelt es sich, wie oben angesprochen, auch im Fall eines „Kompletterwerbs" des Unternehmens rechtlich um die Veräußerung sämtlicher Unternehmensgüter. Es ist in Lehre und Rechtsprechung jedoch mittlerweile anerkannt, daß eine Unternehmensveräußerung im eigentlichen Sinne gesetzeskonform ist. Dazu wird einerseits auf die Regelung des Art. 1.532 C.C. verwiesen, der die Möglichkeit einer Veräußerung mehrerer Sachen vorsieht. Des Weiteren wird angeführt, daß es wie auch in anderen Kaufgeschäften aufgrund der geltenden Vertragsfreiheit die Angelegenheit der Vertragsparteien sein müsse, auf welchem Weg ihr Vertragsziel erreicht werden soll. Die Tatsache, daß das Gesetz eine ausdrückliche Anerkennung des Kaufgegenstands nicht enthält, läßt nicht ohne weiteres auf eine Ablehnung dieser Übertragungsmöglichkeit schließen. Da zudem keine weiteren Anzeichen, die gegen eine derartige Übertragungsmöglichkeit sprechen, ersichtlich sind, kann eine Übertragungsmöglichkeit des Unternehmens insgesamt bejaht werden.[927] Der genaue Umfang dieser als Unternehmen zu bezeichnenden Sachgesamtheit kann weitgehend von den Parteien festgelegt werden. Auch insoweit gilt der Grundsatz der Vertragsfreiheit, aufgrund dessen die Festlegung des Geschäftsumfangs Sache der Vertragsparteien ist. In der Praxis hat sich durchgesetzt, eine Aufstellung über die wesentlichen Komponenten des Unternehmens in das Vertragswerk aufzunehmen, um in dieser Frage Klarheit zu erreichen. Sofern von den Parteien keine entsprechende Liste aufgestellt oder in anderer Weise der Geschäftsumfang konkretisiert wird, gelten alle Elemente des Unternehmens als Vertragsgegenstand.[928] Da es aufgrund des Fehlens einer gesetzlichen Regelung des Unternehmenskaufs im spanischen Recht auch keine Sondervorschriften zu dessen Übertragung gibt, sind insoweit die allgemeinen Regelungen anzuwenden. Dies bedeutet, daß der Verkäufer sämtliche speziellen Formerfordernisse, die hinsichtlich der Einzelteile gesetzlich bestehen, auch bei der Übertragung als Sachgesamtheit berücksichtigen muß.[929] Die Abwicklung des einzelnen Un-

---

[927] Broseta Pont, S. 106; Fischer/ Fischer S. 153; De la Camara Alvarez, AAMN 1981 (24), 283, 313.

[928] De la Camara Alvarez, AAMN 1981 (24), 283, 314.

[929] Azpiazu Monteys, S. 37, 57; Uría/ Menéndez/ Ángel Rojo, S. 123, 124.

ternehmenskaufvertrages unterliegt damit, etwa bezüglich der Grundstücke und Betriebsmittel, verschiedenen Formvorschriften, die jedoch bei Nichteinhaltung unter Umständen Auswirkungen auf die Wirksamkeit des gesamten Vertrags haben können. Aus diesem Grund kann es erforderlich sein, daß die Übergabe verschiedener Elemente des Kaufgeschäfts voneinander getrennt erfolgen muß, da beispielsweise hinsichtlich der Immobilien besondere Formvorschriften bestehen. Ebenfalls zu unterscheiden sind die Übertragungsmöglichkeiten der materiellen Bestandteile eines Unternehmens, wie etwa den Immobilien, den Maschinen und sonstigen Betriebsmitteln sowie Lagerbeständen, und denen der immateriellen Bestandteile. Als solche sind der bestehende Kundenstamm, das Firmen-Know-how und bestehende Organisationsstrukturen zu verstehen, die im Gegensatz zu den materiellen Gütern im Rahmen eines Rechtsgeschäfts „sui generis" mit zusätzlichen Pflichten des Veräußerers übertragen werden müssen.[930]

2. Einzelteile des Unternehmens als Gegenstand des Verkaufs

Den Parteien ist es ebenfalls möglich, im Wege einer vertraglichen Vereinbarung nicht das Unternehmen als Ganzes, sondern nur Einzelteile von diesem zu verkaufen. Allerdings besteht diese Eingrenzungsmöglichkeit nicht uneingeschränkt, denn die Parteien können sich nur soweit auf einen bestimmten Übertragungsumfang einigen, als wesentliche Teile des Unternehmens erhalten bleiben und die Möglichkeit besteht, den wirtschaftlichen Zweck weiter zu verfolgen.[931] Sofern die Parteien wirksam eine bestimmte Inventarliste erstellen, die der Veräußerung zugrunde gelegt wird, bleibt der eigentliche Vertragsgegenstand dennoch das „Unternehmen" als begrenzte Funktionseinheit.[932] Hinsichtlich der Verpflichtung des Verkäufers, die für die einzelnen Teile geltenden Formerfordernisse auch im Rahmen des Gesamtverkaufs einzuhalten, gilt dasselbe wie bei der Veräußerung des Unternehmens als Sachgesamtheit.

III. Gewährleistung im Unternehmenskauf

Wie oben bereits angesprochen, besteht in der spanischen Lehre trotz unterschiedlicher Ansätze zur Einordnung des Unternehmenskaufs Einigkeit in der Beurteilung der Sekundäransprüche, die dem Käufer aus diesen Verträgen zustehen können. Derartige Ansprüche sollen nach beiden Ansichten ihre Grundlage in den gesetzlichen Regelungen der Gewährleistung des allgemeinen Zivilrechts finden.

---

[930] Fischer/ Fischer, S. 153 mit weiteren Details insbesondere zu der weitergehenden Verpflichtung desVeräußerers bei der Übertragung immaterieller Elemente.

[931] Calvo Alfageme, AAMN 1945 (1), S. 536; Uría, S. 656; Moxica Román, S. 342.

[932] De la Camara Alvarez, AAMN 1981 (24), 283, 314.

1. Grundlage der Gewährleistung

Der generelle Umfang der möglichen Gewährleistung bestimmt sich, wie im deutschen Recht, auf Grundlage einer im Vorfeld des Vertragsschlusses durchgeführten Due Diligence. Eine derartige Durchleuchtung des Unternehmens durch den Interessenten ist auch in Spanien verbreitet, da sie den Vorteil der frühzeitigen profunden Kenntnis des Unternehmens bietet. Bereits bei der Durchführung der Due Diligence treffen den Verkäufer Pflichten gegenüber dem potentiellen Käufer, denn nicht zuletzt Art und Ausmaß der Auskünfte, die bei der Prüfung verwandt werden konnten, sind maßgeblich für den Umfang später in Betracht kommender Gewährleistungsrechte.[933] Die Grundlage der insoweit bestehenden Verpflichtung zu einer ordnungsgemäßen Auskunftserteilung bildet dabei der Grundsatz von Treu und Glauben, der in diesem Stadium der (fortgeschrittenen) Vertragsanbahnung bereits die Parteien bindet.[934] Die Durchführung einer Due Diligence Prüfung ist deshalb für eine später erforderliche Gewährleistung von Bedeutung, da Mängel oder Abweichungen, die dem Käufer aus der Prüfung bekannt waren oder von diesem hätten erkannt werden müssen, später nicht mehr zu einer Haftung des Verkäufers im Rahmen der Gewährleistung führen. In diesen Fällen hat eine Konkretisierung des Unternehmens durch die Parteien in Kenntnis der Ergebnisse der Überprüfung stattgefunden.[935]

2. Ausgestaltung der Gewährleistung

Soweit im Rahmen eines Unternehmenskaufs ein Mangel am Kaufobjekt vorliegt, richtet sich die Gewährleistung des Verkäufers nach den Vorschriften des C.C. Die Verpflichtungen des Unternehmensverkäufers entsprechen damit grundsätzlich denen des sonstigen Kaufrechts.[936] Dabei ist wie in den übrigen Fällen auch danach zu unterscheiden, ob es sich um einen Rechtsmangel oder einen Sachmangel handelt. Bei Vorliegen relevanter Sachmängel am Unternehmen ist der Käufer gemäß Art. 1.484 in Verbindung mit Art. 1.486 C.C. zu Minderung oder Rücktritt vom Vertrag berechtigt, sofern er den Mangel nicht kannte oder erkennen konnte und die Sache in erheblichem Umfang durch den Mangel eingeschränkt wird.[937] Im Falle eines Rechtsmangels wird insbesondere die Norm des Art. 1.479 C.C. interessant, aufgrund der sich bei einer Störung eines Teils der Kaufsache erhebliche Auswirkungen auf die gesamte Kaufsache ergeben können. Sofern durch den eigentlichen Mangel nur ein Teil des Kauf-

---

[933] Álvarez/ Carrasco/ Hallett Charro, S. 143.

[934] Álvarez/ Carrasco/ Hallett Charro, S. 144.

[935] Álvarez/ Carrasco/ Hallett Charro, S. 160.

[936] Löber/ Peuster/ Freyer, Unternehmenskauf, S. 283; Azpiazu Monteys, S. 58.

[937] Löber/ Peuster/ Freyer, Unternehmenskauf, S. 283.

objekts betroffen wird, der allerdings für die Kaufentscheidung des Käufers maßgeblich war, kann der Käufer die Auflösung des gesamten Vertrags verlangen. Dies gilt auch, sofern eine unbewegliche Sache mit einem dinglichen Recht belastet worden ist, ohne daß dies durch den Verkäufer im Vertrag hervorgehoben wurde.[938] Diese Regelung stellt gerade in komplexen Geschäften wie einem Unternehmenskauf eine Quelle der Unsicherheit zu Lasten des Veräußerers dar, da der genaue Umfang einer eventuell anstehenden Gewährleistung nicht kalkulierbar wird, bzw. der Verkäufer bis zum Ablauf der Gewährleistungsfrist mit einer Rücknahme seines ehemaligen Unternehmens rechnen muß. Diese Regelung ist darüber hinaus in der praktischen Anwendung problematisch, da Art. 1.479 C.C. den Käufer verpflichtet, die Sache im Erwerbszustand, ohne zusätzliche Lasten, zurückzugeben. Die Rückabwicklung eines Unternehmenskaufvertrags wird unter Einhaltung dieser Vorschrift wenn überhaupt nur sehr schwer möglich sein, denn die Fortführung des Geschäftsbetriebs geht häufig mit einer Fortentwicklung der Unternehmenssubstanz einher. Nicht zuletzt aus diesem Grund wird die Anwendung der Eviktionshaftungsregelungen des C.C. auf den Unternehmenskauf als unpassend kritisiert. Insbesondere bei der Abwicklung des Geschäfts durch den Erwerb von Aktien ist eine interessengerechte Anwendung der Vorschrift kaum praktikabel.[939] Denn dabei stellt sich die Frage, in welchem Umfang die Erwerber von Aktien zur Geltendmachung ihrer Ansprüche berechtigt sind. Neben der grundlegenden Frage, ob eine Rückabwicklung des Kaufs nur in Übereinstimmung aller Aktienhalter möglich sein kann, stellt sich zudem die Frage nach einer Zuordnung des Gewährleistungsumfangs an den Beteiligungsanteilen des Käufers, in welchem Umfang und insbesondere mit welchem Bezugspunkt diese Regelungen also zur Anwendung kommen. Möglich erscheint einerseits die strikte Anwendung der Vorschriften auf die einzelnen betroffenen Elemente, sowie eine Ausrichtung der Gewährleistungsverpflichtung des Verkäufers an der Gesamtsache „Unternehmen". Eine derartige Ausrichtung der Gewährleistung ist unter Anwendung der Regelung des Art. 1.532 C.C. beim Unternehmenskauf möglich.[940] Von dieser Möglichkeit wird in der Praxis Gebrauch gemacht, da bei ihrer Anwendung von Vorteil ist, daß durch ihre Ausrichtung an der Sachgesamtheit auch ohne eine vorige detaillierte Ausarbeitung der Rechte seitens der Vertragsparteien eine Gewichtung der auftretenden Mängel des Vertragsgegenstands vorgenommen wird und damit ein objektives Element in die Gewährleistung Einzug erhält. Dies ist insbesondere für den Verkäufer des Unternehmens wichtig, denn anderenfalls wäre dieser bereits bei kleinen Mängeln, die in Bezug auf das Gesamtgeschäft kaum Wirkung

[938] Sánchez Calero, Principios, S. 433; Löber/ Peuster/ Freyer, Unternehmenskauf, S. 283.

[939] Álvarez/ Carrasco/ Carrasco Perrera, S. 214, 215.

[940] Uría/ Menéndez/ Ángel Rojo, S. 127.

entfalten, unter Umständen zu Gewährleistung in erheblichem Umfang verpflichtet.[941] Diese Einschränkung der Rechte des Käufers wird jedoch gleichzeitig zu Recht als problematisch erachtet. Denn aufgrund des weiten Regelungsumfangs geht die Anwendung insbesondere zu Lasten der Käufer, die ein Unternehmen als Sachgesamtheit erwerben. Denn dann bleibt aufgrund der Gegenüberstellung von Mangel und Gesamtwert des Unternehmens für die Gewährleistung kaum noch eine Anwendungsmöglichkeit.[942] Zudem ist zu bemerken, daß generell eine strikte Anwendung der allgemeinen Regelungen zugunsten des Verkäufers ginge, da auch die geltende Gewährleistungsfrist für ein umfangreiches Geschäft wie dem Unternehmenskauf zu knapp bemessen ist.[943] Die Intention, durch Ausrichtung des Geschäfts an der Norm des Art. 1.532 C.C. der Herstellung des Gleichgewichts der Parteien in der Gewährleistung und damit letztlich der Vertragssicherheit zu dienen, wird damit nicht uneingeschränkt erreicht. Denn obwohl diese Eingrenzung der Gewährleistungsrechte durch Bemessung an dem Gesamtunternehmen der Konzeption eines Unternehmenskaufs im Wege des Erwerbs der Sachgesamtheit entspricht[944], wird eine starre Anwendung zumindest in Einzelfällen nicht den Anforderungen an eine ausgewogene Regelung gerecht. Das Verlangen nach einem objektivierenden Maßstab bei der Gewährleistung[945] darf nicht in eine massive Beschränkung der Gewährleistungsrechte des Käufers umschlagen.

Wie aufgezeigt besteht auch bei Bejahung einer Anwendung der Gewährleistungsansprüche des allgemeinen Zivilrechts nicht zuletzt aufgrund der bislang nicht eindeutigen Rechtsprechung in dieser Frage eine letzte Unsicherheit, in welchem Umfang derartige Ansprüche bestehen. Vor diesem Hintergrund machen die Vertragsparteien bei Unternehmenskaufverträgen in besonderem Umfang von der Möglichkeit Gebrauch, etwa durch die Verwendung von Haftungsbegrenzungsklauseln die Verpflichtung zur gesetzlichen Gewährleistung abzuändern.[946] Dabei haben die Parteien die Möglichkeit, durch besonders ausführliche Ausgestaltung des Vertrags mittels konkretisierender Individualvereinbarungen die Rechtsfolgen im Falle einer Gewährleistungssituation nach ihren Vorstellungen zu gestalten.[947] Eine Anpassung der Rechtsfolgen im Gewährleistungsfall kann von den Parteien im Wege der Ergänzung oder Verände-

---

[941] Jiménez Sanchez, S. 80 ; Calvo Alfageme, AAMN 1945 (1), S. 546.

[942] Laguna Ibañez, ADC 1962 (15), 657, 685.

[943] Álvarez/ Carrasco/ Carrasco Perrera, S. 216.

[944] Calvo Alfageme, AAMN 1945 (1), S. 546.

[945] Fischer/ Fischer S. 153.

[946] Álvarez/ Carrasco/ Carrasco Perrera, S. 253, 254.

[947] Azpiazu Monteys, S. 61.

rung bestehender Regelungen vorgenommen werden. Dabei können die Parteien insbesondere auf Grundlage der bei der Due Diligence festgestellten Daten einen individuellen Haftungsrahmen festlegen. Mit einer solchen Einschränkung des Haftungsumfangs ist es möglich, die Haftungsvoraussetzungen im Sinne des Käufers an bestimmten Einheiten des Kaufgegenstands zu orientieren und damit eine geringere Relevanzschwelle als über die Anwendung des Art. 1.532 C.C. festzusetzen, gleichzeitig aber zugunsten des Käufers einen umfassenden Haftungsfall wegen eines unverhältnismäßig geringen Mangels an der Kaufsache ausschließen.

IV. Gewährung von Garantien im Unternehmenskauf

Im Unternehmenskauf nach spanischem Recht spielen neben der gesetzlich geregelten Gewährleistung auch die bei den Vertragsverhandlungen durch die Parteien abgeschlossenen Zusatzvereinbarungen eine wesentliche Rolle. Derartige Vereinbarungen, die abhängig von ihrer Ausgestaltung als einfache Verhandlungsgrundlage oder Garantie durch die Vertragspartner dem Vertragsabschluß zugrundegelegt werden können, bauen in erster Linie auf dem Informationsbedürfnis des Käufers auf. Denn je mehr der Käufer auf eine umfassende Kenntnis des Unternehmenszustands und eine entsprechende Risikogewichtung zwischen den Parteien Wert legt, desto eher wird er die Ausgestaltung der gesetzlichen Regelungen in dieser Angelegenheit für nicht ausreichend erachten und eine weitergehende Regelung der Haftungsverteilung beabsichtigen. Aus diesem Grund hängt eine individuelle Abfassung der Garantien in einem Vertrag unmittelbar mit den Zustandsbedingungen des Unternehmens zusammen, die zur Enttäuschung bestehender Erwartungen des Käufers führen können. Aus diesem Grund können im Rahmen der Vertragsverhandlungen derartige Vereinbarungen durch die Parteien in einem „Memorandum of Understanding" zur Absicherung der fortlaufenden Vertragsverhandlungen zusammengefaßt werden. Der Käufer hat damit die Möglichkeit, bereits in diesem Vertragsstadium für ihn wesentliche Faktoren des Vertrags hervorzuheben und eventuell bestehende Vertragshindernisse auszuräumen.[948] Diese Vereinbarungen können durch die Parteien später in den Vertrag aufgenommen werden. Von besonderer Bedeutung ist für den Käufer zudem, daß der Verkäufer in seine Angaben zum Unternehmen auch solche Umstände einbeziehen kann, die zwar erst nach dem Vertragsschluß eintreten, aber noch bevor das Unternehmen auf den Käufer übergegangen ist. Anderenfalls gehen in dieser Zeit eintretende Veränderungen der Kaufsache zu Lasten des Käufers.

---

[948] Álvarez/ Carrasco/ Carrasco Perrera, S. 195, 196.

1. Verpflichteter der Garantieerklärung

Ebenfalls für den Käufer von Relevanz ist die Frage, wer ihm gegenüber Verpflichtungen durch die Abgabe von Erklärungen und Garantien eingeht. Sofern es sich um einen Verkauf von Unternehmensteilen als Sachgesamtheit, also Aktivposten des Unternehmens handelt, ist die veräußernde Gesellschaft als Inhaber des betreffenden Teils auch unproblematisch als Verpflichtete der Äußerung zu qualifizieren. Diese Klarheit besteht bei einer Veräußerung über Aktienanteile in dieser Form nicht. Denn dabei ist die betroffene Gesellschaft nicht zwangsläufig beteiligt, so daß in diesen Fällen eine Verantwortung der im Rahmen des Vertragsschlusses gemachten Angaben nicht in Betracht kommt. In diesem Fall sind allein die veräußernden Aktieninhaber als Verpflichtete und Rechtsinhaber des Geschäfts zu qualifizieren.[949] Daher sind Abgrenzungsschwierigkeiten bezüglich der Verpflichtungswirkung der Angaben, wenn etwa Aktienanteile durch Verwalter des Unternehmens veräußert werden, durch eine Klarstellung des Verpflichteten zu klären. Sofern sich eine Klärung dieser Abgrenzungsfrage nicht durch den Vertrag oder aus den Umständen dessen Zustandekommens ergibt, gehen derartige Erklärungen stets zu Lasten des Verkäufers, ohne daß dabei eine Vertretungsfunktion für das veräußerte Unternehmen von Belang ist.[950] Aus Sicht des Käufers kann die Gewährung einer Garantie durch Verwalter des Unternehmens durchaus interessant sein, da diese Personen in der Regel umfassende Kenntnis aller Unternehmensumstände haben und somit ein besonderes Vertrauen in die Richtigkeit der zugrundeliegenden Angaben zu begründen ist. Die sich aus der Garantiegewährung ergebende Verpflichtung kann sich in diesen Fällen zu Lasten der Gesellschaft ergeben oder zu Lasten der Verwalter als Garantieerklärenden. Sofern der Vertrag in dieser Frage keine eindeutige Zuordnung vornimmt, ist unter Zugrundelegung des vermeintlichen Willens der Parteien und in Übereinstimmung mit der spanischen Rechtsprechung zur Gewährung von Sicherheiten durch Mitglieder der Schuldnergesellschaft von einer gemeinsamen Haftung auszugehen.[951]

2. Verschiedene Arten der Garantieerklärung

Die bei einem Unternehmenskauf gebräuchlichen Garantien lassen sich aufgrund ihrer Ausgestaltung voneinander unterscheiden. Dabei sind die vom Verkäufer abgegebenen Bekundungen hinsichtlich des Geschäftsgegenstands und deren Bindungswirkung daran zu bemessen, ob sich die Aussage auf Tatsachen oder Rechtsansichten, Wissen oder Vermutungen des Verkäufers bezieht.

---

[949] Álvarez/ Carrasco/ Carrasco Perrera, S. 197.

[950] Álvarez/ Carrasco/ Carrasco Perrera, S. 197.

[951] Álvarez/ Carrasco/ Carrasco Perrera, S. 198.

a) Erklärungen über die Vergangenheit und Gegenwart des Unternehmens

Erklärungen des Verkäufers, die sich auf Tatsachen oder Führungsentscheidungen der Vergangenheit oder Gegenwart beziehen, sind stets objektive Tatsachenerklärungen. Dies bedeutet, daß sie hinsichtlich ihres Wahrheitsgehalts und ihrer Vollständigkeit durch den Käufer überprüft werden können. Obschon derartige Angaben für den Käufer bei seinem Kaufentschluß von Bedeutung sein können, ergeben sich im Falle einer negativen Abweichung von den Angaben keine Ansprüche auf Erfüllung. Die Rechte des Käufers beschränken sich in diesen Fällen darauf, daß er eine Berücksichtigung der tatsächlichen Sachlage im Rahmen des Verpflichtungsgeschäfts durch eine Vertragsanpassung verlangen kann.[952]

Auch Erklärungen des Verkäufers über zukünftige Tatsachen oder Führungsentscheidungen bezüglich des Unternehmens können im Interesse des Käufers liegen, etwa wenn anstehende Planungen den Charakter oder die Wertigkeit des Unternehmens entscheidend verändern können. Allerdings sind derartige Erklärungen bezüglich der Zukunft des Unternehmens in Form einer Garantie in der Praxis selten zu finden, denn dabei begibt sich der Verkäufer in das Risiko einer Haftung für Umstände, die einerseits noch nicht vollständig absehbar sein können und andererseits erst nach Vollendung des Vertragsabschlusses eintreten. Damit würde der Verkäufer seinen Haftungsrahmen über die Zäsur des Vertragsschlusses hinaus zu seinen Lasten ausdehnen. Derartige Angaben des Verkäufers werden sich daher, sofern sie bei den Vertragsverhandlungen von Bedeutung sind, eher in einer zusätzlichen Vereinbarung, die erkennbar ohne oder mit stark eingeschränkter Verpflichtungswirkung formuliert ist, finden.

b) Wissenserklärungen

Gerade bei solchen Verhandlungspunkten kann für die Parteien die Vereinbarung einer Wissenserklärung des Verkäufers interessant sein. Bei dieser Erklärung sichert der Verkäufer dem Käufer zu, daß nach seinem Kenntnisstand keinerlei Umstände oder Anzeichen vorhanden sind, die negative Auswirkungen auf das Unternehmen erwarten lassen.[953] Zwar wird ohne weiteres deutlich, daß eine derartige Erklärung nicht zwangsläufig bedeutet, daß solche Belastungen tatsächlich nicht vorhanden sind. Dennoch sind für den Käufer diese Aussagen von Bedeutung, da ein gewissenhaft und ordnungsgemäß handelnder Verkäufer eine solche Wissenserklärung nur dann abgeben wird, wenn er seine Versicherung auf einen fundierten Kenntnisstand stützen kann. Aufgrund dieser wenn auch im Vergleich zu einer Garantie eingeschränkten Verbindlichkeit dieser Wissenserklärungen, sind sie doch deutlich von bloßen Meinungsäußerungen

---

[952] Álvarez/ Carrasco/ Carrasco Perrera, S. 205.

[953] Álvarez/ Carrasco/ Carrasco Perrera, S. 207.

des Verkäufers zu unterscheiden. Meinungsäußerungen begründen keinerlei Verantwortungsübernahme des Verkäufers, auch kann der Käufer bei falschen Angaben daraus nicht gegen den Verkäufer vorgehen. Allerdings ist in diesem Zusammenhang zu beachten, daß es keine „Meinung" zu Tatsachen gibt, die das Unternehmen betreffen. Derartige Äußerungen des Verkäufers stellen stets eine Beurteilung auf Basis seiner Kenntnis dar, und sind gegenüber dem Käufer verbindlich. Der Verkäufer hat insoweit nicht die Möglichkeit, sich durch die Beschränkung auf „Meinungsäußerungen" über Tatsachen seines Unternehmens seiner Verantwortung zu entziehen. Andererseits kann er seine Verantwortung aber durch die Abgabe einer Wissenserklärung hinsichtlich solcher Vertragsumstände begrenzen, die er selbst zum fraglichen Zeitpunkt noch nicht näher einschätzen kann. Als Bezugspunkt von Wissenserklärungen kommen damit insbesondere Verhandlungspunkte, die die Zukunft des Unternehmens betreffen, in Betracht.

c) „Best efforts"-Erklärungen

Eine weitere Variante der Garantien, die der Verkäufer dem Erwerber eines Unternehmens gewähren kann, sind sogenannte „best efforts"-Erklärungen. Diese Erklärungen beziehen sich inhaltlich nicht auf ein bestimmtes Ergebnis, sondern sichern vielmehr zu, daß der Verkäufer sich bezüglich der Sache förderlich verhalten hat und Anstrengungen zu ihrer Verwirklichung unternommen hat. Dabei ist zu unterscheiden, ob sich die Erklärung auf eine konkrete Sache oder den Zustand einer Sache bezieht, oder auf einen nicht klar zu umreißenden Vorgang mit Bezug auf das Unternehmen. Beziehen sich die Versicherungen des Verkäufers auf eine konkrete Sache oder ihren Zustand, so kommt dies der Erklärung einer Garantie gleich. Denn das Ergebnis läßt sich an der betreffenden Sache unmittelbar festmachen, so daß die bloße Zusicherung eines bestmöglichen Verhaltens des Verkäufers für den Erwerber nicht interessant ist. Aus diesem Grund sind „best efforts"-Erklärungen des Verkäufers auch nur für solche Themen interessant, bei denen es tatsächlich auf das Verhalten des Verkäufers ankommt und die erforderliche Information nicht anhand des Ergebnisses festgemacht werden kann.[954]

3. Inhalt der Garantieerklärungen beim Unternehmenskauf

Aufgrund der Komplexität des Unternehmenskaufs werden Garantien von den Parteien im Rahmen dieser Geschäftsabschlüsse als Zusatz zur Gewährleistung neben den gesetzlichen Regelungen vereinbart. Dies spiegelt sich auch in dem Spektrum ihrer Nutzung wieder.

Es gibt aufgrund der Tatsache, daß diese Garantien freiwillig zwischen den Parteien ausgehandelt werden, keine Vorschriften bezüglich des Garantiein-

---

[954] Álvarez/ Carrasco/ Carrasco Perrera, S. 209

halts, etwa in Form einer Mindestverpflichtung des Verkäufers. Grundsätzlich sind die Parteien in der Verfassung ihrer Garantievereinbarung somit frei. Maßgeblich für Art und Umfang der Garantieerklärungen sind deshalb allein das Informationsinteresse des Käufers und die Bereitschaft des Verkäufers, für seine Angaben gegenüber dem Käufer einstehen zu wollen. Da jedoch bei dem Erwerb eines Unternehmens immer bestimmte Fragen von besonderer Bedeutung sind, läßt sich ein gewisses Themenfeld als üblicher Garantieinhalt ausmachen.[955]

a) Angaben des Verkäufers zum rechtlichen Status des Unternehmens

Von besonderer Relevanz für den Käufer sind zunächst Angaben des Verkäufers über den rechtlichen Status des Unternehmens. Diese Angaben umfassen etwa die Ausführungen, ob das Unternehmen wirksam gegründet wurde, mit den rechtlich vorgeschriebenen finanziellen Mitteln ausgestattet ist und auch in sonstiger Hinsicht nach dem am Hauptsitz geltenden Recht ordnungsgemäß am Markt geführt wird. Ebenfalls wesentlicher Bestandteil von Garantieerklärungen sind die Angaben des Verkäufers über das bestehende Unternehmenskapital und die dem gegenüberstehenden finanziellen Verpflichtungen. Sofern es sich um eine Aktiengesellschaft handelt ist von Bedeutung, ob das Unternehmen an der Börse notiert ist. Die Erklärung, wer die Mehrheitsrechte der Aktien hält, kann ebenfalls Aufnahme in eine Garantie finden.

b) Angaben zu den Finanzen und Handelsbüchern des Unternehmens

Aufgrund ihrer Bedeutung ebenfalls im Rahmen von Garantien regelmäßig zu finden sind Angaben über die finanzielle Situation des Unternehmens. Dies umfaßt neben der aktuellen Geschäftsbilanz zum Zeitpunkt der Vertragsverhandlungen auch die Bilanzsituation in der Vergangenheit sowie eine Aufstellung der Gewinne und Verluste. Die Garantie muß sich dabei auch auf die Zusicherung erstrecken, daß die vorgelegten Bilanzen vollständig sind und in Übereinstimmung mit buchungstechnischen Grundsätzen erstellt wurden. Ebenfalls in diesen Kontext aufzunehmen sind zugunsten des Garantienehmers Angaben, daß seit der Erstellung der geltenden Bilanz zumindest nicht solche Aktiva des Unternehmens veräußert wurden, die sich auf die Unternehmensgesamtheit negativ auswirken. Schließlich finden auch Angaben, daß die bestehenden steuerlichen Verpflichtungen fristgerecht und vollumfänglich erfüllt wurden, sowie über das (Nicht-) Bestehen von Umständen, die eine Rückforderung bereits gewährter Subventionen oder sonstiger Vergünstigungen erwarten lassen, Niederschlag in diesen Garantieerklärungen. Gerade bei dem Kauf eines Unternehmens oder Unternehmensteils über den Erwerb von Aktien spielt die Vereinbarung von Garantien in diesem Zusammenhang eine wichtige Rolle. Denn der

[955] Álvarez/ Carrasco/ Carrasco Perrera, S. 199.

Erwerber von Aktien eines Unternehmens übernimmt immer auch einen Teil der Verbindlichkeiten des Unternehmens, ohne daß dies in der gleichen Deutlichkeit wie beim Kauf des Unternehmens als Sachgesamtheit hervortritt. Das Unternehmen selbst ist zwar nach wie vor unmittelbarer Schuldner dieser Verbindlichkeiten, doch die Veranschlagung derselben in den Unternehmensbilanzen wirkt sich auch auf das Eigentum des Aktienerwerbers aus. Aus diesem Grund stellen auch die Angaben über die Passiva des Unternehmens einen wesentlichen Punkt bei der Gewährung von Garantien im Rahmen eines Aktienerwerbs dar.

c) Offenlegung der bestehenden Beteiligungen

Zu einer vollständigen Charakterisierung des Unternehmens ist der Erwerber zudem auf Angaben dazu angewiesen, ob das Unternehmen durch bestehende Beteiligungen gebunden ist. Dies ist sowohl hinsichtlich aktiver Beteiligungen des Unternehmens selbst als auch bezüglich solcher Beteiligungen, die andere am Unternehmen haben, für den Käufer wichtig. Auch die Frage einer Abhängigkeit des Unternehmens aus wirtschaftlichen Gesichtspunkten ist insoweit zu nennen. Daher finden unter Umständen auch Ausführungen der bestehenden Geschäftsbeziehungen des Unternehmens mit anderen Unternehmen oder Abnehmern Aufnahme in derartige Garantien, denn sie lassen den Erwerber die bestehende wirtschaftliche Situation erkennen und geben gleichzeitig Auskunft darüber, welche Verpflichtungen durch laufende Verträge für das Unternehmen bestehen.

4. Gewährung von Garantien im Unternehmenskauf

Sowohl hinsichtlich der Vereinbarung von Garantien als auch bezüglich der Ausgestaltung der Gewährleistung fehlt für die Fälle eines Unternehmenskaufs eine spezifische gesetzliche Regelung. In ihrer Anwendung in der Praxis ähneln sich die dabei verwandten Garantien jedoch mit der geltenden gesetzlichen allgemeinen Gewährleistung. Aus diesem Grund werden auch auf die Vereinbarung von Garantien bei einem Unternehmenskauf die Regelungen des allgemeinen Zivilrechts angewandt. Mangels anderer Sonderregelungen kommen somit die gleichen Vorschriften zur Anwendung wie im allgemeinen Sachkauf nach spanischem Recht. Lediglich Sonderregelungen des Verbrauchsgüterkaufs oder sonstigen Verbraucherkaufs können in diesem Kontext keine Anwendung finden.

4. Teil: Vergleich der Regelungssysteme

Ausgehend von der nach Gemeinschaftsrecht erforderlichen Umsetzung der Verbrauchsgüterkaufrichtlinie haben zwischenzeitlich sowohl Deutschland als auch Spanien ihre Regelungssysteme an das von der Europäischen Gemeinschaft beschlossene Schutzniveau des Verbrauchers angepaßt. Diese Umsetzung ging in beiden Ländern zwangsläufig mit einer Modernisierung bzw. Aktualisierung des zugrundeliegenden Regelungswerks einher. Wie die voranstehende Untersuchung der innerstaatlichen Regelungsausgestaltung in den einzelnen Ländern erkennen läßt, sind Deutschland und Spanien bei der Richtlinienumsetzung verschiedene Wege gegangen. Deutschland hat die Umsetzung zum Anlaß genommen, eine umfassende Neustrukturierung des allgemeinen Schuldrechts vorzunehmen, in die die Richtlinie in erheblichem Umfang eingearbeitet wurde. Damit ist es gelungen, ein weitgehend einheitliches Regelungswerk für das Kaufrecht zu erhalten, daß auch dem Schutzniveau des Verbrauchsgüterkaufs gerecht wird. In Spanien hingegen wurde auf eine grundlegende Änderung des Zivilrechts verzichtet und die Richtlinie im Rahmen eines neuen Einzelgesetzes umgesetzt. Aufbauend auf die grundlegenden Regelungen des allgemeinen Zivilgesetzbuchs bestehen dort nun mehrere Sondergesetze, die für den Verbraucherschutz maßgebliche Normen enthalten. Aus diesem Grund ist in Spanien das Niveau des Verbraucherschutzes im Zusammenspiel mehrerer (teilweise parallel laufender) spezialgesetzlicher Regelungen auf Grundlage der allgemeinen C.C. -Vorschriften zu bestimmen.

Im Folgenden sollen die wesentlichen Bestandteile der Regelungsstruktur des allgemeinen Kaufs sowie des Verbrauchsgüterkaufs der beiden Länder im Einzelnen gegenüber gestellt und verglichen werden, um dabei Übereinstimmungen und Abweichungen herauszuarbeiten. Darauf aufbauend wird eine Analyse der Vor- und Nachteile der unterschiedlichen Umsetzungsmodelle vorgenommen.

A. Gewährleistungsrecht beim Kauf

Die vergleichende Untersuchung befaßt sich zunächst mit der Ausgestaltung des Gewährleistungsrechts im allgemeinen Kauf wie dem Verbrauchsgüterkauf. Als normierte Grundlage der Käuferrechte im Falle einer unbefriedigenden Vertragserfüllung handelt es sich bei diesem Bereich um ein wesentliches Fundament des Käufer- bzw. Verbraucherschutzes in beiden nationalen Regelungen.

I. Struktur des Gewährleistungsrechts

Die Umsetzung der Richtlinie hat in Deutschland zu einer grundlegenden Änderung in der Struktur des Gewährleistungsrechts geführt. Der Gesetzgeber hat die Richtlinie zum Anlaß genommen, mit dem Gesetz zur Modernisierung des Schuldrechts die bestehenden Regelungen zu vereinheitlichen. Durch die Erweiterung der vertraglichen Erfüllungspflicht ist in Deutschland nun die Anknüpfung der Gewährleistungsrechtsbehelfe an das allgemeine Leistungsstörungsrecht möglich. Diese Vereinheitlichung hat der Gesetzgeber durch Aufnahme der Verpflichtung zur Verschaffung des Kaufgegenstands in vertraglich geschuldeter Art und Weise, also ohne Mängel, nach §§ 433 iVm § 281 BGB bewirkt. Die Aufnahme der Pflichtverletzungsvorschrift des § 281 BGB als zentrale Anknüpfungsnorm auch für Rechtsfolgenregelungen des Gewährleistungsrechts war vor der Modernisierung nicht gegeben. Die Gewährleistungsvorschriften waren strikt vom allgemeinen Leistungsstörungsrecht zu trennen.

Als einzige Sondervorschrift des Gewährleistungsrechts ist in Deutschland die Minderung nach § 441 BGB übrig geblieben. Da diese Rechtsfolgemöglichkeit im Rahmen des allgemeinen Leistungsstörungsrechts keine Entsprechung findet, konnte eine Integration nicht stattfinden.

Im Gegensatz dazu hat der spanische Gesetzgeber den Umsetzungsaufwand der Richtlinie möglichst begrenzt gehalten. Durch Schaffung eines Spezialgesetzes, das sich lediglich auf den konkreten Richtlinieninhalt bezieht, werden die zugrundeliegenden Regelungen des C.C. für das allgemeine Kaufrecht nicht berührt. Damit ist im spanischen Recht nach wie vor gemäß Art. 1.461 C.C. die Verpflichtung des Verkäufers zur Übergabe des Vertragsgegenstands der Anknüpfungspunkt der Gewährleistung. Daran schließt sich ein eigenes gesetzliches System an, daß keinen Zusammenhang mit der Regelung zur Erfüllung des Vertrags aufweist. Die ebenfalls in der Regelung enthaltene Verpflichtung des Verkäufers zur Beseitigung vorhandener Mängel wird im spanischen Recht nicht als wesentliche Hauptleistungspflicht angesehen. Im spanischen Recht ist folglich, entsprechend der deutschen Rechtsausgestaltung vor der Schuldrechtsmodernisierung, das Gewährleistungsrecht unabhängig von der Frage der Erfüllung des Vertrags.

II. Mangel als zentraler Anknüpfungspunkt der Gewährleistung

Unabhängig von der Art der gesetzlichen Integration des Gewährleistungsrechts in das kaufrechtliche Regelungssystem ist in beiden Ländern der Mangel der Kaufsache der zentrale Anknüpfungspunkt der Gewährleistung zugunsten des Käufers. Gemein ist beiden Systemen darüber hinaus, daß sie zwischen einem Rechts- und Sachmangel unterscheiden. Ausgehend von diesen grundlegenden Übereinstimmungen ergeben sich bei beiden Systemen in der näheren Ausgestaltung jedoch deutliche Unterschiede.

1. Sachmangelbegriff in Deutschland und Spanien

Im Rahmen der Schuldrechtsmodernisierung hat sich in Deutschland der Begriff des Sachmangels verändert. Der Gesetzgeber hat diesbezüglich eine Neuausrichtung vorgenommen und der Gewährleistung nun einen subjektiven Fehlerbegriff in § 434 BGB zugrunde gelegt. Diese subjektive Ausrichtung des Sachmangels setzt die Vorschriften der Richtlinie um und entspricht darüber hinaus den Erfordernissen der Praxis, die bereits zuvor im Rahmen der Auslegung den subjektiven Fehlerbegriff favorisierte. Maßgebliches Kriterium zur Bestimmung eines Mangels ist danach die konkrete Vorstellung der Parteien vom Kaufgegenstand, die Inhalt des Vertrags geworden sein muß. Nur sofern aus der Vereinbarung keine Klarheit bezüglich der Sacheigenschaften erlangt werden kann, enthält die neue Regelung eine Reihe von subjektiven und objektiven Kriterien, anhand derer die Mangelhaftigkeit der Kaufsache überprüft werden kann. Diese Kriterien sind ebenfalls soweit möglich am Erwartungshorizont der Vertragsparteien, bzw. der sich daraus ergebenden Vereinbarung zur Verwendungsabsicht, ausgerichtet. Erst wenn auch danach die Frage der Mangelhaftigkeit ungeklärt ist, sind mit dem Zugrundelegen der gewöhnlichen Verwendung und üblichen Beschaffenheit vergleichbarer Sachen zwei objektive und abstrakte Kriterien zur Mangelbestimmung heranzuziehen. Als Neuheit bezieht das deutsche Kaufrecht jetzt auch Fehler bei der Montage einer Sache als Mangel der Sache selbst mit ein, obschon es sich dabei strenggenommen um eine fehlerhafte Zusatzleistung an der Sache handelt. Ebenfalls abweichend von der bisherigen Regelung wird auch die quantitative Abweichung, in Form der aliud-Lieferung wie auch der Zuweniglieferung als Sachmangel angesehen.

In Spanien ergibt sich der für das allgemeine Kaufrecht maßgebliche Sachmangelbegriff aus Art. 1.484 C.C. Der Mangelbegriff bestimmt sich grundsätzlich über objektive Kriterien, etwa die durchschnittlichen Eigenschaften der Kaufsache oder das Beschaffenheitsspektrum von vergleichbaren Sachen. Allerdings sind auch nach spanischem Recht subjektive Kriterien wie Vereinbarungen oder subjektive Motive, die im Vertrag Niederschlag gefunden haben, in die Mangelbestimmung mit einzubeziehen. Das spanische Recht sieht insoweit einen wesentlich starreren Bestimmungsrahmen vor als das deutsche Recht. Zudem wird durch die überwiegende Ausrichtung an objektiven Kriterien bei der Gewährleistung eine Distanz zu dem zugrundeliegenden Vertragsverhältnis aufrechterhalten, die sich auf die Mängelrechte des Käufers auswirkt. Darüber hinaus sieht das spanische Recht auch weiterhin für die in Rede stehenden Geschäfte des allgemeinen Kaufrechts eine Abgrenzung des Mangels von der Mengen- und der Typenabweichung vor. Derartige Fälle unterstehen nicht der Gewährleistung, sondern werden als Nichterfüllung behandelt.

2. Rechtsmangelbegriff in Deutschland und Spanien

Im Gegensatz zum Sachmangel ist im deutschen Recht der Rechtsmangel nach § 435 BGB terminologisch und sachlich weitgehend unverändert geblieben. Erfaßt werden davon weiterhin die Eviktionsfälle, das heißt die Beeinträchtigung des uneingeschränkten Genusses an der Kaufsache durch bestehende Drittrechte oder eingetragene Scheinrechte Dritter. Die Rechtsmangelfreiheit der Sache wird dabei weiterhin objektiv bestimmt.

Das spanische Recht sieht als Rechtsmangel im Sinne des Art. 1.475 C.C. ebenfalls Eviktionsfälle an, bei denen die Sache dem Käufer aufgrund rechtskräftigen Urteils wegen eines bereits vor dem Kauf bestehenden Rechts eines Dritten teilweise oder vollständig entzogen worden ist. Aus diesen Voraussetzungen ergibt sich auch für das spanische Recht eine strikte Ausrichtung des Rechtsmangels an objektiven Kriterien.

III. Spektrum der Gewährleistungsrechte nach dem Zivilgesetzbuch

Deutlicher als die Ausgestaltung des Mangelbegriffs unterscheiden sich die Regelungen der beiden Länder hinsichtlich des an die Mangelhaftigkeit der Sache knüpfenden Rechtsfolgenspektrums. Dabei ergibt sich ein grundlegender Unterschied der Landesregelungen bereits aus der Tatsache, daß im deutschen Kaufrecht hinsichtlich der Gewährleistungsrechtsfolgen nicht mehr zwischen Sach- und Rechtsmangel unterschieden wird. Aufgrund dieser Identität der Rechtsfolgen kann in der Praxis eine genaue Klärung der Mangelart unterbleiben. Dem gegenüber unterscheidet man im spanischen Kaufrecht strikt zwischen Sach- und Rechtsmangel, da die Mangelarten unterschiedliche Rechtsfolgen für den Käufer bereithalten. Auch das dem Käufer zur Verfügung stehende Spektrum an Mangelrechten unterscheidet sich in beiden Regelungssystemen in Art und Umfang voneinander.

1. Sachmangelrechte in Deutschland und Spanien

Das deutsche Recht sieht für den Fall eines Mangels ein umfassendes Spektrum an Rechten vor, die der Käufer geltend machen kann. Ausgangsnorm für diese Rechte ist die Vorschrift des § 437 BGB, die – im Falle eines Rechtsmangels mittels der Gleichstellungsvorschrift des § 453 BGB – hinsichtlich der Gewährleistungsmöglichkeiten in das allgemeine Leistungsstörungsrecht verweist. Das System der Mängelrechte ist dabei vom Gesetzgeber zweistufig ausgestaltet, wobei primär mittels Nachbesserung der Kaufsache oder Ersatzlieferung einer mangelfreien Sache durch den Verkäufer nacherfüllt werden soll, um das bestehende Vertragsverhältnis weitmöglich zu erhalten. Erst bei Fehlschlagen oder Unzumutbarkeit dieser Möglichkeiten stehen dem Käufer mit der Minderung und dem Rücktritt auch solche Rechte zu, die sich unmittelbar auf das zugrundeliegende Vertragsverhältnis auswirken. Zudem kann der Käufer nach neuer Rechtslage Schadensersatz geltend machen, wobei das Gesetz verschiedene Schadensersatzarten je nach vorliegender Schadensposition bietet. Im Gegensatz zur früher geltenden Rechtslage, die auf Arglist und die Eigenschaftszusicherung beschränkt war, kommt nun auch bei einfacher Unkenntnis des Verkäufers ein Schadensersatzanspruch in Betracht.

Das spanische Recht sieht im Unterschied dazu in den Art. 1.486 bis 1.488 C.C. ein eingeschränktes Spektrum an Möglichkeiten des Käufers vor. Der Standardfall eines Sachmangels berechtigt den Käufer demnach entweder zur Minderung oder zum Rücktritt vom Vertrag. Das Bestreben, wenn möglich das zugrundeliegende Vertragsverhältnis zugunsten der Parteien unangetastet zu lassen, ist der spanische Regelung demnach nicht zu entnehmen. Die Beschränkung der Gewährleistung auf Rechte „der zweiten Stufe“ ist insoweit von Bedeutung, als der Käufer damit keine Möglichkeit bekommt, tatsächlich sein eigentliches Vertragsziel zu erreichen. Auch die im Gesetz vorgesehene Haftungsverschärfung im Fall der Bösgläubigkeit des Verkäufers verschafft dem Verkäufer zwar einen Anspruch auf Schadensersatz, sieht aber hinsichtlich der sonstigen Rechtsmöglichkeiten keine Abweichungen vor. Eine Sonderregelung enthält das spanische Recht für den Fall des Untergangs der mangelhaften Sache. Damit derartige Fälle nicht unberechtigter Weise zugunsten des Verkäufers gehen, wird dem Käufer auch im Falle des zufälligen Untergangs nach Art. 1.487 C.C. das übliche Rechtsfolgenspektrum geboten, mit der logischen Einschränkung, daß er die Sache nicht zurückgeben muß. Selbst im Fall eines vom Käufer verursachten Untergangs der Sache steht diesem je nach Gut- bzw. Bösgläubigkeit des Verkäufers eine dem Zeitwert entsprechende Kaufpreisrückerstattung und Schadensersatz vor.

2. Rechtsmangelrechte in Deutschland und Spanien

Während sich nach deutschem Recht keine Unterschiede in den Rechtsfolgen bei Vorliegen eines Rechtsmangels ergeben, sieht das spanische Kaufrecht in den Vorschriften der Art. 1.477 bis 1.478 C.C. eigenständige Regelungen für die Gewährleistung bei einem Rechtsmangel vor. Dabei zeigt sich, daß die Eviktionshaftung des Verkäufers nach spanischem Recht als umfassende Schadensersatzzahlung ausgestaltet ist, durch die dem Käufer der entstandene Eigentumsverlust ausgeglichen werden soll. Daher kann der Käufer in diesen Fällen neben dem Sachwert zum Zeitpunkt des Rechtsmangels auch den Wert von Früchten und Erträgen aus der Sache, sowie entstandene Prozeß- und Vertragskosten ersetzt verlangen. Im Falle der Bösgläubigkeit des Verkäufers ergibt sich in Parallele zum Sachmangel eine Haftungsverschärfung, die dem Käufer zudem sonstige Aufwendungen zum Zwecke des Sacherwerbs und Aufwendungen, die zwar nicht notwendig aber doch wertsteigernd sind, zusprechen läßt. Allerdings geht aus Art. 1.477 C.C. hervor, daß die Gewährleistung durch individuelle Vereinbarung der Parteien begrenzt und ausgeschlossen werden kann. Je nach Kenntnisstand des Käufers von der potentiellen Mangelhaftigkeit der Sache, ist der Verkäufer bei einem derartigen einfachen oder qualifizierten Verzicht allenfalls zum Ersatz eines dem Zeitwert entsprechenden Kaufpreisanteils verpflichtet.

IV. Verbrauchsgüterkauf in Deutschland und Spanien

Bei den Sonderregelungen für den Verbrauchsgüterkauf ist beiden Ländern gleich, daß der Anwendungsbereich per Definition klar eingegrenzt ist. Ein Verbrauchsgüterkauf liegt demnach in beiden Ländern vor, wenn es sich um ein Geschäft zwischen einem Verkäufer und einem Verbraucher handelt, bei dem eine bewegliche Sache zum privaten Gebrauch, also in nicht kommerzieller Weiterverwendungsabsicht, erworben wird. Identisch ist beiden Regelungen zudem die Erfassung möglicher Geschäftsgegenstände, wonach es sich ausschließlich um bewegliche Sachen handeln darf, gleich ob sie neu oder gebraucht sind. Dabei werden bestimmte Güter teilweise aufgrund ihres Charakters, teilweise wegen der Art des Geschäfts von den Regelungen ausgeschlossen. Von dieser Ausnahme betroffen sind z.B. Gas, Wasser und Elektrizität – wobei der auf Kleinmengen in Behältnissen begrenzte Verkauf von Gas und Wasser wiederum erfaßt wird – sowie der Erwerb von Sachen bei öffentlichen Versteigerungen bei Anwesenheit des Käufers. Obschon die Ausgestaltung des

Verbraucherschutzes beider Länder damit in ihren Grundzügen identisch ist, sind beide Länder bei der weitergehenden Umsetzung der Schutzvorschriften verschiedene Wege gegangen.

1. Ausgestaltung im deutschen Recht

Das deutsche Recht kann sich zur Bestimmung des Verbrauchsgüterkaufs auf die bereits im Gesetz mit §§ 13 und 14 BGB vorhandenen Legaldefinitionen von Verbraucher und Unternehmer sowie die weitgehende Vereinheitlichung des Schutzniveaus stützen. Aus diesem Grund war es dem Gesetzgeber möglich, sich auf die Darstellung der wenigen verbleibenden Sonderregelungen zu beschränken. Zunächst stellt § 475 BGB klar, daß eine den Verbraucher in seinen Rechten beschneidende Vereinbarung, sofern sie vor dessen Kenntnis der Gewährleistungsumstände erfolgt, unwirksam ist. Das Gesetz manifestiert damit noch einmal den Schutzgedanken, der insbesondere eine Nichtigkeit des Vertrages ausschließt, da dies zum Nachteil des Verbrauchers gehen könnte. Ebenfalls bedeutsam ist die gesetzlich angeordnete Beweislastumkehr des § 476 BGB, die durch ihre gesetzliche Vermutung hinsichtlich einer anspruchsbegründenden Mangelhaftigkeit der Sache, dem Verbraucher die Rechtsdurchsetzung erheblich erleichtert. Das Haftungsspektrum wird für den Verbraucher im deutschen Recht allerdings nicht erweitert.

2. Ausgestaltung im spanischen Recht

Im Gegensatz dazu bestehen in Spanien Unterschiede im Haftungsspektrum zwischen dem allgemeinen Kauf und dem Verbrauchsgüterkauf. Da das allgemeine Zivilrecht des C.C. den Verbrauchsgüterkauf nicht kennt und sich der spanische Gesetzgeber bei der Richtlinienumsetzung für ein Spezialgesetz entschieden hat, mußte er sämtliche Voraussetzungen und Rechtsfolgen abschließend in diesem Gesetz regeln. Das Garantiegesetz (LGVBC) enthält daher ein Regelungskonzept mit Voraussetzungen, Schutzbestimmungen und Rechtsfolgen, das im Wesentlichen parallel zu den deutschen Verbraucherschutzbestimmungen verläuft, sich dabei aber deutlich von den allgemeinen Regelungen des spanischen Rechts unterscheidet. Aus diesem Grund geht das Garantiegesetz als Regelungsgrundlage für den Verbrauchsgüterkauf den allgemeinen Vorschriften vor; sofern sich Überschneidungen zu anderen Spezialregelungen ergeben, wird der Verbraucher durch das Gesetz auf die einmalige Geltendmachung seiner Ansprüche begrenzt. Der Ausgestaltung im Einzelnen vorangestellt ist dem Gesetz die Bestimmung des Verkäufers und Verbrauchers als Definition der Vertragsparteien.

a) Mangelbegriff im Verbraucherschutzrecht

Bereits der Anknüpfungspunkt des spanischen Verbraucherschutz-Gewährleistungsrechts unterscheidet sich erheblich von den allgemeinen gewährleistungsrechtlichen Vorschriften. Der Mangelbegriff ist nach dem

LGVBC als eine fehlende Übereinstimmung mit der Vertragsvereinbarung definiert. Wie auch im deutschen Recht ist damit eine Ausweitung des Mangelbegriffs verbunden, denn unter Einbeziehung der Parteivereinbarung sind damit auch im spanischen Verbrauchsgüterkauf die subjektiven Bezugspunkte im Vertrag maßgeblich für die Rechtsfolgen. Die Neuregelung des Mangelbegriffs geht dabei auch im Umfang über die Normen des C.C. hinaus, da sie auch die Mengen- und Typenabweichung, die zuvor als aliud gleich einer Nichterfüllung behandelt wurden, erfaßt. Eine Legaldefinition des Mangels enthält das Gesetz zwar nicht, doch wird über einen Katalog verschiedener Voraussetzungen eine individuelle Überprüfung der Übereinstimmung ermöglicht. Die Prüfkriterien entsprechen dabei denen des deutschen Rechts, wobei auch hier ein Schwerpunkt auf der Einbeziehung von Werbeangaben in die Vertragsvereinbarung liegt. Gleichzeitig dazu erfolgt auch eine Ausweitung des relevanten Personenkreises, denn neben dem Verkäufer verpflichtet sich der Handelsvertreter wie der Produzent gleichermaßen mit ihren Angaben zur Haftung. Parallel zum deutschen Recht kann eine derartige Haftungsverpflichtung nur in abschließend geregelten Ausnahmekonstellationen entfallen. Ebenfalls neu im Zusammenhang mit der Mangelbestimmung einer Sache und identisch zum deutschen Recht, ist die Einbeziehung der fehlerhaften Montage in den Kreis der haftungsauslösenden Voraussetzungen. Entsprechend der allgemeinen Regelung, aber im Einzelnen genauer geregelt ist schließlich die Frage des Haftungsausschlusses, wobei diese auf leichtfertige Unkenntnis, positive Kenntnis des Käufers oder ein anderweitiges Verschulden dessen begrenzt bleibt.

b) Rechtsfolgenspektrum im Verbraucherschutzrecht

Neben dem Mangelbegriff als Anknüpfungspunkt der Gewährleistung hat sich durch das LGVBC auch das Spektrum der dem Käufer zustehenden Rechte im Vergleich zu den Möglichkeiten des C.C. erheblich erweitert. Wie im deutschen Recht ist das Spektrum nach den Regelungen der §§ 4 bis 8 LGVBC auf zwei Stufen unterteilt, so daß auch im spanischen Verbraucherschutzrecht mit der Mängelbeseitigung oder Ersatzlieferung zunächst die Erfüllung des ursprünglichen Vertragsziels zugunsten des Käufers angestrebt wird. Erst wenn diese Möglichkeiten fehlgeschlagen sind, sieht das Gesetz mit der Minderung und dem Rücktritt die bereits aus dem allgemeinen Kaufrecht bekannten Rechtsbehelfe vor, allerdings mit dem Unterschied, daß der Minderungsbetrag nicht durch einen Sachverständigen festgelegt, sondern nach einem festgelegten Berechnungsschema ermittelt wird.

V. Regreßmöglichkeiten

Neu aufgenommen wurde in die Regelungssysteme in Deutschland und Spanien die Möglichkeit, auch Mitglieder der Beschaffungskette jenseits des konkreten Vertragsverhältnisses in die Haftung mit einzubeziehen. In beiden Ländern geht diese Regelungsausnahme, die ausschließlich im Verbrauchsgüterkauf gilt, unmittelbar auf die Richtlinie zurück. Die Regelung soll den Eintritt einer Regreßfalle zu Lasten desjenigen, der die gesetzliche Haftung gegenüber dem Verbraucher übernimmt, verhindern. Trotz der gleichen Ausgangslage haben die Länder bei der Umsetzung unterschiedliche Wege gewählt.

1. Haftungsrückgriff und Haftungsdurchgriff

Im deutschen Recht ist die Regelung zur Verhinderung einer Regreßfalle in § 478 BGB aufgenommen worden. Sie gewährt dem Letztverkäufer, der gegenüber dem Verbraucher haften mußte, einen Rückgriffsanspruch gegenüber seinem Lieferanten. Durch diese Regelung geht der Erstattungsanspruch innerhalb der gesamten Lieferkette bis zu demjenigen, der den haftungsauslösenden Mangel verursacht hat. Um dieses Ziel zu erreichen hat der Gesetzgeber eine Reihe von Besonderheiten angeordnet, aufgrund derer der Haftende etwa unmittelbar gegen seinen Lieferpartner mit Sekundärrechten vorgehen kann, ohne daß es der sonst notwendigen Frist bedarf. Zugleich unterstützt ihn eine gesetzliche Vermutung, daß es sich bei einem Mangel innerhalb der ersten sechs Monate um einen haftungsbegründenden anfänglichen Mangel handelt. Schließlich wird auch die Dispositionsfreiheit innerhalb der Lieferkette zum Schutz des Regreßnehmenden eingeschränkt.

Im spanischen Recht hat der Gesetzgeber in Art. 10 LGVBC eine weiter reichende Regelung zum Schutz des Verbrauchers in das Gesetz aufgenommen. Diese Norm tritt dem Problem einer Regreßfalle bei der Gewährleistung gegenüber einem Verbraucher auf zwei verschiedenen Arten entgegen. Einerseits wird dem Käufer die Möglichkeit einer unmittelbaren Inanspruchnahme des Produzenten oder eines anderen Haftungsverantwortlichen gegeben. Dies gilt nach Art. 10 Satz 1 LGVBC für den Fall, daß ihm die Inanspruchnahme seines Vertragspartners unmöglich oder unzumutbar ist. Andererseits hat das Gesetz in Art. 10 Satz 4 LGVBC eine Vorschrift aufgenommen, die dem Erbringer der Haftungsleistung gegenüber dem Verbraucher in einem Zeitraum von einem Jahr, die Möglichkeit zum Regreß gegenüber dem eigentlich Haftungsverantwortlichem einräumt. Als Verantwortlicher im Sinne dieser Regelung gilt neben dem Produzent auch der Verkäufer, so daß sämtliche Personen, die im Zusammenhang mit der Sache Einfluß auf den Käufer genommen haben, erfaßt werden. Im Unterschied zum deutschen Recht läßt die spanische Regelung den Direktzugriff des Regreßnehmers auf den Haftungsverantwortlichen zu. Dadurch wird zwar das bestehende Haftungssystem innerhalb der einzelnen Vertragsbeziehungen aufgebrochen, doch erlaubt dies dem Regreßnehmer eine zeitnahe und unproblematische Befriedigung, ohne daß noch weitere Personen zwischengeschaltet werden müssen. Mit dieser Ausgestaltung des Regresses paßt der spanische Gesetzgeber den Haftungsrückgriff im Verbrauchsgüterkauf der bereits bestehenden Regelung des Produkthaftungsgesetzes an.

2. Schutzwirkung der verschiedenen Systeme

Obschon die Regelungen beider Länder unterschiedlich ausgestaltet sind, bewirken sie eine Haftungsverlagerung auf denjenigen, der den Mangel tatsächlich zu verantworten hat. Dies ist bei Produkten der Massenherstellung in der Regel der Produzent. Spanien geht einen Schritt weiter und ermöglicht unter besonderen Voraussetzungen die unmittelbare Inanspruchnahme des Herstellers, wodurch sich im Einzelfall die Notwendigkeit eines Regresses vermeiden läßt. Die unterschiedliche Vorgehensweise hat zwangsläufig Auswirkungen auf die Haftungsrechte des Verbrauchers. Während er gegenüber seinem Vertragspartner sämtliche Rechte geltend machen kann, muß sich das Wahlrecht des Verbrauchers bei der unmittelbaren Inanspruchnahme des Herstellers mangels eines zugrunde liegenden Vertragsverhältnisses auf die Nachlieferung oder Reparatur beschränken. Im Rahmen der Regreßhaftung hat der in Haftung Genommene allerdings die Möglichkeit, die von ihm verlangte Leistung selbst wieder einfordern zu können. Dieses Rechtsfolgespektrum ist im deutschen Recht wegen der Einhaltung der Vertragsverhältnisse unproblematisch, im spanischen Recht ist es ebenso zu bejahen. Anderenfalls würde der Zweck der Vermeidung einer Regreßfalle im Wege des Haftungsdurchgriffs nicht zu erreichen sein.

VI. Verjährungsregelungen

Bei der Ausgestaltung der Verjährung bestehender Gewährleistungsansprüche sind beide Länder ebenfalls verschiedene Wege gegangen. Die unterschiedliche Ausgestaltung der jeweiligen Schutzregelungen führt insoweit auch zu Unterschieden bei der Verjährung.

So hat der Gesetzgeber in Deutschland mit der Sonderregelung des § 438 BGB ein einheitlich geltendes Spektrum von verschiedenen Fristen ins Gesetz aufgenommen, das unabhängig vom konkreten Gewährleistungsanspruch gilt. Die Länge der Verjährungsfrist variiert danach abhängig vom Gegenstand des Geschäfts. Grundsätzlich beträgt die gesetzliche Mindestfrist für Gewährleistungsansprüche ab Übergabe der Sache bei Neuwaren zwei Jahre, bei Gebrauchtwaren ein Jahr. Um vor Haftungsfallen durch unterschiedliche Verjährungsfristen zu schützen, hat der Gesetzgeber von dieser Regelung für die Eviktionshaftung bei Grundbuchrechten und Bauwerken/ Baumaterial Ausnahmen gemacht. In diesen Fällen bedurfte es für die Aufrechterhaltung der Rückgriffsrechte einer Anhebung der Fristen auf 30 Jahre bei der Eviktion, bzw. fünf Jahren bei Bauwerken. Der Fristablauf kann dabei durch Ausübung der Rechte seitens des Käufers gehemmt werden. Im Falle der Arglist gilt im Übrigen, sofern die Sonderfristen nicht länger laufen, die allgemeine Verjährungsfrist von drei Jahren ab Kenntnis des Käufers.

In Spanien gibt es keine einheitliche Verjährungsregelung der Gewährleistungsansprüche. Die unterschiedliche Ausgestaltung der Gewährleistungsrechte im allgemeinen Kaufrecht und die des Verbrauchsgüterkaufs setzen sich in einer unterschiedlichen Ausgestaltung der jeweiligen Verjährungsregelung fort. Dabei ist wiederum festzustellen, daß gerade bei der Verjährung der Verbraucheransprüche Regelungsparallelen zum deutschen Recht festzustellen sind. Demgegenüber weicht die Verjährung des allgemeinen Kaufrechts von dieser Ausgestaltung ab. Für diese Geschäfte sieht Art. 1.490 C.C. eine grundsätzliche Fristdauer von sechs Monaten ab Übergabe der Kaufsache vor. Diese Frist ist als Verwirkungsfrist ausgestaltet und kann bei Gutgläubigkeit des Verkäufers individuell verändert werden.

Davon zu unterscheiden ist die Verjährungsregelung des Verbrauchsgüterkaufs, die in Art. 9 LGVBC verschiedene Arten von Fristen aufstellt. Dazu regelt die Vorschrift neben der eigentlichen Gewährleistungsfrist mit einer Mindestdauer von zwei Jahren, bzw. bei gebrauchten Gütern von einem Jahr, eine Geltendmachungsfrist von drei Jahren, in denen dem Verbraucher die Durchsetzung seiner Rechte möglich ist, sowie schließlich eine Mitteilungsfrist, binnen der der Käufer seine Mangelkenntnis anzeigen muß. Der Haftungsanspruch des Käufers unterliegt damit Verjährungsvoraussetzungen, die das deutsche Recht nicht kennt. Von besonderer Bedeutung sind dabei im spanischen Recht die Auswirkungen der Gewährleistungsmaßnahmen auf den Fristverlauf. Dazu enthält das Gesetz in Art. 6 LGVBC Sonderregelungen, die sich auf die Mängelansprüche der ersten Stufe beziehen und eine Hemmung der Fristen anordnen, um dem Käufer auch weiterhin seine Rechte zu erhalten.

B. Garantien im Kaufrecht

In beiden Ländern ist die Gewährung von Garantien im Kaufrecht von erheblicher Bedeutung. Dieses Instrument hat sich in der Rechts- und Geschäftspraxis der beiden Länder durchgesetzt, da es den Vertragsparteien eine individuelle Ausgestaltung des Vertrags auch hinsichtlich der erforderlichen Sicherheiten im Falle eines Mangels ermöglicht. Durch die Entwicklung des Instruments in der Praxis haben sich in beiden Ländern im Detail unterschiedliche Ausgestaltungen herausgebildet.

I. Allgemeiner Garantiebegriff

In Deutschland wie in Spanien gab es lange Zeit keine gesetzliche Anbindung der im Rechtsverkehr genutzten Garantie. Aus diesem Grund gibt es in den Gesetzen beider Länder keine grundlegende Legaldefinition der Garantie, vergleichbar etwa mit der Bestimmung des Mangelbegriffs. Durch die Anwendung in der Praxis hat der Begriff der Garantie allerdings einen feststehenden Bedeutungsumfang angenommen, der als Definitionsgrundlage anzusehen ist. Danach ist in beiden Ländern das kostenfrei gewährte vertragliche Versprechen, für einen bestimmten Erfolg einzustehen oder ein bestimmtes Schadensrisiko zu übernehmen, als Garantie anzusehen. Mit Umsetzung der Richtlinie haben beide

Länder an diesen bisherigen Garantiebegriff angeknüpft und die einzelnen Garantieformen der Praxis in eine gesetzliche Fassung gebracht.

II. Ausgestaltung der Garantie als Instrument des Verbraucherschutzes

Da es sich bei der Garantie um ein wichtiges Instrument des Käuferschutzes handelt, wurde die Garantie als Bestandteil des Verbrauchsgüterkaufs in die Richtlinie aufgenommen und damit eine nationale Umsetzung des Instruments im Verbraucherschutz gefordert. Die rechtlich fixierte Ausgestaltung der Garantie soll unter anderem dazu beitragen, die in beiden Ländern häufig anzutreffende Verwechslung oder Gleichsetzung der Garantie mit der gesetzlichen Gewährleistung zu unterbinden. Während das deutsche Recht nunmehr eine Garantie im Bereich des allgemeinen Kaufrechts ebenso kennt, wie - mit besonderen Ausgestaltungen - im Verbrauchsgüterkauf, hat das spanische Recht die gesetzliche Ausgestaltung der Gewährung von Garantien auf den Verbrauchsgüterkauf beschränkt.

1. Selbständige Garantien

Die selbständigen Garantien haben sich in beiden Ländern bereits vor einer gesetzlichen Anbindung der Garantie als Mittel der Leistungsabsicherung im Kaufvertrag entwickelt. Das rechtliche Fundament war dabei die zwischen den Parteien des Kaufvertrags bestehende Vertragsfreiheit. Diese ermöglichte es, mittels eines gesonderten Vertrags eigene Voraussetzungen und Rechtsfolgen für den Fall, daß das vereinbarte Vertragsziel nicht erreicht würde, festzulegen. Damit konnten die Parteien darauf reagieren, daß die bestehenden Regelungen der Gewährleistung als nicht zufriedenstellend für das von ihnen vorzunehmende Geschäft empfunden wurden. In Deutschland und Spanien ist die Übernahme einer Garantie mittels eines selbständigen Vertrags nach wie vor möglich, bei Gewährung durch einen Dritten sogar zwingend notwendig. Neben der reinen gesetzlichen Anbindung sind Veränderungen in der inhaltlichen Ausgestaltung sowie ihrer rechtlichen Einordnung dabei in Deutschland nicht erfolgt. In Spanien ergeben sich Unterschiede aufgrund der Fokussierung der gesetzlichen Regelung auf den Verbrauchsgüterkauf. Die vollkommen losgelöste Form der Garantie hat aber durch die gesetzliche Anbindung entscheidend an Geltungseinfluß verloren.

2. Garantie als Gegenstand der Richtlinienumsetzung

Neben der gesetzlichen Verankerung der selbständigen Garantie hat die Umsetzung der Richtlinie in beiden Ländern auch zu einer detaillierten Ausgestaltung anderer Garantieformen geführt. Während Spanien den Regelungsbereich der Garantien in erster Linie im Verbrauchsgüterkauf sieht und daher die Ausgestaltung auf diesen Bereich begrenzt, enthält das deutsche Recht Garantiebestimmungen auch für das allgemeine Kaufrecht, die für den Verbrauchsgüterkauf um Sondervorschriften ergänzt werden. Dabei unterscheidet sich die Regelungslage im deutschen Recht ferner dadurch von der spanischen Normierung, daß sie genauer zwischen einzelnen Garantietypen differenziert.

a) Beschaffenheits- und Haltbarkeitsgarantien in Deutschland

In Deutschland wurden neben der angesprochenen selbständigen Garantie noch zwei weitere Garantietypen im Einzelnen gesetzlich geregelt, die als Modifikationen des Kaufvertrags gegenüber dem Käufer eingegangen werden. Es geht bei diesen Garantien nicht um die Schaffung eines eigenen Regelungssystems, sondern um eine Umgestaltung der gesetzlichen Rechte nach den Vorstellungen der Parteien. Maßgeblich dabei ist lediglich, daß die gesetzlichen Rechte nicht unterlaufen werden dürfen, die Art und Weise der Anpassung der Rechte an die Vorstellung ist allerdings Sache der Parteien. Die beiden nun ins Gesetz aufgenommenen Garantietypen betreffen als Beschaffenheitsgarantie des § 443 Abs.1 Alt. 1 BGB zum einen das Vorliegen der vereinbarten Eigenschaften zum relevanten Zeitpunkt, zum anderen als Haltbarkeitsgarantie des § 443 Abs.1 Alt. 2 BGB die Zusicherung, daß die Kaufsache innerhalb einer bestimmten Nutzungsdauer mangelfrei bleibt.

Diese als unselbständige Garantien bezeichneten Vereinbarungen sind nicht ausdrücklicher Regelungsgegenstand des spanischen Rechts. Allerdings ist festzustellen, daß die Inhalte einer derartigen Garantie auch im spanischen Recht vereinbart werden können. Denn die Gewährleistungsvorschriften des allgemeinen Kaufrechts, etwa Art. 1.475 C.C, unterstellen die Haftungsverpflichtung zumindest beim gutgläubigen Verkäufer dem Parteiwillen, so daß auch nach spanischem Recht eine Modifikation der Gewährleistung möglich ist. Zwar ist dabei der Modifikationsspielraum weiter, da auch Veränderungen zu Lasten des Käufers möglich sind, doch besteht für die Fälle einer teilweisen Einschränkung oder Veränderung der Rechte eine Parallele zu den deutschen unselbständigen Garantien.

b) Garantien als Gegenstand von Sonderbestimmungen

Für die Ausgestaltung der Garantien im Verbrauchsgüterkauf war im deutschen Recht aufgrund der Regelung im allgemeinen Kaufrecht keine ausführliche Regelung erforderlich. Der Gesetzgeber konnte sich in § 477 BGB auf eine Festlegung formeller Voraussetzungen beschränken, die einen höheren Informationsgrad und damit einen besonderen Schutz des Verbrauchers sicherstellen. Darüber hinaus stellte der Gesetzgeber klar, daß ein Verstoß gegen zwingende Voraussetzungen nicht zu einem Totalverlust an Garantierechten des Verbrauchers führen dürfe.

Hier ist ein weiterer wesentlicher Unterschied zu der Garantieumsetzung nach dem Richtlinienvorbild in Spanien auszumachen. Neben der Tatsache, daß in Spanien die Gewährung einer gesetzlich ausgestalteten Garantie auf Fälle des Verbrauchsgüterkaufs beschränkt bleibt, sind sämtliche Regelungen von Garantiebestandteilen in Sondergesetzen enthalten. Eine Verankerung im C.C. ist auch bei Umsetzung der Richtlinie nicht vorgenommen worden. Die gesetzliche Regelung einer Garantie gibt es im spanischen Recht schon erheblich länger als in Deutschland. Erstmals mit Inkrafttreten des Verbraucherschutzgesetzes im Jahr 1984 wurde mit der Norm des Art. 11 LGDCU die Regelung einer Verbraucherschutzgarantie vorgenommen. Im Jahr 1996 wurde mit Art. 12 LOCM auch im Einzelhandelsgesetz eine Regelungsausgestaltung vorgenommen. Obschon diese Regelung in einem anderen Gesetz erfolgte und keinerlei Bezug auf die Garantie des LGDCU enthält, handelt es sich um eine Ergänzung dieser Verbrauchergarantie, die dazu diente, den detailliert ausgestalteten Art. 11 LGDCU in einigen Punkten zu ergänzen, bzw. durch neue Vorschriften zugunsten des Käufers zu erweitern. Mit Umsetzung der Richtlinie hat der spanische Gesetzeber ein drittes Mal mit dem LGVBC ein Sondergesetz erlassen, daß die Ausgestaltung einer Garantie zum Schutz des Verbrauchers enthält. Die darin enthaltene Regelung der Garantie ist eine eigenständige Normierung einer Verbrauchergarantie. Diese Regelung enthält wie die Normen der beiden anderen Gesetze eine detaillierte Ausgestaltung der Garantie, ohne dabei aber Bezug auf die weiteren spanischen Regelungen zu nehmen. Da sich das Regelungsspektrum weder hinsichtlich sämtlicher Voraussetzungen, noch bezüglich der daraus resultierenden Rechte vollständig deckt, ergibt sich im Regelungsbereich der Garantien die Situation einer weitgehenden Parallelität mit einigen, dafür aber deutlichen Unterschieden. Grundsätzlich gemeinsam und darin auch identisch zur Garantieausgestaltung im deutschen Verbrauchsgüterkauf ist die zwingende Verpflichtung zur Einhaltung bestimmter formeller Voraussetzungen. Diese Verpflichtung dient dazu, den Verbraucher vor Unklarheiten hinsichtlich der Struktur der ihn schützenden Rechte sowie des Verpflichtungsinhalts der Garantie zu schützen. Konkrete Mindestrechte oder eine anderweitige Beeinflussung des Garantieinhalts sieht das Gesetz nicht vor, da es sich ohnehin um einen Zusatz zu den gesetzlichen Rechten handelt. Die Unterschiede bestehen daher bei der Garantie nach dem LGVBC weniger im Vergleich zur deutschen Regelung, als vielmehr im innerspanischen Regelungsbereich zu den anderen Garantienormen. Dies tritt vor allem bei Garantien für langlebige Güter zu Tage, denn für diese sieht das LGVBC nur ein zwingendes Schriftformerfordernis vor, nicht aber unterschiedliche Rechtsfolgen. Demgegenüber beinhalten Art. 11 LGDCU und Art. 12 LOCM die Verpflichtung des Verkäufers zu nachvertraglichem Service und der Vorhaltung von Ersatzteilen. Diese Regelungsdifferenzen treten im spanischen Recht auf, weil die Verbraucherschutzgarantie nach Art. 11 LGVBC eigentlich die Vorgängerregelungen ablösen müßte. Diese Wirkung sieht das Gesetz aber nicht vor, ein zwingender Geltungsverlust nach dem lex posterior-Grundsatz kommt jedoch aufgrund der aufgezeigten inhaltlichen Differenz ebenfalls nicht in Betracht.

3. Verjährungsregelungen

Auch bei der Regelung der Verjährung von Ansprüchen aus einer Garantie bestehen in der Umsetzung in Deutschland und Spanien Unterschiede. Grundsätzlich kann die Verjährung der Ansprüche wie der gesamte Inhalt der Garantien von den Parteien individuell geregelt werden. Zu beachten ist jedoch, daß in den Fällen einer Garantiegewährung zwischen der Garantiefrist und der Verjährungsfrist der Ansprüche aus der Garantie zu unterscheiden ist. Sofern es an einer konkreten Ausgestaltung dieser Fristen fehlt, sind nach deutschem Recht beide gleichzusetzen. Sofern allerdings von den Parteien auch eine Vereinbarung über die Dauer der Verjährung fehlt, so ist bei der Anwendung der generellen Verjährungsregelungen danach zu unterscheiden, ob es sich um selbständige oder unselbständige Garantien handelt. Im Falle der selbständigen Garantien richtet sich die Verjährung nach der Vorschrift des § 195 BGB, die eine Frist von drei Jahren vorsieht. Bei unselbständigen Garantien wird nach überzeugender Ansicht für die Frist aufgrund des unselbständigen Charakters und der insoweit vergleichbaren Regelungslage eine Analogie zur Vorschrift des § 438 BGB angewandt, so daß eine Dauer von zwei Jahren gegeben ist.

Vor derartigen Anbindungen an allgemeine gesetzliche Verjährungsregelungen hat der spanische Gesetzgeber Abstand genommen. Auch in Spanien ist die Vereinbarung einer Verjährungsfrist dem Parteiwillen unterworfen, doch hat sich im spanischen Recht für die Garantie des LGDCU bzw. LOCM eine Mindestfrist von sechs Monaten herausgebildet. Obschon die gesetzliche Regelung dafür selbst keinen Anhaltspunkt gibt, gilt diese Frist in Analogie zu der Regelung des Art. 1.490 C.C. für den notwendigen Zeitraum, um eine sinnvolle Ausübung von Käuferrechten überhaupt zu ermöglichen. Auch bei der Umsetzung der Garantie nach dem LGVBC hat der Gesetzgeber auf die Festlegung einer Verjährungsfrist verzichtet. Dies geschah bewußt, um durch den Wettbewerb des Marktes eine verbrauchergünstige Fristgestaltung herausbilden zu lassen. Die in Spanien übliche Fristdauer beträgt zwischen einem und drei Jahren, so daß die Regelungen beider Länder zu sehr ähnlichen Ergebnissen kommen. Allerdings sieht die spanische Ausgestaltung mit Art. 11 Abs. 3 LGVBC eine weitere Frist vor, die der deutsche Gesetzgeber nicht in das nationale Recht aufgenommen hat. Es handelt sich dabei um eine Frist zur Durchsetzung bestehender Garantieansprüche. Die Regelung, die einen Zeitraum von sechs Monaten ab dem Ende des Garantiezeitraums vorsieht, zieht eine Parallele zu der Ausgestaltung der Gewährleistungsregelung im Verbrauchsgüterkauf, die eine gleichgeartete Frist enthält. Wie in dortigem Kontext soll diese Frist auch bei der Garantie eine zunehmende Entwertung der Ansprüche mit fortschreitendem Fristablauf verhindern.

4. Beweislastverteilung

Hinsichtlich der Beweislastverteilung gilt im deutschen wie im spanischen Recht weitgehend der allgemeine Grundsatz, nach dem jeder das ihm Günstige darlegen und beweisen muß. Insoweit haben die Gesetzgeber der beiden Länder die Gewährung einer Garantie nicht zwangsläufig mit einer vollständigen Entlastung des Käufers bzw. Verbrauchers bezüglich des Nachweises seiner Anspruchsvoraussetzung verknüpft. Allerdings wurden in die Regelungen an entscheidenden Stellen zu einzelnen Voraussetzungen Beweislastumkehrungen in das Gesetz aufgenommen. Die Regelungen beider Länder gehen damit in diesem gerade für die Praxis wesentlichen Punkt eines Garantieanspruchs einen identischen Weg. Dadurch wird dem Käufer der Nachweis seiner Rechte erheblich erleichtert und sein Schutzbereich erhöht, ohne daß eine grundsätzliche Spezialregelung erforderlich wäre. Zudem wird der Verbraucher durch die erhöhten Anforderungen an das Schriftlichkeitserfordernis, die ihm den Nachweis der einzelnen Bedingungen erleichtern, geschützt.

C. Käuferrechte im Unternehmenskauf

Der Bereich des Unternehmenskaufs stellt in beiden Ländern den Haupteinsatzbereich für Garantien dar. Denn gerade in diesem Bereich stellen sich die Regelungen der Gewährleistung in beiden Ländern aufgrund der Komplexität und Eigenart dieser Geschäfte als nicht zufriedenstellend dar. Da in Deutschland wie in Spanien eine spezifische Regelung des Unternehmenskaufs nicht besteht, sind grundsätzlich die Regelungen des allgemeinen Kaufrechts auf den Unternehmenskauf anzuwenden.

I. Rechtliche Einordnung des Unternehmenskaufs

Ein Unterschied in der rechtlichen Behandlung des Unternehmenskaufs zwischen Deutschland und Spanien besteht darin, daß im Gegensatz zu Deutschland, wo die Einordnung in den allgemeinen zivilrechtlichen Kauf eindeutig ist, in Spanien sowohl eine Zuordnung zum zivilrechtlichen Kaufrecht wie auch zum handelsrechtlichen Kauf vertreten wird. Allerdings schlagen für die daraus resultierenden Regelungsfolgen beide Länder einen einheitlichen Weg ein, denn auch die spanischen Vertreter der Zuordnung zum Handelsrecht wenden für den Fall einer Gewährleistung mangels anderweitiger Spezialregelungen die allgemeinen Vorschriften des zivilrechtlichen Kaufs an.

In beiden Ländern gleich geregelt sind hingegen die Arten des Unternehmenskaufs. Demnach kann ein Unternehmen als Sachgesamtheit, als sog. Asset Deal, oder über die Veräußerung von Anteilen, als sog. Share Deal, verkauft werden. Bei der Durchführung des Geschäfts sind die jeweils einschlägigen Formerfordernisse einzuhalten. Zudem ist darauf zu achten, daß bestehende Funktionseinheiten, die den Charakter des Unternehmenskaufs prägen, nicht zerstört werden.

II. Gewährleistung im Unternehmenskauf

Die in beiden Ländern bestehende Unterscheidung zwischen Asset Deal und Share Deal setzt sich auch im Rahmen der Gewährleistung fort. Je nach im Einzelfall gewählter Veräußerungsart richtet sich die Gewährleistung entweder nach dem Vorliegen eines Rechts- oder Sachmangels. Im deutschen Recht manifestieren sich diese Unterscheidungen allerdings nicht bei den Rechtsfolgen, denn der nach der Neustrukturierung bestehende Gleichlauf der Gewährleistungsrechtsfolgen gilt auch im Unternehmenskauf. Die Anwendbarkeit der allgemeinen Normen auf den Unternehmenskauf hat der Gesetzgeber durch Erweiterung des Geltungsrahmens in § 453 Abs. 1 BGB sichergestellt.

Dieser Gleichlauf besteht im spanischen Recht nicht, so daß dort sehr genau unterschieden werden muß, ob es sich um einen Rechts- oder Sachmangel handelt. Gerade die Ausgestaltung der Rechtsmangelhaftung im spanischen Recht wird für den Unternehmenskauf wegen ihrer starren Voraussetzungen, etwa in Art. 1.479 C.C, als unpassend empfunden. Besondere Kritik ruft dabei hervor, daß die Ausrichtung der Rückabwicklung an einer Sache im Erwerbszustand in der Praxis des Unternehmenskaufs praktisch unmöglich sei.

Eine in Deutschland wie in Spanien verbreitete Grundlage des Unternehmenskaufs und damit auch der Gewährleistung ist die Durchführung einer Due Diligence. Diese Untersuchung des Unternehmens bezüglich seines Zustands und seiner Werthaltigkeit setzt dabei die Maßstäbe der Verpflichtung des Verkäufers und begrenzt gleichzeitig auch den Umfang der haftungsausschließenden Kenntnis des Käufers vom Unternehmenszustand. Zwar bestehen in der Regelungsausgestaltung der Gewährleistung im Unternehmenskauf in beiden Ländern Unterschiede, doch kommen diese in der Praxis nur in eingeschränktem Umfang zu Geltung, da das gesetzliche Gewährleistungssystem ohnehin als unpassend für diese Geschäfte empfunden wird. Von besonderer Bedeutung wird damit die Due Diligence, die in Deutschland und Spanien gleichermaßen als Grundlage für Individualvereinbarungen genutzt wird.

III. Garantien im Unternehmenskauf

Sofern sich die Parteien im Rahmen eines Unternehmenskaufs für die Vereinbarung eines Haftungssystem mittels einer Garantie entscheiden, wird diese sowohl in Deutschland wie Spanien auf Grundlage einer Due Diligence erstellt. Aus denselben Gründen, die auch bei der gesetzlichen Gewährleistung für eine solche Maßnahme sprechen, bietet die Due Diligence die erforderliche Genauigkeit und den notwendigen Untersuchungsumfang, um entsprechend der Interessenschwerpunkte der Parteien eine individuelle Haftungsvereinbarung zu treffen. Während im deutschen Recht auch beim Unternehmenskauf zwischen unselbständigen Garantien, zur Verstärkung bestehender Rechte, und selbständigen Garantien, zur Vereinbarung eines von der gesetzlichen Regelung unabhängigen Haftungssystems, unterschieden wird, besteht im spanischen Recht diese Unterscheidung nicht. Da sich Inhalt, Haftungsumfang und Wahl des von den Parteien favorisierten Garantietyps nach Praktikabilitätsgründen und Anforderungen des Marktes richten, haben sich in beiden Ländern weitgehend übereinstimmende Garantietypen für den Unternehmenskauf herausgebildet. Die Besonderheiten beziehen sich dabei einerseits inhaltlich auf den Anknüpfungspunkt der Haftungsfolgen, andererseits auf die Spezifizierung der möglichen Rechtsfolgen im Garantiefall. Übereinstimmend haben sich insoweit in beiden Ländern die sog. „Garantien nach bestem Wissen" herausgebildet, die als Maßstab und Grundlage der Haftung den Kenntnisstand eines gewissenhaften und ordnungsgemäß handelnden Wissensträgers zugrundelegt. Sowohl der Kreis der relevanten Wissensträger als auch die Nuancen der Haftung bleiben dabei der konkreten Formulierung der Garantie vorbehalten. Ebenso verbreitet sind in Deutschland und Spanien die Ausgestaltung einer Garantie als „best effort"-Erklärung, wonach nicht ein bereits feststehender Zustand die Haftungsgrundlage bildet, sondern die Zusicherung des Bemühens der Zielerreichung maßgeblich für eine eventuelle Haftung ist. Es handelt sich bei diesen Ausgestaltungen um Begrenzungen des Garantieumfangs, die unmittelbar auf die Komplexität derartiger Geschäfte und die fortlaufende Entwicklung des Geschäftsgegenstands im Wirtschaftsverkehr zurückzuführen sind. Die Bezugspunkte der jeweiligen Ausgestaltung sind wiederum in beiden Ländern identisch zu den Garantien im allgemeinen Kaufrecht.

Hinsichtlich der möglichen Rechtsfolgen aus einer Garantie haben sich in Deutschland und Spanien ebenfalls vergleichbare Besonderheiten herausgebildet. Dies betrifft zum einen die Möglichkeit der Begrenzung des Haftungsumfangs. Durch Vereinbarung von Toleranzklauseln wird in beiden Ländern der Haftungsrahmen auf ein für die Parteien sinnvolles Maß begrenzt, indem eine Erheblichkeitsgrenze zur Auslösung einer Haftung sowie eine Maximalbegrenzung für den Haftungsfall vereinbart werden. Obschon diese Möglichkeit in Deutschland wegen der Regelung des § 444 BGB umstritten ist, ist ein derartiges Vorgehen der Vertragsparteien zu bejahen. Maßgeblich ist der Grundsatz von Treu und Glauben, der in beiden Ländern gleichermaßen auch beim Unternehmenskauf Berücksichtigung finden muß. Vor diesem Hintergrund ist die Regelung des § 444 BGB zu verstehen, wobei deutlich zu unterscheiden ist, ob eine nachträgliche Einschränkung oder eine anfängliche Begrenzung in der Vereinbarung vorliegt. Die oben angesprochenen Fälle stellen eine anfängliche Begrenzung dar und sind daher nach der Rechtslage beider Länder zulässig. Bei den möglichen Rechtsfolgen ist in Deutschland wie in Spanien eine Einschränkung auf die Rechtsfolgen üblich, die angesichts eines Unternehmens als Kaufgegenstand sinnvoll durchzusetzen sind. Dabei erfolgt häufig, insbesondere im Hinblick auf die dargestellte Kritik in Spanien zur Rückabwicklung des Vertrags mit der Kaufsache im Erwerbszustand, eine Beschränkung der Käuferrechte auf Minderung bzw. die Zahlung von Schadensersatz.

D. Abschließende Betrachtung

Vor dem Hintergrund der obigen Ausführungen kann damit festgehalten werden, daß im Rahmen der Richtlinienumsetzung in Deutschland und Spanien eine Angleichung der Rechtssysteme im Bereich der Richtlinienmaterie stattgefunden hat. Dadurch wurde die bereits bestehende Parallelität der jeweiligen nationalen Regelungen ausgebaut und die Vereinheitlichung der Käuferrechte auf Europaebene vorangetrieben.

Beiden Systemen ist zunächst gemeinsam, daß der Mangel der Kaufsache den zentralen Anknüpfungspunkt der Gewährleistung darstellt. Dies gilt sowohl für das allgemeine Kaufrecht als auch für den Verbrauchsgüterkauf. Durch die Art der Richtlinienumsetzung ergeben sich dabei Unterschiede in den Länderregelungen, die Folgeabweichungen und unterschiedliche Entwicklungen der Rechtsfolgen bedingen. Durch die Integration der Richtlinieninhalte in das allgemeine deutsche Kaufrecht hat der Gesetzgeber einen einheitlichen Mangelbegriff entwickeln können, der für sämtliche Arten von Kaufgeschäften gilt. Der spanische Gesetzgeber, der sich gegen eine integrierende Umsetzung der Richtlinie in das allgemeine Kaufrecht entschieden hat, hat insofern bewirkt, daß nun bereits bei der Mangelbestimmung differenziert werden muß, welche Art von Geschäft der angeblichen Fehlerhaftigkeit der Sache zugrunde liegt. Dabei ergeben sich bereits bei der Frage nach der Auslösung der Gewährleistungshaftung Unterschiede hinsichtlich der Käuferrechte, je nachdem, ob die geltend gemachte Abweichung als Mangel der Sache angesehen wird oder nicht. Von besonderer Bedeutung ist dabei, daß sich im Regelungsbereich der Richtlinie, dem Verbrauchsgüterkauf, in den Regelungen in Deutschland und Spanien keine wesentlichen Unterschiede ergeben. In diesem Bereich haben sich beide Länder an die detaillierten Vorgaben der Richtlinie gehalten und diese vorgabenkonform in nationales Recht umgesetzt. Das allgemeine Kaufrecht hat der spanische Gesetzgeber allerdings durch die Umsetzungsbegrenzung in einem Spezialgesetz unberührt gelassen, so daß in diesem Bereich immer noch länderspezifische Abweichungen festzustellen sind. Da das deutsche Recht auch im allgemeinen Kaufrecht weitgehend den Richtlinienregelungen entspricht, ergeben sich diese Unterschiede allerdings gleichermaßen zum deutschen wie zum spanischen Verbraucherschutzrecht. In diesem Bereich bleibt die Ausgestaltung des spanischen Zivilrechts hinter den Regelungsalternativen des Richtlinienrechts zurück. Im Gegensatz dazu hat der spanische Gesetzgeber in der Ausgestaltung des Verbrauchsgüterkaufs bei der Vermeidung einer Gewährleistungsfalle für den Einzelhändler eine weitergehende und praxisnähere Lösung gefunden. Die Möglichkeit, gegen den Hersteller der Sache unmittelbar vorzugehen, kürzt für den spanischen Verbraucher die Geltendmachung seiner Rechte ab, auch wenn dieser Weg aufgrund des fehlenden Vertragsverhältnisses mit einem eingeschränkten Rechtsfolgespektrum verbunden ist. Der spanische Gesetzgeber hat insoweit zur Vermeidung der Regreßnotwendigkeit beigetragen, da die Verursachung von Mängeln insbesondere bei Gütern der Massenproduktion vor allem in der Produktion und damit beim Hersteller zu suchen ist. Sofern dennoch ein Regreß erforderlich wird, hat der spanische Gesetzgeber im Gegensatz zur deutschen Regelung den Direktdurchgriff auf den Verursacher zugelassen, was ebenfalls eine Abkürzung des Rückgriffs und damit eine Vereinfachung bewirkt. Demgegenüber ist das deutsche Recht in der Frage der Verjährung der bestehenden Ansprüche stringenter, denn die Ausrichtung der Fristen erfolgt nicht nach der Art des Geschäfts oder der einzelnen Mangelarten, sondern vielmehr mit einer Grundregelung, die nur für bestimmte Fälle aus Interessengesichtspunkten des Verbrauchers abweichend geregelt ist. Auch in diesem Punkt weist das spanische Recht Inkongruenzen der eigenen Regelung auf, da es im allgemeinen Kaufrecht für den Sachmangel eine sehr kurze Mindestfrist vorsieht, die bei gleicher Lage im Verbrauchsgüterkauf deutlich länger läuft. Im Gegensatz dazu ist die Verjährungsfrist der Rechtsmangelhaftung im allgemeinen Kaufrecht mit 15 Jahren erheblich länger ausgestaltet als bei Geschäften eines Verbrauchers.

Weitgehende Identität der Ausgestaltung in Deutschland und Spanien weist die Entwicklung der Garantie als Instrument des Käuferschutzes auf. Da sich die Garantie in beiden Ländern vor allem in der Praxis entwickelt hat, ist die Anwendungsgrundlage dieses Instruments gleich. Durch die nun in der Richtlinie vorgesehene gesetzliche Ausformung dieses Instruments wurde die inhaltliche Ausgestaltung der Garantien in übereinstimmender Weise vorangetrieben, die vor allem durch Beweiserleichterungen und Vermutungsregelungen die Position des Verbrauchers verbessert. Dennoch sind auch hier Unterschiede festzustellen. Etwa geht das deutsche Recht mit der Unterscheidung zwischen selbständigen und unselbständigen Garantien in seiner Differenzierung von Unterarten der Garantie weiter als der spanische Gesetzgeber, wohingegen dieser in bereits bestehenden Sonderregelungen zur Garantie mit der Verpflichtung zu nachvertraglichem Service und der Vorhaltung von Ersatzteilen Käuferrechte sichert, die im deutschen Recht unbekannt sind. Die Verjährung der Garantien verläuft ebenfalls aufgrund der Orientierung an der Praxis in gleichem Rahmen, denn in beiden Ländern hat sich eine Untergrenze der Frist von zwei Jahren herausgebildet, die zur Absicherung des Verbrauchers angemessen ist. Allerdings geht die spanische Regelung in diesem Punkt weiter und sieht eine Durchsetzungsfrist vor, die den Verbraucher vor einer Entwertung der Garantie zum Ende des Fristlaufs schützen soll.

Haupteinsatzort für Garantien ist in beiden Ländern der Unternehmenskauf, da sich mit diesem Instrument die Haftungsinteressen der Parteien ausgewogen verteilen lassen. Auf Grundlage der sich in beiden Ländern entsprechenden Differenzierung zwischen einem Unternehmenskauf als Asset Deal oder Share Deal unterscheidet sich allerdings die einschlägige kaufrechtliche Gewährleistung in Spanien von der deutschen Rechtslage. Die Beurteilung des Geschäfts als Asset

Deal oder Share Deal ist maßgeblich für das Vorliegen von Sach- oder Rechtsmängeln, wodurch sich Unterschiede im Rechtsfolgenspektrum des Verkäufers ergeben. Durch den Gleichlauf der Rechtsfolgen bestehen diese Unterschiede zwischen Rechts- und Sachmangel im deutschen Kaufrecht nicht mehr. Der Unterschied im spanischen Recht begründet sich in der Beibehaltung des alten allgemeinen Kaufrechts, das von der sondergesetzlichen Richtlinienumsetzung nicht erfaßt wurde. Sofern es um die Gewährung von Garantien geht, hat die Ausrichtung an der Praxis auch beim Unternehmenskauf für eine parallele Entwicklung bei Ausgestaltung und Formen der einzelnen Garantietypen in beiden Ländern geführt. Demnach bildet die Due Diligence die Grundlage der Haftungsbestimmungen, wobei sich die Ausrichtung der Haftung am Schadensersatz orientiert.

Es ist damit festzustellen, daß die Regelungssysteme beider Länder bei vielen Übereinstimmungen zwar in Einzelheiten unterschiedlich ausgestaltet sind, aber im Ergebnis zu weitgehend identischen, zumindest aber vergleichbaren Rechtsfolgen gelangen. Insbesondere im Verbrauchsgüterkauf und bei Vorliegen einer Garantie kommen beide Systeme im Falle eines Mangels zu einem übereinstimmenden abgestuften System von Käuferrechten, die sich primär an der Nachbesserung als Teil der Vertragserfüllung orientieren. Trotz dieses vergleichbaren Systems des Käuferschutzes in beiden Ländern, insbesondere im Rahmen des Verbrauchsgüterkaufs, muß die deutsche Regelungsform als die stringentere und letztlich gelungenere Umsetzung des Richtlinienziels angesehen werden. Die Begrenzung der Umsetzung des Regelungsinhalts auf ein einzelnes Sondergesetz hat in Spanien dazu geführt, daß neben einer grundlegenden Regelung von Käuferrechten im C.C, die zudem als nicht mehr zeitgemäß zu beurteilen ist, drei weitere Spezialgesetze die Rechtsposition des Verbrauchers stärken. Da sich darüber hinaus auch diese drei Gesetze in einzelnen Punkten entsprechen, in anderen aber Abweichungen enthalten und zudem eine eindeutige Verdrängungswirkung eines der Gesetze nicht feststellbar ist, besteht nun ein System der Zersplitterung von Sonderrechtsnormen, die im einzelnen für den Verbraucher unklar wirken. Das Ziel, Vertrauen in eine einheitliche Rechtsausgestaltung über die nationalen Landesgrenzen hinaus aufzubauen, ist damit nicht zu erreichen. Vielmehr kann es sich bei der Rechtslage in Spanien nur um eine Zwischenstation auf dem Weg zu Neukodifizierung des Kaufrechts handeln, die dann auf die praktischen Ergebnisse der spezialgesetzlichen Regelungen aufbaut. Das deutsche Recht hat diese Aktualisierung ohne den in Spanien angewandten Zwischenschritt vollzogen. Das Regelungssystem wirkt daher trotz des Erfordernisses der Neuorientierung in wesentlichen Punkten geschlossener und logisch nachvollziehbar aufgebaut. Das Bestreben, weitgehend einheitliche Regelungen für den allgemeinen Kauf und den Verbrauchsgüterkauf zu schaffen, ist als zielkonform mit der Richtlinie zu bewerten, führt es doch zu einer Anhebung des zugrundeliegenden Schutzniveaus und gleichzeitig zu einer auch für den Verbraucher nachvollziehbaren Ausgestaltung tatsächlich notwendiger Sonderregelungen. Mit einem solchen System ist die von der Europäischen Gemeinschaft angestrebte Sicherung grenzübergreifender Kaufgeschäfte zu erreichen.

5. Teil: Zusammenfassende Thesen

Zum Zwecke eines Resümees der Ausführungen werden an dieser Stelle die inhaltliche Ausgestaltung der untersuchten Regelungsbereiche des Kaufrechts in den nationalen Rechtssystemen Deutschlands und Spaniens sowie die Umsetzung der den aufgezeigten Veränderungen zugrundeliegenden Richtlinie in sechs Thesen zusammengefaßt:

- Inhaltlich entsprechen sich die Regelungen beider Länder im Bereich des Verbrauchsgüterkaufs bis auf wenige Ausnahmen. Aufgrund der detaillierten Vorgabe durch die Richtlinie hat sich in den nationalen Regelungen eine Angleichung und Ausweitung der Verbraucherrechte ergeben. Der Schutz des Verbrauchers wird übereinstimmend auf eine verbreiterte Basis maßgeblicher Geschäftsaspekte gestützt, bei deren Fehlen dem Käufer ein Wahlrecht der zu seinen Gunsten erweiterten Rechtsfolgemöglichkeiten eingeräumt wird. Bestehende Abweichungen betreffen ausschließlich Randbereiche der Regelungsmaterie. Diese Unterschiede beruhen auf den unterschiedlichen Regelungstraditionen des nationalen Rechts und sind in den insoweit freiwilligen Regelungsvorschlägen der Richtlinie angelegt. Der grundlegenden europaweiten Vereinheitlichung eines grenzüberscheitenden Verbraucherschutzrechts auf hohem Niveau stehen sie nicht entgegen.

- Die Gewährleistung im allgemeinen Kaufrecht beider Länder weist in wesentlichen Punkten Unterschiede auf. Die Abweichungen bestehen sowohl in den grundlegenden Voraussetzungen der Gewährleistung als auch hinsichtlich des Spektrums an Rechtsmöglichkeiten und lassen ein unterschiedliches Schutzniveau des Käufers in beiden Ländern offen zutage treten. Die weitgehende Vereinheitlichung des Käuferschutzes in Deutschland hat auch den Gewährleistungsschutz im allgemeinen Kauf auf ein neues Schutzniveau vorangebracht, das sich wie im Verbrauchsgüterkauf durch eine breitere Basis maßgeblicher Beurteilungsgesichtspunkte und einem erweiterten Rechtspektrum auszeichnet. Die insoweit unveränderte spanische Regelung entspricht eher der alten Gewährleistungslage in Deutschland. Der Regelungsbereich des C.C. wirkt damit für Geschäfte der heutigen Zeit veraltet und ist eher als grundlegender Regelungskern, auf den weitergehende Spezialvorschriften aufbauen, zu begreifen.

- Bei der Gewährung von Garantien besteht, soweit es sich um den Bereich des Verbrauchsgüterkaufs handelt, ebenfalls ein inhaltlicher Gleichlauf der Ausgestaltung. Abweichungen, die in beiden nationalen Regelungen festzustellen sind, wirken sich nicht entscheidend auf das einheitlich hohe Schutzniveau dieses Regelungsbereichs aus. Im allgemeinen Kaufrecht ist ebenfalls eine weitgehende Regelungsparallelität festzustellen, obschon die Richtlinienvorschriften im spanischen Recht für diesen Bereich nicht gelten. Die Entwicklung der Garantie als Sicherungsinstrument in der Praxis hat jedoch in beiden Ländern zu einer übereinstimmenden Üblichkeit der Ausgestaltung geführt. Aufgrund der unmittelbaren Ausrichtung der Garantien an den Interessen der Vertragsparteien, bedarf es nicht unbedingt der Vorgaben einer Richtlinie zum Erhalt einer einheitlichen Regelung. Die vergleichbare Interessenlage der Vertragsparteien in beiden Ländern hat das Regelungsinstrument bereits vereinheitlicht.

- Der Bereich des Unternehmenskaufs weist hinsichtlich der in Rede stehenden Käuferschutzrechte ebenfalls wichtige Übereinstimmungen auf. Unterschiede in der Gewährleistung ergeben sich zwangsläufig aus der von einander abweichenden Ausgestaltung der allgemeinen Gewährleistung des Kaufrechts. Übereinstimmung besteht demgegenüber bei der Gewährung und Ausgestaltung von Garantien in diesem Geschäftsfeld. Durch die in beiden Ländern als weitgehend unpassend empfundenen Gewährleistungsregelungen hat sich die Garantie in der Praxis vor dem Hintergrund einer vergleichbaren Interessenlage der Vertragsparteien in gleichlaufender Art und Weise mit verschiedenen Ausgestaltungen und unterschiedlichen Rechtsfolgemöglichkeiten entwickelt. Auf dieser Basis einer sich entsprechenden Anwendungspraxis kann auch weiterhin eine gemeinsame Fortentwicklung dieses Käuferschutzinstruments aufbauen.

- Deutschland hat mit der sog. „großen Lösung“ durch die umfassende Umgestaltung der Schuldrechtsmodernisierung eine Integration der Verbraucherschutzvorschriften in die Regelungen des BGB erreicht. Dadurch konnte eine weitgehend einheitliche Regelungsgrundlage herausgebildet werden, die sowohl das Spektrum des allgemeinen Kaufrechts erfaßt, als auch dem Richtlinienziel der Stärkung des Verbraucherschutzes gerecht wird. Der Bereich des Verbrauchsgüterkaufs erfordert vor diesem Hintergrund nur wenige Sondervorschriften, die sich auf die Erweiterung grundsätzlicher Schutzregelungen beschränken, ohne grundlegende Veränderungen einzubringen. Die Vornahme einer integrativen Umsetzung der Richtlinie bei gleichzeitiger Ausweitung der allgemeinen Schutzvorschriften erfordert zwar zunächst eine Neuorientierung innerhalb des nationalen Rechts, ist aber auf längere Sicht ein gelungener Schritt zu einer überschaubaren und interessengerechten Ausgestaltung der Käuferrechte.

- Spanien hat mit der Verabschiedung eines Spezialgesetzes eine in sich geschlossene Regelung des Verbrauchsgüterkaufs erhalten. Die Vorteile dieser detaillierten Regelung von Voraussetzungen und Rechtsfolgen liegen in der Klarheit und Übersichtlichkeit der zusammenhängenden Ausgestaltung des Regelungsbereichs. Allerdings steht diesen Vorteilen die Einordnung des Sondergesetzes in einen Kreis weiterer Sondergesetze gegenüber, die ebenfalls Regelungen zum Verbraucherschutz enthalten. Die bestehende Divergenz im Bereich der Schutzvoraussetzungen wie auch der Rechtsfolgen der einzelnen Gesetze sorgt aufgrund einer fehlenden Rangfolge der Gesetze für Unklarheit innerhalb des nationalen Gesamtregelungskomplexes. Das Ergebnis der Richtlinienumsetzung bleibt daher in Spanien hinter dem eigentlichen Potential des Sondergesetzes und dem Ziel, die Rechtssicherheit beim Verbraucher zu stärken, zurück.

STUDIEN ZUM VERGLEICHENDEN UND INTERNATIONALEN RECHT

Herausgeber: Bernd von Hoffmann, Erik Jayme und Heinz-Peter Mansel

Band 1 Ferdinand Henke: Die Datenschutzkonvention des Europarates. 1986.

Band 2 Peter Czermak: Der express trust im internationalen Privatrecht. 1986.

Band 3 Peter Kindler: Der Ausgleichsanspruch des Handelsvertreters im deutsch-italienischen Warenverkehr. Eine rechtsvergleichende und kollisionsrechtliche Untersuchung. 1987.

Band 4 Wilhelm Denzer: Stellung und Bedeutung des Engineers in den FIDIC-Bauvertragsbedingungen. 1988.

Band 5 Marijan-Maximilian Lederer: Die internationale Enteignung von Mitgliedschaftsrechten unter besonderer Berücksichtigung der französischen Enteignungen 1982. 1989.

Band 6 Rainer Esser: Klagen gegen ausländische Staaten. 1990.

Band 7 Chang Jae-Ok: Auf dem Weg zu einer Materialisierung des Immateriellen? Personen-, Persönlichkeitsschutz und Geldersatz des immateriellen Schadens in rechtsvergleichender Hinsicht am Beispiel des koreanischen und japanischen Zivilrechts unter besonderer Berücksichtigung des deutschen Rechts. 1990.

Band 8 Paul-Frank Weise: Lex mercatoria. Materielles Recht vor der internationalen Handelsschiedsgerichtbarkeit.1990.

Band 9 Werner Born: Der Auftrittsvertrag für Musikgruppen im Bereich der Rock- und Popmusik. 1990.

Band 10 Ralf Erich Jürgens: IPR und Verfassung in Italien und in der Bundesrepublik Deutschland. 1990.

Band 11 Rainer Gildeggen: Internationale Schieds- und Schiedsverfahrensvereinbarungen in Allgemeinen Geschäftsbedingungen vor deutschen Gerichten. 1991.

Band 12 Klaus Grabinski: Die kollisionsrechtliche Behandlung des Durchgriffs bei rechtlich verselbständigten Unternehmen in privater oder öffentlicher Hand. 1991.

Band 13 Dieter Stummel: Konkurs und Integration. Konventionsrechtliche Wege zur Bewältigung grenzüberschreitender Insolvenzverfahren. 1991.

Band 14 Joachim Güntzer: Die Rechtsstellung des Geschäftsführers im spanischen Aktienrecht. Die Neuregelung des spanischen Aktienrechts nach dem Beitritt Spaniens zur EG. 1991.

Band 15 Sabine Isenburg-Epple: Die Berücksichtigung ausländischer Rechtshängigkeit nach dem Europäischen Gerichtsstands- und Vollstreckungsübereinkommen vom 27.9.1968. Untersuchungen zum Anwendungsbereich von Art. 21 EuGVÜ unter schwerpunktmäßiger Behandlung der Frage nach der Bestimmung eines europäischen Streitgegenstandsbegriffs. 1992.

Band 16 Ulrich Nickl: Die Qualifikation der culpa in contrahendo im Internationalen Privatrecht. 1992.

Band 17 Theo Rauh: Leistungserschwerungen im Schuldvertrag. Eine rechtsvergleichende Untersuchung des englischen, US-amerikanischen, französischen und deutschen Rechts unter besonderer Berücksichtigung der gerichtlichen Praxis. 1992.

Band 18 Bernadette Chaussade-Klein: Vorvertragliche "obligation de renseignements" im französischen Recht. 1992.

Band 19 Josef Sievers: Verbraucherschutz gegen unlautere Vertragsbedingungen im französischen Recht. Vom Code civil zum "Code de la consommation" – die Entstehung eines Sonderprivatrechts für Verbraucher. 1993.

Band 20 Achim Schäfer: Grenzüberschreitende Kreditsicherung an Grundstücken, unter besonderer Berücksichtigung des deutschen und italienischen Rechts. 1993.

Band 21 Eugenio Hernández-Breton: Internationale Gerichtsstandsklauseln in Allgemeinen Geschäftsbedingungen. Unter besonderer Berücksichtigung des deutsch-südamerikanischen Rechtsverkehrs (dargestellt am Beispiel Argentinien, Brasilien und Venezuela). 1993.

Band 22 Ingo Reng: Unterhaltsansprüche aufgrund nichtehelicher Lebensgemeinschaft – Internationales Privatrecht und ausländisches materielles Recht. 1994.

Band 23 Stefanie Roloff: Die Geltendmachung ausländischer öffentlicher Ansprüche im Inland. 1994.

Band 24 Katharina Ludwig: Der Vertragsschluß nach UN-Kaufrecht im Spannungsverhältnis von Common Law und Civil Law. Dargestellt auf der Grundlage der Rechtsordnungen Englands und Deutschlands. 1994.

Band 25 Malte Diesselhorst: Mehrparteienschiedsverfahren. Internationale Schiedsverfahren unter Beteiligung von mehr als zwei Parteien. 1994.

Band 26 Manfred Kost: Konsensprobleme im internationalen Schuldvertragsrecht. 1995.

Band 27 Wolff-Heinrich Fleischer: Das italienische Wettbewerbsrecht und die Probleme des selektiven Parfümvertriebs unter Berücksichtigung der Rechtslage in Frankreich und Deutschland. 1995.

Band 28 Angelika Fuchs: Lateinamerikanische Devisenkontrollen in der internationalen Schuldenkrise und Art. VIII Abschn. 2 b) IWF-Abkommen. 1995.

Band 29 Jacques Matthias Aull: Der Geltungsanspruch des EuGVÜ: "Binnensachverhalte" und Internationales Zivilverfahrensrecht in der Europäischen Union. Zur Auslegung von Art. 17 Abs. 1 S. 1 EuGVÜ. 1996.

Band 30 Hartmut Ost: EVÜ und fact doctrine. Konflikte zwischen europäischer IPR-Vereinheitlichung und der Stellung ausländischen Rechts im angelsächsischen Zivilprozeß. 1996.

Band 31 Stefan Wagner: Die Testierfähigkeit im Internationalen Privatrecht. 1996.

Band 32 Wolfgang Jakob Hau: Positive Kompetenzkonflikte im Internationalen Zivilprozeßrecht. Überlegungen zur Bewältigung von *multi-fora disputes*. 1996.

Band 33 Markus Schütz: UN-Kaufrecht und *Culpa in contrahendo*. 1996.

Band 34 Volker Geyrhalter: Das Lösungsrecht des gutgläubigen Erwerbers. Ein "vergessener" Kompromiß und die Auswirkungen auf das heutige deutsche Recht unter besonderer Berücksichtigung des internationalen Sachenrechts. 1996.

Band 35 Andreas Kramer: Abwicklungsstörungen bei Kaufverträgen. Die Lieferung vertragswidriger Sachen im deutschen und italienischen Recht. 1996.

Band 36 Petra Krings: Erfüllungsmodalitäten im internationalen Schuldvertragsrecht. 1997.

Band 37 Tonja Gaibler: Der rechtsgeschäftliche Irrtum im französischen Recht. 1997.

Band 38 Dirk Otto: Rechtsspaltung im indischen Erbrecht. Bedeutung und Auswirkungen auf deutsch-indische Nachlaßfälle. 1997.

Band 39 Gregor W. Decku: Zwischen Vertrag und Delikt. Grenzfälle vertraglicher und deliktischer Haftung dargestellt am Beispiel der Berufs- und Expertenhaftung zum Schutze des Vermögens Dritter im deutschen und englischen Recht. 1997.

Band 40 Ulrike Höpping: Auswirkungen der Warenverkehrsfreiheit auf das IPR unter besonderer Berücksichtigung des Internationalen Produkthaftungsrechts und des Internationalen Vertragsrechts. 1997.

Band 41 Andreas Bartosch: Die vermögensrechtlichen Beziehungen der Ehegatten bei bestehender Ehe im englischen Recht – Eigentum, Besitz, Schuldvertrag. 1997.

Band 42 Helene Boriths Müller: Die Umsetzung der europäischen Übereinkommen von Rom und Brüssel in das Recht der Mitgliedstaaten. Dargestellt am Beispiel Deutschlands und Dänemarks. 1997.

Band 43 Bernd von Hoffmann / Myong-Chang Hwang (eds.): The Public Concept of Land Ownership. Reports and Discussions of a German-Korean Symposium held in Seoul on October 7-9, 1996. 1997.

Band 44 Oliver Heeder: Fraus legis. Eine rechtsvergleichende Untersuchung über den Vorbehalt der Gesetzesumgehung in Deutschland, Österreich, der Schweiz, Frankreich und Belgien unter besonderer Berücksichtigung des Internationalen Privatrechts. 1998.

Band 45 Heinrich Schütt: Deliktstyp und Internationales Privatrecht. Dargestellt an grenzüberschreitenden Problemen der Arzthaftung. 1998.

Band 46 Axel Steiner: Die stillschweigende Rechtswahl im Prozeß im System der subjektiven Anknüpfungen im deutschen Internationalen Privatrecht. 1998.

Band 47 Martina Schulz: Der Eigentumsvorbehalt in europäischen Rechtsordnungen. Rechtsvergleichende Untersuchung des deutschen, englischen und französischen Rechts unter besonderer Berücksichtigung von Erweiterungen und Verlängerungen. 1998.

Band 48 Karin Dreher: Die Rechtswahl im internationalen Erbrecht. Unter besonderer Berücksichtigung des italienischen IPR-Reformgesetzes N. 218 vom 31. Mai 1995. 1999.

Band 49 Giuliano Gabrielli: Das Verhältnis zwischen der Anfechtung wegen Eigenschaftsirrtums und den Gewährleistungsansprüchen im deutschen, österreichischen und italienischen Recht. 1999.

Band 50 Bernd von Hoffmann / Myong-Chan Hwang (eds.): Developments in Land Law. Reports and Discussions of a German-Korean Symposium held in Berlin and Trier on July 21-24, 1997. 1999.

Band 51 Volker Heidbüchel: Das UNCITRAL-Übereinkommen über unabhängige Garantien und Standby Letters of Credit. Vergleiche mit den Richtlinien der Internationalen Handelskammer, dem deutschen, englischen und US-amerikanischen Recht. 1999.

Band 52 Jan Christoph Nordmeyer: Pflichtteilsansprüche und Wiedervereinigung. Eine systematische Analyse der Ausgleichsansprüche nach BGB-Pflichtteilsrecht unter besonderer Berücksichtigung der durch den Wiedervereinigungsprozeß eingetretenen Wertveränderungen. 1999.

Band 53 Bettina Linder: Vertragsabschluß beim grenzüberschreitenden Verbraucherleasing. 1999.

Band 54 Almontasser Fetih: Die zivilrechtliche Haftung bei Vertragsverhandlungen. Eine rechtsvergleichende Studie zum deutschen, französischen, ägyptischen und islamischen Recht. 2000.

Band 55 Sona Rajani: Die Geltung und Anwendung des Gemeinschaftsrechts im Vereinigten Königreich von Großbritannien und Nordirland. Der Grundsatz der Parlamentssouveränität im Wandel. 2000.

Band 56 Joachim Kayser: Gegenmaßnahmen im Außenwirtschaftsrecht und das System des europäischen Kollisionsrechts. Eine Analyse der EU-Abwehrverordnung gegen die Auswirkungen extraterritorialer Rechtserstreckung eines Drittlandes. 2001.

Band 57 Albrecht Conrad: Qualifikationsfragen des Trust im Europäischen Zivilprozeßrecht. 2001.

Band 58 Bernd Borgmann: Die Entsendung von Arbeitnehmern in der Europäischen Gemeinschaft. Wechselwirkungen zwischen Kollisionsrecht, Grundfreiheiten und Spezialgesetzen. 2001.

Band 59 Aleksandar Jaksic: Arbitration and Human Rights. 2002.

Band 60 Islamisches und arabisches Recht als Problem der Rechtsanwendung. Symposium zu Ehren von Professor Emeritus Dr. iur. Omaia Elwan. Veranstaltet vom Institut für ausländisches und internationales Privat- und Wirtschaftsrecht der Universität Heidelberg und der Gesellschaft für Arabisches und Islamisches Recht e.V. Herausgegeben von Herbert Kronke, Gert Reinhart und Nika Witteborg. 2001.

Band 61 Patrick Fiedler: Stabilisierungsklauseln und materielle Verweisung im internationalen Vertragsrecht. 2001.

Band 62 Werner Mangold: Die Abtretung im Europäischen Kollisionsrecht. Unter besonderer Berücksichtigung des spanischen Rechts. 2001.

Band 63 Eike Dirk Eschenfelder: Beweiserhebung im Ausland und ihre Verwertung im inländischen Zivilprozess. Zur Bedeutung des US-amerikanischen discovery-Verfahrens für das deutsche Erkenntnisverfahren. 2002.

Band 64 Bernd Ehle: Wege zu einer Kohärenz der Rechtsquellen im Europäischen Kollisionsrecht der Verbraucherverträge. 2002.

Band 65 Heiko Lehmkuhl: Das Nacherfüllungsrecht des Verkäufers im UN-Kaufrecht. 2002.

Band 66 Jochen Nikolaus Schlotter: Erbrechtliche Probleme in der Société Privée Européenne. IPR-Harmonisierung im einheitlichen Europäischen Rechtsraum. 2002.

Band 67 Konrad Ost: Doppelrelevante Tatsachen im Internationalen Zivilverfahrensrecht. Zur Prüfung der internationalen Zuständigkeit bei den Gerichtsständen des Erfüllungsortes und der unerlaubten Handlung. 2002.

Band 68 Tobias Bosch: Die Durchbrechungen des Gesamtstatuts im internationalen Ehegüterrecht. Unter besonderer Berücksichtigung deutsch-französischer Rechtsfälle. 2002.

Band 69 Ursula Philipp: Form im amerikanischen Erbrecht. Zwischen Formalismus und harmless error. 2002.

Band 70 Christian Stefan Wolf: Der Begriff der wesentlich engeren Verbindung im Internationalen Sachenrecht. 2002.

Band 71 André Fomferek: Der Schutz des Vermögens Minderjähriger. Ein Vergleich des deutschen und des englischen Rechts unter Berücksichtigung des schottischen und irischen Rechts. 2002.

Band 72 nicht erschienen

Band 73 Markus Dreißigacker: Sprachenfreiheit im Verbrauchervertragsrecht. Der Verbraucher im Spannungsfeld zwischen kultureller Identität und Privatautonomie. 2002.

Band 74 Vassiliki Myller-Igknay: Auskunftsansprüche im griechischen Zivilrecht. Auswirkungen im deutsch-griechischen Rechtsverkehr sowie im deutschen internationalen Privat- und Verfahrensrecht. 2003

Band 75 Stefan Bruinier: Der Einfluss der Grundfreiheiten auf das Internationale Privatrecht. 2003.

Band 76 Nika Witteborg: Das gemeinsame Sorgerecht nichtverheirateter Eltern. Eine Untersuchung im soziologischen, rechtsgeschichtlichen, verfassungsrechtlichen, rechtsvergleichenden und internationalen Kontext. 2003.

Band 77 Peter Stankewitsch: Entscheidungsnormen im IPR als Wirksamkeitsvoraussetzungen der Rechtswahl. 2003.

Band 78 Jan Wilhelm Ritter: Euro-Einführung und IPR unter besonderer Berücksichtigung nachehelicher Unterhaltsverträge. Eine Untersuchung mit Blick auf das deutsche, französische und schweizerische Recht. 2003.

Band 79 Wolf Richard Herkner: Die Grenzen der Rechtswahl im internationalen Deliktsrecht. 2003.

Band 80 Ira Ditandy: Internationale Zuständigkeit. Neuregelung durch die LOPJ 1985. Vergleich mit dem europäischen Vorbild und Auswirkungen auf das spanische internationale Zivilverfahrensrecht. 2003.

Band 81 Andrea Verena Schefold: Werbung im Internet und das deutsche Internationale Privatrecht. 2004.

Band 82 Klaus Herkenrath: Die Umsetzung der Richtlinie 93/13/EWG über missbräuliche Klauseln in Verbraucherverträgen in Deutschland, dem Vereinigten Königreich, Frankreich und Italien. Auswirkungen nationaler Umsetzungstechniken auf dem Harmonisierungserfolg. 2003.

Band 83 Alexander Thünken: Das kollisionsrechtliche Herkunftslandprinzip. 2003.

Band 84 Barbara v. Daumiller: Die Rechtswahl im italienischen internationalen Erbrecht: und ihre Auswirkungen im deutsch-italienischen Rechtsverkehr. 2003.

Band 85 Robert Mödl: Macht, Verantwortlichkeit und Zurechnung im Konzern. Eine rechtsvergleichende Untersuchung auf der Grundlage des deutschen, spanischen und US-amerikanischen Rechts. 2003.

Band 86 Ursula Kerpen: Das Internationale Privatrecht der Persönlichkeitsrechtsverletzungen. Eine Untersuchung auf rechtsvergleichender Grundlage. 2003.

Band 87 Barbara Ploeckl: Umgangsrechtsstreitigkeiten im deutsch-französischen Rechtsverkehr. Bestehende internationale und nationale Regelungen und der geplante *europäische Besuchstitel*. 2003.

Band 88 Katrin Wannemacher: Die Außenkompetenzen der EG im Bereich des Internationalen Zivilverfahrensrechts. Der räumliche Anwendungsbereich des Art. 65 EGV am Beispiel der EuGVO und der EheVO. 2003.

Band 89 Maren B. Eilinghoff: Das Kollisionsrecht der ungerechtfertigten Bereicherung nach dem IPR-Reformgesetz von 1999. 2004.

Band 90 Patrick Niehr: Die zivilprozessuale Dokumentenvorlegung im deutsch-englischen Rechtshilfeverkehr nach der deutschen und der englischen Prozessrechtsreform. 2004.

Band 91 Anna Christina Gördes: Internationale Zuständigkeit, Anerkennung und Vollstreckung von Entscheidungen über die elterliche Verantwortung. Die VO(EG) Nr. 1347/2000, ihre geplanten Änderungen und das Verhältnis beider zum Minderjährigen- und Kinderschutzabkommen. 2004.

Band 92 Martin Rädler: Rechtsbehelfe des Käufers eines Unternehmens oder einer unternehmerischen Beteiligung gegen den Verkäufer im deutschen und französischen Recht. 2004.

Band 93 Marc-Yngve Dietrich: Rechtsstellung und Beteiligung der Gläubiger im französischen Insolvenzverfahren. 2004.

Band 94 Katia Niemann: Die rechtsgeschäftliche und organschaftliche Stellvertretung und deren kollisionsrechtliche Einordnung. Deutschland und England im Vergleich. 2004.

Band 95 Daniel Ludwig: Neuregelungen des deutschen Internationalen Insolvenzverfahrensrechts. Eine Untersuchung unter vergleichender Heranziehung der Europäischen Insolvenzverordnung. 2004.

Band 96 Cordelia Faulenbach: Der gemeinschaftsrechtliche Vorbehalt im europäischen Wettbewerbsrecht. Die Herkunftslandanknüpfung der E-Commerce-Richtlinie unter dem Einfluss der Grundfreiheiten. 2004.

Band 97 Ulf Dörner: Der Vertragsgerichtsstand nach dem Protokoll von Buenos Aires. 2004.

Band 98 Martin Schmidhuber: Verhaltenskodizes im nationalen und grenzüberschreitenden elektronischen Geschäftsverkehr. Zur Frage der Integration der Selbstregulierung durch Private in die staatliche Rechtsordnung. 2004.

Band 99 Florian Kienle: Die fehlerhafte Banküberweisung im internationalen Rechtsverkehr. Unter besonderer Berücksichtigung des Artikels 4A US Uniform Commercial Code. 2004.

Band 100 Thomas Alexander Brandt: Die Adoption durch eingetragene Lebenspartner im internationalen Privat- und Verfahrensrecht. 2004.

Band 101 Florian Pulkowski: Subunternehmer und Internationales Privatrecht. Der Subunternehmer als Quasi-Verbraucher im Europäischen Kollisionsrecht. 2004.

Band 102 Ulrich Becker: Grundrechtsschutz bei der Anerkennung und Vollstreckbarerklärung im europäischen Zivilverfahrensrecht. Bestimmung der Grenzen für die Einführung eines europäischen Vollstreckungstitels. 2004.

Band 103 Thomas Badelt: Aufrechnung und internationale Zuständigkeit unter besonderer Berücksichtigung des deutsch-spanischen Rechtsverkehrs. 2005.

Band 104 Florian D. Wagner: Vorvertragliche Aufklärungspflichten im internationalen Franchising. Zur Harmonisierung von Delikts- und Vertragsstatut im internationalen Privatrecht unter besonderer Berücksichtigung der Franchise-Gesetzgebung des US-Bundesstaates Kalifornien. 2005.

Band 105 Vera Heine: Die Umsetzung der *EG-Richtlinie über missbräuchliche Klauseln in Verbraucherverträgen* im englischen und deutschen Recht. 2005.

Band 106 Alexander Franz: Überregionale Effektentransaktionen und anwendbares Recht. Eine kollisionsrechtliche Untersuchung unter besonderer Berücksichtigung der Vorschrift des § 17 a DepotG. 2005.

Band 107 Hanna-Maria Uhlenbrock: Gesetzliche Regelungen für nichteheliche Lebensgemeinschaften in Deutschland und Frankreich. Ein Vergleich des Unterhaltsrechts bei der eingetragenen Lebenspartnerschaft und beim Pacte civil de Solidarité. 2005.

Band 108 Katrin Stieß: Anknüpfungen im internationalen Urheberrecht unter Berücksichtigung der neuen Informationstechnologien. 2005.

Band 109 Hendrik Otto: Der gesetzliche Abschlussprüfer im italienischen Recht. Eine rechtsvergleichende Untersuchung unter besonderer Berücksichtigung der zivilrechtlichen Haftung. 2005.

Band 110 Frauke Stuphorn: Bankhaftung für Kreditauskünfte im deutschen und französischen Recht. 2005.

Band 111 Nina Fürer: Die zivilrechtliche Haftung für Raucherschäden. 2005.

Band 112 Giovanni B. Barillà: *Contratto autonomo di garanzia* e *Garantievertrag*. Categorie civilistiche e prassi del commercio. 2005.

Band 113 Timo Torz: Gerichtsstände im Internationalen Insolvenzrecht zur Eröffnung von Partikularinsolvenzverfahren. 2005.

Band 114 Martina Schmid: Die Grenzen der Auslegungskompetenz des EuGH im Vorabentscheidungsverfahren nach Art. 234 EG. Dargestellt am Beispiel der überschießenden Richtlinienumsetzung. 2005.

Band 115 Stephan Lesage-Mathieu: Dispositives Kollisionsrecht im prozessualen Kontext. 2005.

Band 116 Jürgen Görtz: Die subjektiven Grenzen der Rechtskraft US-amerikanischer Urteile. 2005.

Band 117 Vera Hoppe: Die Einbeziehung ausländischer Beteiligter in US-amerikanische class actions. Unter Berücksichtigung des Class Action Fairness Act 2005. 2005.

Band 118 Silke Pütz: Parteiautonomie im internationalen Urhebervertragsrecht – Eine rechtsdogmatische und rechtspolitische Betrachtung der Grenzen freier Rechtswahl im internationalen Urhebervertragsrecht unter besonderer Berücksichtigung des neuen deutschen Urhebervertragsrechts. 2005.

Band 119 Alice Nieroba: Die europäische Rechtshängigkeit nach der EuGVVO (Verordnung (EG) Nr. 44/2001) an der Schnittstelle zum nationalen Zivilprozessrecht. 2006.

Band 120 Jan Kayser: Alternative Formen gerichtlicher und außergerichtlicher Streitbeilegung im deutschen und französischen Zivilprozess. Les modes alternatifs judiciaires et extrajudiciaires de résolution des conflits en procédure civile allemande et française. 2006

Band 121 Mirko Ehrich: Der internationale Anwendungsbereich des deutschen und französischen Rechts gegen irreführende Werbung. Freie Wahl von Form und Mittel, Rom II und Herkunftslandprinzip. 2006.

Band 122 Daniel Thelen: Die Haftung des Sekundärschädigers für Gewalttaten anderer im US-amerikanischen Deliktsrecht. Ausgehend von dem Problem rechtsextremistisch motivierter Gewalttaten. 2006.

Band 123 Anne Winterling: Die Entscheidungszuständigkeit in Arbeitssachen im europäischen Zivilverfahrensrecht. 2006.

Band 124 Sarah Gerling: Die Gleichstellung ausländischer mit inländischen Vollstreckungstiteln durch die Verordnung zur Einführung eines Europäischen Vollstreckungstitels für unbestrittene Forderungen. Im Vergleich zum bisherigen Recht und zur Rechtslage in den USA. 2006.

Band 125 Christian Bank: Präventivmaßnahmen börsennotierter Gesellschaften zur Abwehr feindlicher Übernahmeversuche in Deutschland und Großbritannien. Eine rechtsvergleichende Untersuchung des deutschen und britischen Rechts unter Berücksichtigung der Europäischen Übernahmerichtlinie. 2006.

Band 126 Christian Weis: Kaufrechtliche Gewährleistung und Garantievergabe in Deutschland und Spanien. Unter besonderer Berücksichtigung des Unternehmenskaufs. 2006.

www.peterlang.de

Kolibri 360 GmbH
Ferdinand-Jühlke-Straße 7
99095 Erfurt, Deutschland
produktsicherheit@kolibri360.de

Druck:
CPI Druckdienstleistungen GmbH
im Auftrag der
Kolibri 360 GmbH
Ferdinand-Jühlke-Str. 7
99095 Erfurt